KB212911

불교와의 만남

강건기 지음

불일출판사

불교와의 만남

초판 18쇄 1993년 3월 27일
재판 1쇄 발행 2015년 4월 30일
재판 2쇄 발행 2023년 8월 15일
지은이 강건기
펴낸곳 불일출판사
펴낸이 (玄虎) 윤정수
등록번호 제1호
등록일자 1984년 6월 20일
주소 전라남도 순천시 송광면 송광사(본사)
      서울시 종로구 사간동 121-1 법련사(서울지사)
전화 02)733-5322
팩스 02)733-5312

값 21,000원
ISBN 978-89-963169-9-2 03220

ⓒ 강건기, 2015

이 책의 저작권은 저자에게 있습니다.
파본 및 잘못된 책은 교환해드립니다.

"너희들은 저마다 자신을 등불삼고 자기를 의지하여라.
또한 진리를 등불삼고 진리를 의지하여라.
이 밖에 다른 것에 의지해서는 안 되느니라……
모든 것은 덧없나니 게으르지 말고 부지런히 정진하여라."

책머리에

이 책은 1992년 4월부터 7월까지 1백 회에 걸쳐 BBS불교방송 교리 강좌에 방송되었던 것을 정리한 것입니다. 당시에 방송 내용을 정리해 서 『불교와의 만남』이라는 제목으로 출판했는데, 이번에 새롭게 단장하 여 책을 내게 되었습니다. 방송을 통해 교리강좌를 진행하면서 항상 세 가지 점에 유의하였습니다.

첫째는 불교를 모든 사람들이 이해할 수 있도록 쉽게 전하는 일입 니다. 많은 사람들이 불교를 어려운 것으로 생각하기 쉽지만, 부처님께 서는 당시의 일반사람들이 사용하는 언어로 누구든지 알기 쉬운 가르 침을 펼치셨습니다. 불교가 어렵다고 느끼는 것은 아마도 한역화(漢譯 化)의 과정을 거치면서 나타난 현상인 듯싶습니다. 아무리 훌륭한 가르 침이라도 알아들을 수 없고 이해할 수 없다면 무슨 소용이 있겠습니까? 부처님의 가르침을 오늘 우리들이 알아들을 수 있는 언어로 표현하는 일은 불교를 살리는 일이기도 합니다.

둘째는 교리강좌라는 한계를 느끼면서도 가능한 불교를 실천과 연 결 짓는 일입니다. 실천이 따르지 않는 가르침은 공리(空理)요 공론(空 論)이 되기 쉽습니다. 부처님의 가르침은 우리들 삶을 전환시키는 해탈의 길로서 그 의미를 가집니다. 따라서 불교 강의는 생활 속에 살려질 수 있는 실천과 연결 짓는 노력을 게을리 할 수 없습니다.

셋째는 불교를 우리가 살고 있는 현대적 상황에 비추어 이해하는 것입니다. 본래 부처님께서는 삶의 생생한 마당에서 때와 장소 그리고 상황에 맞는 적절한 가르침을 주셨습니다. 불교가 팔만사천의 다양한 가르침으로 전개된 것도 이 때문입니다. 따라서 우리는 불교를 바르게 알기 위해 부처님의 가르침이 오늘의 우리에게 어떤 의미를 주는지를 살펴야만 합니다. 그럴 때 불교는 단순히 2천6백 년 전의 이야기가 아니라 오늘을 밝힐 수 있는 지혜의 등불이 될 수 있습니다. 특히 자연 환경이 파괴되고 인간성이 상실되는 심각한 병을 앓고 있는 오늘의 세계는 부처님의 원음(圓音)이 절실한 때이기에 그런 작업은 더욱 필요합니다.

여기에 소개된 내용 역시 이러한 시각을 기초로 하고 있습니다. 먼저 불교를 공부하는 자세와 불교의 일반적인 성격을 다루었고 다음으로 부처님의 생애를 시대적 배경, 탄생, 출가, 수행, 성도, 교화, 열반의 순으로 고찰하였습니다. 특히 인상적인 가르침을 펴시는 부처님의 모습을 되도록 생생하게 전해 보려고 노력하였습니다. 독자 분들은 성지(聖地)를 순례하는 기분으로 읽어도 좋을 듯싶습니다.

그리고 근본불교를 다룬 부분에 있어서는 나름대로 강조를 많이 했습니다. 근본불교에 대한 바른 이해는 곧 부처님의 가르침을 제대로 아는 길이기 때문입니다. 그런 점에서 그동안 우리나라에서 등한시해 온 근본불교에 대한 이해는 시정되어야 하리라 생각됩니다. 근본불교를 빼고는 뒤에 발달된 부파불교나 대승불교를 이해할 수 없습니다. 이 책이 근본불교의 내용을 이해하는 좋은 기회가 되었으면 합니다. 부파불교는 될수록 간명하게 살펴보았습니다. 그러나 부파불교는 대승불교가 일어나는 토양이 되었음을 눈여겨보아야 할 것입니다. 대승불교는 다양한 학파별 고찰보다는 종합적인 시각에서 대승의 의미와 성격 그리고 사상을 간명하게 정리하려 애썼습니다. 이러한 내용들은 무엇보다도 이 시대의 우리들이 좀 더 바르고 행복하고 윤택한 삶을 살아가는 그 길잡이로서 의미가 있습니다.

방송을 하는 동안 애청을 하신 여러분들이 편지나 전화로 많은 격려를 보내주셨습니다. 이 자리를 빌려 감사를 드립니다. 원고 자체가

6

방송용이었기 때문에 구어적 표현이나 예화의 중복도 더러 있을 것입니다. 모쪼록 독자 여러분의 이해를 바랍니다.

오래된 책을 이번에 다시 낼 수 있도록 격려와 지원을 아끼지 않은 보조사상연구원 이사장 현호(玄虎) 큰스님께 감사의 마음을 전합니다. 또 원고를 정리하는 어려운 작업과 새롭게 책을 낼 수 있도록 애써 주신 일야(一也) 이창구 교수님, 그리고 도서출판 '불지사' 김형균 대표님과 관계자 여러분께도 감사를 드립니다. 어려운 가운데에도 책의 출판을 기꺼이 맡아주신 법련사 주지 진경(眞鏡) 스님께도 감사의 말씀을 드립니다.

이 책을 통하여 부처님의 가르침을 바르게 이해하고 마침내 우리들의 삶이 훨씬 우리다워질 수 있는 계기가 되기를 기원해 마지않습니다.

불기 2559년 3월
목우학인(牧牛學人) **강건기** 합장

불교와의 만남

차   례

제 1 부

참 진리

제 1 장

자비로워라, 불타의 인연

눈먼 거북이가 나무를 만나는 인연

🕮 깨침의 길, 깨침의 가르침

부처님 말씀에 의하면 이 세상에는 아주 어려운 일이 두 가지가 있다고 합니다. 그 한 가지가 사람으로 태어나는 일이고, 다른 한 가지는 부처님의 진리와 만나는 일이라고 합니다.

이 세상에는 얼마나 많은 생명이 있습니까? 수많은 생명 가운데 사람의 몸을 받고 태어나는 일이란 참으로 희유(稀有)한 일입니다. 뿐만 아니라 수십억의 인구 중에서 부처님의 가르침을 만날 수 있는 인연 또한 희유한 일이라 할 수 있습니다.

부처님께서는 그러한 희유한 인연을 맹귀우목(盲龜遇木)에 비유하셨습니다. 저 바다 속에 눈먼 거북이 한 마리가 살고 있습니다. 그 거북이는 100년에 한 번씩 물 위로 머리를 내밀어 숨을 들이켠 후 들어간다고 합니다. 그런데 넓은 바다에는 이리저리 떠다니는 널빤지가 하나 있는데, 그 가운데는 구멍 한 개가 뚫려있습니다. 눈먼 거북이가 백 년에 한 번 물위로 고개를 내밀 때, 마침 그 널빤지의 구멍에 머리가 딱 들어맞아서 오랫동안 숨을 들이켤 수 있다고 하는데, 그런 확률이란 얼마나 희유한 일이겠습니까?

　우리가 사람으로 태어나 부처님의 진리를 만날 수 있는 일은 그처럼 희유한 일입니다. 지금 우리가 부처님 말씀을 함께 나눌 수 있는 것도 실은 말할 수 없이 소중한 인연의 소치입니다. 그러면 이 희유한 만남을 통하여 부처님의 마음에 도달하기 위해서는 어떤 자세로 불교를 공부해야 하겠습니까?

　"불교가 도대체 어떤 종교인가?"하고 묻는다면 아마 가장 쉽게 "부처님의 가르침이다."라고 답할 것입니다. 이러한 대답은 마치 기독교가 그리스도의 가르침이라고 하는 것과 같습니다.

　그런데 불교는 단순히 부처님의 가르침이라고만 대답해서는 그리 만족스러운 답이 못됩니다. 왜냐하면 불교라는 말 속에는 그 이상의 깊은 뜻이 담겨 있기 때문입니다.

　불교(佛敎)라고 할 때 '불(佛)' 자에는 깨쳤다는 뜻이 있습니다. 그래서 부처님을 깨친 사람이라고 하고, 불교를 깨달음의 종교라 하는 것입니다. 불교는 바로 깨침의 길이요, 깨침의 가르침입니다.

　이 깨침의 길로써의 불교에는 크게 두 가지의 뜻이 있습니다. 하나는 깨침이야말로 불교의 처음이요 끝이라는 뜻이며, 다른 하나는 모든 사람이 다 깨치려는 수행의 종교라는 의미입니다.

　부처님께서는 29살에 출가하셔서 6년 동안 수행을 하셨고, 그 수행의 결과로 큰 깨침을 이루셨습니다. 그 깨침의 순간이야 말로 자연인이었던 고타마 싯다르타가 부처님이 된 순간이고, 불교의 출발점이 된 순간입니다.

　그러면 부처님의 깨침은 어떤 것이었을까요? 여기서 안타까운 것은 깨침 그 자체는 아주 깊은 종교체험이어서 말이나 생각으로는 온전히 표현할 수 없다는 사실입니다. 마치 물을 마셔 보기 전에는 그 물맛을 제대로 알 수 없듯이 체험해 봐야만 시원하게 알 수 있는 그런 것이 깨침입니다. 여기에 단절이 있고 깨치지 못한 우리로서의 어려움이 있습니다. 그렇지만 부처님께서는 45년 동안이나 우리를 위해 그 깨친 진리를 설하셨습니다.

따라서 오늘 우리가 볼 수 있는 불교의 경전이라든지, 절, 탑이나 불상뿐만 아니라 심지어는 작은 목탁 하나까지도 그 깨친 진리를 우리에게 전하기 위해 생겨난 것이고, 깨침이라는 원천으로부터 흘러나온 것입니다. 이 모든 것들은 우리로 하여금 그 본래의 원천인 깨침에 이르게 해주는 기능과 역할을 가지고 있습니다.

따라서 교리도 역시 깨침의 원천으로부터 시원 되었으므로 교리 자체로서 의의가 있는 것이 아니라, 그것을 통해 우리가 그 깨침의 원천에 이르는데 의의가 있습니다. 그러므로 교리를 배우는 것은 단순한 불교의 이론만을 알고 익히는 것은 아닙니다. 교리를 통해서 우리의 내면이 더욱 밝아지고 깨침에 가까워지려는 실천적인 앎이 되어야 한다는 것입니다.

무엇을 많이 알고 쌓아가는 앎을 지식이라고 하지만, 이 지식과 삶은 일치하지 않을 때가 더 많습니다. 불교공부는 지식이 아닌 지혜를 증진시키는 공부입니다. 또한 지혜는 바로 우리의 삶을 변화시키는 실천으로 이어집니다. 이처럼 지혜는 아는 것과 사는 것, 아는 것과 행하는 것이 하나가 됩니다.

불교를 공부해 가는 자세로 우리는 듣고, 생각하고, 실천하는 '문사수(聞思修)'의 세 가지를 들 수 있습니다.

그 첫째는 듣는 지혜인 문혜(聞慧)입니다. 듣고 읽어서 이해하는 문혜는 단순히 이해 차원의 앎이라고 할 수 있습니다. 그러나 여기에만 머물러서는 안 됩니다. 문혜는 자기 속에서 내면화가 되어야 하고 그런 과정을 거친 후에야 깊은 차원의 이해가 가능하게 됩니다. 이것이 생각하는 지혜인 사혜(思慧)입니다.

이 사혜가 내 삶과 연결되어져 사색과 관찰을 통해 아하! 하고 터득될 때 비로소 그 앎은 내 것이 되고 바로 나를 변화시킬 수 있는 실천인 수혜(修慧)의 차원으로 승화될 수 있습니다.

예를 들어 우리가 연기(緣起)의 진리를 공부했다고 합시다. 연기의 의미는 어떤 것이고 내용이 무엇이다 하는 것을 모두 이해하고 있다 해도 연기의 진리를 알았다고는 할 수 없습니다. 이해하고 있는 내용을 내 삶과 연결 지어 관찰하고 사색하면서 터득해 갈 때, 연기의 진리는 내 삶과 일치되어 삶을 전환시킬 수 있는 지혜가 되는 것입니다.

바른 불교공부는 이렇게 듣고 이해한 것이 내 삶을 변화시키는 수혜의 차원으로 승화되어가는 공부여야 합니다.

⊛ 인간 형성의 길, 자기실현의 종교

부처님의 가르침은 인간의 문제로부터 출발하여 인간의 문제를 해결하는 데서 마치게 됩니다. 따라서 불교에서는 처음부터 신의 문제를 전혀 거론하지 않습니다.

우리들 인간은 유한한 시간 속에 던져진 존재입니다. 우리는 병들고 늙어가면서 마침내는 죽습니다. 또 우리가 살고 있는 동안에도 마음대로 되는 일보다는 그렇지 못한 일이 더 많습니다. 불교는 이러한 인간 실존의 모습을 '괴로움'이라고 진단합니다.

이렇게 괴로움 속에 던져진 인간이지만 그것은 스스로의 노력으로 해결될 수 있다고 확신하는 것이 또한 불교의 입장입니다. 즉, 불교는 인간과 인간의 가능성에 대한 깊은 신뢰 위에 세워진 종교라고 할 수 있습니다.

인간은 비록 괴로움 속에 처해 있더라도 스스로가 괴로움으로부터 벗어날 수 있는 능력을 본래부터 갖추고 있는 존재입니다. 부처님께서는 열반에 드시기 직전에 슬퍼하는 제자들에게 간곡히 당부하십니다.

"너 자신을 등불삼고 너 자신을 의지하라. 진리를 등불삼고 진리를 의지하라. 이밖에 다른 것에 의지해서는 안 되느니라."

이 말씀은 '자등명(自燈明)' '법등명(法燈明)', 즉 '스스로를 등불 삼고' '진리를 등불 삼고'라는 가르침으로 불교의 기본정신을 잘 나타내고 있습니다. 인간은 스스로의 등불이 될 수 있는 능력을 본래부터 갖추고 있습니다. 그렇기 때문에 그 밖의 다른 어떤 것에도 의지하지 말라고 하신 것입니다. 또 6년간의 수행을 통해서 생사의 문제로부터 완전한 자유를 얻은 부처님의 삶은, 인간에 대한 신뢰와 인간의 가능성을 우리에게 여실히 보여주신 삶입니다.

인간의 가능성에 대한 확신은 인간뿐만 아니라 일체의 모든 생명이 모두 여래의 씨알이요, 여여한 부처의 성품을 갖추고 있다는 가르침으로 이어집니다. 『화엄경』에서는 "마음과 부처와 중생은 다 똑같아서 어떤 차별도 없다."라고까지 선언하셨습니다. 마음이 부처요, 중생이 그대로 부처라는 것입니다. 인간의 능력과 가능성을 이만큼 높이 평가하는 가르침은 다른 어느 사상, 어느 종교에서도 찾아볼 수 없습니다.

여기서 우리는 '중생이 바로 부처다'라고 하는 말을 음미해 보아야 합니다. 중생이 부처라고 한다면 우리들은 어떻습니까? 우리가 중생인 것은 틀림없고 그 중생이 부처라고 했으므로 우리 역시 그대로 부처님입니다.

문제는 여러분이나 저나 좀처럼 그렇게 믿겨지지 않고 또 전혀 실감되지 않는다는 것입니다. 도대체 왜 그럴까요? 우리들 본래의 성품은 저 중천에 떠 있는 보름달처럼 둥글고 원만하고 또 산하대지를 두루 비출 수 있는 밝은 바탕입니다.

그런데 제아무리 밝은 보름달이라 하더라도 구름이 가득 끼면 산하대지를 온전히 비출 수 없습니다. 그와 같이 우리 자성(自性)의 달도 어두운 구름에 덮여서 본래의 기능과 본래의 빛을 발휘하지 못하고 있기 때문입니다.

그 구름은 다름 아닌 '나다' 하는 생각이요, 탐욕과 성냄과 어리석음의 이른바 삼독(三毒)의 구름입니다. 이런 구름에 덮여 있기 때문에 우리들 자신이 부처라는 사실도 까맣게 모르고 또 그렇게 간곡하게 일러주어도 마치 다른 사람의 얘기를 듣는 것처럼 되어 버렸습니다.

그러나 아무리 먹구름이 덮였다고 해도 보름달 자체의 밝음까지 손상이 있는 것은 아니듯이, 우리 마음에 삼독의 구름이 덮여 있어도 마음의 본래 성품엔 추호의 손상도 없습니다. 따라서 탐(貪)·진(瞋)·치(癡)의 구름이 사라지면 본래의 밝음이 제 모습을 드러냅니다.

그러므로 불교의 실천은 마음의 구름을 제거하는 노력이요, 본래의 광명을 회복하는 일이라 하겠습니다. 거기에는 스스로의 정진과 노력이 필요합니다. 각자의 마음이기 때문에 각자가 닦을 수밖에 없습니다. 이렇게 불교는 인간의 가능성을 스스로 실현해 가는 인간형성의 길이요, 자기실현의 종교입니다.

이러한 불교의 특성은 다른 종교와 비교해 보면 더욱 분명하게 드러납니다. 서양의 종교에 있어서는 인간의 문제를 인간이 스스로 해결할 수 없는 구조로 되어 있습니다. 이를 해결하는 데는 절대적인 신이 요청됩니다. 신이 만든 인간이므로 인간은 신 없이는 존재할 수 없습니다. 그래서 신은 창조주이고 인간은 지음을 받은 피조물입니다. 이러한 체계에서 종교는 신과 인간의 관계로 나타납니다.

인간은 피조물일 뿐 아니라 더 나아가서는 신의 뜻을 거역한 죄인이라는 이해로부터 출발합니다. 지음을 받은 존재, 죄를 지은 죄인으로서의 인간은 창조주인 신에게 의존하고 또 자신의 죄를 회개해 가야만 합니다. 이것이 신과 인간의 관계에서 인간이 해야 할 일입니다.

죄와 신과 인간 사이의 문제해결의 열쇠인 구원은 인간의 힘이나 능력에 의해서 이루어지는 것이 아닙니다. 인간은 스스로의 문제를 해결할 수 있는 능력이나 힘이 없으며, 구원은 인간의 노력에 대한 보상일 수가 없습니다. 인간은 철저하게 신에 의존해야 하며, 구원을 가능하게 하는 힘은 오직 절대한 능력을 가진 신에게만 있습니다.

여기에서 불교의 성격은 더욱 확연해집니다. 불교에 있어서의 인간은 피조물이나 죄인이 아니라 여여한 부처의 성품을 갖춘 존재요, 스스로의 문제를 스스로 해결할 수 있는 능력을 가진 가능성의 존재입니다. 따라서 불교의 실천은 그 본래의 능력과 가능성인 부처의 성품을 깨닫고 실현해 가는 과정이라고 할 수 있습니다.

가끔 '불교는 인생철학이지 종교가 아니다'라고 하는 사람들을 봅니다. 여기에는 '신을 거론치 않는 종교는 종교가 아니다'라고 하는 편견과 무지가 담겨있습니다. 신과 인간의 관계만을 종교라고 하는 종교의 정의는 서구 중심의 종교관으로서 이미 종교학에서 폐기된 지 오래입니다.

처음 종교학이 태동되었을 19세기말경만 해도 서양인들은 동양의 종교현상을 잘 몰랐습니다. 그래서 오직 서양적인 종교의 모습만을 중심으로 하여 '종교는 신과 인간의 관계다'라고 정의했습니다.

그러나 이렇게 편협한 서양 중심적인 정의는 20세기에 접어들면서 곧바로 폐기될 수밖에 없었습니다. 왜냐하면 그들은 신을 거론치 않으면서도 훌륭한 종교적 삶을 사는 동양의 종교현상과 만나게 되었고, 더 이상 서구 일변도의 종교 정의는 설득력이 없어졌기 때문입니다. 아직도 종교를 단순히 신과 인간의 관계로 이해한다는 것은 이미 비상식화되어버린 19세기적 정의라는 것을 지적해 둬야겠습니다.

현대의 종교학은 '종교를 가진 사람들이 어떻게 살아가고 있는가?' 하는 종교현상학적인 접근을 통해, 종교는 신과 인간의 관계가 아니라 '성스럽고 거룩하게 살아가는 삶의 모습'이라고 정의하고 있습니다. 따라서 신인(神人)의 관계만이 종교라는 비좁은 견해는 타당성이 없는 이미 낡은 생각이라는 것을 알아야 되겠습니다.

자비와 깨침은 수레의 두 바퀴

🏵 깨친 눈에 비친 존재의 실상

2천6백 년 전 인도 카필라성의 태자로 태어나셨던 고타마 싯다르타는 우리 인생의 나고 죽는 문제에 대해 깊은 회의를 갖고, 그런 회의를 통해서 급기야는 온갖 지위와 명예를 버리고 출가하였습니다. 그리고는 6년 동안의 피나는 정진 끝에 큰 깨침을 얻어 부처님이 되셨습니다.

불교는 부처님과 똑같은 큰 깨침을 우리들 모든 생명이 다 이루게 하려는 종교입니다. 여기에서 깨침은 그 자체로 의미가 있는 것이 아닙니다. 깨침은 우리가 가장 인간다운 삶을 살 수 있고, 진정한 자비의 삶을 살기 위해서 필요한 것입니다. 따라서 불교에서 깨침과 자비란 분리할 수 없는 하나이며, 또 깨침과 자비야말로 불교를 받치는 두 기둥입니다.

저는 1979년에 티벳의 달라이 라마를 뵐 수 있는 기회가 있었습니다. 미국의 메사추세츠 주에는 남방불교의 위파싸나 선을 수행하는 아주 큰 선원이 있습니다. 그 곳에서는 일 년 내내 2주일 일정으로 위파싸나 선을 수련할 사람들을 모아 용맹정진을 시키는데, 미국 전역에서 다양한 부류의 사람들이 일 년 전부터 예약을 해서 참여하고 있습니다.

저는 마침 유학공부를 마치고 시간도 좀 있어서 그 선원에 가서 정진을 했습니다. 2주간의 정진을 마치고 회향식을 하는데, 마침 달라이 라마께서 미국에 오셨다가 미국 사람들이 정진을 잘 하고 있다는 소식을 듣고 격려하기 위해서 그곳에 오셨습니다.

그래서 정진하던 사람들과 서로 일문일답을 나누는 시간이 있었는데, 저는 달라이 라마께 질문을 드렸습니다.

"불교의 가장 중요한 것을 한 마디로 표현한다면 어떤 것이겠습니까?"

그때 달라이 라마께서는 조금도 망설임이 없이

"그것은 지혜와 자비입니다."

라고 하셨습니다. 그리고

"한 마디로 얘기하라 했는데 지혜와 자비라 하니까 두 마디 같지만 그 둘은 동전의 앞뒤와 같이 '하나'입니다."

라고 하셨습니다. 저는 그 간명한 말씀에 아주 깊은 감명을 받았고, 또 평생을 수행하신 수행자의 체취를 느낄 수 있었습니다.

여기서 말하는 지혜란 곧 깨침입니다. 따라서 깨침과 자비는 떼려야 뗄 수 없는 하나인 것입니다. 그러면 깨침이란 무엇입니까? 우리가 깨침에 대해 알아보는 데는 그 한계가 있습니다. 왜냐하면, 깨침 그 자체는 말로 표현될 수 있는 것이 아니고, 또 생각으로 상상되어질 수도 없는 것이기 때문입니다.

그럼에도 깨침에 대한 내용의 파악은 불교가 가진 기본 성격을 알아보기 위한 첫걸음이 됩니다. 그래서 경전에 표현된 내용을 중심으로 깨침이 어떤 것이며, 또 부처님께서는 무엇을 깨치셨는지를 알아보려고 합니다.

첫째로, 과연 부처님께서는 무엇을 깨치셨을까요? 부처님께서는 존재의 실다운 모습을 깨치셨습니다. 불교의 깨침은 이 세상에 존재하는 모든 것이 참으로 어떻게 있는지를 여실하게 아는 것입니다. 그런데 여기서 '안다'는 말은 지적인 앎이 아니라 깊은 종교적 체험으로서의 깨침을 가리킵니다.

둘째로, 그러면 깨친 눈에 비친 존재의 실다운 모습〔實相〕은 어떻다는 것일까요? 부처님의 가르침에 의하면 깨친 눈에 비친 존재의 실상은 '하나〔不二〕인 모습을 가지고 있다고 합니다. 그 하나인 모습을 근본불교에서는 연기라고 했고, 대승불교에서는 공, 하나인 마음〔一心〕 등으로 표현하기도 했습니다.

그러나 그러한 표현들도 결국 '하나'의 핵심을 보여주고 있다는 점에서 서로 다르지 않습니다. 즉, 나와 남, 나와 우주가 '하나'인 바탕이고 '하나'인 생명이라는 것입니다.

그러나 깨치지 못하고 미혹한 우리들에게는 그것들이 다 각각입니다. 나와 남이 각각이고 나와 세계가 분리되어 있습니다.

우리는 각자의 육신을 중심으로 해서 울타리를 쳐놓고 안에 있는 것은 나이고 밖에 있는 것은 다 남이라고 합니다. 즉, 밖에 있는 것은 다 세계, 자연이 됩니다. 따라서 나와 남, 나와 세계가 분리·대립되어 있는 실상 속에 살게 됩니다.

이렇게 나와 남을 갈라놓고 사는 세계를 상대적인 세계라 합니다. 이 세계는 나와 남, 나와 우주를 둘로 보기 때문에 근본적으로 대립하고 갈등 할 수밖에 없습니다. 그런 상태에서 질서를 좀 잡아 보자는 것이 도덕이고, 윤리이고, 법이지만, 일단 나와 남이 둘로 나뉘는 한은 진정한 의미의 공존이나 평화는 어렵다고 하겠습니다.

그런데 깨침은 확연히 다릅니다. 그 깨침이라는 말, 즉 각(覺)이라는 말을 흔히 깨달음이라고 우리말을 옮깁니다만, 저는 깨달음하면 뭔가 체험적인 박력이 없는 것 같아서 '깨침'이라고 쓰고 있습니다.

깨침은 '깨지는 것'입니다. 뭐가 깨지는 것입니까? '나다'하는 벽이 깨지는 것입니다. 그 벽이 깨지면 어떻게 되겠습니까? 나뉘어져 있던 것이 통하고, 분리되어 대립하던 나와 남이 하나가 됩니다. 따라서 나와 이웃이 하나가 되고 나와 세계가 '하나' 되는 그런 세계가 깨침의 세계입니다.

그 '하나'라는 말을 불교에서는 '불이(不二)'라고 합니다. 그런 하나인 세계를 가리켜, "하늘과 땅이 나와 더불어 한 뿌리요, 만물이 또한 나와 더불어 한 몸뚱이다.〔天地與我同根 萬物與我同體〕"라고 하는 유명한 말씀이 있습니다. 이것이야말로 그 깨친 하나의 세계를 드러내는 말씀이며 불교의 기본 바탕입니다.

그렇다면 깨침은 어떤 의미를 가지는가? 깨침은 그 자체로서의 의미보다는 그 깨침을 통해서 참다운 자비의 실천이 가능하기 때문에 소중한 것이라고 했습니다. 나라고 하는 벽이 허물어짐으로 해서 진정한 자비의 실천은 가능해집니다.

그래서 자비라고 할 때는 항상 그 앞에 동체, 한 몸이라는 형용사가 늘 따라 다닙니다. 곧 진정한 의미의 자비는 동체자비(同體慈悲)입니다.

동체자비는 나는 여기에 있고, 자비를 필요로 하는 사람은 저기에 따로 있는 것이 아니라, 나와 남이 하나 되는 바탕에서 자연스럽게 행해지는 삶의 몸짓입니다.

동고동락(同苦同樂)이라는 말이 있습니다. 참으로 한 몸이 되어서 즐거움과 괴로움을 함께 느낄 수 있는 자비가 진정한 의미의 자비라는 것입니다.

불교는 깨침을 향한 쉼 없는 노력과 일체의 모든 생명을 이롭게 하고 살리려는 동체자비의 실천을 이상으로 하는 종교인 것입니다.

✹ 현실의 문제를 풀어가는 종교

불교는 현실을 중시하는 종교입니다. 불교에 대한 많은 오해 가운데 하나는 마치 불교가 현실을 떠난 문제나 세계를 추구하는 것으로 여기는 경우입니다.

그러나 불교에서는 지금 현재의 내가 어떻게 생각하고, 행위를 하는가를 가장 중요하게 생각합니다. 왜냐하면 지금 내가 생각하고 행위를 하는 것이 바로 나의 미래를 창조해 가고 이 사회의 미래를 결정짓기 때문입니다.

업설(業說)의 기본도 여기에 있습니다. 불교에서는 생각하고, 말하고, 행동하는 세 가지 행위를 삼업(三業)이라고 합니다. 여기서 주목할 것은 겉으로 나타난 말이나 행동뿐만 아니라, 품고 있는 생각까지도 행위로 간주하는 것입니다.

이러한 삼업, 즉 우리가 한 생각 일으키고 말하고 행동한 기운은 잠재의식 속에 쌓이고 쌓인 업력은 그 다음 행위에 영향을 미치게 되고, 그것이 되풀이 되고 쌓이면 성격과 습성이 되며, 나아가 자기의 미래를 결정합니다. 뿐만 아니라 우리의 행위는 전 우주적인 영향을 미칩니다.

따라서 지금 나의 행위가 나의 미래를 창조해 가는 중요한 순간이 될 뿐만 아니라 다른 사람과 환경에 까지 큰 영향을 미치게 되므로 결과적으로 사회와 공동체의 미래를 결정하는 요인이 됩니다.

결국 개인의 행위가 모아진 것이 그 사회, 그 공동체의 모습이 되므로 나의 생각이나 말, 행동을 여법(如法)하게 하라는 것입니다. 그렇게 해서 진리의 세계에 눈뜨게 되는 것입니다.

따라서 불교는 지금 여기를 떠난 어떤 세계에 안주하라는 것이 결코 아닙니다. 부처님께서는 생존해 계실 때에도 당신의 가르침이 지금, 이곳의 문제를 여실히 보고 해결해 가는 것임을 누누이 강조하셨습니다. 그 가운데 한두 가지 예를 들어보면 『중아함』「전유경(箭喩經)」에 독화살의 비유가 있습니다.

부처님께서 기원정사에 계실 때의 일입니다. 기원정사는 사위성에서 남쪽으로 1마일쯤 떨어진 곳에 있습니다. 타원형의 숲인 기수급고독원(祇樹給孤獨園)에 아나타핀다카(給孤獨) 장자(長者)가 창건한 이 절은 부처님 일행이 실제로 가장 오랫동안 머물면서 많은 가르침을 폈던 장소입니다.

전성기의 기원정사는 7층의 대가람으로 모습이 자못 수려했다고 하는데 당나라의 현장 스님이 이곳을 방문하였을 때는 이미 황폐해 있었다고 합니다. 부처님께서 그 기원정사에 계시던 어느 날 마룽캬풋타라는 제자가 여쭈었습니다.

"부처님이시여, 세상은 언제 시작하고 언제 끝납니까? 영혼과 육체는 동일합니까, 별개입니까. 인간은 사후에도 존재하는지요?"

그때 명쾌한 대답을 기대하는 제자에게 부처님께서는 다음과 같이 말씀하셨습니다.

"마룽캬풋타여, 어느 사람이 독화살을 맞았다고 하자. 그때 이 화살은 누가 쏘았고, 어떤 방향에서 날아 왔으며, 독의 성분이 무엇인지 따지는 일이 급한가, 아니면 응급치료를 하는 것이 더 급한가?"

"물론 화살을 뽑고 응급처치를 먼저 해야 합니다."

그러자 다시 부처님께서 말씀하셨습니다.

"그와 같이 내가 가르치는 것도 형이상학적인 공론이 아니라, 현재 있는 고의 현실을 알고 이를 극복하는 일이다. 내가 한결같이 말하는 것은 괴로움과 그 괴로움의 원인, 그리고 괴로움을 멸하는 길이다. 이 가르침은 이치에 맞고 법에 맞으며 지혜와 깨달음의 길이요, 열반의 길이다."

역시 부처님이 기원정사에 계실 때의 이야기입니다. 기사 고타미라는 한 여인이 유복자인 삼대독자를 잃었습니다. 그녀는 아들의 시신을 끌어안고 슬픔에 복받쳐 울다가 미치다시피 하여 온 성안을 헤매고 다녔습니다.

그러다가 부처님께서 기원정사에 계시다는 소식을 듣고 찾아와 죽은 아들을 살려달라고 애원했습니다. 그러자 부처님께서는 마을에 내려가서 사람이 죽지 않은 일곱 집을 돌며 쌀을 한 줌씩만 얻어 오면 아들을 다시 살려주겠노라고 했습니다.

희망에 부푼 여인은 집집마다 다녀 보았지만 일주일 만에 빈손으로 돌아왔습니다. 그런 그녀에게 부처님께서 물었습니다.

"기사 고타미여, 사람이 죽지 않은 집이 있었는가?"

그 질문에 기사 고타미는 생사의 참모습을 깨치게 되었습니다. 불교는 죽은 사람을 살려내는 신비가 아니라, 죽음의 실상에 눈뜨게 함으로써 죽음의 공포로부터 자유로워지는 삶의 길입니다.

이처럼 지금, 여기의 생생한 삶의 문제를 중시하는 불교의 가르침을 미국의 저명한 종교학자인 휴스턴 스미스(Houston Smith)는 『인간의 종교』라는 책에서 '초월적 실용주의(transcendental pragmatism)'라고 부르기도 했습니다.

불교는 공리공론이나 다른 어떤 세계의 문제가 아니라, 우리가 현재 살아가고 있는 삶의 문제를 하나하나 해결해 가는 생생한 가르침인 것입니다.

모든 이에게 열려 있는 지혜의 문

🌀 누구라도 진리에 눈뜨면 부처님

불교의 핵심은 깨침입니다. 깨침을 연기라고 하든지, 공이라고 하든지, 마음이라고 하든지, 그것은 불이(不二), 즉 하나인 바탕입니다. 이것은 바로 불교의 평등관이 성립되는 기초입니다. 일체의 모든 존재가 분리될 수 없는 하나인 것은 본질적으로 평등하기 때문입니다.

이러한 불교의 평등관을 몇 가지로 나누어 보면 첫째는 인간과 부처님과의 평등이요, 둘째는 인간과 자연의 평등이요, 셋째는 인간과 인간과의 평등입니다.

첫째, 인간과 부처님과의 평등이란 중생과 부처가 본래 다르지 않다는 것입니다. 부처님은 깨친 사람입니다. 존재의 실상, 항상 한 진리에 눈뜬 사람을 붓다(Buddha), 즉 부처님이라고 합니다. 고타마 싯다르타 역시 정진 끝에 존재의 실다운 모습에 눈떴기 때문에 부처님이 된 것입니다.

마찬가지로 우리들 가운데 누구라도 그 진리에 눈뜨면 역시 깨달은 자(覺者)인 부처님인 것입니다. 이씨 성을 가졌으면 이 아무개 부처님이고, 김씨 성을 가졌으면 김 아무개 부처님입니다.

그러므로 부처님은 깨친 사람이고 중생은 장차 깨쳐 부처님이 될 사람이니, 깨침과 그렇지 못함의 차이이지 본질적으로는 차별이 없습니다. 이는 불교의 큰 특성입니다.

기독교의 경우에는 인간으로 태어난 사람 중에 신성(神性)을 갖춘 존재는 오직 예수님 한 분 뿐입니다. 따라서 그리스도라는 신성을 나타내는 자격은 예수 그리스도 한 분에게만 있습니다. 이것은 4세기 중엽에 니케아 종교회의에서 못 박은 기독교의 기본 입장입니다.

따라서 예수님 이외의 어떤 사람도 그리스도를 주장하는 것은 이단일 수밖에 없습니다. 통일교(統一敎)가 기독교로부터 이단시 되는 것도 이러한 관점에서 판단하면 대체로 틀림없습니다. 이처럼 기독교가 신과 인간의 건널 수 없는 강을 전제하고 있다면, 불교는 사람과 부처의 평등 위에서 시작하고 있는 것입니다.

둘째로 인간과 자연과의 평등입니다. 인간과 자연은 더불어 있는 존재로 분리할 수 없는 '하나'입니다. 이러한 불교의 자연관은 우리의 산수화에 잘 나타나 있습니다. 산수화는 불교로부터 깊은 영향을 받았다고 할 수 있습니다.

산수화를 보면 산, 물, 하늘, 구름 등의 대자연이 그대로 하나의 화폭에 담겨져 있습니다. 혹 사람이 있다면 자연과 더불어 있는 인간, 자연의 한 부분으로서의 인간이 한 점쯤으로 그려져 있을 뿐입니다. 불교에서의 자연이란 정복의 대상이 아니라 인간과 더불어 뗄 수 없는 하나이기 때문입니다.

현대문명은 지금 환경 파괴라는 심각한 문제에 직면해 있습니다. 이는 자연을 정복의 대상으로 여겨 함부로 파헤쳐 온 결과입니다. 이

러한 환경문제를 해결하기 위해 인류에게는 지금 인간과 자연이 공존
할 수 있는 자연과 인간이 평등하다는 불교적 자연관이 절실히 요청됩
니다.

뿐만 아니라 불교는 인간과 다른 생명도 평등하다고 봅니다. 즉 인
간을 수많은 생명 가운데 하나로 보는 것입니다. 불교가 인간만이 아니
라 모든 생명〔一切衆生〕을 살리고 제도하려는 것도 이 때문입니다.

마지막으로 인간과 인간의 평등입니다. 즉 인종과 계급과 빈부를
떠나 모든 사람은 평등합니다. 그것은 모두가 부처의 성품을 갖춘 거룩
한 존재이기 때문입니다.

부처님 당시의 인도는 사회적으로 사성계급(四姓階級)이 엄격했습
니다. 이 사성계급은 아리안족들이 인도에 정착해 가면서 통치수단으
로 형성한 것인데, 종교의식을 주관하는 사제계급(司祭階級)인 브라흐
만, 정치와 국방을 담당하는 왕족인 크샤트리아, 농상공업에 종사하는
평민인 바이샤, 노예인 수드라 계급으로 나뉩니다.

이들 계급은 혈통을 중시하여 결혼도 같은 계급끼리만 합니다. 노
예들은 어떤 경우에도 바라문교를 신앙할 수 없으며 사람대접도 받지
못했는데, 간디 시대에 이르러 법적으로 평등을 보장받았으나 아직까지
도 그 악습은 여전히 남아 있습니다.

어느 미국인이 인도의 시골을 여행하고 나서 쓴 글을 읽은 적이 있
습니다. 대낮인데도 옛날 우리나라 야경꾼이 가지고 다니며 신호하던
딱딱이 같은 소리가 나더랍니다. 웬일인가 싶어 곁에 있는 사람에게 물
어 보았더니, 불가촉(不可觸)의 천민이 골목을 지나가면서 자신과 접촉
하면 부정을 타니 나오지 말라는 신호라고 하더랍니다.

계급의식의 뿌리가 얼마나 깊은지를 충분히 짐작할 수 있는 얘기입

니다. 요즘도 그 정도인데 부처님 당시의 상황이야 오죽했겠습니까? 그런 상황 속에서 부처님은 이미 2천6백 년 전에 4성이 모두 평등하다고 하셨으니, 부처님이야말로 인도 역사상 최초의 평등사상을 주장한 선각자이십니다.

경전에 나타난 부처님의 평등사상은 다음과 같습니다.

사람의 귀천이란 인종이나 가문에 의해서 결정되는 것이 아니라, 그 사람이 하는 행위에 달려 있을 뿐이다. 출신에 의해 천민이 되는 것이 아니고 출신에 의해 바라문이 되는 것도 아니다. 네 가지 종족이나 계급은 그 사람의 혈통이나 신분에 따라서 차별되는 것이 아니다.

우리는 모두 똑같은 사람이다. 누구든지 번뇌가 없어지고 청정한 계행이 성취되어 생사의 무거운 짐을 벗어 버리고 지혜를 얻어 해탈을 얻는다면, 그 사람이야말로 사성 중에서 가장 뛰어난 사람이라 할 수 있을 것이다. 왜냐하면 진리만이 이 세상에서 가장 높기 때문이다.

이처럼 모든 사람이 평등하다는 부처님의 주장은 불교적 인간이해에 입각해서 볼 때 당연한 일입니다. 이러한 불교의 전통은 인도에서 오늘날 잘 전승되고 있습니다.

그 한 예로 인도에는 암베드카(Ambedkar) 박사가 이끄는 새 불교도, 즉 네오 부디스트(Neo-Buddhist)들이 있습니다. 암베드카 박사는 인도의 헌법을 기초하고 초대 법무장관을 역임한 분입니다. 그는 수드라 계급의 천민 출신이었습니다.

그 분은 평생 사성평등을 위한 인권운동에 헌신했는데, 부처님이야말로 인도 역사상 최초의 평등주의자인 것을 알고 그 숭고한 정신에 감복해서 불교에 귀의했습니다. 암베드카 박사가 불교에 귀의하게 되자 하루아침에 천민출신 몇 십 만 명이 함께 귀의했습니다. 그래서 지금 인도의 새 불교도는 대략 천만 명 정도가 된다고 합니다.

제가 몇 해 전에 인도에 갔을 때 이 새 불교도들의 센터를 찾은 일이 있습니다. 빈민촌에서 하루 벌어 하루 사는 그들이 외국에서 온 한 불교인의 방문에 몹시도 반가워하면서 뭔가 대접하려고 애쓰던 일이 지금도 기억에 남아 있습니다.

근래 이 새 불교도들은 부처님과 암베드카 박사의 뜻을 이어 인권운동과 남녀평등 운동의 기수로 활약하고 있습니다.

이와 같이 불교는 인간과 부처, 인간과 자연, 인간과 모든 생명, 인간과 인간이 본질적으로 다르지 않다고 보는 평등의 종교입니다. 그것은 하나 되는 사상을 기초로 모든 존재와 생명이 하나로 통해 있다는 세계관 위에 서 있기 때문입니다.

❀ 열린 종교로서의 가르침

불교는 열려 있는 종교입니다. 열린 종교란 진리에 대한 독선이 없는 개방적인 종교를 말합니다. 불교는 부처님께서 깨치신 존재의 참모습을 알리는 종교입니다.

부처님께서는, "연기의 진리는 내가 지은 것도, 다른 사람이 지은 것도 아니다. 여래가 이 세상에 나오던 나오지 않던 진리는 '항상 한' 것이다. 여래는 다만 이 진리를 깨쳐서 중생들에게 설할 뿐이다."라고 말씀하셨습니다.

여기에는 누구든지 '항상 한' 진리를 깨치면 부처님이 될 수 있다는 전제가 있습니다. 이 같은 입장에서 진리는 모든 사람에게 열려 있는 것이며, 불교에서는 진리에 대한 독단을 용납하지 않습니다.

이러한 열린 불교의 성격을 잘 나타내는 것으로 뗏목의 비유가 있습니다. 우리들이 살고 있는 현실세계는 괴로움이 있는 차안(此岸)입니다. 이 차안에서 괴로움의 강을 건너 저 평안의 언덕 피안으로 건너가기 위해서는 뗏목이 필요합니다. 그 뗏목, 혹은 배가 바로 다름아닌 종교입니다. 그런데 사람의 취향에 따라 작은 배를 타고 갈 수도 있고 큰 배를 타고 갈 수도 있습니다.

이 비유는 종교의 성격을 규정짓는 중요한 의미를 내포하고 있습니다. 우리가 괴로움이 존재하는 이 언덕에서 괴로움이 사라진 저 언덕으로 가는 것이 목적이니, 뗏목은 그 수단으로써 필요한 것입니다. 따라서 종교는 목적이 아니고 수단이며, 절대적인 것이 아니라 상대적인 것이 됩니다.

평화로움의 언덕에 가는 방법은 여러 가지가 있습니다. 사람의 취향에 따라 작은 배이거나 큰 배일 수도 있고, 혼자 타는 배이거나 함께 타는 동력선일 수도 있습니다. 이 배는 불교호일 수도 있고, 기독교호, 힌두교호, 이슬람교호일 수도 있습니다.

어떤 배를 탈 것인가 하는 선택의 문제는 각자에게 달려 있습니다. 그럼에도 불구하고 어느 특정한 배만 유일하다는 것은 독선이며, 여기에서 종교적인 편협성이 생겨나는 것입니다.

이 비유에서 우리는 종교의 가르침 자체도 마침내는 버려야 할 것이라는 교훈을 얻게 됩니다. 강을 건너가기까지는 자기가 타고 있는 배가 얼마나 소중한 것입니까? 그러나 목적지인 저 언덕에 다다르면 미련없이 버리고 배에서 내려와 저 언덕의 즐거움을 몸소 느껴야 합니다. 배가 소중하다고 하여 배안에만 머무르고 있다면 저 언덕에 도달한 아무런 의미가 없습니다.

부처님께서는 『중아함』「사유경」에서도 말씀하셨습니다.

"교법을 배워 그 뜻을 안 후에는 버려야 할 것이지 집착할 것이 아니다. 너희들은 이 뗏목처럼 내가 말한 교법까지도 버리지 않으면 안된다. 하물며 법 아닌 것이야 말할 것이 있겠느냐."

이처럼 부처님은 불교라는 가르침에도 집착하지 않는 열린 자세를 가르치고 계신 것입니다.

또 우리는 종교의 성전(聖典)이 어떤 기능과 역할을 하는지 알아야합니다. 종교 자체는 뗏목이고 배입니다. 그렇다면 팔만대장경과 성경은 한 장의 항해도이거나 나침반 정도에 비유될 수 있습니다. 성전은 진리를 설명하고 표현한 것일 뿐이지 진리 그 자체는 아닙니다.

성전의 역할을 알 수 있는 달과 손가락의 유명한 비유가 있습니다. 밤하늘에 달이 떠 있습니다. 그 달을 손가락으로 가리킵니다. 이 비유에서 달은 곧 진리이며 달을 가리키는 손가락은 성전이라고 할 수 있을 것입니다.

먼저 달을 본 사람이 손가락으로 달을 가리키는데 달을 보려는 사람의 시선이 손가락에만 머물러 있다면 정작 달은 볼 수 없게 됩니다. 손가락과 달을 분간 못하고 손가락에만 집착한다면 아주 안타까운 일입니다

부처님께서는 손가락의 유용성을 과소평가하거나 가볍게 보지는 않았으나 그것에 대한 집착과 오해를 크게 경계하셨습니다. 달은 꼭 손가락으로 가리키는 것도 아닙니다. 막대로 가리킬 수도 있고, 눈짓이나 몸짓으로 가리킬 수도 있습니다. 이처럼 가르침은 시간과 공간, 사람에 따라 달라질 수 있으므로 유한하고 상대적인 것입니다. 그것을 절대화해서는 안 되는 것입니다.

더구나 달과 손가락을 구별하지 못하고 혼동한다면 더 큰 문제에 빠지게 됩니다. 그래서 부처님께서는 『상응부』 경전에서 아름다운 비유를 통해 가르침의 성격을 잘 나타내고 계십니다.

부처님께서 코삼비 교외 숲 속을 제자들과 거닐 때의 일입니다. 마침 낙엽이 뒹굴고 있는 것을 보시고 부처님께서는 그 낙엽을 한 움큼 쥐며 제자들에게 물었습니다.

"내 손에 있는 나뭇잎과 저 숲 속에 있는 나뭇잎 중 어느 것이 더 많으냐?"

"그야 숲 속의 나뭇잎이 비교할 수 없을 만큼 많습니다."

그때 부처님께서 다시 제자들을 향해 말씀하셨습니다.

"비구들이여, 그와 마찬가지로 내가 설한 가르침은 손바닥의 나뭇잎 정도로 적고, 내가 설하지 않은 부분은 저 숲 속에 있는 나뭇잎처럼 많으니라."

여기에서 우리는 무한한 진리, 그 자체와 표현된 것의 유한성을 잘 알 수 있습니다. 불교는 세계의 어떤 종교보다도 많은 양의 성전을 보유하고 있습니다. 그것은 부처님께서 45년간을 한시도 쉬지 않고 만나는 사람 모두를 위해 간곡하게 설하셨기 때문입니다.

그러나 그렇게 방대한 경전이 있음에도 불구하고 그 표현되어진 가르침은 손바닥 위에 있는 나뭇잎에 불과하다고 하신 것입니다. 이는 달과 손가락의 비유와 더불어 종교에 있어서 성전의 위치를 가리키는 좋은 비유입니다.

우리는 표현되어진 것에 지나치게 집착하고 또 그렇게 집착할 때 여러 가지 어려움에 빠지게 됩니다. 즉 무한한 진리를 상대화하게 되고 표현되어진 것만 진리라고 절대화했을 때, 표현되어지지 않은 것은 거짓이라고 하는 어리석음에 빠지게 되는 것입니다. 그런 무지와 독단이 바로 자신의 종교만 '유일한 길'이라는 종교적 독선을 불러일으키게 됩니다.

불교는 '손가락과 뗏목'을 절대화하지 않습니다. 그러므로 길은 여럿입니다. 불교의 관용과 개방성은 오늘날처럼 종교가 다원화된 세계에서 절실히 요청되는 정신입니다. 따라서 열린 종교로서의 부처님의 가르침은 더욱 값지다고 하겠습니다.

이런 전통을 칼 야스퍼스는 "불교는 종교라는 이름으로 다른 종교를 탄압하고 폭력이나 종교재판, 종교전쟁을 일으키지 않은 유일한 종교"라고 말하고 있습니다. 불교는 이런 기초 위에 있기 때문에 2,600년의 오랜 역사에도 불구하고 종교나 신앙의 이름으로 다른 종교를 무시하거나 이교도를 탄압하는 종교재판과 종교전쟁을 일으키지 않은 유일한 세계종교라는 소중한 전통을 오늘날까지 지켜오고 있는 것입니다.

저는 이런 종교적 관용을 '본질적인 관용'이라고 표현합니다. 이런 관용은 일시적이거나 형편에 따라 나타나는 것이 아니라 위에서 살펴본 것과 같은 불교의 본질로부터 나온 것이기 때문입니다.

이런 불교의 전통은 유명한 아쇼카 대왕에게도 전승되어 모든 종교와 신앙을 존중하는 전통으로 이어지게 됩니다. 돌에 새겨진 그의 칙령에는 다음과 같이 나와 있습니다.

다른 사람의 신앙은 존경되어야 한다. 다른 사람의 신앙을 존경함으로써 스스로 자기의 신앙을 높이는 것이며 동시에 다른 이의 신앙에도 봉사할 수 있다. 만약 그와 같이 실천하지 않는다면 스스로 자신의 신앙을 해칠 뿐만 아니라 다른 이의 신앙도 해친다. 만약 신앙의 이름으로 또 자기 신앙을 영광되게 하기 위해서 스스로의 신앙을 높이고 다른 이의 신앙을 비하한다면 그는 반대로 그 자신의 신앙을 먼저 해치는 것이기 때문이다.

타인의 신앙을 존중하는 것이 나의 신앙을 존중하는 것이며, 반대로 타인의 신앙을 해치는 것이 먼저 자기의 신앙을 해친다는 말입니다. 이 것은 바로 불교의 열린 태도를 보여주는 것으로서 종교간의 상호이해나 바람직스러운 만남을 위해서도 꼭 음미해 볼 소중한 말씀이라고 생각합니다.

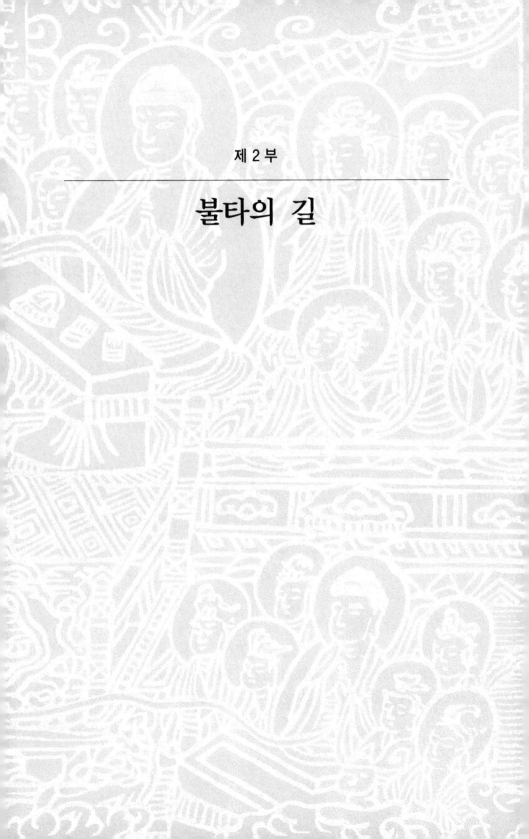

제 2 부

불타의 길

제 2 장

인간 싯다르타, 새 길을 열다

인도의 어제와 오늘

◉ 자기완성을 위한 인도인의 삶

인도는 면적이 옛 소련을 제외한 전 유럽보다 넓을 정도로 거대한 나라입니다. 남쪽은 뜨거운 태양이 내리쬐는 열대인가 하면 북쪽의 히말라야 산맥은 일 년 내내 만년설로 덮여 있습니다. 또 통계에 의하면 인도인들이 사용하는 언어는 200여 종이나 된다고 합니다. 한마디로 꼬집어서 정의하기 힘든 나라가 인도입니다.

몇 해 전에 문화 교류 프로그램의 일환으로 저는 인도에 다녀오면서, 인도는 원시와 현대가 공존하는 나라라는 인상을 제일 먼저 받았습니다. 인도의 수도 뉴델리는 서구의 어느 도시 못지않게 잘 꾸며져 있습니다. 특이한 것은 그런 시내를 최신형 자동차가 달리는가 하면 마차와 우차도 함께 다닙니다. 또 고삐도 없는 소가 거리를 활보합니다. 그런데도 경적을 울리거나 조급해 하지 않고 지나갈 때까지 기다립니다. 그래서 저는 인도에서 하루라도 마음 편하게 살려면 기다릴 줄 아는 미덕을 먼저 배워야겠구나 하고 생각했습니다.

또한 인도에서 받은 인상적인 느낌은 주체적인 삶이 그대로 보전되어 있으며, 결코 남의 눈치를 보지 않고 그들 나름의 삶을 영위하고 있다는 것입니다. 즉 의식주 생활 속에 인도적인 삶이 그대로 살아 있다는 것입니다.

우리는 5천 년의 역사와 전통이 있지만, 지금 생활 속에 우리적인 것이 얼마나 보존되고 있습니까? 입는 것, 먹는 것, 사는 것이 거의 서양화되어 있지 않습니까? 그런데 인도는 아주 달랐습니다. 옷은 전통적 의상을 그대로 입었는데, 특히 여성들은 거의 모두가 전통적인 사리 차림이었습니다. 음식도 인도 전통음식을 자랑스럽게 즐기고 있었으며 호텔 같은 데서도 인도 전통음식은 굉장히 싼 편이었고, 양식은 아주 비쌌습니다. 음식을 먹는 것도 전통적인 방법으로 젓가락이나 포크 등을 사용하지 않고 손으로 직접 집어서 먹습니다.

외국인과 함께 식사를 하는 귀부인도 당당하게 손으로 음식을 들면서 추호도 부끄럽다거나 남의 눈치를 보지 않습니다. 손으로 음식을 먹는다면 이상하게 생각하는데, 그것은 우리의 선입관입니다. 오히려 손을 깨끗이 씻고 음식을 직접 집어 먹으면 음식의 맛이나 향기와 함께 촉감도 느낄 수 있습니다.

중요한 것은 자기 것에 대한 긍지와 당당함입니다. 세계 어느 곳이든지 안 들어간 데가 없는 코카콜라가 유일하게 상륙을 못한 나라가 인도입니다. 주택에 대한 개념도 우리는 투기의 대상이 되고 있는 경우가 많은데, 인도에는 아직도 시골에 가면 토담집에 초가가 있고 박 넝쿨에 주렁주렁 박이 달려 있는 것을 볼 수가 있습니다. 마치 고향에 온 듯한 착각을 일으키게 했습니다.

이렇게 현대적인 것과 더불어 전통적인 것이 면면이 살아있는 인도인의 주체적인 삶은 과연 어디에서 나오는 것일까요? 저는 그 바탕이 되는 것이 무엇인지 궁금했습니다. 왜냐하면 비록 물질적으로는 부족

해도 당당하고 인도적인 것을 떳떳하게 생각하는 것이 부러웠기 때문입니다. 거기에서 제가 발견한 것은 종교적 전통과 사상이 맥맥이 살아 있다는 것이었습니다. 그러면서 인도의 전통적인 삶을 생각하게 되었습니다.

인도 사람들은 전통적으로 삶을 네 단계로 나눕니다. 첫 단계는 범행기(梵行期)라 하여 8~9세부터 20세까지 스승을 모시고 베다 등의 고전을 배웁니다. 다음 단계인 가주기(家住期)는 집에 머무는 기간입니다. 공부를 마치고 집에 돌아와 결혼을 하고 직업을 갖고 가정과 사회생활을 꾸려 나가는 기간입니다.

그러나 인도인들의 독특한 삶은 가주기에서 머무는 것이 아니라 다른 차원의 삶을 추구합니다. 즉, 가주기를 통해 자식을 낳고 사회생활을 하다가 그 자식을 결혼시켜 손자를 볼 때쯤 되면, 지금까지의 삶을 정리하고 참 나를 찾아 나섭니다.

이 단계가 세 번째의 임서기(林棲期)로 산림 속에 들어가 사는 기간입니다. 이때에는 부부가 생존해 있으면 함께 숲속에 들어가 명상을 하면서 자아를 찾고 자기를 완성해 가는 일에 전념합니다. 즉, 참 인생을 시작하는 단계라고 할 수 있습니다.

마지막으로 네 번째 단계는 유행기(遊行期)입니다. 이 단계에선 임서기를 통해 시작된 자아 완성의 훈련을 전적으로 실천해 가는 기간입니다. 부부간에도 헤어져서 각자 이곳저곳을 다니면서 현자를 만나기도 하고 자기완성을 위한 노력을 계속해 가는 생애의 마지막 단계입니다. 인도에서 출가제도가 발달한 것도 이러한 배경에서입니다.

이 전통적인 네 단계 삶의 독특한 특징은 삶의 방향이 물질이나 명예의 추구가 아니라 나의 완성, 즉 해탈로 향해 있다는 것입니다. 교육을 받고 사회생활을 하는 것으로 삶을 마치는 것이 아니라, 그런 일상적 삶은 더 높은 차원의 삶을 살기 위한 예비적인 단계에 지나지 않는다는 것입니다.

이렇게 삶의 목표가 해탈이나 자기완성에 있기 때문에 겉으로 보면 세속적인 생활을 무시하는 것처럼 보일 수도 있습니다. 그러나 해탈이란 생의 목표가 분명할 때 교육이나 가정생활 등은 그 지고한 목표를 향해 가는 과정이며, 따라서 거룩한 일들일 수밖에 없습니다. 그런 목표가 없을 때의 교육은 단순한 지적 호기심의 충족이나 사회 진출을 위한 수단이 될 수밖에 없습니다.

가정생활이나 사회생활도 마찬가지입니다. 그런 삶의 목표가 분명해졌을 때 가정은 그 목표를 실현해 가는 도량이며, 가족은 그 목표를 실현해 가는 진리의 길동무가 될 수 있습니다. 직장생활도 삶의 목표가 없이 단순한 생계유지의 수단이 될 때, 그것은 얼마나 따분한 일이겠습니까?

그러나 자기완성을 추구해 가는 과정으로서의 일상은 순간순간이 거룩한 시간이며, 하는 일이 그대로 거룩한 과정으로 살아날 수 있습니다. 오늘날의 인도 사람들이 얼마만큼 이러한 전통적 삶의 단계에 따라 사는지는 잘 모르지만, 적어도 그런 정신이 그들의 삶에 깊은 영향을 주고 있으리라는 데는 의심이 없습니다.

여기서 우리들이 현재 잃고 살아가는 소중한 것을 생각해 봅니다. 그것은 다름 아닌 굳건한 삶의 목표입니다. 우리는 그것을 상실한 채 바쁘고 분주하기만 합니다. 때로는 아귀다툼을 하기도 합니다. 그런데 왜, 무엇을 위한 것인지 챙겨 볼 여유도 없습니다.

경에 보면 이런 우화가 있습니다.

토끼 한 마리가 도토리나무 아래에서 낮잠이 들었는데, 도토리 하나가 잠든 토끼 머리 위로 툭 떨어졌습니다. 잠결에 놀란 토끼는 무슨 변이라도 생긴 줄 알고 놀라서 뛰기 시작하였습니다.

곁에 있던 다른 토끼들도 그걸 보고 '야, 이거 무슨 일이 난 모양이구나' 하면서 뛰었고, 온 산의 짐승들이 덩달아 뛰기 시작했습니다. 한번 뛰기 시작하니까 서로 앞장서기 위해 더욱 치달립니다.

사자가 그걸 보고 '야 이거 큰일 났구나. 저러다가 낭떠러지라도 나타나면 큰일인데……' 하면서 위엄을 갖추고 그들 앞으로 나가 길을 막고 물었습니다.

"너희들 어디를 향해 뛰어가고 있느냐?" 그러나 아무도 대답을 못했습니다. 사자가 다시 물었습니다. "그러면 왜 무엇을 위해 그렇게 뛰는가?" 역시 아무도 답을 못했습니다.

'어디를 향해 뛰고 있는가?' '무엇을 위해 뛰는가?'하는 이 사자의 물음은 바로 오늘을 사는 현대인들에게 던져질 질문인데 바로 인도는 그 질문을 우리에게 던지고 있습니다.

분주한 일손을 잠시 놓고 '왜', '무엇을 위해서' 이렇게 바쁜지 우리 자신을 한번 챙겨 봅시다. 왜냐하면 그런 반성을 통해 우리는 삶의 목표와 방향을 더욱 굳건히 세워 갈 수 있기 때문입니다. 인도는 우리에게 삶의 목표가 물질적 추구, 즉 눈앞에 있는 것만이 최선인가 하는 질문을 던지고 있는 것입니다.

✸ 불교가 태동할 무렵, 인도의 큰 변혁

부처님께서 생존해 계실 당시의 인도는 큰 변혁기에 있었습니다.

인도는 원래 피부색이 검고 코가 낮은 원주민들이 지금으로부터 6천여 년 전에 이미 찬란한 문명의 꽃을 피웠습니다. 그것이 세계 4대 문명 중의 하나인 인더스 문명입니다.

그런데 지금부터 3천5백여 년 전인 B.C. 15세기경에 피부색이 희고 코가 높은 인종인 아리아인들이 침입해 들어오고부터는 이들이 인도 문화를 주도하게 되었습니다. 처음에 인더스강 유역에 정착했던 아리아인들은 차츰 동쪽으로 생활 근거지를 옮겨 갠지스강 상류 지역에 작은 촌락을 형성하고 목축과 농경에 종사하게 되었습니다.

이들은 태양, 번개, 폭풍, 바람, 새벽, 물, 산 등 모든 자연현상을 신격화하여 그 신들을 찬미하고 제사를 드리는 종교생활을 하였습니다. 이들 모든 신들은 원리적으로 브라흐만 신에 통합되기는 하지만, 실제로 오늘날까지도 다양한 신들이 그대로 경배의 대상이 되고 있습니다. 이들은 베다라는 성전을 받들고 있었는데, 이 종교를 바라문교라 불렀습니다.

이러한 종교적 분위기 속에서 자연히 신과 인간을 중개해 주고 제사와 같은 종교의례를 전문적으로 맡은 바라문이라는 사제계급(司祭階級)이 부상하게 되었고, 그들은 이른바 4성계급(四姓階級)이라는 독특한 계급제도를 형성해 갔습니다.

4성은 사제계급인 바라문을 정점으로 왕족, 평민, 노예 등의 네 계급을 수직적으로 나눈 것입니다. 각 계급은 세습되었고 직업도 계급에 따라 결정되었으며, 결혼도 같은 계급끼리만 하도록 되어 있는 엄격한 신분제도였습니다.

불교가 태동할 무렵에 이러한 바라문 중심의 전통사회에는 큰 변동이 일어나기 시작했습니다. 그 변동은 아리아인들이 비옥한 갠지스강 중류 지방으로 이주하면서 눈에 띄게 나타났습니다. 농업생산이 늘어나고 인구가 집중되면서 곳곳에 도시가 발달하기 시작하였으며, 정치적으로는 군소부족이 통합되어 강대한 국가체제가 나타나기 시작하였습니다.

부처님 당시의 인도에는 16국의 큰 나라가 있었다고 합니다. 이들 대국에는 왕권이 신장되어 왕족계급이 새로운 실력자로 등장하였습니다. 또 경제적으로도 도시가 발달하자 상업과 수공업이 활발해지면서 자본가들도 새로운 실력자가 되었습니다.

이들 상공업자들은 조합을 형성해서 도시 안의 경제권을 장악해 나갔는데, 경전에 많이 언급되는 '장자(長者)'들은 이들 조합의 우두머리를 가리키는 칭호입니다.

이처럼 정치 경제적으로 국왕과 자산가들이 큰 세력을 가지게 되자, 바라문을 정점으로 하던 사회구성에도 큰 변화가 일어나 4성계급 자체가 크게 흔들리는 시기를 맞게 되었습니다.

그런가 하면 사상적으로도 큰 변혁기에 있었습니다. 도시가 발달되고 상공업이 발달하면서 기존의 사회 체제가 크게 흔들리는 가운데 전통적인 바라문교에 반기를 들고 일어나는 새로운 사상가들이 여기저기에서 출현하기 시작했습니다.

이들 새로운 사상가들은 출가하여 유행하면서 살았는데, 그들을 통틀어 사문(沙門)이라고 불렀습니다. 이들 사문들의 집단은 자이나교의 자료에 따르면 363종, 불교의 자료에 의하면 62종이나 있었다고 하니 그야말로 당시는 사상의 백가가 쟁명(爭鳴)하는 시대였다고 할 수 있겠습니다.

그중 대표적인 것을 경전에서는 육사외도(六師外道), 즉 불교와 다른 사문이라 해서 여섯을 들고 있습니다. 이들의 공통점은 베다의 권위를 부정하고, 만물이 브라흐만 신으로부터 나왔다는 바라문교의 입장에 반대하여, 만물과 인간은 지(地), 수(水), 화(火), 풍(風) 등 실재하는 요소로 구성되었다고 보았습니다.

이들 사문들은 선악의 행위가 어떤 결과를 가져오는가, 그렇지 않은가 하는 문제를 중심으로 각기 견해를 피력하였습니다. 이들 가운데는 사람을 죽이거나 남의 물건을 훔쳐도 악을 행하는 것이 아니며, 선악의 행위는 도덕적 결과를 초래하지 않는다는 도덕 부정론자도 있었고, 인간의 삶은 단지 과거의 업에 따라 정해진 대로 운명이 풀려갈 뿐이라는 숙명론자도 있었습니다. 그런가 하면 감각적 쾌락만을 즐기는 쾌락주의자도 있었고, 일체의 질문에 대답을 회피하는 불가지론자도 있었습니다.

또 자이나교처럼 영혼을 자유롭게 하기 위해서는 업의 속박을 끊어야 한다는 견해도 있었고, 이를 위해 자이나교도들은 엄격한 계율을 지키며 극단적인 고행을 하였습니다. 수행자는 몸에 실오라기 하나도 걸치지 않은 나체로 고행을 해야 하며, 단식수행으로 굶어 죽는 것이 종교적인 미덕으로 찬양되기도 하였습니다.

재가인들도 철저한 불살생계를 지킬 것이 요청되어 농사를 짓는 일이나, 나무를 자르는 일 등은 할 수가 없었습니다. 왜냐하면 그런 일을 할 때, 새나 벌레 등을 해칠 염려가 있기 때문입니다. 그래서 자이나교도들은 소매업이나 대금업에 종사할 수밖에 없었습니다. 그 결과 인도 민족자본의 반 이상이 전체 인구의 0.5%에 불과한 자이나교의 수중에 들어가 있기도 합니다.

당시 사문들의 수행방법은 선정을 닦는 것과 육체의 속박으로부터 영혼을 해탈시키려는 고행의 두 가지로 집약될 수 있습니다.

인간선언, 룸비니에 나시다

✤ 새로운 가르침이 절실히 요청되는 시대

불교가 출범할 당시는 다양한 사상들이 출현하였는데, 이러한 현상은 바라문교의 타락과도 무관하지 않습니다. 특히 신과 인간을 연결해 주는 사제 역할을 담당한 바라문들은 제사를 지내고 공물을 바쳐야 소원을 이룰 수 있다 하여 종교적인 의식을 점차 복잡하게 만들어 갔습니다.

그것은 스스로의 지위와 권위를 지켜가는 방법이기도 했습니다. 그럴수록 종교는 주술적 속신으로 전락할 수밖에 없게 됩니다. 이것은 불교가 태동될 당시의 바라문교가 안고 있던 문제이지만, 그 유사한 모습을 바라문교의 전통을 이어 온 오늘날의 힌두교에서도 얼마든지 볼 수가 있습니다.

인도에 갔을 때 저는 바라나시에서 불교라는 새로운 종교가 탄생될 수밖에 없었던 바라문교의 문제점을 짐작할 수 있었습니다. 바라나시에 있는 갠지스강은 일찍부터 힌두교인들에게 있어 최대의 성지입니다. 힌두교도들은 갠지스강 자체를 신성시해서 그 강물에 목욕을 하면 모든 죄가 씻어지고 죽고 나면 천상의 세계에 태어난다는 믿음이 있었습니다.

특히 그곳에서 생을 마치면 다시 하늘에 태어난다고 해서 인도 각지에서 죽음을 맞으러 그곳으로 몰려듭니다. 돈이 있는 사람들은 강 언덕의 별장에 방을 빌리고 그렇지 않은 사람들은 정부에서 지은 방갈로 같은 데서 머물게 됩니다. 그것도 여의치 않으면 노천에라도 머물면서 기력이 있는 한 갠지스강에서 아침마다 목욕하고 기도하다가 죽음을 맞게 됩니다.

그리고 강둑에서는 그렇게 생을 마친 사람들을 장작을 쌓고 그 위에 얹어 그냥 노천에서 태웁니다. 그래야 생천(生天)한다고 믿기 때문입니다. 저는 밤에 배를 타고 오르내리면서 화장하는 모습을 보았습니다. 캄캄한 밤이기 때문에 장작불이 환하게 타오르고 불똥과 재가 여기저기 튀는 모습이 보였습니다. 그야말로 삶과 죽음의 적나라한 모습을 그대로 보는 충격적인 장면이었습니다. 화장한 후 재는 그대로 강에 뿌려집니다.

새벽 6시쯤 먼동이 틀 무렵이면 바라나시의 사람들이나 순례객들은 강에 나와 목욕을 하고 주문을 외우면서 기도를 합니다. 그 물을 떠가 기도 하고 그 물로 양치질도 하며 그야말로 문전성시를 이룹니다. 보통 사람의 눈으로 보면 그 강물은 더럽기 짝이 없는 물입니다. 왜냐하면 바라나시 하수구의 오물이란 오물은 다 흘러들어오고 사람을 화장한 재, 동물 죽은 것 등이 다 버려지는 물이기 때문입니다. 그러나 그것이 그들에게는 말할 수 없는 성수입니다. 그야말로 더럽고 깨끗한 것도 초월한 듯한 모습들이었습니다.

한편에서는 일단의 사람들이 강둑에 파라솔 같은 것을 세워놓고 목욕을 하고 나온 사람들에게 축복을 해 주고 있었는데, 바로 바라문들이었습니다. 그들은 찾아오는 사람들의 이마에 물을 뿌리며 축복을 해 주었습니다. 젊은 사람에서부터 나이든 사람에 이르기까지 참으로 다양한 모습들이었습니다. 호기심이 발동한 저는 그들에게 축복을 원했습니다. 그들은 저에게 물을 뿌려주고 축복의 주문을 외워 주었습니다. 저는 축복해 준 대가로 얼마를 내야하는지 알 수가 없기에 그들에게 물었습니다.

주고 싶은 대로 내면 된다기에 우리 돈으로 40원 정도 되는 1루피짜리 지폐 한 장을 주었더니, 안색이 달라지면서 돈을 더 요구하는 것이었습니다. 그래서 주고 싶은 대로 내라고 했지 않느냐고 했더니 그것 가지고는 부족하다고 하여 얼마를 더 주었습니다. 저는 눈앞에서 당당히 손을 벌리는 바라문의 모습과 갠지스강에서 벌어지는 광경을 통해서 2천6백 년 전에 새로운 종교가 요청되었던 현실을 보는 듯했습니다.

그리고 부처님께서 정각을 이루신 다음, 첫 가르침을 펴시면서, "이제 감로의 문을 열겠노라. 귀 있는 자는 들으라. 낡은 믿음을 버려라." 하고 외치셨던 부처님의 마음을 조금은 헤아릴 수 있었습니다. 그리고 부처님의 초전법륜(初轉法輪), 즉 첫 가르침이 바로 바라나시의 외곽인 녹야원에서 있었던 일도 결코 우연한 일이 아니었구나 하는 생각도 했습니다.

당시 인도는 의례 중심의 형식적인 종교와 사제 중심의 낡은 종교로부터 인간의 근원적인 문제를 풀어가는 실천적인 종교가 필요했던 것입니다. 모든 생명에게 열려 있는 새로운 가르침이 절실히 요청되는 시대였습니다.

부처님의 가르침은 이러한 요청에 부응하여 모든 종교적 미신을 털어 버리고 모든 생명들에게 지혜의 길을 제시하는 새로운 종교, 사상으로 그 역사적인 모습을 나타내게 되었던 것입니다.

✪ 하늘 위와 하늘 아래 나 홀로 높다.

영국의 공리주의 철학자 밀(J. S. Mill)은 "소크라테스가 이 세상에 있었다는 사실을 인류가 아무리 상기해도 부족하다."고 했습니다. 저는 부처님께서 이 세상에 사셨다는 사실이야말로 우리에게 무한한 용기와 희망을 주는 일이라고 생각합니다. 왜냐하면 부처님이야말로 인간의 가능성을 여실하게 아셨고, 그 실현의 길을 우리에게 전해 주신 인류의 영원한 스승이기 때문입니다.

부처님의 출생 연대에 관해서는 많은 학설이 있었습니다. 지금은 '세계불교도우의회'에서 그 연대를 통일해서 세계 공통의 불기를 사용하고 있습니다. 1956년을 불기 2500년으로 통일했습니다. 그런데 불기는 부처님께서 돌아가신 해를 기준으로 삼았기 때문에, 탄생연대는 80세를 사셨으므로 80을 더해야 합니다. 그렇게 계산하면 B.C. 624년경입니다

부처님께서는 지금의 인도와 네팔 국경 근처에 있었던 카필라성의 왕인 숫도다나왕과 마야 부인 사이에서 태어났습니다. 숫도다나왕과 마야 부인이 오랫동안 자식을 기다리다 단념을 하고 있었을 때, 마야 부인의 몸속으로 흰 코끼리가 들어가는 꿈을 꾸고 아기를 가졌습니다.

산달이 되어 당시의 풍습에 따라 마야 부인은 해산을 위해 친정으로 가던 중에, 아름다운 꽃이 만발한 룸비니 동산을 지나다 산기를 느끼게 되었습니다. 일행은 나무 그늘 밑에 휘장을 치고 부인은 무우수 가지를 잡고 오른쪽 옆구리로 아들을 낳았다고 합니다.

오른쪽 옆구리로 낳았다는 것은 사실적인 표현이기 보다는 상징적인 표현으로 태자의 신분이 왕족인 크샤트리아임을 나타냅니다. 베다

에 보면 브라만은 머리로 태어나고, 왕족은 옆구리로 태어나고, 평민은 허벅지로, 노예는 발바닥으로 태어난다고 했기 때문입니다.

지금 부처님의 탄생지인 룸비니는 네팔의 타라이 지방에 속해 있습니다. 그곳에는 마야 부인을 기리는 절이 있고, 마야 부인이 목욕을 했다는 연못도 있습니다. 후에 아쇼카(Ashoka)왕은 이곳을 방문하고 돌을 깎아 높은 석주를 세우고 명문을 새겼습니다.

"즉위 20년에 친히 이곳을 방문하고 공양을 드리다. 여기가 사캬무니 붓다가 태어난 곳이기 때문이다."

19세기 말경에 이 석주가 발견되어 부처님의 탄생지를 확인할 수가 있었습니다. 부처님의 성은 고타마였고 어릴 때의 이름은 싯다르타였습니다. 부처님을 석가모니, 혹은 석존이라 부르는 것은 석가족의 성인, 석가족의 존자(尊者)라는 뜻을 가지고 있습니다.

인도를 비롯한 남방불교의 여러 나라에서는 부처님이 태어나신 날을 '위샥'(4, 5월)이라 해서 성도·열반과 함께 봉축하고 있습니다. 우리나라에서는 부처님 오신 날을 음력으로 4월 초파일에 봉축하고 있습니다. 경전에 의하면 부처님은 태어나자마자 사방으로 일곱 발자국을 걸으시면서 한 손으로는 하늘을, 다른 한 손으로는 땅을 가리키며 외쳤다고 합니다.

"하늘 위와 하늘 아래 오직 나 홀로 높다. 온 세상이 고통 속에 있으니 내 이를 평안케 하리라."

이는 '탄생게'라고 불리는 유명한 선언으로, 부처님 나아가서는 불교의 기본을 잘 나타내는 가르침으로 이해되고 있습니다. 금방 태어난 아기가 어떻게 사방으로 걸을 수 있으며 그런 외침을 할 수 있겠느냐는 사실적인 입장보다는 거기에 담긴 뜻을 잘 이해해야 할 것입니다.

이 탄생게에는 두 가지의 의미가 담겨 있습니다.

첫째로 부처님께서는 참 생명의 소식을 전하고 일깨우기 위해서 이 땅에 오셨다는 것입니다. 그 소식이 바로 '하늘 위와 하늘 아래 오직 나 홀로 높다〔天上天下唯我獨尊〕'는 선언입니다. 이는 흔히 오해되고 있듯이 '나 혼자만 제일이다'하는 유아독존(唯我獨尊)격의 말이 아니라 위대한 인간선언이며 생명선언인 것입니다.

여기서 잘 이해해야 할 것은 아(我)라는 낱말입니다. 아는 개체아적인 나가 아니라 보편적인 나, 즉 인간성을 가리키는 말입니다. 따라서 하늘 위와 하늘 아래 나 홀로 높다는 말은 개별적인 내가 다른 사람보다 높다는 것이 아니라 보편적인 인간성이 가장 존귀하다는 선언입니다. 여기서의 '나'는 나와 이웃, 나와 우주가 하나인 그런 큰 나, 참 나를 가리킵니다. 그런 '하나'인 바탕이 우리의 본 모습입니다. 부처님께서는 그런 나를 북돋우고 일깨우기 위해 이 세상에 오셨던 것입니다.

따라서 이 탄생게야말로 인류 역사상 최초의 대 인간선언이요, 생명선언이라 할 수 있습니다. 우리는 인간선언, 인본주의하면 르네상스를 떠올리지만, 서양의 르네상스는 반쪽 인도주의요, 반쪽 인본주의에 불과합니다. 왜냐하면 서구의 인본주의에서 말하는 인간은 개별적인 나를 가리킬 뿐이기 때문입니다. 즉 나와 남이 나뉘어 대립하는 나요, 나와 자연이 나뉘어 대립하는 그런 개별적인 나입니다.

서양의 인본주의는 중세의 신본주의(神本主義)에 대한 반대운동으로 일어났기 때문에 불행하게도 하늘같은 나, 참 인간성은 간과하고 말았습니다. 참 인간성을 간과한 나는 불교적으로 보면 표층의 감각, 지각하는 차원의 나에 불과합니다. 그 표면의 나만을 인간의 전체적인 모습으로 단정한 것은 얕은 인간 이해에 불과합니다. 그래서 더 깊은 곳의 나, 여여한 여래의 씨알인 불성(佛性)으로서의 참 나를 놓치고 있는 것입니다. 이런 얕은 인본주의는 결국 현대인에게 인간 상실, 자기 상실의 병이라는 결과를 가져왔습니다.

서양의 인본주의가 감각을 충족하는 방향으로 흘러왔기에 현재의 문명 역시 그런 쪽으로 치달아 왔습니다. 그것이 물질문명의 당연한 귀결입니다. 그러나 눈, 귀, 코, 입 등을 충족시키는 방향으로 치달으면 치달을수록 깊은 곳의 본래적인 참 나는 게을리 되고 잊어버리게 됩니다. 그 결과가 자기 상실입니다.

저는 이런 얕은 인본주의를 최고의 사상으로 여기게 된 우리의 현실을 서글프게 생각합니다. 그것은 서구 중심, 서구 일변도의 식민교육의 결과라고 할 수 있습니다. 오늘날 인간과 인간의 관계가 단절되고 인간과 자연의 관계가 파괴 일변도로 치닫고 있는 것도 그런 인간관에서 나타날 수밖에 없는 현상입니다. 여기서 우리는 저 룸비니에서 있었던 부처님의 인간선언을 다시 경청하고 마음에 새겨야만 합니다. 세계는 지금 인간과 인간, 인간과 자연의 조화로운 공존과 평화로운 관계를 회복하기 위해서 나와 이웃, 나와 자연이 하나인 세계관을 애타게 찾고 있기 때문입니다.

룸비니의 아름다운 동산에서 사방으로 일곱 발자국을 떼어 놓으며, 하늘과 땅을 가리키던 어린 싯다르타의 몸짓은 나와 우주가 하나 되는 우주적인 춤입니다. "하늘 위와 하늘 아래 나 홀로 높다."라는 외침은 하나인 세계, 참 생명의 진언(眞言)이었습니다.

둘째로, 부처님께서는 고통 속에 빠져 신음하고 있는 우리들과 아픔을 함께하고 중생들을 평안케 하기 위해서 오셨다는 것입니다. '온 세상이 괴로움 속에 있으니, 내 이를 마땅히 평안케 하리라〔三界皆苦吾當安之〕'는 말씀은 바로 이런 의미를 지니고 있습니다.

부처님께서 깨친 후 45년 동안의 삶은 중생의 아픔을 치료해 주는 실천으로 일관되었습니다. 그런 실천은 동체자비의 삶으로 나타났으며, 그것은 하나인 생명자리, 하나인 원천에서 흘러 나오는 삶의 몸짓이었습니다. 따라서 탄생게에는 불교의 기본이 모두 배어있습니다.

우리는 해마다 부처님 오신 날을 맞습니다. 이 날은 단순히 과거에 있었던 일의 회상이나 기념일이 아니라, 오늘 여기에 부처님께서 여여히 오시는 날로 삼아야겠습니다. 그것은 하나인 생명을 북돋우고 나와 이웃, 인간과 자연의 단절된 관계를 회복해야만 가능합니다.

그러기 위해서 우리는 먼저 나와 가장 가까운 사람들과 진실로 가까워지는 일부터 시작해야 합니다. 우리는 의외로 가장 가까워야 할 사람과 벽을 쌓고 있습니다. 그 벽을 허물어야 합니다. 그리고 우리와 만나는 모든 생명을 부처님으로 모시고 받들어야 합니다. 그때 부처님은 여여한 모습으로 오십니다.

아내를 여여한 부처의 씨알로 모실 때, 남편을 부처님으로 받들 때, 노동자를 부처님으로 모실 때, 학생을 부처님으로 모실 때, 스승을 부처님으로 모실 때 부처님은 우리 앞에 오십니다. 그들 모두가 참 생명이요, 여여한 부처의 씨알들이기 때문입니다. 참 불공(佛供)은 이들 살아있는 부처님을 잘 모시는 것, 우리의 산하, 우리의 국토를 맑고 깨끗하게 가꾸는 것, 버림받고 외로운 사람들의 고통을 나의 고통으로 함께 나누고 잘 받들고 모시는 일입니다.

부처님은 그런 불공을 가르치시기 위해 이 땅에 오셨던 것입니다. 우리들의 가정, 이웃, 일터, 학교, 사회의 모든 자리에서 부처님이 오시도록 노력하지 않으면 안 됩니다. 그럴 때 참 인간, 참 생명의 꽃이 연꽃처럼 피어나 정토를 장엄하게 될 것입니다.

위대한 포기, 출가의 길

◉ 부족함이 없었던 싯다르타의 출가 동기

종교심리학자 윌리엄 제임스(W. James)는 『종교체험의 제 현상』이라는 저술에서, 종교에 입문하는 사람들의 유형을 크게 '건강형(Healthy minded)'과 '병적인 형(Sick minded)'으로 나누고 있습니다.

건강형이란 종교에 귀의한 것이 어떤 특별한 동기나 계기보다는 일반적인 여건에 따라서 평범하게 된 경우입니다. 예를 들어 가정이 원래 신앙이 있었다거나 친구를 따라 절이나 교회에 갔다가 그냥 계속해서 다니게 되는 것 등을 말합니다. 이런 사람들에게 종교는 삶의 모든 것이 아니라 한 부분입니다.

그런데 반해 병적인 형은 이러한 평범한 신앙이 아니라 삶이 그야말로 뛰어넘을 수 없는 큰 벽에 부딪혔다거나, 막다른 골목에 이르러 삶에 큰 회의를 느끼고 귀의하는 경우입니다. 나고 죽는 문제, 생의 무상 등은 그런 계기가 됩니다. 그들에게 종교란 삶의 일부가 아니라 전부입니다. 왜냐하면, 그런 문제를 풀지 않고는 더 이상 삶의 의미를 찾을 수 없기 때문입니다. 인류 역사상 위대한 천재적 종교가들은 대부분

이런 유형에 속합니다.

이 분류에 따른다면 부처님은 전형적으로 병적인 형에 속합니다. 그는 삶에 대한 깊은 회의로 인해 이 문제를 해결하지 않고는 어떤 것도 삶의 의미를 못 느끼기에 그 막다른 상황에서 출가를 한 것이기 때문입니다. 부처님의 개인적 배경은 일반적인 기준으로 봐서 장래가 보장되었습니다. 그리 큰 나라는 아니었지만, 왕위 계승이 보장된 왕자였으며, 건강하고 총명한 사람이었습니다. 야소다라라는 아름다운 부인도 있었고 귀여운 아들 라훌라도 있었으니 남부러울 것 하나 없는 사람이었습니다.

그러나 싯다르타는 29세에 일체의 것을 버리고 출가를 단행합니다. 당시 인도적 배경으로 출가가 그리 생소한 일은 아니었지만, 그 길은 모든 것을 버리고 혼자 가는 외로운 길이었습니다. 그래서 서양인들은 부처님의 출가를 '위대한 포기'라고도 합니다.

그러면 부처님이 출가하지 않으면 안 되었던 동기는 무엇일까요? 우리는 출가의 동기를 간접적인 원인과 직접적인 원인으로 구분해 볼 수가 있습니다.

간접적인 원인은 먼저 싯다르타의 어머니인 마야 부인이 싯다르타의 생후 7일 만에 돌아가시고, 풍습에 따라 이모인 마하파자파티에 의해 자랐지만 심리적으로 어머니에 대한 그리움과 생사의 슬픔을 간직하고 있었을 것입니다.

또 타고난 종교적인 감수성을 들 수 있습니다. 열두 살 때의 봄에 한 해 농사의 시작을 알리는 행사인 춘경식(春耕式)에서 있었던 일입니다. 춘경식이란 왕이 땅에 첫 삽을 꽂는 행사를 말하는데, 이 자리에 싯다르타 왕자도 참석하게 되었습니다. 이 날은 모든 사람이 즐거워하는 날이었으나 싯다르타는 이곳에서 충격적인 사건과 마주치게 되었습니다. 농부들이 힘들어 하는 모습, 쟁기를 끄는 소의 고통, 보습에 의해 벌레들이 잘려 나가고, 어디선가 날아온 새들이 그것을 쪼아 먹는 모습 등, 어찌 보면 대수롭지 않은 평범한 일이지만 싯다르타에게는 큰 충격을 주었습니다.

싯다르타는 춘경식장에서 더 이상 머물 수가 없어서 근처의 나무 아래로 가서 명상에 잠겼습니다. 그는 어릴 적부터 매사를 범연하게 여기지 않는 타고난 종교적 기질의 소유자였던 것입니다. 명상에 잠긴 싯다르타는 이런 생각을 했습니다. 저 농부들은 왜 그렇게 힘들어할까, 쟁기를 끄는 소는 무엇 때문에 그렇게 고통을 받고 있을까, 보습에 의해 몸이 잘려 나간 벌레들은 얼마나 힘들었을까. 이런 생각들은 싯다르타의 뇌리에 오랫동안 남아있었습니다. 즐거움만을 알고 지냈던 싯다르타의 머릿속에 고통이라는 단어가 자리 잡기 시작한 것입니다.

끝으로 카필라국의 정치적 위치입니다. 당시 인도는 강대국이 약소국을 병합해 가는 과정이었으므로 카필라성은 주변의 코살라국 같은 큰 나라에게 항상 침략의 위협을 받고 있었습니다. 그때의 인도인의 이상은 전륜성왕이나 종교적 성직자가 되는 것이었습니다. 싯다르타는 전륜성왕으로서의 한계를 잘 알았기에 자연히 종교적인 선택을 하지 않았나 하는 짐작을 해 볼 수도 있습니다.

그러나 이러한 점들이 출가의 직접적인 동기는 아닙니다. 출가의 직접적인 동기는 생사의 문제에 대한 깊은 통찰과 그에 따른 회의입니다. 이를 극적으로 표현하고 있는 것이 이른바 사문유관(四門遊觀)인데, 싯다르타가 동서남북의 문을 통해 바깥세상을 구경하게 되는 것입니다.

하루는 싯타르타 일행이 동쪽 문을 통해 나들이를 갔습니다. 그때 노인을 만났습니다. 노인의 얼굴은 주름투성이고 허리는 구부러진 채 겨우 지팡이에 의지해 쓰러질 듯 걸어가는 모습이었습니다. 궁에서는 그런 모습을 본적이 없던 싯다르타는 시종에게 누구냐고 물었습니다. 이에 시종은 나이가 많이 든 사람이라고 했습니다. "나도 나이를 먹으면 저렇게 되느냐?" "예, 누구도 나이를 먹는 것으로부터 예외일 수는 없습니다." 시종의 말을 듣고 싯다르타는 수레를 돌려 궁으로 돌아와 버렸습니다.

다음은 남쪽 문을 통해 나들이를 갔을 때입니다. 길거리에 쓰러져 퀭한 몰골로 신음하고 있는 사람을 보고 싯다르타는 또 누구냐고 물었습니다. 그가 병자라는 것을 알고 다시 물었습니다. "누구나 병이 들면 저렇게 되느냐?" "예. 누구도 병으로부터 예외일 수는 없습니다."

그 다음은 서쪽 문을 통해 나들이를 갔을 때입니다. 사람이 죽어 거적에 덮여 나가는 주검을 보았습니다. "저것이 무엇이냐?" "사람이 죽은 시체입니다." "누구나 죽게 되느냐?" "누구든 생을 받은 자는 한번은 죽어야 합니다." "나도 죽어야 하느냐?" "누구도 죽음으로부터 예외일 수 없습니다." 그는 다시 수레를 돌려 궁으로 돌아와 버렸습니다.

마지막으로 북쪽 문을 통해 나들이를 갔을 때입니다. 그때 출가한 사문을 만났습니다. 그는 비록 누더기 같은 옷을 걸치고 있었지만 얼굴에는 평화로움이 깃들어 있었습니다. 싯다르타는 그 모습에 마음이 끌리어 그가 누구냐고 물으니 출가한 사문이라고 했습니다. 싯다르타는 자신도 출가해서 진리를 찾는 수행자가 될 결심을 마음속에 굳혔습니다.

이 사문유관의 이야기는 극적인 표현이지만 출가를 결심하게 되는 직접적인 동기가 잘 표현되어 있습니다. 싯다르타는 다른 사람의 나이든 모습을 통해 자신이 나이먹지 않으면 안 되는 실존을 통찰할 수 있었고, 또한 다른 사람의 병들고 죽어가는 모습을 통해 자신도 병들고 급기야는 죽어야만 하는 생사의 문제를 꿰뚫어 본 것입니다.

겉으로는 아무 부족한 것이 없는 싯다르타의 생이었기에 늙고, 병들고, 죽는 문제와는 무관한 것처럼 보였습니다. 그는 젊음과 건강이 넘쳐 있었기 때문입니다. 그러나 삶에 대한 깊은 통찰을 통해 싯다르타는 노병사의 근원적인 문제 속에 던져져 있는 자신의 실존적인 모습을 보게 됩니다. 그리하여 젊음에 대한 교만, 건강에 대한 교만은 산산이 부서지고 결국에는 출가를 결심하게 된 것입니다.

일반적인 눈으로 봐서는 행복했던 싯다르타의 생이었습니다. 그러나 깊은 통찰을 통해 돌이킬 수 없는 유한한 시간 속에 던져진 자신의 모습을 알았기에, 이러한 통찰이 일체를 버리는 위대한 포기인 출가로 연결되었던 것입니다. 『유연경(柔軟經)』에 보면 부처님께서 출가하시기 전 자신의 삶을 회상하는 내용이 있습니다.

비구들이여, 나는 행복했고 티끌만큼의 괴로움도 몰랐지만 이런 생각을 했습니다.

'어리석은 범부는 스스로 늙어가면서 남이 늙은 것만 보고 자신의 일은 잊은 채 그 늙음을 혐오한다. 자신 또한 늙어가는 몸이다. 아직 늙음을 면할 길을 모르면서 남의 늙음을 혐오해도 되는가? 이는 결코 마땅한 일이 아니다.'

비구들이여, 내 생각이 이에 미치자 내 청춘의 교만은 산산이 무너지고 말았습니다. 병들지 않을 수 없는 몸이면서 다른 사람의 병을 혐오하고, 죽지 않을 수 없는 몸이면서 다른 사람의 죽음을 보고 눈길을 돌리는 것은 결코 마땅한 일이 아님을 알게 되었을 때, 나의 건강에 대한 교만은 산산이 부서지고 생의 교만도 티끌처럼 날아갔습니다.

✺ 진정한 출가의 의미

이러한 부처님의 말씀을 통해서 우리는 '위대한 포기'를 결행했던 싯다르타의 모습을 여실하게 볼 수 있습니다. 그는 드디어 스물아홉 살에 출가를 단행하게 됩니다. 마침 부인 야소다라와의 사이에서 아들 라훌라를 얻어서 대를 이을 수 있게 되어 마음은 한결 가벼웠으리라 생각됩니다. 모든 사람이 잠든 카필라성을 마부 찬다카가 이끄는 칸다카란 말을 타고 떠나갑니다.

한 경전에서는 부처님의 출가 장면을 아주 흥미 있게 묘사하고 있습니다. 부왕과 아내와 아들이 잠든 사이 정든 카필라성을 떠나면서 싯다르타의 고개는 자꾸 성을 향해 돌려졌습니다. 그런데 갑자기 싯다르타와 카필라성 사이에 한 언덕이 나타나 더 이상 돌아볼 수 없었다고 합니다. 이것은 실제로 언덕이 생겼다기보다는 더 이상 고향을 되돌아보지 않겠다는 싯다르타의 생각을 나타낸 것이라고 여겨집니다. 정에 이끌리는 마음을 단호하게 돌리는 것을 그렇게 표현한 것입니다.

여기서 우리는 진정한 출가의 의미를 생각해 봐야겠습니다. 참된 출가야말로 어쭙잖은 것으로부터 단호하게 고개를 돌리는 것이라고 생각합니다. 즉 욕심내고, 성내며, 어리석거나 또는 우리의 뇌리를 항상 산란케 하는 것들로부터 단호하게 시선을 거두는 것이 출가입니다.

부처님께서는 말씀하셨습니다.

"모든 악을 떠났기에 사문이며, 바른 길에 들어섰기에 사문이니라. 나의 모든 더러움을 버렸기에 출가라고 하는 것이다."

부처님께서는 일체를 버리고 출가하셨지만 참 출가는 몸이 어디에 있는가 하는 것이 아니라, 마음이 바르게 섰는가에 있다는 사실을 우리는 분명히 알아야 합니다. 몸으로 하는 출가가 아니라 마음의 출가가 분명해야 참된 출가입니다. 발심이 되지 않고 겉모습만 달라지고 거처만 옮기는 것과 같이 외형적인 것만 변하는 것은 가출일 뿐입니다.

저는 모든 불자, 나아가서는 삶을 삶답게 살려는 모든 사람들에게 출가를 권하고 싶습니다. 사사로운 일에 매달려 욕심내고 다투기만 할 것이 아니라, 그런 것들로부터 시선을 돌리는 일대 방향전환이 바로 출가이기 때문입니다. 우리를 얽어매는 낡고 묵은 것들을 훌훌 털고 놓아버리는 것이 출가요, 그렇게 해서 우리가 새로워지는 것이 출가입니다. 출가는 우리들 삶의 마당에서 순간순간 실현되어야 할 것입니다.

우리나라에서는 출가절(出家節, 음력 2월 8일)을 사찰의 행사로만 그치는데, 출가절의 의미를 불자만이 아니라 일반인들에게도 널리 알려 출가 정신을 새기고 살렸으면 합니다. 그것은 오늘을 살아가는 우리들이야말로 출가 정신이 어느 때보다도 더욱 절실하기 때문입니다.

그러면 우리는 출가 정신을 어떻게 살려내야 할까요?

첫째, 출가절을 자기 성찰의 기회로 삼아야 할 것입니다. 부처님은 생에 대한 깊은 통찰을 통해 위대한 포기로써 진리를 향한 출발을 하셨습니다. 우리에게도 이와 같이 자신을 정직하게 돌아볼 수 있는 기회가 있어야겠습니다. 잠시 분주했던 마음을 놓고 '과연 내가 할 일을 제대로 하고 있고, 바른 삶을 살고 있는가?' 하는 반성의 시간을 가져야 하겠습니다. 반성 없이 우리의 삶이 심화되고 넉넉해질 수는 없기 때문입니다.

둘째, 출가절을 마음을 대청소하는 날로 살려야 하겠습니다. 우리들은 마음속에 대단치도 않은 일들을 쌓아놓고 살고 있습니다. 그것을 한번에 다 털어 버리는 것입니다. 터무니없이 허황된 욕심, 분수에 맞지 않는 생각, 미워하는 마음, 분노의 마음, 슬픔 마음, 이런 것들을 한 번다 쓸어버리는 것입니다.

뿐만 아니라 의롭지 못한 것들로부터 떠나는 것도 역시 출가정신입니다. 물건이나 돈이 생길 때 그것이 내 분수에 맞는 것인가를 살피고, 돌려줄 건 돌려주는 그런 행위가 출가정신의 실천입니다. '나다' 하는 생각, '내 것이다' 하는 놈을 놓아버리는 것이 참 출가입니다. 그러므로 출가정신을 잘 살리는 일은 이웃과 모든 생명과 함께 나누는 삶으로 연결해 나가야만 합니다.

부처님께서 출가하신 것이 부처님 혼자만을 위한 것은 결코 아니었습니다. 일체의 고통으로부터 모든 중생을 건지기 위해 출가하신 것입니다. 율장에 보면 부처님께서는, "일체의 생명이 생사의 수레에 매여 고통 받고 있지 아니한가. 나는 그들을 구하기 위해 출가하였느니라." 하고 말씀하셨습니다.

부처님은 왕자로서의 기득권이나 모든 것을 다 내려놓고 가진 것 없는 삶으로 돌아가 일체의 생명과 모든 고통을 함께 나누는 삶을 사셨습니다. 따라서 이웃의 아픔과 고통을 함께 나누는 실천을 통해서만 부처님의 출가 정신은 우리들 삶 속에 살아 움직일 수 있다고 믿습니다.

아, 크나큰 깨달음

✸ 카필라성을 떠나온 구도자 싯다르타

부처님께서는 출가하신 후 6년의 수행을 통해 큰 깨침을 얻으셨습니다. 따라서 수행은 출가를 깨침으로 이끌어 주는 과정이었습니다.

카필라성을 떠나온 구도자 싯다르타는 치렁치렁한 머리를 잘라 버리고 왕자의 옷을 벗은 후 사냥꾼의 옷으로 바꾸어 입고 유행(遊行)하는 사문이 되었습니다. 당시 사문들은 나무 아래나 바위 굴 속에서 비바람을 피해 정진하면서 끼니는 마을에서 탁발을 해다 먹었습니다. 싯다르타는 한 나라의 왕자가 아니라 한 사람의 걸식하는 수행승이 된 것입니다.

구도자 싯다르타는 마가다국으로 갔습니다. 후에 부처님께서는 열반하실 때 이 길을 다시 되짚어 오시게 됩니다. 쿠시나가라를 지나서 바이샬리를 통과하고 갠지스강을 건너 마가다국의 왕사성 근처까지 가서 수행을 하셨습니다. 당시 왕사성 근처에는 당대의 유명한 수행자들이 많이 모여 있었다고 합니다. 부처님이 6년 동안 수행한 장소도 주로 마가다국이었습니다.

구도자 싯다르타의 수행 자세는 엄격했습니다. 『논어』에 보면 '아침에 진리를 듣고 저녁에 죽어도 여한이 없다〔朝聞道 夕死可矣〕.'라는 명구가 있는데, 진리를 위한 구도자의 자세를 잘 대변하는 말입니다. 그러나 구도자 싯다르타는 그보다 더한 구도심으로 수행에 임했습니다.

『열반경』에 나오는 설산동자(雪山童子)의 일화는 유명합니다. 물론이것은 부처님의 전생담이지만 수행의 자세는 어느 때나 변함이 없었습니다.

옛날 히말라야 산(설산)속에 진리를 탐구하는 한 동자가 있었습니다. 설산동자라고 하는 그는 피나는 수행을 하고 있었습니다. 그런데 진리의 소식은 들려오지 않고 수행도 제대로 되는 것 같지 않았습니다.

그러나 그럴수록 마음을 가다듬고 정진을 계속해 나갔습니다. 그러던 어느 날 어디선가 청량한 진리의 소리가 들려 왔습니다.

"이 세상 모든 것은 덧없으니 그것은 곧 나고 죽는 진리일세.〔諸行無常 是生滅法〕"

설산동자는 그 시구를 듣고 마음속에 무한한 기쁨을 느꼈습니다. 소리가 나는 쪽을 살펴보니 아무리 둘러보아도 그 시구를 들려줄만한 사람은 없고 오직 나무 위에 사람을 잡아먹는다는 귀신인 나찰이 있을 뿐이었습니다. 설마 저런 나찰이 그런 시구를 읊었을까 하면서도 설산동자는 나찰에게로 갔습니다.

"어디서 그렇게 훌륭한 진리의 소식을 얻었습니까? 그리고 아무래도 다음 구절이 있는 것 같은데 마저 일러 주시요."라고 부탁을 하면서 다시 정중하게 말했습니다.

"일러만 준다면 평생 동안 당신을 스승으로 잘 모시겠습니다."

그러자 나찰이 말했습니다. "나는 배가 고파 죽을 지경인데 그런 한가한 소리를 할 여지가 없다." 설산동자가 그 말을 듣고는 물었습니다.

"당신은 어떤 음식을 먹습니까?" "내가 먹는 것은 사람의 살덩이고 마시는 것은 더운 피다."라고 하는 나찰의 말에 설산동자는 결심했습니다. "나머지 구절을 들려준다면 그걸 듣고 내 몸을 당신에게 바치겠습니다."

그랬더니 나찰은 물었습니다. "시 한 구절과 몸을 바꾼다는 말을 어떻게 믿을 수가 있는가?" "나는 이 무상한 몸을 버려서 금강과 같은 굳센 진리의 몸을 얻고자 합니다." 설산동자는 결연히 말했습니다. 이 말을 듣고 나찰이 나머지 구절을 들려줍니다.

"나고 죽음이 다 없어지면 열반의 즐거움 거기 있으리.〔生滅滅已 涅槃爲樂〕" 설산동자는 나머지 계송을 듣고 더욱 환희심이 나서, 다음 사람을 위해 바위에 그 시구를 다 새겨 놓고 나찰의 먹이가 되기 위해 높은 나무 위로 올라가 몸을 던졌습니다.

그러나 나찰은 제석천(帝釋天)인데 설산동자의 구도심을 시험해 보기 위해 재주를 부려 모습을 바꾸었던 것입니다. 그래서 떨어지는 설산동자를 안전하게 받아서 모셨습니다.

이렇게 부처님은 아침에 도를 듣고 저녁에 죽는 것이 아니라, 진리를 얻으면 금방 죽어도 여한이 없다는 철저한 구도 정신으로 수행을 하셨습니다.

그러면 출가한 싯다르타는 구체적으로 어떤 수행을 하였을까요? 경전에 의하면 맨 처음 싯다르타는 당시의 유명한 수행자였던 알라라 칼라마(Alara-Kalama)라는 선인(仙人)에게서 무소유처정(無所有處定)이란 선정을 배웠다고 합니다. 무소유처정은 마음이 아무 것에도 걸리지 않는 선정을 가리킵니다. 싯다르타는 스승의 가르침에 따라 곧 그런 선정에 들었으나 거기에 만족하지 못하고 더 높은 경지를 향해 떠났습니다.

그 다음은 웃다카 라마풋다라는 선인에게서 비상비비상처정(非想非非想處定)이란 선정을 배웠습니다. 그것은 의식도 무의식도 끊어진 깊은 선정을 가리킵니다. 싯다르타는 이 선정에도 곧바로 들게 되었으나 선정에 들어가 있을 때는 마음이 진리와 하나 된 듯하지만 깨어나면 그만이었습니다. 더구나 그 선정을 닦는 것이 하늘 세계에 가서 태어나는 것을 목적으로 한다는 것을 알고서는 무언가 부족함을 느꼈습니다.

그래서 웃다카 스승을 떠나 많은 고행자들이 고행을 하고 있는 가야 근처의 우루벨라로 갔습니다. 싯다르타는 세나 마을을 흐르는 네란자라강 부근의 고요한 숲속에서 다른 고행자들과 함께 고행을 시작하였습니다. 싯다르타는 여기서 6년 동안의 고행을 합니다. 하루에 쌀 한 톨, 한 모금의 물로 견디며 어떤 때는 호흡을 멈추고 정신을 집중하는 혹독한 고행도 했습니다.

이런 고행을 통해 어느 정도의 강한 의지를 기를 수는 있었지만 진리에 들지 못했습니다. 왜냐하면 육체를 괴롭게 함으로써 정신을 해방시킨다는 수행이 곧 육체에 집착하는 일이 되어버리기 때문입니다.

그래서 싯다르타는 드디어 고행도 버리게 됩니다. 그리고 네란자라 강가로 내려와 고행으로 지친 몸을 씻었습니다. 당시의 상황에서 고행하던 사람이 목욕을 하게 된다는 것은 곧 타락을 의미합니다. 싯다르타가 목욕하는 것을 보고 함께 고행을 하던 다섯 명의 수행자들은 그가 타락하였다고 하면서 그의 곁을 떠났습니다.

✹ 보리수 아래서의 큰 깨침

싯다르타는 네란자라강에서 목욕을 한 후, 강 언덕에서 수자타라는 여인으로부터 우유죽을 공양 받고 기력을 회복합니다. 그리고 이내 근처의 숲속으로 들어가 보리수 아래에서 가부좌를 틀고 앉아, '우주의 실상을 깨닫기 전에는 결코 일어나지 않으리라'는 결심을 하고 깊은 선정에 들었습니다.

굳게 다져진 그의 마음은 하루, 이틀, 사흘……, 이레째 되는 날 새벽 녘쯤에 여명 속에서 빛나는 별을 보고 드디어 큰 깨침을 이루었습니다. 이것이 바로 보리수 아래서의 큰 깨침입니다. 그렇다면 부처님께서는 어떤 수행을 하셨습니까?

부처님은 당시 인도의 수행법인 선정과 고행을 모두 해 보시고 그 수행 방법을 다 버렸습니다. 그것은 선정주의나 고행이 육체와 정신을 둘로 보는 물심이원론(物心二元論)에 바탕을 두고 있기 때문이었습니다. 즉 선정주의는 육체를 떠나 마음의 해탈을 얻고자 했으며, 고행은 육체를 더러운 것으로 보아 그 지배로부터 정신을 해방시키려는 방법이었습니다. 따라서 선정과 고행의 한계점은 육체가 멸하여 죽은 다음에나 완성될 수 있다는 것이었습니다.

당시 수행자들은 사후에 하늘에 태어나는 것을 목적으로 하였던 것입니다. 그러나 부처님은 사후의 해탈이 아니라 현세에서의 해탈을 원했습니다. 육신이 멸한 다음이 아니라 지금 이대로 우주의 실상을 알고 싶었던 것입니다. 부처님께서는 선정주의나 고행주의가 아닌 새로운 길을 찾아 네란자라강가에서 목욕을 하고 우유죽을 얻어 마셨던 것입니다. 새로운 길이란 물질과 정신을 나누는 수행이 아니라, 심신이 하나인 입장에서 중도적인 수행을 가리킵니다.

중도적인 수행법은 육체를 괴롭히는 고행도 아니고 정신만을 고요히 하는 선정도 아닙니다. 그래서 부처님의 수행은 언제 어디서나 행할 수 있으며 누구나 닦을 수 있는 수행이기도 합니다.

부처님께서는 29세에 출가해서 6년 고행 후 깨달았으니 이때 나이가 35세입니다. 부처님께서 큰 깨달음을 이루신 붓다가야에는 지금 기념탑이 세워져 있고, 앉아서 선정에 드셨던 보리수 아래에는 순례자의 발길이 이어지고 있습니다.

부처님께서는 과연 무엇을 깨치셨을까요? 부처님께서 이루셨다는 큰 깨침은 다름 아닌 이 세상의 일체 만물이 어떻게 존재하고 있는가에 대한 눈뜸입니다. 그러나 깨침 그 자체는 '말로 표현할 수도 없고 상상으로 그려볼 수도 없는 것〔言語道斷 心行處滅〕'입니다. 따라서 깨침이 무엇인지 확실히 아는 길은 깨치는 일입니다. 여기에 깨치지 못한 우리들의 어려움이 있습니다. 그러나 우리는 경전의 표현을 통해 짐작해 볼 수는 있습니다.

먼저 깨침을 정적인 면에서 표현해 보면 한없는 기쁨입니다. 그 기쁨은 안온하며 가벼운 것으로 법열(法悅)이라고도 합니다. 물통에 가득 찬 물을 힘들게 들고 가다 물통의 밑이 빠지면 일시에 가벼워지는 것과 같은 것입니다. 마음속에 '나다' 하는 놈이 꽉 들어 차 있어서 무거웠었는데 일시에 쑥 빠져나갔으니 얼마나 가볍고 즐겁겠습니까? 그래서 부처님께서는 몇 주일간에 걸쳐서 이러한 법열을 즐기셨다고 합니다.

깨침을 지적인 면에서 본다면 바로 '하나' 되는 것입니다. 우리는 하나를 등지고 마치 누에가 고치집을 짓듯 육신을 중심으로 울타리를 쳐놓고, 나와 남을 분리하여 대립시키면서 자기 앞에 무엇이든 다 갖다놓으려 합니다. 그로 인해 대립과 갈등, 반목이 있게 됩니다. 따라서 사는 게 무겁고 괴로울 수밖에 없습니다. 깨침은 '나다' 하는 울타리가 일시에 깨지는 것입니다. 그렇게 되면 나와 남, 나와 세계가 통해져서 하나가 되는 것입니다. 그러므로 깨침의 세계는 '하나'인 세계입니다. 이렇게 하나로 보는 것을 불교에서는 지혜라고 합니다. 그러므로 깨침과 지혜는 본래 둘이 아닙니다.

그러면 깨침을 의지적인 면에서 본다면 어떻습니까? 그것은 바로 자비로운 삶입니다. 자비의 삶은 하나가 되어 살아가는 모습입니다. 즉 나와 이웃이 하나가 된 '하나'에서의 실천을 자비라고 합니다. 나와 이웃이 나누어 있고 내가 무엇을 돕는 것이 아니라, 내가 남이 되어 하는 실천입니다. 즉 하나인 지혜의 샘에서 샘솟는 물길이 바로 자비라고 할 수 있습니다. 따라서 자비는 실천만 있을 뿐이지 내가 누구를 도와준다고 하는 '내가'라는 것이 없는 행입니다. 그런 행이기에 새가 허공을 나르는 것처럼 흔적이 없게 됩니다. 이것을 우리는 동체자비(同體慈悲)라 부르는 것입니다.

기독교의 십계명 중에 '이웃을 내 몸처럼 사랑하라'고 하는 계명은 불교의 동체자비와 흡사합니다. 나와 이웃이 한 몸이 되면 나를 위하는 것이 이웃을 위하는 것이고, 이웃을 위하는 것이 바로 자신을 위하는 것이 됩니다.

이런 뜻에서 깨침과 자비, 지혜와 자비는 분리할 수 없는 하나입니다. 깨침은 그 바탕이 되고 자비는 거기서 나타나는 것이니, 마치 샘과 샘물의 관계처럼 불가분의 관계입니다. 따라서 불교는 깨달음과 자비의 종교라고 할 수 있겠습니다.

요즈음 깨침의 문제에 대하여 많은 토론이 벌어지고 있습니다. 일반적으로 한순간에 깨치는 것인가, 깨치고 나면 닦을 게 있는가, 없는가 하는 등 많은 얘기들이 있습니다. 저는 자비행이 얼마만큼 따르는가,

그렇지 못한가에 따라 깨침의 기준을 삼아야 한다고 생각합니다. 자비행을 빼버린 깨침이란 있을 수 없기 때문입니다. 진정한 깨달음은 자비의 실천입니다.

　중생의 아픔을 나의 아픔으로 알고 그 아픔을 없애기 위한 실천이 따라야만 합니다. 그렇지 못한다면 깨쳤다고 할 수도 없을 뿐 아니라, 그런 깨침은 아무 필요가 없습니다. 결국 깨침은 동체자비의 삶을 위해 필요한 것이기 때문입니다. 이렇게 보면 불교란 혼자만을 위한 소극적인 종교가 아니라, 일체의 모든 생명을 다 살리려는 대자비의 적극적인 길임을 알게 됩니다. 불교를 자비의 종교라 하는 까닭도 여기에 있습니다.

제 3 장

감로의 문, 열반의 길

이제 감로의 문을 여노라

◎ 처음으로 굴리는 진리의 수레바퀴

큰 깨침을 이루신 부처님께서는 5주 동안을 깊은 진리의 즐거움 속에 계셨습니다. 그리고 이 오묘한 진리를 감히 전할 것인가 하는 회의도 가졌다고 합니다. 그것은 '욕심에 물들어 있는 세상 사람들이 과연이 엄청난 진리를 알아들을 수 있을 것인가?' 하는 생각에서 온 회의였습니다.

그러나 사람들이 비록 탐욕·성냄·어리석음에 물들어 있지만, 인간의 바탕은 하나요, 청정한 것임을 생각하시고, 일체 모든 생명을 위해 깨친 진리를 크게 펼치기로 결심하셨습니다. 이러한 결의는 다음의 말씀에 보면 명쾌하게 나와 있습니다.

이제 감로의 문을 열겠노라. 귀 있는 자 들어라. 낡은 믿음을 버려라.

부처께서는 맨 처음 누구에게 진리를 전할 것인가를 생각하셨습니다. 먼저 알라라와 웃다카 스승에게 전하고 싶었지만 그들은 이미 세상을 떠난 뒤였습니다. 다음으로는 부처님이 수행 시절에 고행을 포기하자 타락했다 하며 그의 곁을 떠나버린 다섯 사문이 생각났습니다.

그들은 바라나시 근처에 있는 녹야원에서 고행 중에 있었습니다. 부처님께서는 그들에게 가르침을 전하기 위해 그곳을 향해 떠납니다. 성도지인 붓다가야에서 그곳까지는 250Km인데, 오늘날 기차로도 대여섯 시간이 걸리는 먼 길을 부처님께서는 멀다 않고 가셨습니다.

처음에 다섯 사문들은 부처님을 타락한 수행자라며 모르는 체 하기로 했지만, 부처님의 모습을 가까이서 보자 자기들도 모르는 사이에 경배를 드리고 존경의 뜻으로 발을 씻겨 드렸습니다. 부처님께서 말씀하시기도 전에 이미 그 모습에서 깨달음에 이른 사람의 모습을 보았던 것입니다.

이들 다섯 사람의 수행자에게 준 첫 가르침을 '처음으로 굴리는 진리의 수레바퀴'라 하여 초전법륜(初轉法輪)이라 합니다.

비구들이여, 수행하는 사람들이 가까이 해서는 안 되는 두 가지 극단이 있다. 하나는 쾌락에 치우치는 것이요, 다른 하나는 금욕에 치우치는 것이다. 나는 두 가지 극단을 버리고 중도를 깨달았다. 이 중도가 눈을 열어주고 지혜를 생기게 하여 깨달음과 자유를 얻게 하는 길이다.

첫 가르침에서 부처님은 중도의 실천을 말씀하셨는데, 양극단을 피해야 한다는 가르침에 주목할 필요가 있습니다. 왜냐하면 다섯 사문은 함께 수행하다가 부처님께서 고행을 버리고 네란자라강에서 목욕을 한 후 우유죽을 얻어 마시자, 사치에 빠졌으며 타락했다고 떠났던 사람들이었기 때문입니다. 그렇게 고행에 집착하고 있던 사람들이기에 쾌락에도 고행에도 치우치지 말라는 중도적 실천의 원리를 먼저 말씀하신 것입니다.

그 다음에 중도적 실천의 구체적인 내용으로 '여덟 가지 바른 길'을 설하셨습니다. 그것은 바른 견해, 바른 사유, 바른 말, 바른 행위, 바른 생활, 바른 노력, 바른 관찰, 바른 선정 등의 이른바 팔정도(八正道)입니다. 이 팔정도는 어렵거나 특별한 사람만이 할 수 있는 실천이 아니라, 모든 사람들에게 열려 있는 실천이고 일상 속에서 할 수 있는 실천입니다.

다음으로 팔정도의 실천이 필요한 근거를 체계적으로 설명하고 있는 것이, '네 가지 성스러운 진리'인 사성제(四聖諦)입니다.

먼저 현실의 상황이 괴롭다고 진단하고 괴로움의 내용을 설명한 것이 고성제(苦聖諦)입니다. 그런 괴로움이 무엇으로 말미암아 생기는가 하는 괴로움의 원인을 밝혔으니 이것이 집성제(集聖諦)입니다. 그리고 괴로움은 멸할 수 있다는 이상을 제시한 것이 멸성제(滅聖諦)이며, 그 이상에 이르는 길로 여덟 가지의 실천인 팔정도를 제시하고 있는 것이 도성제(道聖諦)입니다.

한마디로 어떻게 하면 괴로움의 실존으로부터 벗어날 수 있는가를 가르치고 있는 것이 첫 가르침의 내용입니다. 스스로 고뇌하고 해결하고자 했던 생생한 문제들을 놓고 가르쳤기에, 며칠 후에 드디어 다섯 사문 중에 꼰다냐가 먼저 깨달음을 얻었습니다. 감격한 부처님은 "꼰다냐가 깨달았다! 꼰다냐가 깨달았다!"하고 기뻐하셨습니다. '이 엄청난 진리를 과연 사람들이 깨달을 수 있을까?' 하고 망설였었는데 드디어 깨달은 사람이 나온 것입니다.

그런데 어떻게 며칠 만에 도를 깨칠 수 있었을까요? 그것은 깨친 사람의 산 가르침에 의거하였기 때문입니다. 이처럼 깨친 선지식을 만나는 것이야말로 가장 소중하고 큰 복입니다. 초전법륜이 있음으로서 불교는 비로소 부처님·가르침·승가의 세 가지 요소가 갖춰지게 되었습니다.

그 다음에 부처님은 장자의 아들 야사를 만나게 됩니다. 부자인 야사는 호화로운 생활을 하며 매일 별장에서 아름다운 여인들과 달콤한 쾌락에 젖어 있었습니다. 그러던 어느 날 밤 우연히 그녀들의 잠든 모습을 보게 되었습니다. 이를 갈기도 하고 침을 흘리기도 하면서 자는 여인들의 모습을 보고 야사는 갑자기 구토를 느끼고 밖으로 뛰쳐나왔습니다.

크게 충격을 받은 야사는 아름다움이란 것도 한 순간임을 깨닫고 삶의 모든 것이 부질없다는 생각이 들어 몹시 괴로웠습니다. 그래서 "괴롭다, 괴롭다." 하면서 이곳저곳을 헤매다 마침내 녹야원까지 오게 되었습니다.

그를 본 부처님께서는 이렇게 말씀하셨습니다.

"젊은이여, 여기에는 괴로움이 없도다. 이리 와서 앉으라. 내 그대를 위해 진리를 설하리라."

한밤에 찾아온 그를 맞이하여 부처님은 처음에는 일상적인 내용의 가르침을 펴십니다. 베풀음에 대하여, 참는 마음에 대하여, 탐욕의 재앙, 계를 지키는 생활 등 출가 사문이 아닌 청년인 그에게 적절하고 근기에 맞는 설법을 해주셨습니다.

그런 다음에 사성제·팔정도 등에 대해 설명하였으며 이에 야사도 크게 깨쳤다고 합니다. 자식이 집을 나간 후 부처님의 제자가 되었다는

소식을 듣고 황급히 달려온 야사의 부친도 역시 부처님의 법문을 듣고
감복하여 부처님의 제자가 되었고, 야사를 찾아온 친구 50여명도 함께
부처님의 제자가 되었습니다. 이렇게 해서 부처님의 제자는 대략 60여
명에 이르게 되었습니다.

☸ 한 길을 두 사람이 함께 가지 말라

부처님은 제자들에게 당신과 함께 기거하며 수행하는 것도 중요 하
지만 더 많은 세상 사람들에게 진리를 설하고 그 진리를 펼칠 것을 선
언합니다.

> 비구들이여! 나는 모든 속박으로부터 벗어났다. 그대들 또한 모
> 든 속박으로부터 자유롭게 되었다. 이제 비구들이여, 처음도 훌륭
> 하게, 중간도 훌륭하게, 끝도 훌륭하게 바른 도리와 표현을 갖추어
> 법을 설하라.
> 나도 우루벨라로 가리라. 여러 곳으로 떠나라. 많은 사람의 이익
> 과 행복을 위하여, 세간을 불쌍히 여기고 인천(人天)의 행복과 안락
> 을 위하여, 한 길을 두 사람이 가지 말라.

이 대목은 이른바 '교화의 선언[傳道宣言]'이라 일컬어지는데 부처
님의 교화 자세를 잘 나타내고 있습니다. 흔히 불교가 포교에 소극적인
종교인 양 알고 있는 것은 잘못입니다. 왜냐하면 부처님은 많은 사람들
의 행복을 위해, 보다 많은 사람들을 만나기 위해 "한 길을 두 사람이
함께 가지 말라."고 당부까지 하고 계시기 때문입니다.
이러한 적극적인 포교의 자세를 극명하게 보여주는 예가 부루나 존

자의 경우입니다. 부루나 존자는 부처님의 제자 중에서 법을 전하는 일에 제일 뛰어난 제자였습니다. 어느 날 변방에 있는 나라 수로나(輸那)에 법을 전하러 떠나기 위해 부처님께 인사를 드리러 왔습니다.

"부루나여, 그 나라 사람들은 포악하다고 들었는데, 만약 그들이 그대를 꾸짖고 욕설을 퍼붓는다면 어떻게 하겠는가?"

"부처님이시여, 그때 저는 '수로나 사람들은 어질고 착하여 나를 아직 때리지는 않는구나' 하고 생각하겠습니다."

"만약 그들이 손으로 때린다면 어찌하겠는가?"

"그때 저는 '그들은 착하여 아직 매나 몽둥이로 때리지 않는구나' 하고 생각하겠습니다."

"만약 그들이 매나 몽둥이로 때린다면 어찌하겠는가?"

"부처님이시여, 저희들 중에는 육신의 병으로 괴로워하다가 스스로 생명을 끊는 사람도 있는데, '이제 나는 스스로 원하지 않고서도 생명을 끊게 되는구나' 하고 생각하겠습니다."

부루나의 결연한 의지를 보시고 부처님께서는 말씀하셨습니다.

"착하구나, 부루나여. 그대가 그와 같은 마음을 갖추었으니 전도를 잘할 수 있을 것이다. 어서 떠나도록 하여라."

그야말로 진리의 말씀을 전하는 일에 목숨을 아끼지 않는 자세를 잘 나타내고 있습니다. 이렇게 부처님이나 제자들은 진리를 전하는 일에 있어서 아주 적극적이었음을 알 수 있습니다. 그리고 전법의 목적과 자세도 모든 사람의 행복을 위해서였습니다. 이처럼 모든 사람들을 위한 적극적인 '나눔'의 삶이 부처님의 교화의 삶이었습니다.

✸ 자신을 찾는 법을 가르쳐 주리라

부처님께서 바라나시를 떠나 우루벨라를 향해 가던 도중에 조용히 숲 속에 들어가 좌선을 하고 계실 때입니다. 한 떼의 젊은이들이 숲 속을 여기 저기 뒤지며 무엇인가를 열심히 찾고 있었습니다.

그중 한 젊은이가 부처님에게 다가와 물었습니다.

"방금 도망가는 한 여자를 보지 못했습니까?"

무슨 일인가 해서 부처님께서 물으니, 그 젊은이들은 근처에 살고 있는 양가의 아들들로 한 30여 명이 아내들과 함께 놀이를 나왔다는 것입니다. 그런데 그중의 한 사람이 총각이어서 기녀와 함께 왔는데, 놀이에 정신이 팔려 있는 사이 그 여인이 옷과 값진 물건을 몽땅 훔쳐가지고 도망을 가서 찾고 있는 중이라는 것이었습니다. 부처님은 젊은이들을 향해서 이렇게 물으셨습니다.

"젊은이들이여, 달아난 여인을 찾는 것과 자기 자신을 찾는 것 중에 어느 것이 더 중요한가?"

그 물음은 노는 데에 정신이 팔려 있었고 물건을 훔쳐가지고 도망친 여인을 찾는 데에 혈안이 되어 있었던 젊은이들의 가슴을 찔렀습니다. 그제야 젊은이들은 정신을 차리고 대답했습니다.

"그야 물론 자기 자신을 찾는 일이 더욱 중요합니다."

"그럼 여기 앉으라. 내 이제 그대들을 위해 자신을 찾는 법을 가르쳐 주리라."

그리고는 차근차근 바르게 사는 길을 가르쳐 주셨습니다. 여기서 우리는 부처님 가르침의 중요한 일면을 보게 되는데, 바로 단도직입적인 질문입니다. "달아난 여인을 찾는 것과 자기 자신을 찾는 일 가운데 어느 것이 더 중요한가?" 하는 질문은 후대 선사들의 날카로운 질문과

응대를 보는 듯합니다.

달아난 여인을 찾고 있는 젊은이들은 어쩌면 우리 자신의 모습인지도 모릅니다. 우리는 연필 한 자루가 없어져도, 1천 원짜리 지폐 한 장이 없어져도 찾느라고 야단법석을 떱니다. 그러나 가장 소중한 자기 자신을 잃어버리고도 아무 감각도 없으며 찾을 생각조차 하지 않습니다. 달아난 여인은 바로 우리를 끌고 다니는 모든 것입니다.

우리는 오욕칠정에 얽매어 나를 잃고 밖으로 헤매고 다닙니다. 불교는 잃어버린 나, 상실된 자아를 찾고 회복하는 길임을 이 가르침을 통해 다시 한 번 확인할 수 있습니다.

✸ 온 세상이 불난 집과 같다

부처님은 우루벨라에서 불을 섬기고 있던 카샤파 3형제를 교화하시게 됩니다. 이들에게는 각기 5백 명, 3백 명, 2백 명씩의 제자가 있었습니다. 이들 3형제를 교화시킴으로 해서 한꺼번에 얻은 1천 명의 제자들을 위해 저 유명한 가야산의 설법을 하셨습니다.

가야산은 부처님에게 추억의 땅이기도 합니다. 산의 동쪽 기슭에 가야(Gaya)란 마을이 있고, 그 동쪽 끝으로 유서 깊은 네란자라강이 흐르고, 또 먼 남쪽에 정각(正覺)을 성취한 붓다가야가 있는 땅입니다. 경남 합천의 해인사가 있는 가야산의 이름도 여기에서 유래되었다고 합니다. 가야산 위에 올라선 부처님께서는 1천여 명의 제자들을 향하여 이렇게 말씀하셨습니다.

"비구들이여, 모든 것은 불타고 있다. 치열하게 활활 타고 있다. 그대들은 먼저 그것을 알지 않으면 안 된다. 비구들이여, 사람들의 눈이 불타고 있지 않은가. 그리고 혀도, 몸도, 마음도 불타고 있지 않은가.

모두가 그 대상을 향하여 불타고 있다."

부처님은 이른바 불의 설법을 하신 것입니다. 부처님은 삼계화택(三界火宅), 즉 "온 세상이 불난 집과 같다."고 하셨지만 우리는 그것을 실감하지 못하고 있습니다. 그러나 실제로 신문의 사회면을 장식하는 소식들은 불난 집의 소식이 아니고 무엇이겠습니까?

전쟁의 불길, 살상의 불길, 아귀다툼의 불길, 부녀자 납치의 불길, 범죄와의 전쟁이라는 불길이 이곳저곳에서 솟아오릅니다. 그런데 우리는 그 속에서 놀이에 취해 있는 어린애들처럼 불난 줄을 모르며 살고 있습니다. 『법화경』에 보면 이런 비유가 있습니다.

옛날에 어떤 장자가 하루는 어딜 나갔다 와 보니 집에 불이 나 있었습니다. 그런데 아이들이 집안에서 장난감 놀이에 정신이 팔려서 아무리 "불이 났다."고 외쳐도 알아듣지 못하고 나오지 않았습니다. 그래서 장자가 방편으로 "여기에 더 좋은 장난감이 있다."고 하여 아이들을 뛰어나오게 하였습니다.

장난감 놀이에 정신이 팔려 있는 아이들은 바로 우리 중생들이고 장자는 부처님을 의미합니다. 불교는 불난 집으로부터 사람을 구해내려는 종교요, 불을 끄려는 종교입니다. 부처님은 불 끄는 방법을 가르쳐 주신 분이십니다.

그런데 그 불은 특별한 불이어서 눈에 잘 보이지 않습니다. 그것은 탐욕의 불길이며, 분노의 불길이자 어리석음의 불길입니다. '나'라는 놈에 의해 생긴 삼독(三毒)인 탐욕의 불, 분노와 성냄의 불, 어리석음의 불은 우리의 눈·코·귀·입·몸·생각을 통해 끝없이 타오릅니다.

그리고는 대상 세계에 옮겨 붙어 마침내는 온 세상이 불길 속에 휩싸입니다. 마음속에서 일어난 탐욕의 불길은 눈을 통해 물건·재물·여자 등 대상에 옮겨 붙고, 급기야는 도적질·살인·강간 등으로 나타나, 결국에는 온 세상을 불길 속에 휩싸이게 합니다. 이것이 삼계화택(三界火宅)의 소식입니다.

먼저 우리는 불길 속에 있다는 사실을 분명히 알아야 합니다. 지금 내가 살고 있는 이 집에 불이 붙었다고 상상해 보십시오. 천장이 내려 앉고, 벽에 불이 붙고 가구에 불이 붙고 심지어 우리 옷깃에 불이 붙어 올 때, 우리가 할 일은 오직 일념(一念)으로 탈출을 시도하는 일뿐입니다. 그래서 부처님께서는 "먼저 불난 집에 우리가 있다는 사실을 알아야 한다."고 하셨습니다.

불교의 이상경은 불이 꺼진 시원하고 청량한 세계입니다. 그런 세계가 열반의 세계, 해탈의 세계, 깨침의 세계입니다. 열반이란 니르바나(Nirvana)의 음역인데, 이 말은 불이 꺼진 상태를 뜻합니다. 즉 탐욕의 불, 분노의 불, 어리석음의 불이 말끔하게 가셔진 상태입니다.

그러므로 일체의 괴로움으로부터 벗어난 안온하고 청량한 세계입니다. 부처님께서는 불을 섬기던 제자들에게 불의 설법을 통하여 불이 꺼진 진리의 세계에 눈뜨게 하셨습니다. 부처님의 가르침을 통해 그들에게 불은 더 이상 우상의 대상이 아니라 새로운 의미로 다가왔을 것입니다.

이 불의 설법을 생각하면서 우리는 지금 우리 주변이 불길 속에 휩싸여 있지는 않은지 한번 살펴볼 필요가 있습니다. 내가 자리한 가정이 혹 분노와 성냄의 불 속에 있지는 않습니까? 내가 몸담고 있는 직장이 탐욕과 짜증의 불길 속에 있지는 않습니까? 욕심내고 성내는 어리석은 마음을 훌훌 털어버리는 일, 이것이 바로 불길을 잡는 방법인 것입니다.

진리를 보는 자가 나를 보리라

⊛ 설사 얻은 바 없다 해도 기쁨을 음식 삼아 산다

부처님께서는 천여 명의 제자와 함께 처음 수행을 시작했던 왕사성으로 갔습니다. 왕사성은 마가다국의 중심도시로서 많은 수행자들이 모여 있던 곳이었습니다. 이곳은 부처님께서 구도자 시절에 알라라와 웃다카의 두 스승을 섬기며 선정을 닦던 곳이기도 합니다.

부처님께서는 이곳에서 활발한 교화활동을 펼치시게 됩니다. 부처님의 일행이 도착하자 마가다국의 왕인 빔비사라가 부처님을 친견한 후 깊은 감명을 받고 스스로 재가신자가 되었습니다. 그래서 왕은 대나무 숲을 기증하였고, 마침 왕사성의 가란타 장자가 여기에 부처님과 제자들이 비와 햇볕을 피할 수 있는 절을 지어 드리겠다고 했습니다.

부처님께서는 호화롭게 짓지 않는다는 조건으로 승낙하여 죽림정사(竹林精舍)라는 불교 최초의 절이 지어졌습니다. 이 죽림정사에 계실 때 부처님은 많은 제자들의 귀의를 받았습니다. 지혜 제일의 사리불, 신통 제일의 목련존자, 부처님의 법을 계승하여 교단을 이끄셨던 마하가섭 등도 이곳에서 만난 제자들입니다.

당시 부처님의 생활모습은 다른 수행자들이 그랬던 것처럼 일정한 거처 없이 제자들과 함께 유행하며, 나무 그늘 밑이나 돌 위에 앉아서 가르침을 주고 받으셨고, 식사는 탁발을 하셨습니다. 죽림정사가 지어진 후에도 부처님의 이러한 생활은 크게 달라지지 않았습니다. 단지, 우기에는 거동할 수가 없었으므로 정사에서 안거(安居)라고 하여 3개월을 정진하며 머무는 것 외에는 변한 것이 없었습니다.

우리나라에서는 동안거(冬安居)와 하안거(夏安居)라 하여 1년에 두 번씩 안거가 시행되고 있습니다. 이러한 전통은 참으로 좋은 학습 방법이며 수행 방법이라고 생각합니다.

부처님께서는 죽림정사가 지어진 후에도 탁발을 계속하셨습니다. 탁발의 전통은 지금도 타일랜드, 미얀마 등의 남방불교에는 그대로 전승되어 오고 있습니다. 스님들은 새벽 6시쯤 먼동이 틀 무렵이면 목욕을 하고 청정한 마음으로 발우를 들고 마을에 가서 칠가식(七家食)이라고 해서 일곱 집을 돌며 음식을 얻습니다. 오후 불식이기에 공양은 오전에만 하고 정오가 지나면 다음날 아침까지는 금식을 합니다.

일반 가정에서는 이른 아침 집 앞에 단을 차려놓고 식사 전에 정성 들여 마련한 음식과 과일·꽃 등을 스님께 공양합니다. 그런데 '어떻게 매일 공양을 할까?' 하고 생각할 수 있으나, 타일랜드에서는 20세가 되면 남자들은 대부분 출가하여 일정 기간 스님이 됩니다. 그 기간은 대략 1년 내외인데 보통 한 집에 한 사람 정도는 출가한 승려가 있으므로, 탁발하러 온 승려에게 자신의 아들에게 공양하는 것이나 다름없이 정성스럽게 음식을 제공합니다.

이렇게 탁발을 통해 걸식한다고 해서 비구란 낱말이 생겼습니다. 비구란 본래 '얻어먹는 사람'이라는 뜻이며, 한문으로 걸사(乞士)라고 번역했습니다. 그런데 스님들은 밥만 비는 것이 아니라 '법이나 진리를 비는 사람'이라는 뜻이 더 강조되어야 할 것입니다. 탁발은 단순히 밥을 비는 것이 아니라 그 자체가 훌륭한 수행이기에 여법하게 해야 합니다.

걸음을 걸을 때는 시선이 3보 앞 이상을 보아도 안 되며 한 걸음 한 걸음을 마음속으로 관해야 합니다. 청정한 마음으로 음식을 주는 사람을 구별하지 않으며, 탁발로 얻은 음식이 마음에 들고 안 들고 하는 분별심도 내지 않아야 합니다. 이러한 탁발은 무엇보다도 하심(下心) 공부의 으뜸입니다. 얻어먹는 사람이 어떻게 '나다' 하는 아만을 가질 수 있으며 자기를 내세울 수 있겠습니까? '나다' 하는 마음을 내려놓는 하심은 수행자에게 꼭 필요한 과정입니다.

그러나 오늘날 우리나라의 현실은 사이비 탁발승의 난무로 인해 폐해가 많아 교단에서 스스로 탁발을 금지해 버렸습니다. 현대사회가 만들어 낸 서글픈 이야기입니다.

경전에 이런 이야기가 있습니다. 부처님께서 어느 날 마을로 탁발을 나가셨습니다. 마침 온 마을 사람들이 축제 분위기에 들뜨고 놀이에 정신이 팔려 있어 부처님께 공양하는 것도 잊어버렸습니다. 부처님은 깨끗이 씻어 들고 간 발우를 그대로 들고 돌아오게 되었습니다. 돌아오는 길에 부처님은 악마 마라를 만났습니다.

"사문이여, 먹을 것을 얻었습니까?"

"마라여, 얻을 수가 없었다네."

"그렇다면 다시 한 번 마을로 돌아가시오. 이번에는 공양을 얻을 수 있을 것이오."

그 말에 부처님은 의연히 말씀하셨습니다.

"설사 얻은 바 없다 해도 보라! 나는 즐거운 마음으로 산다.

마치 저 광음천(光音天)과 같이 나는 기쁨을 음식 삼아 살아가노라."

여기에서 마라와의 대화는 실제로 악마와 만났던 것이 아니라, 부처님의 마음속에서 일어났던 생각을 악마와의 대화형식을 통해 표현한 것입니다. 빈 발우로 돌아오시면서 '지금쯤 다시 가면 축제에 갔던 사람들이 돌아와서 탁발을 할 수 있지 않을까' 하는 생각이 머리에 스쳐지나갔을 것입니다. 그럴 때 부처님은 스스로에게, '설사 얻은 바 없다해도 기쁨을 음식삼아 살아가노라' 하고 말씀하신 것입니다. 여기서 우리는 법대로 의연한 자세를 지키며 살아가시는 부처님의 모습을 볼 수가 있습니다.

그러면 부처님은 제자들 사이에서 스스로의 위치를 어떻게 지키셨던가 하는 문제를 생각해 봅시다. 부처님께서는 스스로 신의 아들이거나 구세주가 아니라, 깨침의 길을 보여주고 안내하는 '길잡이'로 자처하셨고, 교단에는 항상 제자들의 '훌륭한 벗'으로 함께 사셨습니다.

역시 부처님께서 죽림정사에 계실 때의 일입니다. 제자들 가운데 박칼리라는 비구가 병이 나서 회복이 어렵게 되었습니다. 왕사성의 한 도공의 집에 몸져누워 있던 박칼리는 간병해 주는 스님에게 자기는 도저히 회복할 수 없을 듯하니, 마지막으로 부처님을 뵙고 예배하고 싶다고 했습니다. 그 말을 전해 듣고 부처님이 오셨습니다. 박칼리가 일어나려 하자 부처님께서는, 머리를 짚어 보시며 말씀하셨습니다.

"박칼리여, 그대로 있거라. 병은 좀 차도가 있느냐?"

참으로 따뜻하고 인간적인 모습이었습니다.

"부처님, 고통은 점점 심하고 이제는 회복하기 어려울 것 같습니다."

"혹 마음에 걸리거나 후회하는 일은 없느냐?"

"부처님, 저는 죽기 전에 마지막으로 부처님께 예배드리고 싶었습니다. 이제 더 이상의 여한은 없습니다."

이 말에 그렇게 따뜻하게 대하던 부처님께서는 정색을 하시고,

"박칼리여, 이 썩어질 몸뚱이를 보고 예배를 해서 어쩌자는 것이냐?" 하시면서, 다음과 같은 말씀을 하셨습니다.

"진리를 보는 사람은 나를 보는 사람이요, 나를 보는 사람은 진리를 보아야 한다. 그러므로 나를 보려거든 진리를 보아라."

이는 곧 '진리에 의지해야지, 사람에 의지해서는 안 된다'는 뜻으로, 『금강경』의 "몸을 보고 음성을 보며 부처님을 구하는 사람은 사도(邪道)를 행하는 것이다."라는 구절과 통하는 말씀입니다.

설사 부처님의 옷자락을 잡고 수행한다고 해도 능히 진리를 보지 못한다면 부처님을 보았다고 할 수 없고, 반면에 부처님과 시간적으로 몇천 년, 공간적으로 몇만 리 떨어져 있다 해도 진리에 눈떴을 때는 항상 부처님과 함께 있는 것입니다. 이 가르침은 부처님에 대한 집착까지도 용납지 않으시는 준엄한 가르침입니다. 왜냐하면 부처님은 길을 가리키는 사람으로 자처하셨기 때문입니다.

부처님은 깨달음의 길을 먼저 가보셨으며 그 길을 가려는 사람들에게 깨침의 길은 '이렇게 가는 것'이라고 가르쳐 주는 충실한 안내자일 뿐입니다. 그래서 부처님을 가리키는 칭호 중에 '도사(導師)'는 중생을 불문(佛門)으로 인도하는 안내자라는 뜻입니다. 그러므로 길은 각자가 가는 것입니다. 그 길을 안내하는 사람이 아무리 매력적이라 하더라도 안내하는 사람에 집착하지 않고 스스로 길을 가야만 합니다.

따라서 부처님은 길잡이에게 집착하는 것도 경계하십니다. 길잡이에게만 시선이 머물고 있는 한, 길을 가기는 어렵기 때문입니다. 그러므로 부처님은 늘 "너 자신을 등불로 삼고 또 진리를 등불로 삼으라."고 하셨습니다.

이러한 부처님의 가르침 뒤에는 항상 인간은 스스로가 스스로의 길을 갈 수 있다는 인간의 가능성에 대한 깊은 신뢰가 기본이 되어 있음을 알 수 있습니다. 그러나 우리는 '길잡이'의 소중함을 결코 잊어서는 안 된다는 것도 기억하여야 합니다.

✺ 마음의 거문고가 울리는 세상

부처님이 왕사성의 영축산에 계실 때 일입니다. 소나라는 비구가 근처의 숲 속에서 정진을 하고 있었습니다. 그는 지나치게 긴장된 수행을 하는 탓인지 아무리 노력을 해도 좀처럼 깨달음에 이르지 못했습니다.

자기보다 수행을 적게 하는 사람도 깨달음에 도달하는데 소나는 열심히 하는 데도 깨칠 수가 없었습니다. 조급해진 그는 차라리 집에 가서 재산이나 상속받고 사는 게 낫지 않을까 하는 생각을 하게 되었습니다. 이런 마음을 퇴굴심이라고 합니다. 퇴굴심은 조급한 마음에 남과 비교하는 데에서부터 오는 것으로 수행에 큰 장애가 됩니다. 남을 쳐다보고 자기와 비교하는 마음은 소아적인 마음입니다. 그리고 지나치게 극단적인 수행은 오히려 장애가 됩니다. 부처님께서는 소나가 그런 극단적인 수행으로부터 어려움을 겪고 있는 것을 아시고 그를 찾아갔습니다.

"소나여, 공부는 잘 되는가?"

"아닙니다. 실은 집으로 돌아갈까 생각 중이었습니다."

그러자 부처님은 소나에게 물었습니다.

"소나여, 너는 집에 있을 때 거문고를 잘 탔다지?"

"예, 좀 탔습니다."

"거문고를 탈 때 줄이 너무 팽팽하면 소리가 어떠하더냐?"

"물론 잘 안 납니다."

"그래, 그럼 반대로 줄이 너무 느슨하면 어떠하더냐?"

"그래도 소리가 잘 나지 않습니다."

"그럼 어떻게 해야 소리가 잘 나느냐?"

"너무 팽팽하지도 너무 느슨하지도 않고, 줄이 적당해야 훌륭한 소리가 납니다."

"그렇다, 소나여. 거문고와 마찬가지로 수행도 너무 정진이 지나치면 마음이 격앙되어 조용하지 못하고, 또 너무 느슨하면 게으름에 빠지게 되느니라. 소나여, 그 중도를 취해야 하느니라."

이 말씀을 듣고 소나는 다시 공부를 시작하여 마침내 깨달음을 얻었다고 합니다. 이 일화는 아름다운 설법의 예입니다만, 여기에는 부처님께서 가르침을 주시는 성격이 잘 담겨 있습니다. 무엇보다 부처님은 각자의 경험에 비추어 적절한 비유를 하십니다.

그리고 부처님은 늘 중도적인 실천을 말씀하십니다. 너무 팽팽하면 지나친 수행으로 긴장과 조급함이 생겨나 퇴굴심이 일어나고, 반대로 너무 느슨하면 방일하여 게으름에 떨어질 염려가 있으므로 중도를 말씀하신 것입니다. 부처님은 이처럼 상황에 따라 한쪽으로 기울면 다른 한쪽을 북돋아 주시고, 다른 한쪽으로 기울면 반대쪽을 잡아주는 자유로운 가르침을 펼치셨습니다.

만약 부처님께서 우리가 살아가는 모습을 보신다면 좀 조이라고 하실 것 같고 고행도 좀 하라고 나무라실 것 같습니다. 왜냐하면 오늘날 우리의 삶은 너무 나태하고 감각적이기 때문입니다.

고려시대에 보조국사 지눌(知訥) 스님이 계셨습니다. 지눌은 원효와 함께 한국 불교를 대표하는 스님입니다. 지눌 스님은 한 저서에서 우리 마음을 가리키는 다양한 이름을 말씀하고 계십니다.

우리 마음을 태곳적부터의 마음 바탕이라 해서 주인옹(主人翁)이라 하고, 또 꺼지지 않는 등불, 다함이 없는 등불이라 해서 무진등(無盡燈)이라고도 했습니다. 그런데 가장 멋진 표현은 줄이 없는 거문고, 현이 없는 거문고라는 뜻의 몰현금(沒絃琴)입니다. 거문고는 여섯 줄이 있어서 현묘한 소리를 내는데 '줄이 없는 거문고'라니, 이 거문고가 무슨 소리를 낼 수 있겠습니까?

그러나 그렇지 않습니다. 오히려 줄이 없기에 무한한 열반의 묘악을 연주할 수 있습니다. 여섯 줄의 화음은 아름답지만 그 이상의 소리는 낼 수가 없습니다. 따라서 그 줄이 16줄, 160줄로 늘어난다 해도 줄이 있는 한은 유한의 음악일 수밖에 없습니다. 그런데 우리의 마음은 아예 줄이 없는 거문고입니다. 줄이 없는 거문고에서 나는 소리야말로 무한의 소리를 낼 수 있고 열반의 묘악을 낼 수 있습니다.

그런 줄 없는 거문고를 마음의 거문고, 심금(心琴)이라고 부릅니다. 흔히 '심금을 울린다'고 할 때의 심금을 가리킵니다. 심금이 울리면 그 인간관계는 더 이상 말이 필요 없는 깊은 차원의 이해와 공존이 있게 됩니다. 그러므로 심금의 가락이야말로 감동의 음악이며 열반의 묘악입니다. 불교는 그런 마음의 거문고를 타는 가르침입니다. 오늘날 우리 사회가 이처럼 각박하고 어려운 것도 좀처럼 이 심금이 울리지 않기 때문입니다.

너나없이 자기와 자기 삶만을 앞세우기에 좀처럼 인간관계에서 조화의 가락이 울려 나오질 않습니다. 오히려 잡음과 불협화음이 가득 차 있습니다. 그러므로 우리에게 필요한 것은 먼저 조율을 하는 일입니다. 조율이 안 된 채 연주했을 때 그 음악은 소음이고 다툼의 소리입니다. 개인적으로 조율이 안 되었을 때 입만 열면 남의 험담이요, 불평과 비난의 소리, 거짓말과 이간 붙이는 말뿐입니다.

그렇게 되면 인격파탄적 행위와 다른 생명을 무시하는 행동이 나타납니다. 자연이나 모든 것이 자기를 위해 있는 것인 양 여겨 친구 간에도 믿음이 아니라 자기 편의만을 위해 적당히 이용하게 됩니다. 이렇게 개인적인 차원에서 조율이 안 되면 사회적 불협화음으로 번집니다. 그로 인해 가정이 파괴되고 신의와 질서가 무너지는 황량한 사회가 됩니다.

지금 우리에게 "마음의 거문고를 울리도록 해야 한다."는 지눌 스님의 말씀이 새롭게 들려옵니다. 마음의 거문고를 잘 조율해서 그 현묘한 가락을 통해 평화의 음악이 우리들 가정과 일터, 사회에서 아름답게 울려 퍼질 수 있어야 하겠습니다.

부처님의 팔만사천 가르침이 모두 심금을 타는 방법이겠지만, 무엇보다 마음의 거문고는 모든 일에 우리들이 정성을 다할 때 울려 퍼집니다. 즉 우리들이 만나는 만남 속에서 우리들 마음을 다 할 때 심금은 울릴 수 있습니다. 부부 사이나 친구를 만날 때, 그리고 아버지와 아들, 스승과 제자의 만남에서 내 마음을 다할 때 몰현금은 울릴 수 있습니다.

이처럼 우리 주변에서 우리가 만나는 모든 생명을 부처님 모시듯 하는 것이 바로 평화의 가락, 진정한 공존과 화해의 음악이 은은히 울리게 하는 연주법인 것입니다.

구름을 뚫고 나온 달처럼

✺ 마음의 때를 씻어내야 한다

부처님께서는 왕사성에 오랫동안 머무셨지만 그곳보다도 더 오랫동안 계셨던 곳이 바로 사위성입니다. 부처님께서는 깨달으신 후 45년 동안 가르침을 전하는 설법을 하셨는데, 그 45번의 안거 중에 25번의 안거를 사위성에서 지내셨다고 합니다.

사위성에는 기원정사가 있는데, 그 창건에는 유명한 일화가 있습니다. 기원정사를 지은 사람은 수닷타 장자와 제타 왕자입니다. 사위성의 수닷타 장자는 평소 외롭고 고독한 사람들을 잘 보살피시어 급고독장자(給孤獨長者)라고도 불리었습니다. 이 급고독장자에게는 왕사성으로 시집간 누이가 있었는데, 왕사성에 갈 때면 항상 그 집에서 머물곤 했습니다.

어느 날 급고독장자가 왕사성에서 일을 보고 누이 집을 들렀는데, 보통 때 같으면 반갑게 맞아 주었으련만 그날은 온 집안이 떠들썩하여 인사도 못 나눌 지경이었습니다. 사정인 즉 매부가 부처님께서 거처하실 죽림정사를 지어 다음 날 낙성식을 준비하느라 분주했던 것입니다.

급고독장자는 그때 처음으로 부처님을 알게 되었습니다. 그리고 '나도 한번 부처님을 만나 뵈어야겠다' 생각하고 다음 날 아침 죽림정사로 찾아가 부처님을 뵙고 가르침을 받아 제자가 되었습니다. 급고독장자는 부처님께 사위성을 한번 방문해 주실 것을 부탁드리고 흔쾌히 허락을 받았습니다.

사위성으로 돌아온 급고독장자는 부처님께서 오시면 거처하실 곳을 위해 정사를 짓기로 마음먹었습니다. 그래서 정사를 지을 터를 알아보니 시내에서 멀지 않은 곳에 있는 제타 동산이 제일 적합하였습니다. 장자는 곧 제타 동산의 소유자인 제타 왕자를 만나 그 동산을 팔 것을 간청했으나 거절당했습니다. 장자가 거듭 간청하자 왕자는 귀찮아져서 금으로 바닥을 깔아주기라도 한다면 팔겠다고 하였습니다. 그 말에 장자는 마차에 금을 가득 실어다 제타 동산에 깔기 시작하였습니다.

한 수레, 두 수레, 세 수레······. 이에 제타 왕자도 감동하여 스스로 땅을 내놓고 함께 절을 짓기로 하였습니다. 그래서 절의 이름을 두 사람의 이름을 따서 '제타 숲에 있는 급고독의 정사(祇樹給孤獨園精舍)'라고 지었습니다. 이것을 줄여서 기원정사(祇園精舍)라고 부릅니다.

그 후 부처님은 사위성에 오셔서 이곳 기원정사에 머물면서 바이샬리, 쿠시나가라, 슈라바스티 등 갠지스강 북쪽으로 불법을 전파하셨습니다. 또한 이곳에서 수많은 제자들을 만나 훌륭한 가르침을 펼치셨습니다.

부처님께서 기원정사에 계실 때 하루는 '마음의 때를 씻어내야 한다'는 법문을 하셨습니다.

"비구들이여, 여기 더럽고 때 묻은 헝겊 조각이 하나 있다고 하자. 염색공이 거기다 분홍색, 남색의 물을 들인다면 물이 곱게 들겠는가?

때가 묻어 있어 곱게 물이 들지 않을 것이다.

그러나 헝겊이 때 묻지 않고 깨끗하다면 어떠하겠느냐? 우리의 마음도 마찬가지로 때가 없고 깨끗할 때 진리의 가르침이 곱게 물들어 갈 것이다. 그러므로 먼저 마음의 때인 탐욕·성냄·원한·인색함·속임·교만 등을 목욕하듯 깨끗이 씻어내야 하느니라."

그때 마침 그곳을 지나던 한 바라문이 그 가르침을 듣게 되었습니다. 그는 목욕을 수행의 제일로 알고 강물에 목욕하는 것을 수행으로 하는 바라문이었습니다.

그래서 이름까지 수정바라문(水淨婆羅門)인 그는, 강물에 목욕을 하면 모든 죄가 멸하여 하늘에 태어날 수 있다고 믿었기 때문에, 부처님께서 말씀하신 "씻어내야 한다, 목욕을 해야 한다."는 이야기에 귀가 번쩍 뜨여 걸음을 멈추고 부처님께 다가가 질문을 하였습니다.

"목욕이니 씻느니 하는데, 당신은 어느 강에서 목욕을 하십니까? 갠지스강입니까, 아니면 다른 강입니까?"

인도 사람들은 예나 지금이나 목욕의 명수들입니다. 종교에 있어서 목욕은 중요한 의미가 있습니다. 목욕은 더러움을 씻어내는 상징성을 지니는데 기독교의 세례, 영세의식도 마찬가지입니다. 수정바라문의 목욕도 이런 차원에서 이해가 되어야 합니다. 그러나 문제는 이런 실천이 형식화되고 고착화되는 데 있습니다. 수정바라문은 '어떻게 살 것인가?' 하는 것은 제쳐 두고 목욕으로 모든 문제가 해결된다고 생각했던 것입니다.

그래서 부처님은, 어느 강에서 목욕하느냐는 질문을 던진 그 바라문을 향해 말씀하셨습니다.

"어리석은 자는 이 강 저 강 찾아다니며 목욕하지만 악업은 씻기지 않네. 죄 짓고 악한 마음 지닌 자, 그 깊은 죄업을 강물로는 씻지 못하

네. 브라만이여, 여기 와서 목욕을 하라. 있는 그대로 안온을 얻으리라."

부처님께서는 목욕의 참의미는 입으로 거짓말 하지 않고, 몸으로 산 것을 해치지 않으며, 주지 않는 것을 얻으려 하지 않고, 능히 진리를 향해 굳은 신의를 일으키는 것이라고 하셨습니다. 마음의 때와 더러움을 털어내는 실천이 참 목욕임을 가르쳐 주셨던 것입니다. 바라문은 그 말씀을 듣고 그 자리에서 머리를 깎고 부처님의 제자가 되었다고 합니다.

이렇게 부처님의 가르침은 일상적인 것을 통해 우리들을 내면화 시키고 종교적으로 승화시키는 훌륭한 가르침이었습니다. 부처님이야말로 낡은 것을 다시 새롭고 빛나게 하는 지혜를 가지신 스승이셨습니다.

⚙ 모든 사람은 귀하고 천한 것이 없느니라

부처님의 제자들 중에는 사리불이나 아난, 목련존자처럼 훌륭한 가문의 제자만 있었던 것이 아니라 지체가 아주 낮은 사람, 범죄를 저지른 사람, 그리고 우둔한 사람도 있었습니다.

하루는 부처님께서 아난존자와 함께 거리를 걷고 있었습니다. 그때 인분을 메고 비틀거리며 다가오는 사람이 있었습니다. 그는 니이다라는 천민 중의 천민에 속하는 사람으로 부처님을 보자 더러운 냄새를 풍기는 자신이 폐가 될 듯하여 옆길로 피해 섰습니다.

그런데 부처님께서는 니이다 곁으로 가까이 다가 오셨습니다. 그걸 보고 니이다는 한 걸음 더 뒤로 피하려다가 너무 당황한 나머지 그만 인분통을 쏟아버렸습니다. 온 몸에 인분을 뒤집어쓰고 어쩔 줄 몰라 하는 니이다에게 부처님은 다가가서 손을 잡아 일으켜 세우며 말씀하셨습니다.

"어서 일어나라, 니이다여. 함께 강물에 가서 몸을 씻자꾸나."

"저같이 천한 사람이 어찌 감히 부처님과 함께 가겠습니까?"

"염려마라, 니이다여. 나의 법은 청정한 물과 같아서 모든 것을 받아들이고 깨끗이 하여 해탈케 하나니, 모든 사람은 귀하고 천한 것이 없이 하나가 되느니라."

부처님은 아난과 함께 니이다를 강물에 데리고 가 깨끗이 씻어 주고 기원정사로 데리고 갔습니다. 니이다는 부처님의 가르침을 받고 출가하여 훌륭한 제자가 되었다고 합니다.

부처님께서는 앙굴리말라라는 무서운 살인마도 제도하셨습니다. 어느 날 사위성에 큰 사건이 일어났습니다. 앙굴리말라라는 한 젊은이가 닥치는 대로 사람을 죽이고 손가락을 잘라 목에 걸고 다녔습니다. 그리하여 99명의 사람을 죽이고 이제 말리는 자신의 어머니까지 해치려 하고 있었습니다.

그는 원래는 아주 우직한 성품의 소유자로 한 바라문의 제자였습니다. 그는 묵묵히 공부만 열심히 하고 있었는데, 어느 날 스승의 아내가 젊은 앙굴리말라에게 사랑을 고백해 왔습니다. 앙굴리말라는 사랑을 받아들이지 않고 스승의 아내에게 따끔한 충고를 했습니다. 스승의 아내는 앙굴라말라에게 수모를 당하고 앙심을 품었습니다. 그녀는 갑자기 자신의 옷을 찢고 머리를 헝클어뜨린 채, 외출했다 돌아오는 남편에게 앙굴리말라가 자신을 범했다고 울면서 외쳤습니다.

격분한 스승은 앙굴리말라를 불러 이렇게 말했습니다. "제자여, 너는 이제 나에게 배울 것이 하나도 없다. 남은 것은 비밀의 술법뿐이다. 그것을 얻으려면 100명의 사람을 죽여 그 손가락으로 목걸이를 만들면 될 것이다." 우직스러운 앙굴리말라는 스승의 말을 그대로 믿고 실천에 옮기고 있는 중이었습니다.

부처님께서는 앙굴리말라에게 다가갔습니다. 앙굴리말라의 온몸은 붉은 피로 얼룩져 있고 주위는 피비린내가 진동했습니다. 부처님께서 다가서자 앙굴리말라는 자기 어머니로부터 시선을 돌려, "사문아, 꼼짝 말아라."하며 달려들었습니다. 그때 부처님은 앙굴리말라를 바라보며 이렇게 말씀하셨습니다.

"나는 꼼짝 않고 멈추어 있으나, 네가 멈추어 있지 않구나." 이 말씀에 정신을 차린 앙굴라말라는 그대로 부처님 앞에 엎드려 통곡하였습니다. "저는 어찌해야 되겠습니까?" 부처님께서는 피로 얼룩진 앙굴리말라를 일으켜 세웠습니다. 앙굴리말라는 깊은 참회를 통해 스스로 머리를 깎고 부처님의 제자가 되었습니다.

한편 프라세나짓 왕은 흉악한 살인자인 앙굴리말라를 잡기 위해 병사들을 데리고 기원정사로 찾아왔습니다. 그때 부처님께서는 앙굴리말라가 이미 참회하고 출가하여 사문이 된 것을 말해 주었습니다. 왕은 부처님께서 잘 지도해 새사람으로 만들어 줄 것을 부탁하고 돌아갔습니다.

그 뒤 앙굴리말라는 다른 스님들을 따라서 슈라바스티 거리로 탁발을 나갈 때마다 많은 사람들로부터 얻어맞기도 하고, 옷을 찢기기도 하는 온갖 곤혹을 당하였습니다. 그때마다 부처님께서는 앙굴리말라에게, "네가 지은 업을 갚는 것이니, 인내하고 성내지 말라."는 각별한 당부를 하셨고, 앙굴리말라도 잘 참고 수행을 계속했습니다.

부처님께서는 앙굴리말라와 같이 과거의 죄를 뉘우치고 수행하는 사람을 위해 다음과 같은 게송을 지었습니다.

과거에 방일하였어도 이제는 방일하지 않는 사람,

그는 마치 구름 사이를 뚫고 나온 달처럼 세상을 비출 것이다.
일찍이 자신이 지은 악업을 선업으로 덮는 사람,
그는 마치 구름 사이를 뚫고 나온 달처럼 세상을 비출 것이다.

과거의 잘못을 진정으로 뉘우치고 새로운 삶을 살게 된 것을 마치 구름 사이를 뚫고 나온 달에 비유한 것입니다. 이렇듯 부처님께서는 앙굴리말라와 같은 살인자까지도 새로운 삶을 살도록 이끌어 주시는 지혜와 자비를 가지셨던 것입니다.

🌀 털고 닦아라

부처님께서 또 모두가 손가락질 하고 놀리는 주리반특을 지도하신 일이 있습니다. 어느 날 부처님께서 기원정사의 문을 막 나가려는데 한 사람이 큰 소리로 울고 있었습니다. 누군가 하고 가까이 가보니 대중들이 전부 바보라고 놀리는 주리반특이었습니다.

그는 출가한 지 몇 년이 되도록 무엇 하나 제대로 기억하고 외우질 못했습니다. 그날도 사람들로부터 놀림을 받자 함께 수행하던 친형이 창피스럽다고 집으로 가라고 쫓아내었습니다. 그래서 울고 있었던 것입니다.

"부처님, 저는 너무 어리석어서 아무리 노력을 해도 잘 안됩니다. 어떻게 하면 수행을 할 수 있겠습니까?"

"걱정 말아라, 주리반특이여. 자기가 어리석은 줄 아는 사람은 이미 어리석은 사람이 아니다. 참으로 어리석은 자는 자기가 어리석다는 사실을 모르는 사람이다."

부처님께서는 주리반특을 친히 처소로 데리고 와서 아난존자에게 지도를 부탁하셨으나, 그는 자기로서도 도저히 불가능하다고 하였습니다. 부처님께서는 그럼 내가 직접 지도를 하겠다고 하시며, 주리반특에게 '털고 닦아라'라는 짧은 글귀를 외우게 하였는데 그것마저 못 외웠습니다.

'털고'를 외우면 '닦아라'를 잊고, '닦아라'를 외우면 '털고'를 잊어버렸습니다. 그것을 보고 모든 사람이 그는 이제 희망이 없다고 했습니다. 그러나 부처님께서는 포기하지 않고, 기원정사의 여기저기를 털고 닦으며 계속 외우라고 하셨습니다.

주리반특은 열심히 털고 마루를 닦으며 외웠습니다. 그리하여 마침내 그 글귀를 외웠을 뿐 아니라, 그 깊은 뜻도 터득하게 되었습니다. '털어라'는 것은 먼지를 털라는 뜻이니 바로 탐욕·성냄·어리석음의 먼지를 버리라는 뜻이며, '닦으라'는 것은 본래 청정한 마음을 잘 지키라는 뜻이니 무명(無明)이 가려진 밝은 마음을 항상 간직하라는 것이었습니다. 주리반특이 깊은 깨달음에 이른 것을 보고 부처님은 이렇게 말씀하셨습니다.

"아무리 많은 경을 읽고 외워도 그 참된 뜻을 알지 못하면 이익이 되지 못한다. 그러나 한 구절의 글이라도 참으로 그 뜻을 알고 잘 실행하면 그것으로 도를 이룰 수 있느니라."

이 주리반특의 이야기는 우리에게 한없는 용기를 가지게 합니다. 때로 우리는 '나 같은 사람이 무엇을 할 수 있을까?', 또는 '나는 소질이 없는가 보다' 하고 하던 일을 포기할 때도 있습니다. 수행에 있어서도 마찬가지입니다. 염불이나 참선을 조금 해보고 잘 안되니까 '나는 안되겠다' 하고 도중하차하고 마는 사람들이 있습니다. 그러나 주리반특보다 못한 사람은 없을 것입니다.

그러니 용기를 잃지 말고 마음을 바로잡아 공부해 가야 합니다. 어렵다고 안 하면 더욱 어려워지고, 비록 어렵다 싶어도 열심히 쉬지 않고 하면 차츰 쉬워지고 마침내는 깨달음을 이룰 수 있습니다. 쉼 없는 노력, 정진의 자세는 수행뿐만 아니라 모든 일에 필요합니다. 한 가지를 해도 꾸준히, 철저하게 해가는 것이 얼마나 중요한가를 부처님께서는 보여주셨던 것입니다.

이렇듯 훌륭한 스승이란 다양한 사람들을 그들의 소질과 적성에 맞게 지도해 주어 바른 삶을 살게 해 주는 분입니다. 부처님이야말로 인간학교에서 가르침을 베푸신 훌륭한 스승인 것입니다.

새가 허공을 날듯 흔적 없이

🕸 여인도 수행하면 깨달을 수 있다

부처님께서 사위성에 머무시는 동안 고향인 카필라성을 방문하셨습니다. 성도 후 6년쯤의 일로 고향에서 부왕을 위시한 가족과 친지들을 만난 일은 참으로 감격적이었습니다. 사캬족의 사람들은 부처님을 열렬히 환영했으며 이때 많은 사람들이 불교에 귀의했습니다.

부처님의 10대 제자 중 계율에 뛰어났던 지계제일의 우바리존자는 사캬족의 이발사였으며, 부처님을 시봉하며 비서역할을 했던 아난존자는 부처님의 사촌 동생이었다고 합니다. 또 천안제일의 아니룻다도 부처님의 사촌으로 이들은 모두 부처님이 고향을 찾아갔을 때 출가한 사람입니다. 그밖에도 많은 사캬족의 젊은이들이 출가했습니다.

또 부처님의 카필라성 방문은 여성 출가의 효시를 만드는 계기가 되었습니다. 부처님의 이모이며 부처님을 양육하기도 했던 마하파자파티 부인이 오백 명의 사캬족 여인들과 함께 부처님을 찾아와 출가를 허락해 주실 것을 간청하였습니다. 부처님께서는 당시 상황으로 여성이 여기저기 유행을 하며 사는 교단생활을 하는 것은 어렵다고 생각하여 거절하였습니다.

그리고는 사위성으로 돌아오셨는데 마하파자파티와 오백 명의 여인들은 스스로 머리를 깎고 기원정사까지 와서 다시 출가하기를 간청하여 드디어 허락을 하게 됩니다. 이때 아난존자의 역할이 상당히 컸다고 합니다. 부처님께서 거절하자 마하파자파티 부인은 아난존자를 찾아가 도와줄 것을 요청했습니다. 그래서 아난존자는 부처님께 여쭈어 보았습니다.

"여인도 수행하면 깨달을 수 있습니까?"

"물론 그렇다."

"그렇다면 여성의 입단을 허락해 주셔야 하지 않습니까?"

그리하여 부처님은 여덟 가지 특별한 계를 지키는 조건으로 여성의 출가를 허락하셨습니다. 이는 아주 획기적인 일이었습니다. 당시 인도 사회에서의 여성의 지위로 보아 비구와 동등한 성직을 부여한 것은 파격적인 조치인 것입니다. 여권신장의 차원으로 보아도 대단한 일이었습니다. 많은 종교 가운데 여성이 성직을 부여받고 있는 예는 오늘날에도 흔치 않습니다.

🕰 부처님으로부터 상속을 받은 라훌라

부처님께서 카필라성을 방문하셨을 때, 부처님의 어린 아들인 라훌라도 출가하여 행자가 되었습니다. 라훌라는 처음 뵙는 아버지이자 부처님께 상속을 해달라고 요청했다고 합니다. 그래서 사리불을 시켜 머리를 깎도록 하였습니다.

라훌라는 사미승으로 기원정사에서 공부하며 성장했는데 아직 나이가 어렸으므로 장난도 곧잘 했습니다. 사람들이 부처님이 계신 곳을 물으면 라훌라는 일부러 엉뚱한 곳을 가리켜 주어 골탕을 먹이기도 하였습니다. 하루는 부처님께서 이를 아시고 라훌라를 찾아갔습니다. 라훌라가 17세쯤 되었을 때였다고 합니다. 부처님께서는 라훌라로 하여금 물을 떠다가 자신의 발을 씻기도록 했습니다. 다 씻은 다음 이렇게 말씀하셨습니다.

"라훌라여, 너는 이 물을 마실 수 있겠느냐?"

"마실 수 없습니다."

"왜 그런가?"

"발을 씻어 더러워졌기 때문입니다."

"너도 이 물과 같으니라. 이 물은 본래 깨끗하였는데 발을 씻어 더러워진 것이다. 너는 왕의 손자로 태어나 세속을 버리고 출가하지 않았느냐? 그런데 수행에는 힘쓰지 않고 계행도 지키지 않으니, 삼독(三毒)의 때를 마음에 가득 지니고 있어 마치 이 물처럼 더럽혀져 있느니라."

라훌라는 아버지 앞에 고개를 숙이고 묵묵히 서 있었습니다. 부처님은 다시 라훌라에게 물을 버리고 오라고 하셨습니다. 라훌라가 물을 버리고 오자 다시 말씀하셨습니다.

"라훌라여, 너는 이 그릇에 음식을 담아 먹을 수 있겠느냐?"

"없습니다."

"왜 먹을 수 없느냐?"

"손발을 씻은 물그릇이기 때문입니다."

"라훌라여, 너도 이 그릇과 같으니라. 출가한 사람이면서 수행을 게을리 하며, 거짓말을 하고 남을 속이니 더러운 물을 담은 그릇과 다를 게 없지 않느냐? 그런 그릇에 마음의 양식이 될 것을 담을 수 있겠느냐?"

하고 엄하게 꾸중하셨습니다. 그런 다음 부처님께서는 그 물그릇을 발로 힘껏 걷어찼습니다. 물그릇은 저만치 굴러 떨어졌습니다. 라훌라는 놀라 부처님의 얼굴을 쳐다보았습니다. 부처님의 표정이 그렇게 준엄한 것은 처음 보았습니다. 다시 부처님께서는 라훌라에게 말씀하셨습니다.

"너는 이 물그릇이 깨지는 것을 걱정하느냐?"

"아닙니다. 값이 헐한 것이므로 별로 걱정은 하지 않습니다."

"너도 다른 사람들에게 거짓말을 하고 괴롭혔으니, 이 물그릇처럼 그들로부터 사랑이나 아낌을 받을 수 없지 않겠느냐?"

라훌라는 정신이 번쩍 들었습니다. 그 후 라훌라는 부처님의 가르침을 마음에 새겨 열심히 정진하였다고 합니다. 라훌라가 스무 살이 된 어느 날 부처님께서는 라훌라와 함께 탁발을 나갔습니다. 돌아오는 길에 "몸과 마음을 포함한 모든 것이 다 흐름 속에 있고 무상하다고 보아야 한다."는 등의 자상한 가르침을 내리셨고, 라훌라는 드디어 깨달음을 얻게 됩니다. 이로써 부처님께서는 아들인 라훌라에게 훌륭한 상속을 해 준 셈입니다.

✸ 가난한 여인의 등불

이번에는 사위성에 살던 한 가난한 여인에 관한 이야기입니다. 그 여인은 가난하여 이 집 저 집에서 밥을 얻어먹으며 살아가고 있었습니다. 하루는 성안이 온통 떠들썩하여 여인은 지나가는 사람들에게 이유를 물어보니, 푸라세나짓 왕이 기원정사에서 부처님과 스님들이 안거(安居)를 하는 동안 많은 공양을 올렸고, 오늘 밤에는 수천 개의 연등을 밝히기 위해 그 준비를 하는 것이라 했습니다.

여인은 '푸라세나짓 왕은 많은 공덕을 짓는구나. 나는 가진 게 없으니 어떻게 공양을 올릴까?'하고 생각한 끝에 자기도 오늘 밤에 등불을 하나 켜야겠다고 결심했습니다. 그리고 거리에서 동전 한 닢을 구걸해 가지고 기름집에 가서 기름을 샀습니다. 가난한 여인의 뜻을 알고 주인은 기름을 듬뿍 담아 주었습니다.

여인은 그날 밤 그 기름으로 등을 켜서 부처님께서 지나시는 길목을 밝혔습니다. 그리고 등불 앞에 앉아 "보잘것없는 등불이지만 이 공덕으로 내생에는 저도 성불하여지이다." 하고 간절히 기원했습니다. 밤이 깊어 다른 등불은 다 꺼졌는데도 그 가난한 여인의 등불은 여전히 밝게 빛나고 있었습니다. 등불이 다 꺼지기 전에는 부처님께서 주무시지 않으므로, 아난존자가 손으로 불을 끄려 했지만 불은 꺼지지 않았습니다. 다시 가사 자락으로 끄려 해도 안 되고, 부채로 끄려 해도 불은 꺼지지 않았습니다.

부처님께서는 이 광경을 보고 아난에게 말씀하셨습니다.

"아난아, 부질없이 애쓰지 마라. 그 불은 가난하지만 마음 착한 여인의 넓고 큰 서원과 정성으로 켜진 등불이다. 그러니 결코 꺼지지 않을 것이다. 그 등불의 공덕으로 여인은 오는 세상에 반드시 성불할 것이다."

이 말을 전해 들은 푸라세나짓 왕은 부처님을 찾아갔습니다.

"저는 석 달 동안이나 부처님과 스님들께 드실 것을 보시했으며, 수천 개의 등을 켰는데도 저에게는 어찌하여 성불하리란 수기를 주시지 않습니까?"

그러자 부처님께서는 말씀하셨습니다.

"불도란 실로 그 뜻이 매우 깊어서 헤아리기 어렵나니, 그것은 하나의 보시로써 얻을 수 있기도 하지만, 백 천의 보시로도 얻을 수 없는 경우가 있느니라. 무엇보다도 자기가 쌓은 공덕을 내세우거나 자랑해서는 얻을 수 없느니라."

이 이야기는 '가난한 여인의 등불' 즉 빈녀일등(貧女一燈)이란 말로 우리에게 널리 알려져 있습니다. 여기에서 우리는 등불을 켜는 이의 자세, 보시의 마음가짐을 잘 알 수 있습니다. 가난한 여인은 하나의 등불을 켰는데도, 오직 '성불하여지이다'하는 간절한 일념이 있었기 때문에 꼭 성불하리란 수기를 받았습니다. 반면에 푸라세나짓 왕은 '나는 많은 보시를 하고, 많은 등을 켰다'고 하는 생각이 있었기에 많은 공덕을 쌓고도 수기를 얻을 수 없었던 것입니다.

이와 비슷한 이야기로 양무제와 달마대사가 만난 이야기가 있습니다. 양나라 무제는 독실한 믿음을 가지고 있어 많은 절과 탑을 세웠습니다. 그래서 인도에서 달마대사가 오시자 이렇게 물었습니다.

"내가 이렇게 절과 탑을 세우고 불사를 많이 했는데, 공덕이 얼마나 됩니까?" 달마대사는 한 마디로 "소무공덕(小無功德)"이라고 했습니다. 즉 공덕이 하나도 없다는 것입니다.

우리가 어떤 선행을 할 때, 상(相) 없는 빈 마음으로 베풀면 그것은 영원한 복이 됩니다. 가난한 여인이 미래에 성불하리라는 수기를 받게 된 것은 아무런 욕심 없이 허공 같은 마음으로 등을 켰기 때문입니다.

그래서 베풀 때 베푸는 사람, 받는 사람, 오고 가는 물건이 모두 깨끗해야 합니다. 그것은 내가, 누구에게, 무엇을, 어떻게 베푼다는 생각조차 비워야 한다는, 즉 허공 같은 마음이어야 한다는 말입니다. 새가 허공을 날 때 어디 흔적을 남깁니까?

매년 '부처님 오신 날'이 되면 많은 사람들이 등을 켭니다. 이날은 사위성의 가난한 여인과 같은 깊은 정성과 지극한 서원이 담긴 무욕(無慾)의 그런 연등이 집집마다 많이 켜졌으면 합니다. 등을 켜는데도 온갖 상을 다 내고 분주한 먼지를 피우는 것이 우리들인 것 같습니다.

◎ 물과 사람 중 어느 쪽이 더 소중한가?

부처님께서 고향을 방문했을 때의 일입니다. 고향인 카필라성의 이웃에는 같은 사캬족인 콜리국이 있었습니다. 이 콜리국은 부처님의 어머니 마야 부인, 이모인 마하파자파티, 부인인 아쇼다라 등이 모두 콜리국 사람일 정도로 카필라국과는 예로부터 깊은 관계에 있었습니다.

그런데 한번은 두 나라 사람들 간에 물싸움이 일어났습니다. 두 나라 모두 농업국이었으므로 물은 소중한 자원이었습니다. 두 나라 사이에는 로히니란 강이 있는데, 마침 가뭄이 극심해 강물이 거의 바닥이 났습니다. 그래서 얼마 남지 않은 물을 서로 자기 쪽으로 끌어오기 위해 큰 싸움이 일어나기 직전이었습니다. 양편이 살기가 등등해져서 금방이라도 치고받을 지경에 이르렀습니다.

부처님께서 마침 그 소식을 듣고 급히 로히니 강변으로 달려가셨습니다. 부처님을 보자 양쪽 사람들은 모두 합장을 했습니다. 부처님은 그들에게 이렇게 말씀하셨습니다.

"여러분들은 물과 사람, 이 둘 중 어느 것이 더 소중합니까?"

"물론 사람이 더 소중합니다."

"그런데 여러분은 지금 물 때문에 서로 싸우고 있지 않습니까? 내가 나타나지 않았다면 지금쯤 몇 사람이 다쳤을지도 모릅니다." 그리고 부처님께서는 비유를 하나 들어 말씀하셨습니다.

옛날 깊은 산속에 사자가 한 마리 살고 있었습니다. 그런데 하루는 바람이 불어 나무의 열매가 사자의 얼굴에 떨어졌습니다. 사자는 화가 나서 꼭 혼을 내주어야겠다고 마음먹었습니다.

그런데 며칠 뒤에 마침 한 목수가 수레바퀴에 쓸 재목을 구하러 산에 왔습니다. 사자는 좋은 기회라 여기고 '수레바퀴에 쓸 재목으로 이 큰 나무를 베어가라'고 일러 주었습니다. 목수는 사자의 말대로 그 나무를 베었습니다.

그러자 이번에는 나무가 목수에게 '사자의 가죽을 바퀴에 쓰면 아주 질기고 좋다'고 했습니다. 목수는 마침내 곁에 있던 사자도 잡아버렸습니다. 이처럼 사자와 나무는 하찮은 일로 서로 시기하다 목숨을 잃고 말았습니다.

부처님께서는 지금 벌이고 있는 물싸움이 마치 이 사자와 나무의 싸움 같다고 하셨습니다. 부처님의 말씀에 양쪽 사람들은 서로 부끄러워하면서 돌아갔다고 합니다. 이 물싸움을 그치게 한 일화는 부처님의 가르침이 말로만 하는 이론적인 가르침이 아니라, 삶의 현장에 직접 달려가 중생과 함께 실제적인 문제를 풀어가는 산 가르침이란 것을 여실히 보여줍니다.

부처님께서 기원정사에 계실 때입니다. 하루는 거리로 탁발을 나갔다가 어느 브라만의 집 앞에 이르렀습니다. 그때 집 안에서 "야, 가짜 사문아! 게 섰거라. 천한 자야, 이 신성한 곳에 가까이 오지 마라."는 폭언이 들려왔습니다.

그는 불을 섬기고 불에 제사를 지내는 것을 직업으로 하는 브라만이었습니다. 마침 제사를 지내려던 참에 걸식하는 사문이 가까이 오므로 그렇게 욕설을 했던 것입니다. 그러자 부처님께서는 이렇게 말씀하셨습니다.

"브라만이여, 그대는 어떤 사람을 천하다고 하는가? 또 사람은 어떨 때 천하다고 하는지 아는가?"

질문을 받자 브라만은 얼른 대답을 못했습니다. 이때 부처님께서는 브라만에게 어떤 사람을 천하다고 하고, 어떨 때에 천하다고 하는지를 하나하나 설명해 주셨습니다.

마을이나 숲에서
주지 않는데 남의 것을 훔치는 사람,
그런 사람을 천하다고 한다.

남의 빚을 지고도
발뺌하면서 빚진 일이 없다고 하는 사람,
그런 사람을 천하다고 한다.

증인으로 나아가
자신을 위해 또 남을 위해 거짓말을 하는 사람,
그런 사람을 천하다고 한다.

아주 사소한 욕심에
길가는 사람을 죽이고 금품을 빼앗는 사람,
그런 사람을 천하다고 한다.

자신은 잘 살면서
나이든 부모를 봉양하지 않는 사람,
그런 사람을 천하다고 한다.

부모나 형제자매를
말로 괴롭히고 구박하는 사람,
그런 사람을 천하다고 한다.

악행을 하고도
그것이 알려지지 않도록 감추려고 애쓰는 사람,
그런 사람을 천하다고 한다.

자신을 높이 칭찬하고
남은 헐뜯고 경멸하는 사람,
그런 사람을 천하다고 한다.

실은 성자도 아니면서
스스로 성자라 공언하는 사람,
그런 사람을 천하다고 한다.

그리고 다시 게송으로 결론을 지었습니다.

사람은 태생에 따라 천민이 되지 않으며
태생에 따라 브라만인 것은 아니다.
행위에 따라 천민도 되고
행위에 따라 브라만도 되는 것이다.

이러한 가르침을 통하여 브라만은 부처님의 제자가 되었다고 합니다. 부처님의 이러한 가르침이야말로 출가한 수행자만이 아니라, 모든 사람을 위한 가르침으로 오늘날에도 낯설지 않은 바른 삶의 길입니다. 부처님께서는 이렇게 평범한 가르침을 통하여 당시 계급 사회의 모순과 잘못된 종교적 실천을 바로 잡으셨던 것입니다.

나는 아무 말도 하지 않았노라

✦ 허공 같은 마음으로 행하라

흔히 우리는 '불교'라고 하면 대단히 어렵고 특별한 사람들만 행할 수 있는 것처럼 생각하는 예가 많습니다. 그러나 불교에 대해 조금만 관심을 갖고 공부해 보면 그렇지 않다는 것을 알 수 있습니다.

『법구경』에 보면 '불교의 정의'라고 할 수 있는 말씀이 있습니다. 저는 이 말씀이 부처님 가르침의 모든 것이라고 생각합니다.

모든 나쁜 짓을 하지 말고	諸惡莫作
모든 착한 일을 받들어 행하며	衆善奉行
스스로 그 마음을 깨끗이 하는 것	自淨其意
이것이 모든 부처님의 가르침일세	是諸佛敎

불교는 이렇듯 악한 일을 하지 않고, 착한 일은 받들어 행하며 마음을 깨끗이 하는 공부입니다. 이것은 불교를 믿는 사람에게만 해당되는 삶의 지표가 아니라, 삶을 인간답게 가꾸려는 모든 사람에게 필요한 길

입니다. 이 가르침을 칠불통계게(七佛通誡偈)라고 하는데, 이에 얽힌 일화가 하나 있습니다.

당나라의 유명한 시인이었던 백낙천(白樂天)이 젊었을 때 한 고을의 관직을 맡아서 부임하게 되었습니다. 그 고을에는 선사가 한 분 살고 있었는데, 그는 나무 위에 앉아서 참선을 했기에 사람들은 그를 '새 둥지(鳥巢)' 선사라고 불렀습니다.

하루는 백낙천이 이 조과 선사를 찾아갔습니다. 조과 선사는 고을의 원님인 백낙천이 왔는데도 내려오지 않았습니다. 백낙천이 나무 위를 쳐다보며 선사에게 물어보았습니다.

"도대체 불교란 무엇입니까?"

"뭐, 불교란 것이 대단한 게 아니라, 나쁜 짓 하지 말고 착한 일 하라는 것이야."

백낙천은 거창하고 어려운 법문을 기대했었는데 듣고 보니 너무 시시했습니다.

"그까짓 건 세 살 먹은 어린애도 알 수 있는 것이오."

하는 백낙천의 말이 떨어지기 무섭게 조과 선사는 말했습니다.

"세 살 먹은 어린애도 알기는 쉽지만, 팔십 먹은 노인도 행하기는 어려우니라."

그 말에 백낙천은 무릎을 꿇었다고 합니다. 사실 불교는 많이 아는 것보다 하나라도 실천하는 것을 소중하게 여기는 종교입니다. 조과 선사가 하신 말씀은 칠불통계게의 일부분에 불과합니다. 즉 '모든 악을 짓지 말고, 뭇 선을 받들어 행하라'는 가르침입니다.

이것은 모든 도덕이나 윤리가 똑같이 가르치는 가르침이지만 불교에서는 그런 도덕적 윤리적 차원에만 머무는 가르침은 아닙니다. 악한 일을 하지 말고 착한 일을 받들어 '행해야만' 합니다. 그러나 그럴 수 있기 위해서 우리는 마음을 먼저 깨끗이 하지 않으면 안 됩니다. 마음이 더럽게 물들 때 악한 행동이 나오게 마련입니다. 선한 행을 받들어 행하기 위해서는 우선 마음을 조촐하게 맑히는 실천이 따라야 합니다.

여기에서 바로 불교가 단순한 윤리나 도덕의 차원을 넘어 종교로서의 성격을 가지는 바탕이 나옵니다. 깨끗해진 마음, 청정한 마음은 선악이 나누어지기 이전의 바탕이기에 참 선행이 가능합니다. 그 선행은 선악도 떠난 '하나' 된 상태이기에 조사스님들은 "만약 부처의 경계를 알고 싶거든 저 허공처럼 마음을 비우라."고 하셨습니다.

그 허공 같은 마음이 바로 조촐한 마음 깨끗한 마음입니다. 항상 허공과 같은 마음을 지키고 나와 만나는 모든 생명을 하나로 감쌀 수 있는 삶이 되어야 합니다. 그것이 부처님의 가르침입니다.

⏳ 훌륭한 밧지국 사람들

부처님께서는 35세에 큰 깨달음을 얻고 길에서 길로, 마을에서 마을로 다니면서 45년 동안을 한시도 쉬지 않고 모든 사람들을 위해 깨친 진리를 전하셨습니다. 이러한 부처님 생애를 생각하면 할수록 '부처님이야말로 인류의 위대한 스승이셨구나' 하는 마음을 금할 수가 없습니다.

부처님께서는 노년인 80세가 되시던 해에 많은 제자들과 함께 왕사성을 떠나 북쪽을 향해 마지막 여정을 시작합니다. 아마 고향인 카필라성과 사위성 쪽을 향하셨을 것으로 짐작이 됩니다.

떠나기 직전에 마가다국의 대신 우사가 부처님을 찾아뵙고 자문을 구했습니다. 마가다국의 아자타샷투 왕이 밧지국을 정복하려고 하는데 부처님께서 어떻게 생각하시는지에 관한 것이었습니다. 이는 당시 정치적 상황을 알려주는 일이기도 하지만, 어느 면에서는 무례한 질문이었습니다. 부처님께서는 아무 대답도 없으시다가 곁에 있던 아난존자에게 물으셨습니다.

"아난이여, 요즘도 밧지국 사람들은 서로 모여 나라 일을 잘 상의하고 있는가?"

"세존이시여, 그들은 지금도 그렇게 잘하고 있다고 들었습니다."

"그런가? 그렇다면 밧지국은 쇠망하지 않으리라. 아난이여, 요즘도 밧지국 사람들은 각자가 해야 할 의무를 잘 실천하고 있는가?"

"세존이시여, 그들은 협력하면서 해야 할 의무를 잘 실천하고 있습니다."

"그런가? 그렇다면 그들은 번영할 것이다. 그들은 예로부터 내려오는 훌륭한 규율과 전통을 잘 지키면서 살고 있는가?"

"예, 그들은 그렇게 잘 하고 있다고 들었습니다."

"그런가? 그렇다면 그들은 멸망하지 않을 것이다."

계속해서 부처님께서는 밧지국 사람들이 노인을 잘 받드는지, 부녀자를 잘 보호하는지, 조상을 공경하는지, 성자를 존중하는지에 대해 일일이 물으셨습니다. 아난으로부터 그렇다는 대답을 듣고 부처님께서는, 밧지국 사람들은 더욱 번영하여 쇠망할 염려가 없다는 말씀을 하셨습니다.

이 대화를 곁에서 듣고 있던 우사는 아자타삿투 왕에게 돌아가 그대로 보고하였습니다. 이에 아자타삿투 왕은 밧지국 정벌의 계획을 버렸다고 합니다. 이때 부처님께서 말씀하신 7가지 사항은 한 나라가 번영할 수 있는 덕목으로 민주적인 나라 운영의 기본이며 오늘날의 감각으로 생각해 보아도 훌륭한 덕목들입니다.

북쪽을 향해 제자들과 더불어 왕사성을 떠나온 부처님은 나란다 (Nalanda)를 거쳐, 지금의 파트나(Patna)까지 가신 후 거기서 갠지스강을 건너셨습니다. 가는 도중에 파트나에서 많은 사람들이 모여들어 그들을 위한 자상한 가르침을 펴기도 하셨습니다. 그곳 사람들은 부처님께서 지나가신 문을 '고타마 문'이라고 하고 부처님께서 건너신 나루터를 '고타마 나루'라고 불렀다고 합니다.

갠지스강을 건너 밧지국의 수도인 바이샬리에 도착한 부처님은 우기를 맞아 마지막 안거에 드시게 됩니다. 그해는 더위도 혹심하고 가뭄까지 겹쳐 많은 사람이 한꺼번에 탁발하며 유행할 수도 없었습니다. 그래서 제자들은 각지로 흩어져 안거에 들어갔습니다. 부처님은 아난존자와 함께 바루나 마을에서 안거를 하시게 되었는데 이때 병환이 나셨습니다. 부처님께서는 그 병을 잘 극복하셨지만 이미 스스로 노쇠하셨음을 직감하고 있었습니다.

"나는 이제 노쇠하고 나이도 80에 이르렀다. 아난이여, 낡은 수레가 가죽 끈의 도움으로 움직여 가듯이 여래의 몸도 이제 가죽 끈의 도움으로 간신히 움직이고 있다."

이때 아난이 부처님께서 열반에 드신 후의 교단의 문제에 대해 여쭈었습니다. 이에 부처님께서는 한 번도 당신이 불교교단의 주인이라든지 다른 사람들이 당신에게 의존하고 있다는 생각을 한 적이 없음을 밝히고 각자 진리를 등불삼고 가르침과 계율을 스승으로 삼아 정진할 것을 당부하셨습니다. 아난은 또 부처님의 장례를 어떻게 모실까에 대해서도 여쭈었는데 부처님께서는 그것은 재가의 제자들이 알아서 할 문제로 출가제자들은 염려하지 말라고 말씀하셨습니다.

그리고 다시 바이샬리를 출발하여 북으로의 여행을 계속하셨습니다. 그 도중에 쿠시나가라 근처에 있는 파바라는 마을에서 대장간을 하는 춘다가 올린 버섯음식의 공양을 드시고 다시 병이 나셨습니다.

✸ 참으로 잘 가신 부처님의 열반

부처님께서는 병든 몸을 이끄시고 계속 길을 나아가셨습니다. 쿠시나가라 교외에 있는 말라(Mala)족 땅의 사라숲에 이르러 부처님께서는 발길을 멈추고 아난에게 조용히 말씀하셨습니다.

"아난이여, 피곤하구나. 눕고 싶구나. 저 사라쌍수 사이에 머리를 북쪽으로 하도록 자리를 펴다오."

그 사라쌍수 아래에서 부처님은 생의 마지막 순간을 맞이하셨습니다. 그때 사라쌍수에는 때 아닌 꽃이 피고 허공에서는 향화가 부처님의 몸 위로 내렸으며 하늘에서는 미묘한 음악이 들려왔다고 합니다. 이것은 부처님에 대한 공양이었는데 부처님은 그런 것이 참 공양이라고는 하지 않으셨습니다. 부처님께서는 참 공양이 어떤 것인지를 이렇게 말씀하셨습니다.

"나무들이 때 아닌 꽃을 피우고 허공에서 향화가 내리고 미묘한 음악이 울린다 해도 그것으로 여래를 숭앙하고 존중하며 공양할 수는 없다. 아난이여, 비구 비구니 그리고 우바이 우바새들이 법을 잘 알고 잘 따르는 것이야말로 여래를 위없이 숭앙하고 존중하며 공양하는 것임을 알아야 한다."

우리가 꽃과 향과 음식 등으로 부처님께 공양을 드리지만 부처님께서는 진정한 공양은 진리의 가르침을 잘 알고 실천하는 것이라고 힘주어 당부하셨다는 것을 마음에 새기지 않으면 안 됩니다.

그때 말라족 사람들은 위대한 스승인 부처님께서 자기 마을 근처에서 열반에 드신다는 소식을 듣고 다투어 몰려와서 부처님을 뵙자고 했습니다. 그러나 아난은 부처님께서는 쉬셔야 한다고 하며 그들을 막았습니다. 부처님께서 그 소리를 듣고 아난을 불러 말씀하셨습니다.

"아난아, 그들을 막지 말라. 그들은 나를 괴롭히러 온 것이 아니라 진리를 듣기 위해 온 사람들이니라. 진리의 가르침을 위해 온 사람들을 멀리해서는 안 된다."

부처님은 말라족을 위해 자상한 가르침을 펼치셨습니다. 그때 나이가 많은 수바드라는 진리의 눈을 뜨게 되어 최후의 출가제자가 되었다고 합니다. 그리고 부처님께서는 모든 제자들에게 마지막으로 의심되는 바가 있으면 친구가 친구에게 말하듯이 서슴지 말고 물으라고 하셨습니다. 아무런 질문이 없자 부처님께서는 최후의 가르침을 설하셨습니다.

"너희들은 저마다 자신을 등불삼고 자기를 의지하여라. 또한 진리를 등불삼고 진리를 의지하여라. 이 밖에 다른 것에 의지해서는 안 되느니라…… 모든 것은 덧없나니 게으르지 말고 부지런히 정진하여라."

이 말씀을 남기시고 부처님께서는 평안히 열반에 드셨습니다. 부처님께서는 열반에 드시는 마지막 순간까지 진리의 말씀을 전하신 것입니다. 부처님을 인류의 영원한 스승이라고 하는 것도 바로 이런 이유에서입니다.

부처님의 명호 중에 '잘 가신 분(善逝)'이란 이름이 있습니다. 부처님이야말로 참으로 잘 가신 분입니다. 참으로 잘 가신 부처님의 열반은 평소의 삶이 바로 진리였기 때문에 가능했던 것입니다. 진리 속에 오셨다가 진리 속에 가신 분이 부처님이십니다. 부처님의 열반 장면은 우리로 하여금 많은 것을 생각하게 합니다. 즉 우리는 '어떻게 살아야 하며, 또 어떻게 생을 마감해야 하는가'입니다.

우리는 흔히 살 궁리만 하지 죽을 궁리는 못하는 듯합니다. 그러나 참으로 잘 살기 위해서 우리는 '어떻게 죽을까'하는 문제를 빼놓을 수 없습니다. 인류사를 돌아볼 때 위대한 삶을 사신 분들은 예외 없이 위대한 죽음을 맞으셨습니다. 소크라테스의 경우가 그렇고 부처님의 경우가 그렇습니다. 죽음은 삶의 총결산이며 그러한 죽음은 죽음이 아니라 영원한 삶입니다. 불교에 있어서 열반은 영원한 생명이요, '하나'인 생명자리로 돌아가는 회향입니다.

부처님께서는 "너 자신을 등불로 삼고 진리를 등불로 삼으라."고 하셨습니다. 이는 우리 자신이 우주의 주인이란 말씀이요, 실제 그렇게 주인으로 살아야 한다는 말씀입니다. 그렇다면 과연 어떻게 사는 것이 주인으로 사는 것이겠습니까?

임제 스님의 말씀에 '수처작주(隨處作主)'라는 말씀이 있는데 가는 곳마다 어느 곳이든지 내가 자리한 모든 곳에서 주인이 되라는 말씀입니다. 그 말씀은 지금 내가 있는 그 자리에서 주인으로 살라는 말씀입니다. 가장이면 가장으로서 할 일을 제대로 하는 것이 주인으로 사는 길이며, 주부는 주부로서의 해야 할 일을 떳떳이 할 때 주인이 되는 것이요, 일터에서는 내가 맡은 일을 당당하게 처리해가는 자세가 주인 된 사람의 모습입니다.

그리고 환히 밝은 마음자리, 저 바다처럼 넓은 마음을 활짝 열고 밝게 살아가는 것이 주인 된 삶입니다. 그러기 위해서는 지금까지 마음속에 남아 있는 생각들을 말끔히 털어버리고 낡은 삶의 껍질로부터 벗어나 본래의 '나'로 돌아가는 결단이 필요합니다. 그것이 주인으로 사는 첫걸음을 내딛는 것입니다. 그렇게 살 때 부처님은 항상 우리와 함께 계십니다.

제 3 부

말씀의 첫걸음

제 4 장

이와 같이 들었습니다

가르침의 본래 모습 / 근본불교

◉ 부처님의 가르침을 편집하는 첫 모임

열반에 드신 부처님의 유체는 부처님의 유훈대로 재가불자들의 주관 아래 쿠시나가라의 들판에서 다비를 했다고 전합니다. 지금도 그곳에 가면 부처님의 다비장을 볼 수가 있습니다.

다비를 마친 뒤 부처님의 유골은 당시 부처님과 인연이 많았던 여덟 나라에 나누어 각기 사리탑을 세우고 모셨다고 합니다. 나중에 아쇼카 대왕이 이 여덟 군데에 모셔져 있던 사리를 다시 나누어 수많은 탑을 세웠습니다. 1898년경 네팔에서 프랑스 학자인 뻿페에 의해 카피라국에 모셨던 사리병이 발굴되어 부처님의 유골이 여덟 군데로 나누어졌다는 사실이 확인되었습니다.

부처님께서 열반에 드셨을 당시 교단을 이끌어 가야 될 가섭존자는 쿠시나가라에 없었습니다. 그는 다른 많은 제자들과 함께 쿠시나가라를 향해 가던 도중에 지나가던 어떤 수행자로부터 부처님께서 열반에 드셨다는 소식을 듣게 되었습니다. 그 소식을 접한 제자들은 모두 비탄에 잠겨 슬퍼하였습니다. 그런데 한 나이 많은 비구는 태도가 달랐습니다. 비구는 슬퍼하는 제자들에게 말했습니다.

"부처님께서는 매일같이 '이렇게 수행해라, 저렇게 수행해라'해서 성가셨는데 이제는 돌아가셨으니 잘 되었다. 이제는 뭐든지 하고 싶은 일도 자유롭게 할 수 있으니 얼마나 좋으냐?"

가섭존자는 그 비구의 말을 들으면서 '부처님께서 금방 돌아가셨는데도 저러니 시간이 흐르면 어떻게 될 것인가?'하고 매우 걱정스러웠습니다. 그래서 부처님의 가르침을 편집해서 교단을 잘 지켜야겠다고 결심했습니다. 그리고 많은 제자들도 가섭존자의 뜻에 찬동하였습니다.

그리하여 부처님이 돌아가신 후, 즉 불멸 후 3개월 만에 마가다국의 왕사성 칠엽굴(七葉窟)에서 결집(結集)이 열렸는데 부처님의 제자 가운데 5백 명의 대표들이 참석하였습니다. 그래서 제1결집을 '왕사성 결집' 또는 '5백 결집'이라고도 합니다. 이것을 최초의 경전 편집회의라 할 수 있습니다. 이때 가섭존자가 의장이 되고 부처님을 늘 수행하였으며 기억력이 뛰어났던 아난존자가 부처님이 설하셨던 가르침을 외웠습니다. 또한 계율에 뛰어났던 우바리존자는 계율을 외웠다고 합니다.

그러니까 불교의 경전은 다문제일인 아난존자가 5백 명의 스님들 앞에 나아가서 부처님께서 말씀하신 내용을 기억해서 외운 것입니다. 그러므로 불교의 모든 경전의 첫 부분이 "이와 같이 내가 들었습니다." 즉, 여시아문(如是我聞)으로 시작하고 있습니다.

먼저 아난이 부처님께서 언제 어디에서 어떤 사람에게 이러한 내용을 설하셨다고 이야기를 하면서 그 내용을 죽 외우고는 5백 명의 대중들로부터 틀림없다는 확인을 받습니다. 그러면 그 자리에서 5백 명의 대중이 확인한 내용을 함께 외웁니다. 계율에 대해서는 우바리존자가 앞에 나와서 똑같이 외웠습니다. 이것이 불교 경전의 최초 편집 광경입니다.

결집이란 말은 원래 '함께 외운다'는 뜻을 갖고 있습니다. 그러므로 불교의 경전은 다른 성전처럼 한 사람에 의해 쓰인 것이 아니라, 대중들이 모여서 민주적 절차를 거쳐 부처님께서 말씀하신 내용을 그대로 송출해서 완성했던 것입니다.

처음에는 이렇게 외워서 전승하다가 나중에 문자로 기록했다고 합니다. 이렇게 제1결집에서는 부처님의 가르침을 정리한 '경(經)'과 스님들의 생활 규범인 '율(律)'이 결집되었는데, 오늘날 볼 수 있는 『아함경』과 율장의 원형이 이때 편집된 것입니다. 이 경과 율을 중심으로 해서 부처님의 제자들은 별 어려움 없이 수행을 계속해 갔습니다.

✿ 보수와 진보로 나뉜 교단의 두 흐름

그런데 부처님이 돌아가시고 1백 년쯤 지나면서 사회적 여건도 많이 달라지고 부처님의 가르침을 직접 들은 제자들도 없게 되면서 계율에 대한 해석의 차이가 생기게 되었습니다. 이것은 결국 불교교단이 둘로 나뉘게 되는 계기가 됩니다. 그것은 다음과 같은 사건에서 빚어진 일이었다고 합니다.

바이샬리에 있는 젊은 진보적인 스님들은 열 가지 계율에 대해 상당히 융통성 있는 해석을 내리고 실제로 그렇게 생활하고 있었다고 합니다. 그런데 전통을 고수하려는 보수적인 장로 스님들이 그것은 법도에 맞지 않는다고 이의를 제기했습니다. 여기서 나오는 '장로'란 말을 우리 사회에서는 다른 종교의 말로 생각하고 있는데 실은 불교의 용어입니다. 문제가 되었던 법도에 어긋난다는 열 가지 일[十事]의 대표적인 내용 중에 예를 들면 '양지정(兩指淨)'이란 것이 있습니다.

스님들은 오후 불식을 했기 때문에 정오가 지나면 물을 제외한 일체의 먹는 것은 다음 날 아침까지 금지되었습니다. 이러한 오후 금식의 문제는 스님들 생활에는 아주 직접적인 문제입니다. 당시에는 시계가 없었으므로 정오가 됐는가를 땅에 막대기를 꽂아놓고 해 그림자로 재곤 했는데 정오가 되면 그림자가 없고 정오가 지나면 지난 만큼 해 그림자가 더 생기게 됩니다.

그런데 양지정은 해 그림자가 손가락 두 마디 사이를 지나기 전까지는 좀 먹을 수 있도록 하자는 것입니다. 공무로 어디를 갔다가 왔다든지 할 때, 정오가 조금 넘었다고 해서 다음 날까지 굶는다는 것은 너무 심한 처사이므로 조금 융통성 있게 하자는 것이었습니다.

또 십사 중에 '금은정(金銀淨)'이란 것이 있습니다. 출가수행자는 무소유의 삶이므로 금·은 같은 돈은 만지지 못하도록 되어 있었습니다. 그런데 불멸 후 백 년쯤 지나 화폐 경제도 발달하고 했으니 이것도 융통성을 발휘하자는 것입니다.

오늘날도 남방 계통의 스님들은 철저하게 계율을 지키므로 이로 인해 문제가 되는 점을 쉽게 알 수 있을 것 같습니다. 스님들이 돈을 만지지는 못하지만 그렇다고 안 쓰는 것은 아닙니다. 요즘처럼 세상이 자본주의 경제구조로 바뀐 시대에서는 돈을 안 쓰고 살기는 힘듭니다. 그래서 타일랜드 스님들도 아침에 탁발을 갔을 때나 또 여러 종교의식 때 돈도 보시를 받습니다.

탁발을 갔을 때 집안에 무슨 경사가 생기면 봉투에다 돈을 넣어서 드리는데 직접 스님이 만질 수가 없으므로 늘 메고 다니는 가방을 탁발대 위에 올려놓으면 그 안에 넣어줍니다. 그러면 스님은 가방만 메고 오면 됩니다. 스님이 돈을 만질 수 없기 때문에 가방을 방에 걸어 놓았다가 쓸 데가 생기면 학생을 한 사람 데리고 돈을 쓰러 갑니다. 타일랜드의 웬만한 절에는 학교가 부설로 있어서 국민교육을 절에서 스님들이 담당합니다. 이것은 우리가 배워야 할 일입니다.

소승은 이타행(利他行)을 안한다는 것은 틀린 말입니다. 타일랜드에서는 스님과 학생들이 함께 살면서 스님이 직접 할 수 없는 일을 학생이 대신해 줍니다. 그래서 지방학생들은 절에서 스님을 시봉하며 숙식을 절에서 해결합니다. 그러므로 꼭 스님의 거처 옆에는 학생 방이 있게 마련입니다.

스님에게 필요한 물건이나 일용품을 사고 돈을 내고 거스름돈을 받아서 가방에 넣어주는 역할까지를 학생이 합니다. 스님은 가방만 메고 다니므로 돈을 만지지 않아도 되는 것입니다. 지금도 이러한 정도인데 그 당시에는 계율에 대해서 얼마나 엄격했는지 짐작할 수 있습니다.

바이샬리의 젊은 스님들이 주장한 것은 계율을 상황에 따라 융통성 있게 적용하자는 것이었습니다. 그런데 젊은 스님들이 계율의 융통성 있는 해석을 들고 나오자 보수적인 장로스님들은 계율에 어긋난다고 하여 그 문제를 확인하기 위해 제2결집을 하게 된 것입니다.

바이샬리에 7백 명의 스님들이 모였습니다. 그래서 제2결집을 '바이샬리 결집', '7백 결집'이라고도 합니다. 여기에서 장로스님들은 젊은 스님들이 주장한 열 가지 계율에 대한 새로운 해석은 부처님 말씀에 맞지 않는다고 해서 비법이라는 결론을 내렸습니다. 이것을 십사비법(十事非法)이라고 합니다. 젊은 스님들은 이러한 결정에 반발하여 따로 더 많은 대중을 모아놓고 별도의 결집을 열었습니다. 아마 당시 진보적인 생각을 하는 스님들의 세력이 컸던 모양입니다.

그래서 교단은 처음으로 보수와 진보의 두 흐름으로 나뉘게 되었고 보수적인 입장을 상좌부(上座部), 진보적인 입장을 대중부(大衆部)라고 하였습니다. 이로써 부처님께서 열반하신 후 백 년경에 불교 교단은 상좌와 대중의 두 부파로 나뉘고 맙니다.

근본불교란 바로 불교가 이렇게 두 부파로 분열되기 이전인 불멸 후 백 년까지의 불교를 가리키며 이것을 '원시불교'라고 말하는 사람도 있습니다. 따라서 근본불교는 가장 초기의 불교이고 부처님의 가르침이 비교적 원형대로 잘 보존되었던 기간의 불교입니다. 그렇기 때문에 근본불교는 아주 중요합니다. 후대의 모든 불교는 근본불교의 사상을 기초로 해서 발달되어 나갔으므로 근본불교에 대한 바른 이해는 곧 부처님의 육성을 듣는 일이며 불교의 뿌리를 찾아가는 일이기도 합니다.

그동안 대승불교에서는 소승불교를 등한시하는 경향이 있었고 근본불교까지도 소홀히 한 것 같습니다. 우리나라의 경우도 마찬가지였습니다. 흔히 대승은 자리(自利)와 이타(利他)를 실천하지만 소승은 자리만을 강조하므로 대승이 더 훌륭하고 또 우월하다고 이야기를 합니다. 그런데 실제로는 소승에 속하는 타일랜드의 스님들이 국민교육에 더 많은 공헌을 하고 있는 것에서 보듯이 소승에서 이타행을 무시하거나 게을리하는 것은 결코 아닙니다.

또 대승불교권에서 부처님의 근본 가르침인『아함경』같은 근본경전을 경시하는 것은 편견입니다. 실제 우리나라 강원에서도 승려교육의 전통적인 과목으로 근본경전들이 전혀 포함되어 있지 않았습니다. 요즘은 많이 달라져 가고 있긴 하지만 근본불교를 모르고서는 대승불교를 제대로 이해할 수 없습니다. 지금 세계 불교계의 새로운 경향은 부처님께서 실제로 어떤 삶을 사셨고, 어떻게 가르치셨으며, 또한 부처님 당시의 실천은 어떤 것이었던가를 알아보는 일에 많은 관심이 쏠려 있습니다.

이러한 궁금증을 푸는 것은 근본불교의 이해를 떠나서는 불가능한 일입니다. 따라서 근본불교의 경전인『아함경』에 대한 연구와 그를 통한 사상연구에 많은 관심을 기울이고 있습니다. 우리도 『아함경』을 비롯한 근본불교의 경전에 더 많은 관심을 가져야 하겠고 또 근본불교의 사상도 잘 공부를 해야겠습니다.

이것이 있으므로 저것이 있고 / 연기

⊛ 연기의 진리를 알았을 때 의혹은 씻은 듯이 사라졌다

2천6백여 년 전 보리수 아래서 얻은 부처님의 큰 깨침의 체험은 바로 불교의 시원점이 됩니다. 오늘날 우리가 불교라는 이름으로 볼 수 있는 모든 것은 깨달음의 체험을 설명하고 가르치기 위한 것입니다.

경전은 그 깨침에 대해 말씀한 내용이 편집된 것입니다. 따라서 부처님께서 말씀하신 경전의 자료를 통해 우리는 그 체험의 세계를 엿볼 수 있습니다. 부처님께서는 무엇을 깨쳤을까요? 『소부경전(小部經典)』의 「우다나」편에 보면 이런 말씀이 있습니다.

참으로 진지하게 사유하여 일체의 존재가 밝혀졌을 때,
그의 의혹은 씻은 듯이 사라졌다.
그것은 연기의 진리를 알았기 때문이다.

여기서 '그'는 물론 부처님을 가르칩니다. 그런데 부처님께서 가졌던 의혹은 무엇이겠습니까? 생에 대한 의혹, 죽음에 대한 의혹이었습니다. 그가 출가하지 않으면 안 되었던 것이 생사에 대한 큰 의혹이었는데, 그 의혹이 '씻은 듯이' 사라졌다고 했습니다. 일체의 존재가 밝혀졌을 때, 모든 것들이 어떻게 있는가 하는 것이 명쾌하게 드러나고 생사의 매듭이 풀린 것입니다. 곧 깨달음에 도달했다는 것입니다.

따라서 부처님께서 깨치신 것은 이 세상에 있는 모든 것, 작게는 티끌 하나에서부터 우리 자신, 나무, 돌, 저 천체에 이르는 모든 것이 어떻게 존재하고 있는가를 깨쳤다는 것입니다. 이것을 가리켜 존재의 실상을 깨쳤다고 합니다. 그리고 이것을 '연기'의 진리를 알았기 때문이라고 했습니다.

존재하는 모든 것의 실상을 불교식으로 표현하여 '연기', '연기의 진리'라고 합니다. 이렇게 보면, 부처님께서 깨친 내용은 존재하는 모든 것의 실다운 내용이요, 그것이 바로 연기의 진리라고 일단 정리할 수 있습니다.

연기란 말의 어원은 팔리어에서 온 것입니다. 팔리어는 주로 남인도의 서민층이 쓰던 말입니다. 초기의 경전들은 대부분 이 말로 쓰여져 있습니다. 연기는 팔리어로 'Paticca-Samuppada'입니다. 'Paticca'는 '말미암아', '때문에'라는 뜻이고 'Samuppada'란 '일어나다', '일어나는 것'이라는 뜻입니다. 그래서 '말미암아 일어난다'는 뜻을 한자로 옮겨 '연기(緣起)'라고 합니다. 이는 아주 훌륭한 번역이라고 생각됩니다. 왜냐하면 인연으로, 혹은 말미암아 일어난다는 본래의 뜻이 그대로 함축되어 있기 때문입니다.

연기란 부처님께서 깨친 내용이므로 불교사상의 핵심이 됩니다. 부처님께서는 이러한 연기의 진리를 다음과 같은 말씀으로 가장 간명히 설명해 주셨습니다.

이것이 있으므로 저것이 있고   此有故彼有

이것이 생기므로 저것이 생긴다   此起故彼起

이는 연기의 공식이라고 할 만큼 함축적이고 또 널리 알려진 구절입니다. 이렇게 짧은 표현 속에 이 세상에 존재하는 모든 것이 어떻게 있는 것인지가 잘 나타나 있습니다.

먼저 첫째 구절인 '이것이 있으므로 저것이 있다'는 말의 '있다', '없다'하는 문제는 존재하는 것의 공간적인 관찰을 나타내는 것으로 모든 것은 깊은 관계 속에 더불어 있다는 것입니다.

그리고 '이것이 생기면 저것이 생긴다'는 구절의 '생긴다', '없어진다'는 것은 시간적인 표현입니다. 즉 존재하는 모든 것이 시간적으로 이것이 일어나므로 저것이 일어난다는 것입니다.

이렇게 볼 때 연기의 공식은 존재하는 것이 시간적 공간적으로 어떻게 있는가를 나타내고 있습니다.

'이것이 생기니까 저것이 생긴다'. 이 말의 의미는 이 세상의 모든 것은 어떤 원인으로 인해서 생겨난다〔因緣生〕는 것입니다. 예를 들면 여기에 볼펜이 하나 있다고 합시다. 그런데 이 볼펜은 갑자기 어디서 뚝 떨어진 것이 아니라, 여러 가지 인연이 모아져서 볼펜의 모습으로 나타난 것입니다. 실제로 이 볼펜이 여기 있기까지는 볼펜을 필요로 하는 사람이 있었고 또 그 수요에 따라 만들어야겠다는 의지가 있어 공장을 짓고 여러 가지 원료로서 공정과정을 거쳐 만들어졌습니다. 또 다양한 유통과정을 거쳐 여기에 놓이게 된 것입니다. 따라서 이 볼펜은 다른 많은 조건과 인연으로 생긴 것이라는 말씀입니다. 볼펜뿐만이 아니라 모든 게 다 그렇습니다.

사람도 마찬가지입니다. '나'란 존재가 이렇게 있기까지 어디 하늘에서 뚝 떨어진 것이 아니라, 그럴만한 인연이 있어서 이렇게 살아가고 있는 것입니다. '내'가 있기 위해 직접적인 인연만을 소급해 봐도 나의 아버지와 어머니가 계셔야 하고 또 그분들도 각자 아버지와 어머니가 계셔야 합니다.

이렇게 시간적으로 소급해서 올라가면 수없이 맺어지는 인연이 있으며 그중 한 분만 빠져도 안 되는 것입니다. 나로부터 20대만 소급해도 약 209만 명, 30대를 소급하면 21억이 넘는 조상들이 연결되어 있습니다. 그러니까 '나'란 존재는 결코 우연한 존재가 아니라 수많은 인연으로 말미암아 생긴 존재입니다. 이렇게 보면 우리는 시간적으로 영원한 시간과 통해있고 연결되어 있는 존재입니다. 따라서 우리의 만남은 말할 수 없이 소중한 것입니다. 왜냐하면 모든 것들이 다 그렇게 인연생(因緣生)이기 때문입니다.

불교에서 신을 거론치 않는 것도 이 때문입니다. 신이란 다른 것에 의존해 있는 인연생이 아니라 스스로 혼자 있는 존재입니다. 그런 존재는 연기법의 입장에 있는 한 수용이 안 됩니다. 그래서 모든 것은 시간적으로 연기에 의해 생긴다는 말씀입니다. 그런데 다른 면으로 보면 인연생이기 때문에 그 인연이 다하면 또 없어질 수밖에 없는 존재라는 얘기도 됩니다. 이것을 인연멸(因緣滅)이라고 합니다.

공간적인 면에서의 연기는 '이것이 있으므로 저것이 있다' 즉 모든 것은 서로 의존하며 '더불어' 있다는 이야기입니다. 이 세상에 존재하는 모든 것은 하나도 예외 없이 서로 깊은 관계 속에 영향을 주고받으며 '더불어' 있습니다. 우리는 나와 다른 모든 것이 따로 따로 분리되어 있는 것인 양 잘못 알고 있는데 결코 그렇지 않습니다. 저 하늘에 있는 천체에서부터 작은 티끌 하나까지도 무관한 것이 아니라 깊은 관계 속에 있습니다.

그러므로 나의 말 한 마디, 손짓 한 번, 생각 한 번 일으키는 것 등 내가 하는 모든 행위는 우주적 파장을 일으킵니다. 마치 고기 잡는 그 물망처럼 서로 연결되어 있어서 코 하나를 들면 전체가 들리게 되듯이 삼라만상 존재하는 모든 것은 그렇게 '하나'로 연결되어 더불어 있다는 것입니다.

부처님께서는 이런 관계를 비유해 볏단을 서로 맞세워 놓은 것처럼 서로 의존관계에 있듯이 하나가 넘어지면 다른 것도 넘어지는 관계라 고 하셨습니다. 따라서 각 개체는 다른 개체와 깊은 관계를 맺고 있으 며 더 나아가 서로 역동적인 관계 그 자체라는 것입니다. 그러한 관계 속에 있으므로 불변한 실체가 아니라 역동적인 관계입니다. 그러므로 무상이고 무아입니다.

⚙ 한 티끌 속에 우주를 머금고

이제 한 편의 시를 통해서 연기의 진리를 펼쳐볼까 합니다. 영국의 유명한 시인 알프레드 테니슨(Alfred Tennyson)의 시 중에 '작은 꽃'이란 시가 있습니다. 테니슨이 아침 산책길에 담 밑에 핀 이름 모를 작은 꽃 을 꺾어서 손바닥 위에 올려놓고 읊은 시입니다.

오! 작은 꽃이여
내가 만약 너의 신비를 안다면
우주의 신비, 하늘의 신비를 알 수 있을텐데……

꽃 한 송이와 우주와는 우리 눈에는 무관한 것처럼 보이지만 테니 슨의 눈에는 통해 있습니다. 그러므로 '만약 너의 신비를 알 수 있으면 전 우주의 신비를 알 수 있을텐데……'하고 읊은 것입니다. 그러나 테니슨의 함축미는 동양에 비하면 약합니다.

의상 스님이 화엄의 세계를 읊으시면서 '한 티끌 속에 온 우주를 머금었다'고 한 유명한 구절이 있습니다. 이 말은 티끌과 우주가 하나로 통해 있고 서로 역동적인 관계 속에 있다는 것입니다.

미당 서정주의 '국화 옆에서'란 시가 있습니다. 저는 이 시가 연기의 안목에서 읊어진 시라고 생각합니다.

　　한 송이 국화꽃을 피우기 위해
　　봄부터 소쩍새는
　　그렇게 울었나 보다.

　　한 송이 국화꽃을 피우기 위해
　　천둥은 먹구름 속에서
　　또 그렇게 울었나 보다

그리고 마지막 연에서,

　　노오란 네 꽃잎이 피려고
　　간밤엔 무서리가 저리 내리고
　　내게는 잠도 오지 않았나 보다

우리 눈에는 한 송이 국화꽃이 피는 것과 소쩍새 울음이 아무런 관계가 없는 것처럼 보입니다. 또 천둥치는 일, 무서리가 내리는 일이 한 송이 국화꽃이 피는 것과 무슨 관계가 있습니까?

그러나 그것은 존재의 실다운 모습으로 보면 서로 뗄 수 없는 깊은 관계 속에 서로 영향을 미치고 있는 연기의 관계입니다. 그런 존재의 참모습을 드러내고 있기 때문에 생명이 있는 시이며 많은 사람들에게 감동을 줄 수 있는 것입니다.

　내가 이렇게 있을 수 있는 것도 사실은 알고 보면 다른 사람, 나아가서는 모든 존재로 인해서 가능하며, 그런 관계를 떠나서는 존재할 수도 없는 것입니다. 우리는 종종 착각을 합니다. 마치 모든 것이 내가 잘나서 나 혼자 힘으로 살아가고 있는 것처럼 말입니다.

　그러나 실은 밥 한 끼 먹는 것도 내 힘으로서가 아니라 수많은 사람과 대자연을 위시한 우주의 도움이 아니고는 불가능합니다. 한 그릇의 밥을 먹을 수 있는 것도 거슬러 올라가 보면 먼저 쌀이 있어야 합니다. 쌀은 그냥 생기는 것이 아닙니다. 볍씨를 싹 틔워서 모내기를 하고 김을 매고 가꿔야 합니다. 그리고 추수를 해서 도소매의 유통과정을 통해 가정으로 오면 주부의 손길을 거쳐 따뜻한 한 그릇의 밥이 밥상으로 올라오는 것입니다.

　한 그릇의 밥 속에 물, 바람, 햇빛 등의 우주적 숨결이 담겨 있고 수많은 사람들의 정성과 땀이 담겨 있다는 이야기입니다. 진실로 밥 한 그릇 속에서 하늘을 볼 수 있어야 하고, 햇빛을 볼 수 있어야 하고, 검게 그을린 농부의 얼굴은 물론 농업과는 상관도 없이 생각되는 생산현장에서 일하는 사람들의 피땀도 볼 수 있어야 합니다.

　옷 한 벌 입는 것도 마찬가지입니다. 요즘처럼 유통구조가 발달된 상황에서는 옷 한 벌 속에 저 아프리카의 전혀 낯모르는 사람의 손길이 담겨 있는지도 모릅니다.

　걸프전 때 이라크가 유전에다 불을 놓아 버렸습니다. 그 영향이 온 지구에 파급되는 것을 우리는 보았습니다. 그런 것이 모두 연기입니다.

그래서 시간적 공간적으로 모든 존재하는 것은 서로 뗄 수 없는 관계 속에 더불어 존재하는 것입니다. 이것이 존재의 실상이요, 연기의 진리 입니다.

이러한 연기의 진리를 분명히 알았을 때 우리의 삶은 달라집니다. 연기의 진리, 즉 존재의 실상을 모를 때 우리는 나와 모든 사람과 모든 존재를 각각 분리해서 생각하고 항상 자기중심적인 삶, 아집과 독선의 삶이 됩니다. 그런데 '더불어 있다'는 연기의 실상을 알 때 우리의 삶은 질적인 변화를 가져옵니다.

그것은 한없이 감사하는 삶이 시작되는 것입니다. 우리가 밥 한 그 릇, 옷 한 벌의 예를 들어 이야기 했지만 그것이 어떻게 가능한지 전혀 모르니까 내 힘으로 내가 산다고 생각하며 아만과 독선이 팽창해 가는 것입니다. 연기의 진리를 알 때 깊은 감사의 삶이 있는 것입니다. 나와 가까이 있는 사람은 물론, 길을 가다 옷깃을 스치는 낯모르는 사람에게 도 깊은 감사와 은혜를 느끼게 됩니다.

생명을 가진 모든 것들, 사람은 물론 짐승이나 미생물까지도 그것들 의 도움 없이 우리는 한시도 살 수 없다는 것을 알게 됩니다. 우리 체내 에도 헤아릴 수 없는 많은 생명들이 있고 그것들의 도움 없이는 생명이 유지되지 못합니다.

자연의 은혜 또한 마찬가지입니다. 자연과 우리는 뗄 수 없는 깊은 관계 속에 있습니다. 자연이 우리에게 주는 혜택이란 물, 공기 등 이루 헤아릴 수 없이 많습니다.

오늘날 우리는 이 자연의 은혜를 모르고 인위적인 힘에 의해 환경 을 파괴하여 인류의 미래가 예측불허의 상태로 돌변하기 시작했습니다. 자연을 파괴하는 것, 환경을 오염시키는 것은 자살행위입니다. 환경을 파괴하는 것은 내가 내 육신을 파괴하는 것과 마찬가지입니다. 이것은 인간과 자연을 둘로 보는 인간의 무지에서 나오는 자해행위입니다. 특히 서양의 사고방식은 모든 것을 나누어보는 이원적 형태입니다. 신과 인간이 둘이요, 인간과 자연이 둘입니다. 그러므로 자연은 인간을 위한 정복의 대상쯤으로 여겨왔습니다.

그러므로 오늘날 우리가 겪는 환경오염의 문제가 해결되기 위해서도 꼭 필요한 것이 연기적 자연관이라 생각합니다. 연기의 진리를 모르는 삶이 아집과 아만으로 '나'만 아는 삶이라면, 연기의 진리에 눈 뜬 사람은 자비가 용솟음치는 삶입니다.

어둠 속에 있는 우리는 더불어 있는 것을 모르고 나와 남, 나와 세계가 분리되어 있는 것으로 착각합니다. 깨침은 그 '나다' 하는 울타리가 깨지는 것, 연기의 실상에 눈뜨는 것입니다. 그러므로 깨침의 세계는 연기의 세계이며, '하나'로 더불어 있는 세계입니다. 하늘과 땅이 나와 더불어 한 뿌리요, 만물이 나와 더불어 한 몸이라는 이야기는 하나인 세계, 즉 연기의 실상을 읊은 것입니다. 그렇게 깨쳤을 때의 사는 모습이 동체자비(同體慈悲)입니다.

자비란 베푸는 나와 베풂을 받는 대상이 따로 있는 것이 아니라, '하나'인 상태에서 이루어지는 실천입니다. 내가 누구를 어떻게 돕는다고 하는 것이 아니라 청정한 행이 있을 뿐입니다. 거기에는 '나다' 하는 놈이 끼어들 여지가 없습니다. 내가 깨쳐서 공이 되고 모든 생명과 하나가 됩니다. 그러한 행이 진정한 의미의 자비입니다. 따라서 자비의 실천이란 깨침의 샘에서 솟아나오는 청량한 물줄기입니다.

이렇게 불교의 삶은 참으로 아는 것과 사는 것이 뗄 수 없는 하나입니다. 그래서 연기의 진리는 단순한 지식으로서의 이해에 그쳐서는 안 됩니다. 지식이나 머리로 안다고 해도 사는 것은 그대로일 뿐입니다. '인간은 사회적 동물이다'라고 하여 여러 사람과 '더불어' 산다는 것쯤은

누구나 알고 있습니다. 그러나 이타적 삶을 살아가지 못하고 자기중심
적인 삶을 살게 되는 것은 머리로만 알기 때문입니다.

그러므로 연기의 진리는 깊은 지혜의 차원에서 자비로 분출되는 앎
이어야 합니다. 그럴 때 자기 안에서 혁명이 일어나고 사는 게 완전히
달라지게 됩니다. 듣고, 깊이 있게 생각하고, 그리하여 삶이 달라지는
데까지 도달해야 합니다. 왜냐하면 연기의 진리 자체가 그런 내면적인
과정이 필요한 실제 우리들의 삶이기 때문입니다.

끝없이 이어지는 깨달음의 고리 / 12연기

⊛ 연쇄적 반응으로 일어난 괴로움

예나 지금이나 우리들 삶은 뜻대로 되는 것보다 그렇지 못한 경우가 더 많습니다. 또 우리는 유한한 시간 속에 던져져 있어서 나이 들고, 병들고 마침내는 죽지 않으면 안 되는 상황 속에 있기도 합니다. 이런 유한한 인간의 실존을 불교는 한마디로 '괴롭다'라고 합니다. 불교의 목적도 바로 '어떻게 하면 그 괴로운 상황으로부터 벗어날 수 있을까?' 하는 것입니다.

연기의 진리에 의하면, 이 세상에 존재하는 모든 것은 그럴 만한 원인과 조건에서 생겨난 것이라 했습니다. 그러므로 '괴롭다'라는 상황도 조건이 있어서 괴로운 것이지 아무 이유도 없이 괴로운 것은 아닙니다. 12연기는 연기의 진리로서 우리 인간의 삶을 조명해 본 것입니다. 그래서 괴로움이 어떤 조건으로 생기고 어떤 결과를 낳는가를 비춰보는 것입니다.

고통의 원인을 알면 그 괴로움을 해결할 길도 열리기 때문입니다. 괴로움이 끊임없이 생성되는 연기의 조건을 없애버리면 괴로움도 자연히 소멸할 것이기 때문입니다. 우리가 생사의 괴로움 속에 빠져 사는 것은 진리에 대해서 근원적으로 어둡기 때문입니다. 즉 연기의 진리를 모르기 때문에 내가 다른 사람과 하나로 더불어 살고 있으면서도 나를 분리된 존재로 착각하여 '나다'하는 생각과 자기중심적인 삶을 살아가고 있습니다. 그로 인해 괴로운 삶이 시작되는 것입니다.

그러므로 연기의 진리가 존재의 일반적 모습이라면 12연기는 일종의 특수 연기로 일반적 연기의 진리를 인간의 삶에 적용해서 조명해 보는 것입니다. 즉 괴로움이 어떻게, 무엇으로 말미암아 생기는지 연기의 진리로 비춰보니 열두 가지 인연의 고리들[十二支]이 연쇄적인 반응을 일으키면서 생기고 있다는 것입니다. 그래서 12연기 혹은 12지연기라고 합니다.

괴로움을 낳는 12가지 인연의 고리들, 즉 12지(十二支)는 무명(無明), 행(行), 식(識), 명색(名色), 육입 (六入), 촉(觸), 수(受), 애(愛), 취(取), 유(有), 생(生), 노사(老死)입니다.

그럼 이 12지는 각각 무엇을 가리킬까요? 12연기를 설명하는데도 여러 가지 방법이 있겠지만 우선 인간 심리의 과정을 통해 설명해 봅니다. 왜냐하면 그것이 근본불교의 12연기 해석에 가깝기 때문입니다.

첫째, 무명(無明)은 밝음이 없는 상태입니다. 지혜가 광명이라면 무명은 어둠입니다. 연기의 진리를 모르는 상태이기에 모든 번뇌와 고통이 발생하는 것입니다.

둘째, 행(行)은 행위입니다. 이것은 업(業)이라고도 할 수 있습니다. 행위는 겉으로 나타난 행동을 중심으로 하지만 업은 더 포괄적인 뜻을 지니고 있습니다. 이 업을 불교에서는 세 가지 행위로 설명합니다. 즉 몸으로 하는 행위인 신업(身業), 입으로 하는 행위인 구업(口業), 생각으로 하는 행위인 의업(意業)이 바로 그것입니다.

일반적으로 행위란 외부로 표현되는 몸과 입의 작용만을 말하지만, 불교에서는 생각까지도 포함시킵니다. 따라서 신구의(身口意) 삼업(三業)을 모두 행위라고 보는 것입니다. 사람들은 생각으로 쉬지 않고 행위를 합니다. 그러나 어떤 생각을 해도 법에는 저촉되지 않으며 처벌대상도 아닙니다. 그러나 불교에서는 생각으로 짓는 행위도 아주 중요합니다. 왜냐하면 생각에 따라 말이나 행동이 달라지기 때문입니다.

그래서 불교에서는 항상 생각과 마음을 청정히 할 것을 강조합니다. '모든 악을 짓지 말고, 뭇 선을 받들어 행하며, 스스로 그 마음을 깨끗이 하는 것'이 불교의 가르침인 것입니다. 이 마음을 깨끗이 하는 것이 불교수행의 기본입니다. 여기에 심법으로서의 불교의 특성이 나타납니다.

신구의 삼업이 균형을 이루어야 몸과 마음이 건강한 사람입니다. 생각하는 것과 말하는 것, 나아가서는 행동까지도 일치해야 인격을 갖춘 사람이라고 할 수 있습니다. 삼업이 균형을 잃고 각각 놀면 곤란합니다. 말과 행동이 다르면 언행이 불일치하고, 생각과 말이 불일치하면 거짓말이나 아부하는 말, 입에 발린 이야기를 하게 됩니다. 생각과 행동이 다르면 위선입니다. 따라서 삼업이 서로 상응하고 일치해야 합니다.

나날의 모든 일상, 즉 생각하고 말하고 행동하는 것이 그대로 나의 운명을 창조해 가는 과정입니다. 이 점도 불교의 독특한 시각이라 생각합니다. 내가 행한 한 번의 행위는 단순히 행위로 그치는 게 아니라, 나를 형성하는 힘이 되어 나 자신뿐만 아니라 모두에게 영향력을 발휘하게 됩니다.

만약 내가 어떤 친구에게 폭언을 했다고 합시다. 그 친구는 참았다가 집에 돌아가서 아내에게 화를 내고, 설거지를 하던 아내는 그릇을 깨든가, 귀찮게 구는 고양이를 한 대 찰 것입니다. 이렇게 한마디의 말이 친구와 친구의 아내, 그릇, 고양이에게까지 영향을 미치게 됩니다. 뿐만 아니라, 한번 폭언을 하면 다른 사람이나 환경에 영향을 미치는 것으로 끝나지 않고 그런 경향이 마음속에 남아서 습성이 되고 성격을 결정지어 결국 자기 운명을 지배하게 됩니다.

따라서 오늘의 나는 지금까지 내가 해 온 생각이나 말, 행동이 쌓여서 된 것입니다. 그러므로 불교에서는 항상 자기 운명을 자기가 창조해 가는 것이라고 합니다. 따라서 운명을 바꾸려면 먼저 생각을 바꾸고 말과 행동을 바꾸어야합니다. 이처럼 행은 몸, 입, 생각으로 짓는 행위와 그 결과로 남는 영향력까지를 가리킵니다.

세 번째의 식(識)은 무엇을 보고 느끼는 인식입니다. 그런데 인식이 성립되기 위해서는 인식할 수 있는 감각기관과 인식의 대상이 있어야합니다. 이것이 12지 중의 네 번째인 명색(名色)입니다.

명색이란 명칭과 형태로써 인식 대상, 즉 색(色) · 성(聲) · 향(香) · 미(味) · 촉(觸) · 법(法)의 육경(六境)을 가리킵니다.

다섯 번째는 육입(六入)입니다. 눈 · 귀 · 코 · 혀 · 몸 · 생각의 감각 기관을 의미합니다. 이것은 육근(六根)이라고 하기도 합니다. 이 육근이 있어 눈의 대상인 색깔, 귀의 대상인 소리, 코의 대상인 냄새, 혀의 대상인 맛, 몸의 대상인 감촉, 생각의 대상인 지각을 할 수 있습니다.

여섯 번째의 촉(觸)은 접촉하는 것을 말합니다. 즉 여섯 기관이 여섯 대상과 접촉하는 것입니다. 육입과 명색이 만나서 인식작용이 일어나는데 그 만남이 촉입니다.

일곱 번째의 수(受)는 느낌입니다. 육근과 육경이 만날 때 '좋다', '싫다'하고 느끼는 느낌을 가리킵니다. 예컨데, 눈으로 무엇을 보고 '좋다', '싫다'하는 고락의 감정이 느낌입니다.

여덟 번째의 애(愛)는 '좋다', '싫다' 하는 느낌이 더 깊어진 상태입니다. 좋은 것에 대한 욕심이나, 싫은 것에 대해 멀리하려는 생각이나 미움이 일어나는 것입니다.

아홉 번째의 취(取)는 취하는 행동으로 나타내는 작용입니다. 욕심이 행동으로 나타나면 도적질이 되고, 미움이 행동으로 나타나면 폭언, 폭행, 살인까지도 하게 됩니다.

열 번째의 유(有)는 행위의 영향력이 잠재력으로 남아 존재하는 것입니다.

열한 번째의 생(生)은 잠재된 영향력이 나타나는 전 과정입니다.

열두 번째의 노사(老死)는 '늙고 죽는다'는 단순한 의미가 아니라 괴로움을 통칭하는 말입니다.

이렇듯 12연기는 이것들이 계속해서 연쇄반응을 일으키면서 '괴로움'을 나타내는 것에 대한 관찰입니다. 즉 무명으로 인해 발생해서 노사에 이르기까지 고(苦)가 연기한다는 것인데, 중요한 것은 이와 같은 12연기지(十二緣起支)가 어떤 과정으로 연기하는 것인가를 아는 것입니다.

⊛ 무명의 삶으로부터 지혜의 삶으로

우리는 어떤 대상이나 환경을 만나면 반응을 나타냅니다. 그 반응은 행동으로 나타나기도 하지만 그 행동이 어떠한 심리적 과정을 거쳐서 나타나는지에 대해서는 잘 모릅니다. 어떤 사람이 자기를 보고 '나쁜 놈'이라고 욕을 한마디 한다면 우리는 듣자마자 기분이 상해서 같이 욕을 하든지, 아니면 주먹이 날아가든지 합니다. 이렇게 즉각 반응을 나타내지만 이런 반응이 나오기까지 우리 내면에서는 여러 과정을 거칩니다.

똑같은 욕이나 비난의 소리를 들었는데도 거기에 대한 반응은 각기 다릅니다. 어떤 사람은 욕을 듣자마자 더 큰소리로 욕을 하는 경우도 있을 것이고, 또 어떤 사람은 욕이 아니라 주먹을 먼저 날릴 수도 있을 것입니다. 그런가하면 그 순간에는 차분히 받아들이고 적절한 때 조용히 타이르는 사람도 있습니다.

똑같은 욕을 듣고도 대응이 각각 다른 것은 무엇 때문이겠습니까? 물론 사람마다 성격이 달라서 그렇다고 할 수 있겠습니다. 그러면 성격은 어떻게 달라진 것이겠습니까? 그것은 각자의 경험이 다르기 때문입니다. 우리들은 모든 것을 우리 경험을 통해서 받아들이고 있습니다. 똑같은 내용을 이야기하는 데도 어떤 분은 너무 쉽다고 하고, 어떤 분은 너무 어렵다고 할 수도 있습니다.

그것은 이제까지의 살아온 경험이 각각 다르기 때문입니다. 이 말을 다르게 표현하면 업의 보따리가 다르기 때문입니다. 이것이 12연기의 무명과 행입니다. 무명과 행은 우리가 연기의 진리를 모르고 '나다' 하는 생각으로 말하고 행동해 온 것의 총체입니다. 이 총체로서 현재의 대상을 만나게 되는 것입니다.

그러면 현재의 대상은 어떻게 하여 만나는 것입니까? '귀'라는 감각기관과 '소리'라는 대상이 만나서 '아하, 이런 것이구나'하는 인식이 일어납니다. 이것이 식, 명색, 육입, 촉입니다. 그렇게 대상을 만난 다음에는 그 대상에 대한 느낌이 생기기 시작합니다. 그 느낌은 '마음에 든다, 안든다' '좋다, 싫다'하고 모든 것을 '나'를 중심으로 나누는 것입니다.

이 '좋다', '싫다' 하는 느낌이 한 단계 깊어지면 좋은 것은 가까이하려고 반대로 싫은 것은 멀리하려고 하는 것입니다. 그것이 탐심과 진심의 단계입니다. 좋은 것, 마음에 드는 것에는 욕심을 내고 싫은 것은 멀리하려 하는데 그것이 안 되면 성내고 짜증을 냅니다.

여기까지는 아직도 '좋다', '싫다'하는 느낌이 마음속에서 진행됩니다. 그러나 그 다음 단계에 가면 행동으로 나타납니다. 즉 좋은 것은 취하는 행동을 보입니다. 도적질도 마음에 드는 것이 뜻대로 안될 때 취하는 행동입니다. 또 싫은 것이 계속 나타나면 없어지라고 고함을 치든지, 아니면 폭력을 쓰거나 심하면 살인도 하게 됩니다.

지금까지 '어떤 대상을 만나서 어떻게 반응하는가' 하는 과정을 살펴보았는데 실제로 우리가 살아가는 모습 그대로 입니다. 그래서 불교를 합리적이고 경험적이라고 하는 것입니다.

그렇게 한 행위는 전 우주적으로 영향을 미칠 뿐만 아니라 우리의 의식 속에 잠재적인 영향력을 남기게 됩니다. 생각 한번 일으킨 것, 말한마디 한 것이 행동의 흔적을 남기고, 그것은 후에 비슷한 상황을 만나면 비슷한 행동을 하도록 영향력을 남기게 됩니다. 이것을 업이라고 합니다. 우리는 이렇게 업의 보따리를 짊어지고 살아갑니다. 이것이 바로 윤회하는 인간의 모습입니다.

그럼 지금까지의 설명을 12지와 연결해서 생각해 봅시다.

무명과 행은 과거로부터 현재 이 순간까지 '더불어' 있다는 연기의 진리를 모르고 '나다' 하는 착각을 일으켜 그 '나'를 중심으로 살아온 것을 가리킵니다. 그리고 식 · 명색 · 육입 · 촉은 현재 어떤 대상을 만나는 것입니다.

만나서 그 대상을 향해 '좋다', '싫다' 하는 느낌을 갖게 되는 것이 수(受), 그리고 '좋다', '싫다' 하는 것이 더 깊어져서 욕심을 내고, 싫은 것은 미워하고 멀리하는 단계가 애(愛)의 단계입니다. 그것이 행동으로 나타난 것이 취(取)이며, 그런 모든 행동이 다음 행위에 영향을 미칠 수 있는 잠재력으로 남는 것이 유(有)입니다.

생(生)은 유에서 남은 영향력이 실제로 내가 다음 대상을 만나서 생각하고 느끼고 반응을 일으킬 때 영향을 나타내는 전 과정입니다. 그러므로 생은 현재 반응을 일으키는 과정을 지칭한 것입니다. 이것이 윤회하는 삶의 실체입니다. 노사는 그렇게 윤회하는 삶을 괴로움이라고 보는 것입니다.

지금까지 설명한 것은 연기의 진리를 모르는 무명, 즉 어둠 속에서 자기중심적인 삶을 살아가는 과정이며, 결과적으로 '괴롭다'라고 하는 것입니다. 이러한 삶은 잘못 살아가는 삶입니다. 진리를 등지고 방황하며 타락해 가는 삶의 모습입니다. 이것을 유전연기(流轉緣起)라고 부릅니다.

이렇게 잘못된 삶, 유전하는 삶을 조명하는 것은 잘못된 삶의 모습을 밝게 알아서 잘 사는 길로 전환하기 위해 필요한 것입니다. 즉 괴로운 삶이 어떻게 전개되고 있는가를 앎으로서 괴로운 삶을 전환해서 괴로움으로부터 벗어나게 하려는 것이 목적입니다.

우리가 유전연기를 통해 알 수 있는 것은 진리를 모르는 무명으로부터 연쇄반응을 일으켜 '괴롭다'는 실존에 빠졌다는 깃입니다. 그렇다면 어떻게 하면 '괴로움'을 멸할 수 있을까요?

바로 괴로움을 연기하는 고리를 끊으면 됩니다. 근원적인 문제의 원천인 무명을 명(明)으로 전환하면 됩니다. 지혜가 밝아지면 '나다' 하는 착각이 일어나지 않고 자기중심적인 생각이나 말, 행동이 아니라 더불어 사는 자비의 삶이 전개될 것입니다. 이렇게 무명이 멸하면 자기중심적인 행위도 멸하고 차례로 식, 명색, 육입 등도 자기중심적인 것으로부터 벗어나 마침내 괴로움으로부터 벗어날 수 있습니다. 이렇게 보는 것을 환멸연기(還滅緣起)라고 합니다. 환멸연기는 본래의 인간다운 삶을 회복해가는 길이요, 열반의 길입니다. 이를 위해 유전연기의 조명도 필요했던 것입니다.

우리가 12연기를 통해서 확인할 수 있는 것은 괴로움이란 신의 노여움이나 저주에 의한 것이 아니라 우리가 스스로 진리를 등지고 살기 때문이라는 사실입니다. 따라서 괴로움은 영원히 치유가 불가능한 숙명적인 병이 아니라, 우리의 노력으로 치유가 가능합니다. 즉 무명의 삶으로부터 지혜의 삶으로 일대 전환을 할 때 괴로움은 자연히 멸하는 것입니다.

불교는 보이지 않는 것에 대한 맹목적인 믿음이 아니라 괴로움의 원인에 대한 철저한 규명과 그를 통한 극복의 길을 제시하는 합리적인 종교입니다. 그러한 탐구정신을 높이 평가해야 할 것입니다. 여기서도 인간의 가능성에 대한 신뢰를 볼 수 있습니다. 인간은 괴로움 속에 빠져 있는 존재이지만 그 괴로움을 해결할 수 있는 능력과 소질을 갖춘 존재이기도 합니다.

또 우리가 확인할 수 있는 것은 '나다' 하는 착각 즉 나와 모든 생명, 나와 세계를 분리된 존재로 알고 사는 착각이 바로 '탐진치'의 삶이고, 그것이 바로 괴로운 삶의 근원이라는 것입니다. 따라서 불교의 가르침은 '나다', '너다' 하는 세계만이 전 우주인 것처럼 집착하는 소아적인 착각으로부터 벗어나, '더불어' 살면서 모두 인간 완성의 길에 나서는 대승적인 삶으로 큰 전환을 해야 한다는 가르침입니다.

불교의 모든 수행도 결국 그런 전환을 위한 체계로 되어 있습니다. 그러므로 연기의 실상, 12연기의 고리들이 어떻게 연쇄반응을 일으키는지 알아서 헛된 욕심이 일어날 때 그것을 알고 끊어 버리면 행위도 점차로 깨끗해질 것입니다.

존재의 참모습 / 삼법인

✸ 존재하는 모든 것은 무상하다

삼법인(三法印)은 불교를 상징하는 깃발이라고 해도 될 만큼 불교의 기본적인 성격을 분명하게 드러낸 가르침입니다. 그래서 전통적으로 어떤 사상이나 학설이 불교의 진리와 맞는지의 여부를 대조할 때 이 삼법인과 맞추어 봅니다.

법인은 진리의 도장이라는 말입니다. 어떤 서류에 도장을 찍는다는 것은 틀림없음을 확인해 주는 절차입니다. 따라서 삼법인이란 세 가지의 틀림없는 진리라고 하는 뜻입니다. 연기의 진리가 있는 것을 있는 그대로 객관적으로 표현한 것이라면 삼법인은 다분히 주관적이고 종교적인 표현입니다.

대승불교에서는 삼법인을 제행무상(諸行無常), 제법무아(諸法無我), 열반적정(涅槃寂靜)으로 하고, 소승불교에서는 제행무상, 제법무아, 일체개고(一切皆苦)라고 합니다. 또한 제행무상, 제법무아, 일체개고, 열반적정을 합해서 사법인이라고도 합니다.

첫째, 제행무상은 연기의 시간적 표현입니다. 존재를 시간적으로 볼 때 무상하다는 것입니다. 제행이란 현상세계에 있는 모든 것을 의미합니다. 그러므로 모든 것은 항상 하지 않는다는 것입니다. 왜 그럴까요? 일체의 모든 것은 서로 영향을 주고받는 연기적 관계에 있기 때문입니다. 영향을 주고받는 역동적 과정 속에 있으므로 어떤 것도 변치 않을 수 없습니다. 즉, 순간순간 흐름 속에서 끊임없이 변화하고 있는 것입니다.

우리는 갑자기 누가 죽었다고 할 때 무상함을 느낍니다. 그러나 무상은 단순히 감상적이거나 인생에만 적용되는 것이 아니라, 존재하는 모든 것이 무상하다는 것입니다. 무상은 감상적 표현이라기보다 존재의 실상을 표현한 것으로 보아야 합니다.

우리들은 자신도 변하는 것을 잘 모르고 살아갑니다. 우리의 몸이 10년 전이나 지금이나 마찬가지 같지만 그것은 착각입니다. 어제의 나와 지금의 내가 실제로 같을 수는 없습니다. 우리도 이런 변화를 통해 생로병사의 여정을 걸어가는 것입니다. 인생은 태어나서 늙어가고 병들어 앓으며 마침내 죽는 과정 속에 있습니다.

자연이나 사물도 마찬가지입니다. 저 천체나 우주도 생기고 머물고, 변화하고, 소멸하는 생주이멸(生住異滅)을 통해 무상함을 보여주고 있는 것입니다. 그러므로 봄이 오면 꽃이 피고, 가을이 오면 낙엽이 지는 계절의 변화도 역시 제행무상인 것입니다. 영원히 변치 않을 것 같은 부귀영화도 이내 변하여 사라지고 무상하기 때문에 병약자가 건강해질 수도 있고 가난한 사람이 부자가 될 수도 있는 것입니다. 또 어리석은 중생이 지혜로워질 수도 있습니다. 이 세상 어느 것도 무상하지 않은 것이 없습니다.

그런데 우리는 무상한 것을 유상한 것으로 착각하여 영원히 천년만년 살 것처럼 정신없이 살아가고 있습니다. 그러나 변하고 무상하며 언젠가 죽을 수밖에 없다는 것을 안다면 사는 모습이 달라질 수밖에 없습니다.

🕐 고정불변한 존재는 없다

삼법인의 두 번째인 제법무아는 존재하는 것에 대한 공간적 관찰입니다. 즉 연기의 공간적 표현입니다. 따라서 이 세상에 존재하는 모든 것은 영구불변하는 실체가 아니라는 것입니다.

여기에서 '아(我)'에는 많은 오해가 있었습니다. 무엇보다 '아'라는 것이 사람에게만 적용되는 것인가 하는 것입니다. 여기서 '아'는 고정불변한 실체를 가리킵니다. 그러므로 '아'는 사람에게만 적용되는 것이 아닙니다. 제법은 이 세상의 모든 존재를 지칭하므로 제법무아는 존재하는 모든 것 중에 변하지 않는 고정불변한 실체는 없다는 뜻 입니다. 왜냐하면 모든 존재는 끊임없이 생주이멸(生住異滅)하는 흐름 속에 있기 때문입니다.

또 무아라고 하면 마치 불교가 생활의 주체인 '나'를 무시하거나 부정하는 것처럼 생각하기 쉬운데 그렇지가 않습니다. 불교는 생활의 주체를 부정하는 것이 아니라, 생활의 주체인 '내'가 고정불변한 것은 아니라는 뜻입니다. '나'도 역시 인연 화합된 존재이기에 끝없는 변화 속에 있습니다.

인간은 다섯 가지 요소가 화합되었다고 합니다. 즉 물질적 요소(色), 느낌(受), 표상작용(想), 의지작용(行), 인식작용(識) 등 오온(五蘊)이 유기적인 관계 속에 연기하고 있다고 보는 것입니다. 『반야심경』에 나오는 오온개공(五蘊皆空)은 '오온이 다 공(空)하다'는 것으로 무아를 가리키는 말입니다. 즉 '나'라는 것이 공하다는 것으로 '나'에 대한 고정관념을 부정하는 것이고 '내가 고정불변한 존재가 아니다'라고 하는 것입니다.

그리고 무아란 말이 사람에게 적용될 때 소유에 대한 고정관념까지도 깨버리는 의미를 가지게 됩니다. 왜냐하면 '나다' 하는 존재도 무아인데 '내 것'이란 것이 영원히 '내 것'일 수가 없다고 하는 의미가 성립되기 때문입니다. 그런데 우리는 무아를 유아로 착각하기 때문에 '내 것'이란 소유도 영원한 것으로 착각합니다. 따라서 한번 가지면 놓지 않으려고 합니다.

남방에서는 원숭이를 잡는 방법이 아주 특이합니다. 야자열매인 코코넛 속에 맛있는 음식을 넣고 손을 펴면 들어갈 만큼의 틈새를 만들어 원숭이가 잘 다니는 곳에 매달아 놓습니다. 그러면 지나가던 원숭이가 코코넛을 발견한 후 그 속에 들어있는 음식이 먹고 싶어 틈새에 손을 넣고 음식을 꽉 움켜쥡니다. 그리고 손을 빼려고 하는데 움켜쥐고 있는 손은 뺄 수가 없습니다. 원숭이는 움켜쥐었던 음식을 놓고 손을 펴면 빠져나와 도망갈 수가 있는데 그렇게 하지 않고 음식을 쥔 채 손을 빼려고 흔들다가 사람들에게 결국 잡히고 맙니다.

탐욕의 결과가 바로 그런 것입니다. 사람이 너무 지나치게 물건의 소유를 탐하게 되면 나중에는 물건이 사람을 소유하게 되는 소유의 역전현상이 일어나는 것입니다. 뿐만 아니라 물질 만능사회의 어두운 단면이 드러나는 것입니다. 야자열매인 코코넛 속에 든 맛있는 음식에 정신을 빼앗긴 원숭이처럼 소유욕에 눈이 멀어 맹목적인 탐욕에 집착하게 되는 것입니다.

탐심은 또 금전을 항상 내 것으로 묶으려고 합니다. 금융이란 원래 돈이라는 매개를 통해 삶을 융통시키는 것이지 그것이 목적은 아닙니다. 그래서 '잠시 내가 보관하는 것'입니다. 잘 보관해야 되고 잘 관리도 해야 합니다. 그리고 공익을 위해 쓰려고 노력해야 합니다.

사람들은 죽을 때까지 맹목적으로 쥘려고만 하는데, 사실은 황천길의 노자로도 가져갈 수 없는 것이 재물입니다. 모두 돌려주고 가야 하는데 어떻게 해야 잘 돌려주는 것일까요? 그것은 회향(廻向)을 잘 해야 합니다. 산다는 게 무아인 줄 알면 소유의 고정관념도 달라지고, 그럴 때 맹목적으로 쥐고 있던 것을 놓을 줄도 알게 됩니다. 또한 넓은 안목에서 잘 쓸 줄도 알아야 합니다.

일제 강점기에 불국사 주지로 혜월 스님이라는 분이 계셨습니다. 그 시절에는 몹시 가난해서 죽도 못 먹을 때였는데 불국사의 젊은 스님들은 혜월 스님이 하시는 일에 몹시 불만을 가졌습니다.

혜월 스님은 근처의 땅을 개간한다며 마을의 인부들을 모아 놓고 일을 시키면서 부처님 이야기를 들려주었습니다. 스님들은 주지스님께서 일을 시키려는 건지, 이야기를 하기 위한 것인지 통 알 수가 없었습니다. 더불어 품삯까지 후하게 주니 지출되는 돈과 땅에서 경작되는 소출이 잘 맞지를 않았습니다.

타산은 안 맞고 임금은 자꾸 들어가니 젊은 스님들이 혜월 스님은 무능하다는 불만을 갖게 되었습니다. 그래서 젊은 스님들이 "밑지는 장사를 왜 자꾸 하십니까?" 하며 거친 항의를 했습니다.

그러자 혜월 스님은, "아, 이 사람들아, 출가해서 공부하는 사람들이 어찌 생각이 그리 좁다는 말인가? 내 계산으로는 수지맞는 일인데 뭐가 수지가 맞지 않는다는 것인가?" 하시며 이렇게 말씀하셨습니다.

"우린 그래도 땅이라도 있어서 밥을 먹을 수 있지만 저 마을 사람들은 굶기를 밥 먹듯 하는 어려운 처지에 있지 않은가? 우리가 주는 품삯으로 가족들 죽이라도 끓여 먹여 살게 했으니 수지맞는 일이요, 일하면서 부처님 말씀도 전했으니 포교도 되었고 또한 농토의 개간으로 우리나라의 농토가 그만큼 넓어졌을 것이니 이만하면 수지맞지 않았는가?"

중생들의 사는 모습은 그저 나와 남을 갈라놓고 항상 자기중심적인 입장에서 생을 보기에 대립 갈등이 일어날 수밖에 없습니다. 그러나 무아라는 존재의 실상을 분명하게 터득한다면, 혜월 스님처럼 이 세상을 살아갈 때 소아적인 삶이 아니라 대아적 삶이 될 것입니다.

무상, 무아의 가르침은 단순한 이론이 아니라 실천적인 가르침입니다. 부처님께서는 '모든 것이 항상 한 것은 없다', '불변하는 실체는 없다'는 것을 이론으로 가르치신 것이 아니라 실제적인 명상법으로 가르치신 것입니다. 그러한 명상법이 백골관(白骨觀)이라는 관법(觀法)입니다.

무상아(無常我)나 무아(無我)를 터득하기 위해 부처님 당시 제자들은 공동묘지까지 찾아가서 썩어가는 시체를 앞에 놓고 명상을 했습니다. 시시각각으로 변해가는 시체의 모습과 명상하는 수행자가 하나가 되는 순간 '아, 무상 하구나', '무아구나' 하며 스스로 터득하도록 가르치셨던 것입니다. 이러한 백골관법이 소승불교를 신봉하는 나라에서는 아직도 실천되고 있습니다.

타일랜드와 말레이지아 국경근처에 있는 차야라는 도시에 붓다다사(Buddhadasa)라는 유명한 스님이 계십니다. 그 스님의 제자들은 세계 각국에서 부처님의 가르침을 펼치고 있으며 그 가르침은 곳곳에서 혁신적인 가르침이라고 불리고 있습니다. 스님이 계신 절은 현대식 건물에 시청각 교육시설까지 겸비하였고 정글 속에 위치해 있어서 운치까지 있어 보였습니다.

전통적으로 타일랜드 스님들은 불살생(不殺生)의 계율을 지키기 위해서 땅을 파는 농사일을 하지 않지만 혁신불교라고 불리는 이 스님이 계시는 차야의 절에서는 스님들이 직접 농사를 지으면서 선(禪)수행을 하는 선농일치(禪農一致)의 파격적인 수행을 하고 있습니다.

1968년 이 절을 처음 방문하였을 때 저는 퍽 인상적이었습니다. 새벽안개가 자욱한 정글에 붓다다사 스님은 고목나무 그루터기에 앉아서 우리 일행을 반겨 주셨습니다. 스님은 우리가 코리아에서 왔다고 하니 태극에 관한 이야기를 꺼내는 것이었습니다. 그리고 대승경전에 관해서도 해박한 지식을 가지고 있었습니다.

그 절에서 저녁 예불을 드리고 법당의 툇마루를 내려서는데 눈앞에 섬뜩한 것이 나타났습니다. 다름 아닌 생물 시간에나 봄직한 백골이었습니다. 우리가 깜짝 놀라니까 그곳 스님들이 웃으면서 놀라지 말고 가까이 가서 명찰을 보라는 것이었습니다.

가까이 가서 보니까 명찰에 '1930년 미스 타일랜드의 실물'이라는 명찰이 붙어 있었습니다. 우리 상식으로는 이해가 안 되지만 그쪽에서는 보통인 듯 했습니다. 그러니까 몇십 년 전 타일랜드 제일의 미인의 모습을 법당에 드나들며 매일 바라보고 무상과 무아를 느끼게 만드는 것입니다.

그리고 한 선방을 찾아갔을 때에는 조그만 방에 10여 명이 참선을 하고 있었습니다. 그래서 나도 슬그머니 참선에 들었는데 내가 앉아 있는 안쪽 구석에 흉측한 미이라가 하나 서 있는 것이었습니다. 피부와 모발도 그대로 있는 사람의 형상이었습니다. "누군가요?" 하고 물어 보았더니 그 방에서 함께 참선하던 스님인데 몇 해 전에 병으로 죽은 후 그대로 세워 놓았다는 것입니다. 같은 방에서 참선하다가 죽은 도반의 모습을 보면서 무상과 무아를 터득하게 하는 생생한 현장이었습니다.

우리도 이제는 백골관이 필요한 시대가 아닌가 생각을 해봅니다.

우리는 살 궁리만 하지 죽을 궁리는 하지 못합니다. 그러니 반쪽 삶 밖에 없는 것입니다. 실제로 산다는 것과 죽는다는 것은 분리할 수가 없습니다. 마치 손바닥의 앞과 뒤처럼 뗄 수 없는 것입니다.

그런데 우리는 삶과 죽음을 딱 갈라놓고 죽음은 기분 나쁜 것이라 해서 제쳐놓고 살려고만 합니다. 삶은 설계하면서 죽음 설계는 안하는 것이 우리입니다. 따라서 반쪽 설계에 불과합니다. 참으로 잘 살기 위해서는 잘 죽을 궁리도 필요합니다. '어떻게 살까?' 하는 문제는 '어떻게 죽을까?' 하는 문제와도 같은 것입니다. 생을 마감하는 순간인 인생의 종점에서 우리의 삶을 한번 반추해 볼 지혜가 있어야 합니다. 그럴 때 훨씬 넉넉한 인생의 설계가 가능하리라 생각합니다.

요즘 서양에서는 죽음에 대한 교육이 큰 유행입니다. 1970년대부터 각 대학에서 죽음에 대한 강좌 붐이 일어났습니다. 삶을 온전히 알고 잘 살기 위해서는 죽음의 실상을 제쳐놓을 수 없다는 생각을 하게 되었던 것입니다. 그 사람들의 죽음에 대한 강좌의 표어를 보면, "삶은 불확실하다. 다음 순간에 어떻게 될지 모른다. 그러나 죽음은 확실한 사실이다."라는 것입니다. 그런데 그동안 서양의 교육은 그 확실한 문제를 외면해 왔기에 이렇게 세상이 각박해졌다는 것입니다. 저는 참 좋은 교육운동이라 생각하였습니다.

윤리, 도덕, 종교 교육이 바로 이런 차원으로 연결되어야 한다고 느꼈습니다. 그런 죽음에 대한 교육은 불교적 훈련과 통하는 운동이라고 봅니다. 그래서 현대적 백골관을 우리 삶 속에 활용하면 어떨까 합니다.

예를 들어서 우리는 살 생각만 하는데 죽을 생각도 한 번쯤 해봐야 합니다. 죽을 때의 장면을, 일생을 마감하는 모습을 머릿속에 한번 그려 봅시다. 친지들이 모여서 슬퍼하는 모습, 숨이 떨어지고 하루 이틀 사흘 지나면 염을 해서 꽁꽁 묶여있는 모습, 5일쯤 지나고 1년쯤 지나고 10년쯤 지나면 어디에서 어떤 모습으로 있을까요? 이러한 연습을 통해서 모든 것이 무상하고 무아라는 진리는 우리들과 가까이 있게 될 것입니다.

◎ 삼독의 불이 꺼진 평화의 세계

삼법인의 세 번째인 열반적정은 열반이 적정(寂靜)하다는 것입니다. 앞의 무상과 무아가 현상세계라면 열반적정은 이상세계입니다. 즉 불교의 이상을 가리킵니다.

그러나 이 이상세계는 현상세계를 떠나서 따로 있는 세계가 아니고 우리가 있는 현상 · 현실이 무상 · 무아인 줄 분명히 알면 그것이 바로 열반의 세계입니다. 따라서 열반적정은 무상 · 무아가 체득된 세계를 가리키는 것입니다.

열반은 앞에서도 언급했듯이 니르바나(Nirvana)란 말을 소리 나는 대로 옮긴 것입니다. 원래의 의미는 불을 확 불어서 꺼진 상태를 말합니다. 활활 타던 뜨거운 불이 꺼졌으니 얼마나 적정하고 안온한 상태입니까?

그러나 그 불은 눈에 잘 보이지 않는 마음의 불입니다. '나다' 하는 놈이 심지가 되어서 욕망, 성냄, 어리석음이라는 삼독의 불꽃이 활활 타오르고 있는 것입니다. 마음속에 탐진치, 즉 삼독의 불이 붙으면 눈 · 코 · 귀 · 입 · 몸을 통해서 대상세계에 옮겨 붙습니다.

마음에 탐욕의 불이 있으면 눈을 통해 나타나서는 대상세계의 여러 곳으로 옮겨 붙어 욕심내고 훔치는 일로까지 번져갑니다. 귀는 소리를 통하여 불을 옮깁니다. 이리하여 삼계화택(三界火宅)이 됩니다. 온 세상이 불난 집입니다. 요즘 세상 돌아가는 것을 보면 실감나게 됩니다.

오탁악세(五濁惡世)란 말이 있는데 이것이 불난 집의 소식입니다.

첫째, 겁탁(劫濁)입니다. 이는 '시대가 탁하다'는 뜻입니다. 물질이 극도로 치성한 것이 오늘의 시대인데 물질이란 원래 무겁고 찌꺼기를 남기는 속성을 가지고 있습니다. 따라서 물질이 치성하니까 환경이 오염되고 산과 물이 더러워집니다. 우리나라처럼 아름다운 산하를 가진 나라는 없습니다. 그러나 생수 값이 석유의 1.3배쯤 된다고 하니 우리가 얼마나 탁한 환경 속에서 살고 있는지를 실감할 수 있습니다.

둘째, 중생탁(衆生濁)입니다. 그런 물과 공기를 마시고 오염된 자연 속에 사는 중생은 탁할 수밖에 없습니다. 그래서 과거에는 없었던 병인 각종 암이나 후천성 면역결핍증 등이 나타나는 것입니다.

셋째, 견탁(見濁)입니다. 이는 사상, 주의, 이데올로기의 난무입니다. 특히 우리나라는 이데올로기의 혼탁으로 남북이 분단되고 동족상잔의 전쟁까지 했습니다. 서양적인 이데올로기인 사회주의, 자유민주주의가 왜 우리에게 필요합니까? 인간이 인간답게 사는데 필요한 것입니다. 그러나 우리에게 맞지 않을 때는 버릴 수도 있어야 합니다. 지금 동구의 변화가 그런 것인데 우리는 마치 불변의 진리인 것처럼 철옹성을 쌓고 있습니다. 세계는 요즘 탈 이데올로기의 방향으로 나아가고 있습니다. 우리의 소중한 것은 다 버리고 남의 것, 서양 것만 중히 여기는 것은 크게 잘못된 일입니다. 사상, 종교, 철학도 우리에게 맞는 우리 것이 정착되어야 합니다.

넷째, 번뇌탁(煩惱濁)입니다. 만들 수 있는 물건은 모두 만들어 놓고 매스컴 등을 통해 광고를 해대니, 우리의 번뇌가 치성하여 눈·귀·코·입·혀·몸 등이 얼마나 분주하고 소란합니까? 그러니 번뇌가 일어날 수밖에 없습니다.

다섯째, 명탁(命濁)입니다. 이는 생명이 천시되는 것입니다. 생명이 오늘날처럼 천시되는 시대가 없었습니다.

　이 오탁악세는 불난 집의 심각성을 보여주고 있습니다. 열반적정의 세계는 그러한 불이 꺼진 진정한 평화의 세계를 가리킵니다. 적정은 소아적인 번거로움이나 탐·진·치가 멸함으로써 대아적인 삶, 대자비의 적극적인 행이 용솟음치는 세계입니다. 즉 부처님께서 깨달으신 후 45년간 한시도 쉬지 않고 일체의 모든 생명을 위해 동체자비를 실현하셨던 그런 삶을 말하는 것입니다.

제 5 장

진리의 수레를 타고

괴로움에서 깨달음으로 / 사성제

🏵 괴로움의 철저한 인식

연기의 진리, 십이연기, 삼법인을 근본불교의 사상이라고 한다면 근본불교의 실천은 사성제와 팔정도입니다. '네 가지 성스러운 진리'라는 뜻의 사성제와 '여덟 가지 바른 실천'이라는 뜻의 팔정도는 부처님께서 깨달음을 얻으신 후 첫 가르침을 편 초전법륜에서 설하신 것입니다.

부처님께서는 깨달음을 얻은 곳인 붓다가야에서 바라나시 근교의 사슴 동산까지 약 250킬로미터를 단숨에 가서 다섯 사람의 수행자에게 사성제와 팔정도의 가르침을 처음으로 펼치셨습니다. 부처님께서 깨달으신 후 가장 먼저 이러한 실천적인 가르침을 폈다는 것은 큰 의미가 있습니다.

이 사성제와 팔정도는 마치 코끼리의 발자국이 다른 모든 동물의 발자국을 포용하듯이 불교의 다른 모든 가르침을 포괄하는 가르침이라고 부처님께서는 말씀하셨습니다.

이 가르침은 아주 논리적이고 조직적인 특성을 가지고 있습니다. 이것은 덮어놓고 어떤 실천을 따르라는 것이 아닙니다. 왜 실천이 필요한 것인지에 대한 상황을 진단하여 또 그 원인을 밝힌 다음, 이상적 세계를 보여주고 그런 세계에 가기 위해서는 이러이러한 실천을 하면 된다는 체계적인 가르침입니다.

사성제는 고성제(苦聖諦), 집성제(集聖諦), 멸성제(滅聖諦), 도성제(道聖諦)입니다. 줄여서 고(苦), 집(集), 멸(滅), 도(道)의 사제(四諦)라고도 합니다.

그 첫째인 고성제는 우리들이 살고 있는 현상세계에 대한 판단입니다. 우리가 살고 있는 모습을 깊이 있게 살펴보니 '괴롭다'라는 것입니다. 일반적으로 괴롭다는 말은 세 가지의 뜻이 있습니다. 하나는 육체적 고통입니다. 아프고, 배고프고, 춥고 하는 등의 고통입니다. 또 하나는 있던 것이 없어졌을 때 느끼는 괴로움으로 재물이나 지위, 명예 등을 상실했을 때의 고통입니다. 그리고 나머지 하나는 변하기 때문에 겪는 괴로움입니다. 이는 모든 것이 무상하기 때문에 일어나는 것으로 행고(行苦)라고 하는데 이 괴로움이 고성제에 제일 가까운 것 같습니다.

이것은 시간을 돌이킬 수 없는 유한한 존재인 우리가 겪는 근원적인 고뇌입니다. 10년쯤 젊어지고 싶지만 안 되는 괴로움, 이런 괴로움이 행고입니다. 즉 유한한 시간 속에 던져진 존재가 어쩔 수 없이 느껴야 하는 실존적인 고뇌와 불안을 가리킵니다.

부처님께서는 유한한 시간 속에 던져진 아주 근본적인 괴로움으로 인생사고(人生四苦)를 들고 있습니다. 이것이 생로병사입니다. 나이 들고 늙어가는 것이 괴로움이어서 젊었을 때는 나이가 많았으면 싶지만 사오십이 넘으면 나이 들어가는 것이 아주 괴롭습니다. 그런가 하면 병들어야 하는 괴로움도 있습니다. 건강을 타고났다고 자랑하던 사람도 갑자기 찾아드는 병고에 병원을 가게 됩니다. 우리는 건강할 때 감사해야 하는데 그걸 잊고 삽니다. 죽음은 생의 막다른 골목입니다. 사실 죽음에 대한 문제가 없다면 종교, 철학 등도 성립할 수가 없었을 것입니다.

노병사라는 괴로움은 우리가 실감할 수 있는데 왜 생이 괴로운 것인가 하는 것은 이해하기가 그리 쉽지 않습니다. 그러나 새 생명이 태어나면 축하를 하지만 알고 보면 태어남이 있기 때문에 늙고, 병들고, 죽게 되는 것입니다. 그래서 아기들이 태어날 때 얼굴을 찡그리고 울면서 태어나는 가 봅니다.

이 네 가지 괴로움인 생로병사는 시간의 한계 속에 던져진 인간이면 누구든지 예외 없이 겪어야 할 과정입니다. 이것은 빈부귀천, 동서고금의 가림 없이 겪어야 할 원초적 상황입니다. 여기에 다른 네 가지 괴로움을 합쳐서 인생팔고(人生八苦)라고도 합니다.

그 하나가 사랑하는 것들과 헤어지는 괴로움인 애별리고(愛別離苦)입니다. 사랑하는 사람, 아끼는 물건들은 영원히 함께 하고 싶지만 그럴 수는 없습니다. 이별의 아픔으로 눈물을 흘릴 수밖에 없습니다.

다음으로 원증회고(怨憎會苦)는 원망스럽고 짜증스러운 것과 만나는 괴로움입니다. 보기 싫은 사람과는 평생 동안 만나지 않았으면 좋겠는데 오히려 더 잘 만날 수도 있습니다. 원수는 외나무다리에서 만난다는 속언처럼 보기 싫은 사람은 결정적인 순간에 더 잘 나타납니다.

이러한 괴로움은 스스로가 좋은 것과 싫은 것을 나누어 놓았기 때문입니다. 그러기에 좋은 것을 만날 수도 있고 싫은 것을 만날 수도 있는 것입니다. 이렇게 스스로 나눠놓고 마음에 드는 것만 만나려 하고 싫은 것은 만나지 않으려고 하는데 이것은 불가능한 일입니다.

구부득고(求不得苦)는 구하는 것을 얻지 못하는 괴로움입니다. 모든 사람이 많든 적든 구하려 하고 그러다가 구해지지 않으면 속상해 합니다. 학생은 좋은 성적을 원하고, 사업가는 사업이 번창하길 원하고, 어머니는 아들딸들이 잘 되기를 원합니다. 그러나 아무리 권력과 돈이 많은 사람이라도 구하는 것을 전부 가질 수는 없습니다. 그래서 사람들은 괴로워합니다.

오음성고(五陰盛苦)는 인간을 구성하는 다섯 가지 요소에서 비롯되는 고통으로서 오음은 색·수·상·행·식(色受想行識)의 오온과 동일합니다. 오음성고란 다섯 가지 요소가 치성한 괴로움입니다. 즉 '나다' 하는 놈이 치성하여 '나다' 하는 상을 가지면 그만큼 괴로운 것입니다.

시어머니가 '내가 시어머니다' 하는 상을 가지고 있으면 며느리가 제대로 대접을 안 해 줄 때 괴롭습니다. 또한 육체 때문에 겪는 괴로움도 있습니다. 하루 세 끼 먹어야 하는 일도, 오랫동안 책상 앞에 앉아 공부하는 것도 괴로운 일입니다. 일생팔고(人生八苦)는 사람으로 태어나면 누구나 받을 수밖에 없는 실존적인 괴로움입니다. 우리의 인생을 관찰해 볼 때 더 많은 괴로움이 있겠지만 대표적인 것을 간추려 인생사고 또는 인생팔고라고 부르는 것입니다.

불교는 인간의 실상을 괴롭다고 진단하고 정면으로 맞서 해결책을 제시했습니다. 여기에 불교의 적극성이 있습니다. 이것은 괴로움을 '성스러운 진리'라고 하는 데서도 알 수가 있습니다. 괴로움을 성스러운 진리라고 하는 것은 괴로움을 여실히 알 때 괴로움을 극복할 수 있기 때문입니다. 괴로움을 느끼는 현실은 불행한 일일지 모르나 그것을 분명히 알 때 오히려 극복의 길이 열릴 수 있습니다. 이는 부처님의 생애에서도 잘 나타나 있습니다. 부처님은 출가하시기 전에 생사에 대한 깊은 회의와 괴로움을 느끼고 마침내 왕위까지 버렸던 분입니다. 그리하여 괴로움으로부터 자유를 획득할 수 있었습니다.

파스칼은 「팡세」에서 "나무는 자기가 불행한 줄 모르고 허물어진 집도 자기의 불행을 알지 못한다. 불행을 느끼는 것은 오직 인간뿐이다. 그러나 인간이 자신을 불행하다고 인식하는 것은 불행한 일일지 모르나 그것은 바로 인간이 위대하게 되는 일이기도 하다."고 했습니다.

인간은 결코 행복한 돼지일 수만은 없다는 것을 지적한 것입니다. 괴로움의 철저한 인식을 통해 우리는 일상성에서 탈피할 수 있고 우리의 삶을 심화시킬 수 있는 계기를 만들기도 합니다. 따라서 괴로움을 괴롭다고 아는 일은 아주 중요한 일입니다. 고(苦)를 깊이 깨닫는 일이 불교의 첫걸음인 발심(發心)의 계기가 될 수 있는 것입니다.

우리는 괴로움을 회피하고 망각하려고 합니다. 살아가다 보면 참으로 '무상'을 실감할 때가 있는데, 갑자기 가까운 사람과 사별을 했을 때는 더욱 그렇습니다. 그러나 하루 이틀 지나면서 잊어버리고 그러면서 일상적인 삶으로 되돌아가고 맙니다. 이러한 삶이 우리들의 일반적인 기준으로는 정상이지만 괴로움의 문제를 뿌리째 뽑기에는 한계가 있습니다. 괴로움을 괴로움으로 뼈저리게 느낄 때 그로부터 벗어날 수 있는 계기가 될 수 있습니다.

사성제에서도 괴로움을 첫머리에 두고 있는 것은 괴로움을 근본문제로 삼는 것이 불교의 시작이며 그것을 해결하는 것이 불교의 끝이기 때문입니다.

✺ 괴로움이 모여 일어나는 갈망

집성제(集聖諦)는 괴로움을 해결하기 위해 그 괴로움의 원인이 무엇인지 밝히는 가르침입니다. 괴롭다는 현실을 알고 그저 어물어물 넘어가는 것이 아니라 그 원인을 규명하는 것입니다.

'집(集)'은 '집기(集起)'로 괴로움이란 여러 가지 원인과 조건이 '모여 일어나는 것', 즉 연기하는 것을 가리킵니다. 따라서 집성제는 12연기를 지적하는 말로 12지가 집기하여 괴로움이 일어난다는 것입니다.

그런데 집성제에서는 고(苦)의 원인을 간략하게 줄여서 갈애(渴愛) 라고 하기도 합니다. 마치 갈증 난 사람이 물을 찾듯이 타는 듯한 욕망인 갈애가 온갖 집착과 악업을 일으켜 괴로움의 원인이 되기 때문입니다.

여기서 우리가 한 가지 밝히고 넘어가야 할 것이 있습니다. 즉, 갈애를 괴로움의 원인이라 하니까 마치 모든 욕망을 부정적으로 보는 것이 아닌가 하는 의문이 생깁니다. 그러나 갈애란 말은 불길이 치솟듯이, 또는 목마른 사람이 갈증을 느끼듯 지나친 욕망과 더 나아가서 그 욕망에 지나치게 집착하는 것을 말합니다. 따라서 갈애는 모든 욕망을 무조건 부정하는 말은 아닙니다.

욕망을 모두 부정하고는 하루도 살 수 없는 것이 우리입니다. 예를 들어 식욕(食慾)에 지나치게 탐착하면 몸을 망치겠지만 오히려 적절한 영양 섭취를 하면 건강한 몸을 유지할 수 있습니다. 부처님께서도 극단적 금욕주의는 수행에 방해가 된다고 하셨습니다.

지금까지 말씀드린 고제와 집제는 현상세계의 문제와 그 원인을 규명하는 것입니다. 따라서 12연기로 관찰해 보면 유전연기를 달리 표현한 것임을 쉽게 알 수 있습니다. 즉, 12연기에 의해 괴로움이 생겨 진리를 등지고 잘못 살아가는 것을 유전연기라고 했는데 사정제의 고제와 집제는 바로 그 잘못된 삶, 잘못된 현상을 밝힌 것입니다.

⏰ 괴로움은 해결될 수 있다.

멸성제(滅聖諦)와 도성제(道聖諦)는 인간이 인간답게 살아가는 길을 밝히는 진리입니다. 괴로움은 멸할 수 있고 또 괴로움을 멸하는 방법을 제시하는 것이기 때문에 환멸연기에 속합니다.

멸(滅)은 열반(Nirvana)의 다른 이름입니다. 'Nirvana'를 소리 나는 대로 적으면 열반이고 의역을 하면 '멸'입니다. 즉, 불교의 이상인 모든 괴로움이 멸한 경지를 말합니다. 그러므로 열반이란 괴로움이 극복되어진 세계입니다. 생로병사가 해결된 세계이기에 영원한 생명의 세계이며 나고 죽는 윤회의 사슬이 끊어진 세계입니다. 또 다른 표현으로는 삼독의 탐 · 진 · 치나, '나다' 하는 놈까지도 멸한 세계입니다.

따라서 사성제의 세 번째인 멸성제는 '괴로움은 해결될 수 있다'라는 이상을 제시하며 확신을 심어주는 가르침입니다. 진리에 대한 확신과 용기를 가져야만 괴로움을 끊는 실천을 할 수 있지 않겠습니까?

네 번째 도성제(道聖諦)는 멸에 이르는 구체적 방법을 제시하는 것입니다. 괴로움을 없애려면 '이렇게 하면 된다' 하고 여덟 가지 바른 실천인 팔정도를 제시한 것입니다.

이렇게 볼 때 사성제의 가르침은 현실상황을 판단하고 그 문제의 원인을 규명하여 해결의 방안을 제시한 것입니다. 이는 마치 의사가 환자를 치료하는 것과 같습니다. 중생이라는 환자를 진찰하여 보니 괴로움의 병에 걸려 있어서 병의 원인이 무엇인가 알아낸 것이 고성제와 집성제입니다.

진찰이 정확하게 됐으면 이제 환자에게 아무리 어려운 병이라도 치유할 수 있다는 확신과 용기를 불어넣어 줘야 합니다. 그것이 멸성제입니다. 그런데 여기에서 치료가 끝나지는 않습니다. 실제 투약을 하고 주사도 놓고 해서 처방을 해야 합니다. 그리고 환자가 약을 먹고 나으려는 의지가 있어야 합니다. 그것이 도성제입니다.

그래서 부처님을 대의왕이라고도 합니다. 의사 중의 의사이기에 중생의 모든 근원적인 괴로움을 치유할 수가 있습니다. 우리는 이러한 사성제의 체계 속에서 삶을 설계해 가는 훌륭한 방법을 배울 수가 있습니다.

첫째는 현실에 대한 정확한 판단입니다. 내가 서있는 위치를 파악해야 거기 서 있는 내가 어떻게 살겠다는 방향과 목표를 세울 수가 있는 것입니다. 이러한 현실 판단을 통하여 목표가 설정 되었으면 그 다음은 실천궁행(實踐躬行)입니다. 실천이 따르지 않는 목표 설정은 공상입니다. 정확한 현실 판단과 분명한 목표 설정, 그리고 실천궁행의 정진은 우리가 세상을 살아가는데 꼭 필요한 것입니다.

부처님께서는 사성제를 실천을 통해 증득해 가도록 가르치셨습니다. 그것도 세 번씩이나 반복해서 가르치셨으므로 '진리의 수레바퀴를 세 번 굴렸다'고 하여 '사제(四諦)의 삼전(三轉)'이라고 합니다.

첫 번째 시전(示轉)에서는 이해를 시켰습니다. '이것은 고(苦)이니라', '이것은 집(集)이니라', '이것은 멸(滅)이니라', '이것은 도(道)이니라' 하며 사성제의 체계를 이해시켰습니다. 여기서 끝나면 귀동냥에 불과합니다.

그래서 두 번째 권전(勸轉)에서는 실천을 권하셨습니다. 고(苦)는 마땅히 느껴 알 것이며, 집(集)은 마땅히 끊을 것이며, 멸(滅)은 마땅히 체험하여 증득할 것이며, 도(道)는 마침내 실천하여 닦을 것을 권하십니다.

세 번째 증전(證轉)에서는 사성제의 교법이 증득된 걸 확인하는 단

계로 이끄셨습니다. 이처럼 들어서 이해하고, 실천하고, 증득하는 경지
까지 나아가는 것입니다.

이것이 불교 공부의 방향이며 자세입니다. 항상 반성하고 자신의
체험을 통해 반추하는 생활 속에서 내면화되고 터득될 때 실천이 가능
합니다.

그래서 사성제를 이해하고 직접 실천해서 증득하는 경지에까지 가
야만이 우리의 삶은 완전히 변혁되고 변화될 것입니다. 그러기 위해서
는 부처님의 가르침 자체에 대한 이해뿐만 아니라, 그것을 생활 속에
연결해서 관찰하고 실천해 가는 것이 필요합니다.

여덟 가지 올바른 길 / 팔정도

◉ 극단에 치우치지 않는 중도의 실천

앞의 사성제에서는 괴로움에 대한 진단이 있었고 '괴로움의 원인이 무엇인가'라는 사실도 규명이 됐습니다. 그리고 그것을 해결할 수 있다는 이상의 제시도 있었습니다.

이제 남은 것은 '괴로움을 멸하기 위해서 우리가 무엇을 해야 하는가?'하는 그 실천의 방법을 제시해야 하는 것이 도성제이며 구체적으로는 팔정도(八正道)입니다. 따라서 이 실천은 인간답게 살려는 모든 사람, 괴로움으로부터 해방되고 싶은 모든 사람들이 걸어가야 할 길입니다.

'정(正)'이란 바르다는 뜻으로 '중(中)'을 가리킵니다. 따라서 정도(正道)는 중도(中道)입니다. 극단에 치우치지 않는 중도의 실천입니다. 부처님께서는 세속적 욕망과 쾌락에 사로잡히는 일이나, 반대로 지나친 금욕주의에 빠지는 극단을 피해서 중도의 실천을 가르치셨습니다. 부처님께서는 이 중도의 실천을 녹야원의 첫 가르침에서 다섯 비구에게 가르치신 것입니다.

또 이러한 중도의 내용은 소나 비구에게 주신 가르침에 잘 나타나 있습니다. 소나 비구가 아무리 열심히 정진을 해도 잘 되지 않아 포기하려 할 때 부처님께서는 소나가 거문고를 타는 것을 아시고 소나에게 "거문고 줄이 너무 팽팽하지도 느슨하지도 않아야 소리가 제대로 나는 것처럼 중도를 취해야한다."고 말씀하셨습니다.

따라서 팔정도의 '정'은 중도행(中道行)을 가리킵니다. 그렇다고 중도행이 두 가지 중의 중간쯤을 얘기하는 것은 아닙니다. 수학적인 중간도 아닙니다. 이러한 중간은 융통성이 없기에 중도와는 다릅니다. 오히려 중도는 현실적으로 가르침을 필요로 하는 사람의 능력을 중시하고 거기에 맞게 지도하는 가르침입니다. 아무리 훌륭해도 가르침을 필요로 하고 실제로 실천해야 할 사람에게 맞지 않으면 별 소용이 없게 됩니다. 따라서 중도는 틀에 박힌 실천이 아니라 사람의 능력과 소질에 맞는 가르침이기에 실천될 수 있습니다.

팔정도는 정견(正見)·정사(正思)·정어(正語)·정업(正業)·정명(正命)·정정진(正精進)·정념(正念)·정정(正定)의 여덟 가지 가르침입니다.

정견(正見)은 바른 견해입니다. '있는 대로 보는 것', '여실히 본다', 즉 여실지견(如實知見)하는 것이 정견입니다. '나다' 하는 놈이 끼어들지 않아야 편견이 없고 선입관이 없습니다. 그러므로 정견은 올바른 세계관, 인생관입니다. 연기의 진리를 분명히 알고 사제의 진리를 여실히 아는 것입니다. 그래서 불교는 여실지견하는 눈의 종교라고 할 수 있습니다.

정사(正思)는 바른 생각입니다. 어떤 행동을 하기 전에 우리는 먼저 생각을 하게 됩니다. 그러므로 바른 생각을 가져야 바른 행동이 나옵니다. 화내는 마음, 혹독하고 모진 생각, 더러운 생각, 혼탁한 생각은 바른 생각이 아닙니다. 온화한 생각, 자비로운 생각, 청정한 생각이 바른 생각입니다. 이 바른 생각에서 온화하고 자비롭고 청정한 실천행이 따라 옵니다.

정어(正語)는 바른 말입니다. 잘못된 말은 망어(妄語)인 거짓말, 기어(綺語)인 아부하는 말, 양설(兩舌)인 이간하는 말, 악구(惡口)인 험악한 말입니다. 이런 말들을 하지 말고 진실한 말, 실다운 말, 곧은 말, 부드럽게 화합하는 말을 하라는 것이 정어입니다. 더불어 사는 삶에서 정어처럼 필요한 것이 없습니다. 입을 바르게 쓰지 못함으로써 얼마나 많은 인간관계가 상하고 피해를 보게 됩니까? 정어는 크게 보면 바른 언론을 뜻하기에 신문과 라디오, TV등 언론 매체가 바른 언론을 펴는 것도 이에 해당된다 하겠습니다.

정업(正業)은 바른 행동입니다. 생명을 천시하고 죽이는 행동, 인색하고 훔치는 행동 또 바르지 못한 남녀관계 등을 버리고 모든 생명을 살리고 베푸는 바른 행위를 의미합니다. 정어(正語)와 정업(正業)은 바른 생각으로부터 일어나는 바른 행위입니다.

정명(正命)은 바른 생활입니다. 따라서 바른 직업은 정명의 기본이 됩니다. 사기, 도박 같은 것을 직업으로 삼거나 남에게 피해를 주는 생활이어서는 안 됩니다. 그리고 정명에는 바른 직업윤리도 포함됩니다. 임금을 착취하거나 오염물질을 방출하면 정명에 어긋나는 것입니다. 또 정명은 규칙적인 생활, 바른 생활도 요구합니다. 규칙적인 식사, 수면, 업무 등 건전한 가정생활과 직장 생활을 실천하는 것입니다.

정정진(正精進)은 바른 노력입니다. 정정진 없이는 아무 것도 이루지 못합니다. 아무리 뜻이 고결해도 정진이 따라야 실천이 됩니다. 따라서 부처님께서는 돌아가시기 직전에 "모든 것은 덧없다. 게으르지 말고 부지런히 정진하라."고 당부하셨습니다. 정진은 목표를 향해 실천해

가는 용기입니다. 그런데 바른 것을 정진해야지 그릇된 것을 정진하면 사정진(邪精進)이 됩니다. 사기나 도박에 정진한다면 안 될 일입니다. 정정진은 선(善)을 향한 정진이어야 합니다. 이미 있는 선은 증진시키고 좋은 것은 북돋우며 반대로 이미 있는 악은 줄이는 방향으로의 정진을 정정진이라고 합니다.

정념(正念)은 바른 관찰입니다. 이것은 가끔 정사(正思)와 혼동하기 쉬운데 정사는 행동하기 전의 생각을 바르게 하라는 것이고 정념은 우리의 몸과 마음이 어떻게 움직이는지 잘 관(觀)하라는 것입니다. 이것은 뒤의 정정(正定)과 함께 독특한 마음의 훈련법입니다.

정정(正定)은 바른 선정입니다. 마음을 고요하게 안정시키는 것입니다. 평상시 우리의 마음은 대상에 따라 파동치고 산란합니다. 즉, 번뇌 망상이 들끓고 있습니다. 이게 다 무명의 바람으로 일어나는 풍랑입니다. 그러므로 사물이 제대로 안 보이고 왜곡되어 버립니다.

바른 선정(禪定)은 마음을 순일하고 하나 되게 하는 것입니다. 즉 삼매(三昧)를 얻는 훈련이 정정입니다. 삼매는 갈라진 마음이 없는 상태입니다. 그래서 사물을 사물 그대로 보는 힘을 가져서 왜곡되고 뒤틀리게 보는 것이 아니라 있는 그대로 보는 것입니다. 그것이 바로 여실지견(如實知見)이고 지혜입니다. 따라서 정정(正定)일 때 정견(正見)은 가능합니다.

☸ 누구라도 실천할 수 있는 팔정도의 수행

지금까지 팔정도에 대해 각각 살펴보았는데 이제 팔정도의 성격을 정리해 봐야겠습니다.

첫째, 팔정도는 특별한 수행이 아니라 일반적인 훈련이라고 할 수 있습니다. 즉 모든 사람이 실천할 수 있는 수행법입니다. 내용 자체가 우리의 생각과 행동, 말, 생활을 바르게 하고 마음을 갈라지지 않게 안정시켜서 바른 지혜를 얻도록 끊임없이 노력하라는 것이기 때문입니다. 따라서 팔정도는 출가한 스님들만 닦을 수 있는 것도 아니며 불교를 믿는 사람들에게만 국한되는 실천법도 아닙니다. 모든 사람들에게 열려 있는 가르침입니다.

둘째, 팔정도는 생활 속에서 실천할 수 있는 행입니다. 산중에서만 할 수 있는 것도 아니며 장소에 구애되지 않고 어디에서나 실천할 수 있습니다. 아주 포괄적이고 종합적인 실천입니다. 뒤에 팔정도가 분화되고 전문화되어 나누어졌지만 팔정도는 원래 모든 수행을 포괄하는 실천덕목입니다.

대승불교에서는 수행도 전문화되어 말과 행동을 잘 다스리는 것에 중점을 두는 율종(律宗)과, 정념(正念) · 정정(正定) 등의 마음공부가 강조되는 선종 등으로 세분화되었습니다. 그러나 이것은 모두 팔정도 속에 포함된 실천들입니다. 율종이든 선종이든 팔정도의 실천을 통해서 괴로움을 멸한 진리의 세계에 눈뜰 수 있다는 것이 부처님의 근본 가르침입니다. 부처님의 첫 설법에서 다섯 비구를 위시한 많은 제자들이 이 실천을 통해 진리의 세계에 들어올 수가 있었습니다.

이처럼 근본불교의 가르침이나 실천은 간명하고 평범한 것입니다. 문제는 실천하는가 하지 않는가에 달려 있습니다. 따라서 우리는 팔정도의 여덟 덕목 중 한가지만이라도 실천하는 것이 중요합니다. 만일 정어(正語)의 실천을 통해 양설(兩舌)과 악구(惡口)를 하지 않게 되면 우리들 입이 다스려지고 생각도 자연히 고요하고 바르게 됩니다. 팔정도를 한꺼번에 할 수 있으면 좋겠으나 여덟 종목 중 한 가지 덕목이라도 지키면 나머지 덕목도 자연히 잘 닦을 수 있도록 되어 있습니다. 즉,

'내게 가장 필요한 것이 무엇인가?' 하고 생각해 보고 하나를 선택하여 내게 맞는 실천을 해 나가면 나머지도 자연스럽게 닦아질 수 있습니다.

또 부처님 말씀은 모든 사람을 위한 열린 가르침입니다. 바른 말, 바른 행동, 바른 생각, 바른 생활, 순일한 마음을 지니는데 꼭 불교인만 할 수 있다는 제한이 있을 수 없습니다. 불교는 바르게 살려는 모든 중생에게 열려 있는 종교임을 항상 잊어서는 안 됩니다.

마음 닦는 법, 위파싸나

⏱ 마음을 집중시키는 훈련

팔정도의 여덟 가지 실천 덕목 중에서 정념(正念)은 정정(正定)과 더불어 마음을 닦는 수행법입니다. 이 마음을 다스리는 수행법은 불교의 큰 특성이기도 합니다.

우리는 '마음 닦는 공부'라고 하면 선(禪)을 생각하고, 또 '선'하면 화두(話頭)를 드는 화두선(話頭禪)을 생각합니다. 화두는 일종의 커다란 의문으로서 참선의 주제입니다. 어떤 사람이 선사를 찾아뵙고 참선에 대해 물었습니다. 그러자 선사가 말했습니다.

"참선하려는 놈, 불교를 알고 싶어 하는 놈, 또 육신을 여기까지 끌고 온 놈, 그 놈이 어떤 놈인지 찾아보아라."

그러면 그 순간부터 그 사람은 '이 뭣고?' 하고 참구를 하게 됩니다. 그때 '이 뭣고?'가 화두입니다. 이러한 화두는 전통적으로 1,700가지가 있다고 하는데 참선이란 '이 뭣고?' 등 화두를 통해서 우리의 의식이 온통 하나로 통일되도록 해 가는 공부입니다. 그래서 공부가 잘 되면 '이 뭣고?'라는 화두가 밥을 먹고, 걸어가고, 잠을 잘 때도 순일하게 잡혀가게 됩니다.

조계종 종정이셨던 성철 스님 말씀에 의하면 이 공부는 첫째 동(動)·정(靜) 간에도 화두가 일여(一如)해야 한다고 합니다. 앉아서 좌선할 때만이 아니라 걸을 때나 활동할 때에도 항상 '이 뭣고?'가 환히 들어져야 합니다. 그 다음에는 몽중일여(夢中一如)입니다. 심지어는 잠자다가 꿈꿀 때도 이 화두는 놓치지 말아야 합니다. 더 나아가서 숙면일여(熟眠一如)입니다. 꿈조차 꾸지 않는 숙면 상태에서도 그 화두가 항상 해야 한답니다. 그럴 때 일순간 '이놈'의 정체가 드러나게 되는데 그게 바로 깨침입니다. 이렇게 화두선은 단도직입적인 참구법입니다.

우리나라에서는 이런 화두선이 하나의 전통으로 되어 있어서 '선'하면 화두선을 연상하게 됩니다. 그래서 그것이 제일 수승하고 다른 것은 열등한 수행처럼 인식되기도 하는데 이런 생각에는 문제가 있습니다. 무엇보다 화두선은 부처님께서 돌아가시고 1,500년쯤 지난 다음 중국에서 개발된 선법(禪法)입니다. 따라서 그것만이 제일이라고 한다면 그 이전의 선, 부처님 당시에 실천되었던 선법은 열등하다는 말이 됩니다. 부처님의 가르침은 한 가지를 일률적으로 모든 사람에게 적용하는 것은 아니었습니다. 그러므로 각자의 근기에 맞는 수행 방법이 최선의 수행법입니다.

부처님 당시에 실천되었던 선법은 바로 팔정도 중에서 정념(正念)과 정정(正定)의 수행이었습니다. 그 당시에는 선과 다른 공부가 함께 실천되었습니다. 선이 별도로 분리된 것은 중국에서의 일입니다.

지금도 부처님 당시의 전통을 그대로 전승하고 있는 남방 불교에서는 선이라고 하면 정념과 정정 수행을 의미합니다. 정정(正定)은 삼매를 얻는 수행으로 마음을 집중시키는 훈련입니다. 가령 흙으로 둥그런

원을 만들어 놓고 앉아서 응시합니다. 처음에는 여러 가지가 다 보여 집중이 잘 안되지만 훈련이 되면 주위는 안 보이고 둥그런 원만 보이게 됩니다. 이렇게 되면 점점 원의 크기를 줄여 나중엔 벽에 점 하나를 찍어놓고 응시해도 점만 크게 보입니다. 이러한 집중력 강화는 마음을 '하나'로 통일시키는 훈련입니다. 이 훈련을 통해 사물을 꿰뚫어 보는 안목이 열리게 됩니다.

정념(正念)이란 마음을 환히 밝게 비추어 보는 훈련입니다. 지관(止觀)이라고 할 때 지(止)는 정정의 훈련이고 관(觀)은 정념의 훈련입니다. 오늘날 남방불교에서 정념의 수행은 위파싸나 선이라고 합니다. 이 선법은 남방에서 선 수행의 중심을 이루는 선법일 뿐만 아니라 생활중심의 선법이기 때문에 서양에서도 아주 인기를 얻고 있습니다. 이 선법은 우리나라에도 소개된 바 있습니다.

『중아함』의 「염처경(念處經)」을 보면 먼저 이 수행법이 어떤 사람에게 필요한가를 밝히고 있습니다. 부처님께서 쿠르수의 수도 캄마싯담마에 계실 때였습니다.

비구들이여, 여기 중생의 마음을 깨끗이 하고 걱정과 두려움에서 건지며 고뇌와 슬픔을 없애고 바른 법을 얻게 하는 유일한 길이 있으니 곧 사념처법(四念處法)이다. 과거의 모든 부처도 이 법에 의해 최상의 열반을 얻었고 현재와 미래의 부처도 이 법으로 열반을 얻을 것이다.

이처럼 정념의 수행은 과거의 모든 부처님과 현재와 미래의 부처님까지 진리에 드는 길이며 법을 얻는 유일한 길이라 하셨습니다.

✪ 몸과 마음을 관찰하라

그렇다면 위파싸나 선으로 어떤 문제를 해결할 수 있다는 것일까요? 첫째 중생의 마음을 깨끗이 하고, 둘째 걱정과 두려움으로부터 벗어나게 하며, 셋째 고뇌와 슬픔을 없앨 수 있다고 했습니다. 위파싸나 선은 깨침의 길일 뿐 아니라 마음이 깨끗하지 못한 사람, 걱정과 두려움에 떠는 사람, 고뇌와 슬픔에 잠긴 사람들에게 정념의 약으로 치유할 수 있다고 하는 것입니다.

'관(觀)한다'는 말은 '안으로 본다', '마음으로 본다'는 의미인데 영어로는 'Insight'로 쓰입니다. 관조하고 비추어 보는 대상은 몸(身), 느낌(受), 생각(心), 법(法)의 사념처(四念處)입니다. 이렇게 네 가지를 관한다고 해서 위파싸나 선에서는 정념의 실천을 사념처관(四念處觀)이라고도 합니다.

첫째, 신념처관(身念處觀)은 실제 우리 몸이 어떻게 생겼고, 어떻게 움직이는지를 보라는 가르침입니다. 우리는 시선이 밖으로만 향해 있기에 밖은 잘보고 있지만 자신에게는 관심이 없습니다. 시선이 밖의 것만 살피니 바깥 살림만 생각하는 것입니다. 그런데 불교 수행의 첫걸음은 안의 자신을 보라는 것입니다. 즉 내가 어떤 존재인지 보라는 것입니다.

몸을 관하는 것에는 호흡을 관하는 훈련도 포함되어 있습니다. 호흡이 어떻게 되고 있는지 관찰해 보라는 것입니다. 들이쉬고 내쉬는 그것을 실제로 관찰하고 또한 몸이 어떻게 작용하는지, 손으로 무엇을 잡을 때나 걸을 때도 다리가 어떻게 굽혀지고 움직이는지 하나하나 관찰하며 느끼라는 것입니다.

다음은 수념처관(受念處觀)입니다. '수'는 느낌입니다. 어떤 대상을 볼 때 '마음에 든다', '싫다'라는 분별망상이 일어나는 상태를 실제로 관찰하는 것입니다.

심념처관(心念處觀)에서의 '심'은 생각의 움직임입니다. 좋은 생각, 나쁜 생각 등 시시각각으로 일어나는 생각의 변화입니다. 그것을 일어나는 그대로 보라는 것입니다.

법념처관(法念處觀)에서의 '법'은 생각의 대상입니다. 오온법, 사성제, 연기법 등을 관하는 것이 포함됩니다.

정념의 공부는 우리의 몸과 마음이 실제로 어떻게 작용하고 있는지 순간순간 관(觀)하는 것으로부터 시작됩니다. 몸과 마음을 관찰하라는 까닭은 관찰을 통해 우리 자신의 존재를 알 수 있기 때문입니다. 이 몸과 마음을 관찰함으로써 우리의 행위나 마음을 자율적으로 다스릴 수 있는 힘을 기르도록 되어 있습니다.

우리가 어떻게 생각하고 행동하는지를 관하지 못할 때 우리들 삶은 대상에 대한 맹목적인 반응이기 쉽고, 대상에 현혹되어 마음의 자유와 자율적인 행동이 나올 수 없습니다.

우리는 대상을 접할 때 즉각 반응을 나타냅니다. 예를 들어 누가 나에게 '나쁜 사람'이라고 욕을 하면 금방 안색이 변하여 큰 소리가 나옵니다. 반대로 누가 칭찬을 해주면 좋아서 싱글벙글합니다. 대상에 현혹되어 대상에 먹혀 버리기 때문에 자율적이고 창조적인 행동이 못되고 맹목적일 수가 있습니다.

우리가 어떤 대상을 만나서 생각하고 행동하는 것은 매우 중요합니다. 그것은 바로 자기운명을 창조해가는 과정입니다. 그런 중요한 과정에 우리가 창조적으로 참여하는가, 그렇지 못한가를 깊이 생각해 봐야 합니다. 그럼으로써 자기 자신의 운명에 창조적으로 참여하게 되고 또 실제로 내 생각과 행동을 자율적으로 조절할 수 있는 힘도 생기게 됩니다.

'나쁜 사람'이란 욕을 듣자마자 즉각 반응을 나타낼 때, 그런 반응을 나타내기까지는 '내 마음에 들지 않는다', '불쾌하다'는 느낌이 일어나서 화가 치밀어 오르고 거기에 대한 반응으로 고함을 치기도 하는 것입니다. 그런데 마음이 불쾌하고 화가 났을 때, 화가 치밀어 오르는 상태를 관찰할 수 있으면 욕을 해도 내가 자율적으로 하게 되고, 또 그러한 행동으로까지 옮기지 않고 그 생각을 없앨 수도 있습니다. 그러므로 그만큼 자유가 생기게 됩니다.

어린이들이 말썽을 부리면 어른들이 자신도 모르는 사이에 화가 나서 매를 드는 경우와, '아 그냥 둬선 안 되겠구나'라는 생각을 한 연후에 교육을 위해 나무라든가 매를 드는 것은, 겉으로는 같을지 모르나 질적으로는 하늘과 땅 차이입니다. 앞의 경우는 폭력입니다. 어린아이가 말썽부리는 상황에 먹혀 감정이 상해서 자신이 뭘 하는지도 모르고 하는 분풀이입니다. 뒤의 경우는 사랑의 매입니다. 자비가 깃든 매는 틀림없이 교육적인 효과가 있습니다.

마음을 관찰할 수 있으면 화가 치밀어 오를 때 '아하! 이렇게 하면 곤란하겠군' 하고 들었던 매를 내려놓고 행동까지 일으키지 않을 수 있습니다. 또 필요할 땐 자기 정신으로 경책을 할 수도 있습니다. 그리고 화가 치밀어 오를 때까지는 관하지 못하더라도 매에 손이 갔을 때 비로소 손이 움직이는 것을 관찰할 수 있으면 그때도 역시 마찬가지입니다. 그만큼 내게 판단의 자유가 생깁니다.

관찰하고 비추어 보는 것은 밝음입니다. 반대로 욕심이나 성냄 등은 무명이고 어두운 기운이 일어나는 것입니다. 따라서 욕심이나 화가 치밀어 오를 때 관(觀)하여 비추어 보면 어둠은 사라지게 됩니다. 마치

전자오락실에서 아이들이 화면에 떠오르는 목표물을 쏘아 적중시키면 이내 없어지는 것과 같습니다.

⊛ 관찰을 통해 나의 운명을 창조하라

어떤 대상을 만나서 한 생각을 일으키고 행동하기까지는 무한한 마음의 공간이 있습니다. 우리의 생각은 순간순간 움직이는데, 어떤 대상을 보고 행동을 일으키기까지는 3,100만 번의 생각의 순간들(thirty-one million thought moments)이 움직인다고 합니다. 그러므로 관할 수 있으면 마음에 무한한 공간이 있게 되고, 그 공간으로부터 행동을 마음대로 할 수 있는 자유가 생기는 것입니다.

우리의 시선이 밖으로 향해 있으니 안살림을 얘기하면 정말 그럴까 하고 의심을 합니다. 자기 이야기가 아닌 남의 이야기처럼 들려오기도 합니다. 정념은 바른 관찰입니다. 이것은 마음을 관하는 체험에서 나온 경험 과학이고 경험 심리학입니다.

따라서 관찰을 통해 먼저 나의 운명을 스스로 창조해 가야 합니다. 즉 자기의 운명 창조과정에 자율적이며 주체적으로 참여하게 되는 것입니다. 그렇지 않을 때는 맹목적인 반응에 그치고 마는 것입니다.

또한 관을 통해 내 운명을 바꿀 수도 있습니다. 내가 생각하고 행위하는 것이 쌓이면 버릇, 습성, 성격, 운명이 되고 팔자가 됩니다. 그것을 마음대로 조절할 수 있는 능력과 자유를 가진다면 결국 내 운명을 바꿀 수 있는 힘이 생기는 것입니다. 그러므로 부처님께서는 관하는 공부가 도를 얻는 '유일한 길'이라고 말씀하셨습니다.

실제로 관을 해보면 자기 습성과 성격을 스스로 알게 됩니다. 마음에서 일어나는 생각을 관해 보면 늘 일어나는 생각들이 있습니다. 그것은 자기 업에서 오는 것인데, 그것을 관찰할 수 있으면 '아! 나는 이런 경향이 있구나' 하고 알게 됩니다. 그것을 모르면 업에 이끌려 자기도 모르는 사이에 행동을 하지만, 알게 되면 고칠 수 있는 여유가 생깁니다.

계율을 지키는 것도 이런 마음의 공간이 있을 때 잘 지킬 수 있습니다. 따라서 관하는 공부는 일종의 자기분석이자 정신 분석과도 통합니다.

「염처경(念處經)」에서는 "관을 하면 마음을 깨끗이 할 수 있고 걱정과 두려움을 여의고 고뇌와 슬픔으로부터 벗어날 수 있다."고 했습니다. 고뇌와 슬픔이란 습관적으로 나타나는 마음의 어두운 기운들이고 찌꺼기입니다. 그것이 나타날 때마다 환히 비추어 볼 수 있다면 스스로 소멸할 것이며, 그것들이 완전히 소멸되면 곧 청정한 마음입니다. 바로 그 청정한 마음에서 진리의 실상에 눈뜨게 되는 것입니다. 위파싸나의 가르침은 이런 체계로 되어 있기 때문에 항상 몸과 마음을 비추어 보라고 말씀하셨습니다.

아난존자도 이 위파싸나 선으로 몸을 관하여 깨쳤다고 합니다. 부처님께서 열반하시고 삼 개월 후에 처음 있었던 5백 결집에 동참한 사람들은 모두 깨친 아라한들이었습니다. 그런데 아난존자는 부처님을 모시고 다녔으므로 부처님의 말씀을 많이 들어서 많은 것을 기억하고 알고는 있었지만 깨치지는 못했던 모양입니다. 그래서 가섭을 비롯한 장로 스님들이 분발하여 위파싸나 선으로 몸을 관하도록 권했습니다.

아난존자는 위파싸나 선을 시작했습니다. 그리고 결집을 시작하기 전날 밤에 자기 몸을 관하다가 자리에 눕기 위해 머리가 베개에 닿는 순간 깨쳤습니다. 그리하여 아난존자는 5백 결집에 참석할 자격을 얻게 되었다고 합니다.

현재 미국에서는 이 위파싸나 선이 큰 인기를 끌고 있습니다. 매사추세츠 주에 '인사이트 메디테이션 센타'라는 위파싸나 선원이 있습니다. 아주 아름다운 시골에 있는데 버스길도 닿지 않는 곳이어서 미리 가겠다는 연락을 하고 도착 시간을 알리면 그쪽에서 차가 나와서 방문객을 안내해 줍니다.

저도 1979년 가을에 한번 찾아 갔었는데 참 인상적인 곳이었습니다. 그곳의 가을 단풍은 곱고 평화로웠습니다. 원래는 가톨릭 수도원이 었는데 수도승이 오지 않아 헐값으로 사서 선원으로 개조했다고 합니다. 150명을 한꺼번에 수용할 만큼 방도 넉넉하고 시설도 좋은 곳이었습니다.

제가 도착했을 때 선원에는 벌써 많은 사람들이 와 있었습니다. 미국 각지에서 온 그들은 남방불교식의 묵언과 오후 불식을 통해 철저한 수행법을 익혔습니다. 새벽 4시에 일어나서 밤 8시까지 정진하며 몸과 마음을 관하는 훈련이었습니다. 일정 중에 묵언은 참 좋았습니다. 말을 많이 하면 기운이 소비되고 머리가 소란스러워지고 번거롭게 됩니다. 따라서 수행에는 침묵이 많은 도움이 됩니다.

그곳의 프로그램은 하버드 대학에서 심리학을 전공한 젊은 박사들이 버마, 태국, 인도 등지에 가서 직접 4~5년씩 수행을 한 후 미국의 현실에 맞게 내용을 개발한 것인데 대단히 훌륭했습니다. 특히 2주 일정으로 일 년 내내 반복되는 프로그램인 기본 코스는 누구든지 2주면 마칠 수 있고 다른 사람에게도 교육 내용을 가르쳐줄 수 있도록 쉽게 짜여져 있었습니다.

처음에 저는 호기심으로 프로그램에 참가했었는데 2주간의 정진을 하고 나니 몸이 훨씬 가벼워진 것을 알게 되었습니다. 2주간의 수행을 마치는 회향식(廻向式)때 마침 첫눈이 내려서 온 세상과 '하나' 되는 남다른 감흥을 느끼기도 했던 곳입니다. 또 티벳의 달라이 라마(Dalai Lama)가 오셔서 직접 친견할 수 있었던 인상적인 추억이 지금도 새롭습니다. 그의 몸에서는 수행자다운 표상이 넘치고 가식 없는 순진한 모습 그런 것이 수행승의 체취를 뿜어내고 있었습니다.

늘 우리의 몸과 마음을 관찰하는 정념의 훈련은 우리의 마음을 청정히 하고 행위를 바르게 하는 훌륭한 수행법입니다. 우리는 이와 같은 정념의 훈련을 통해서 자신의 운명을 창조적으로 바꾸어 갈 수 있는 것입니다.

진리에 들어가는 유일한 길

✺ 위파싸나 선의 정기적 훈련 자세

위파싸나 선에는 여러 가지 실천 방법이 있는데 생활 속에서 쉽게 할 수 있는 수행을 중심으로 정기적인 훈련과 일상적인 훈련으로 나누어 볼 수 있습니다.

먼저 정기적인 훈련은 일정한 시간에 규칙적으로 하는 훈련입니다. 조용한 아침이나 저녁에 10분~20분 정도 사정이 허락하는 대로 시작합니다. 처음부터 너무 무리하지 않는 것이 좋으며 정기적으로 하다 보면 차츰 자연히 몸에 탄력이 붙게 되고 시간을 늘려 갈 수도 있습니다.

자세는 앉는 자세와 걷는 자세가 기본이 됩니다. 앉는 자세는 일반적인 선의 자세로 가부좌를 틀고 책상 다리를 한 다음 허리를 쭉 펴면 됩니다. 이때 긴장을 하고 앉아서는 안 되며 어깨를 가만히 흔들어 주면 긴장이 풀립니다. 머리는 코끝을 볼 정도로 양 무릎과 삼각 지점에서 시선이 떨어지게 해야 합니다. 눈을 너무 크게 뜨면 산란해지기 쉽고 반대로 감으면 잠이 오기에 반쯤 감는 것이 좋습니다. 그러나 형편에 따라 졸리지만 않으면 눈을 감고하는 훈련이 잘 될 수도 있습니다.

이것이 앉는 자세의 기본입니다.

그리고 몸과 마음을 관하라고 했는데 실은 호흡을 관하면서 동시에 할 수 있도록 되어 있습니다. 따라서 호흡을 관하는 것이 앉는 훈련의 기본입니다. 호흡은 인도적(印度的) 전통에서는 생명을 뜻합니다. 왜냐하면 우리의 안과 밖을 연결해 주는 것이 호흡이기 때문입니다. 생명이란 것도 호흡에 달려 있습니다. 몸 안으로 들어갔던 숨이 나오지 않으면 죽고, 내쉬었던 숨이 들어가지 않아도 죽습니다.

호흡을 하게 되면 우리 몸의 세 부분이 움직입니다. 이 세 부분은 코끝과 가슴과 아랫배인데, 호흡할 때 어떻게 움직이는지 관찰하고 느끼면 됩니다. 호흡은 그저 자연스럽게 해야 하며 억지로 멈춘다거나 조정할 필요는 없습니다. 그런데 이 세 부분 중에서 아랫배인 단전(丹田) 부분의 관찰이 가장 좋습니다. 코끝 부분은 잘못 집중이 될 때 얼굴이 쭈뼛쭈뼛해 질 수 있어 신경이 쓰이고 불쾌할 수도 있으며 가슴은 또 잘 식별이 안갑니다. 따라서 단전 부분의 관찰이 건강에도 좋습니다. 그런데 혹 아주 비만한 사람들은 호흡을 해도 단전에 느낌이 없을 수 있습니다. 그런 경우 코끝에 의지할 수밖에 없습니다.

그러나 일반적으로 호흡을 하면 아랫배가 움직입니다. 숨을 들이쉬면 배가 올라오고 내쉬면 내려갑니다. 이렇게 들이쉴 때 올라오는 것을 '올라온다'라고 실제로 느끼면 되고, 반대로 내쉴 때 내려가는 것을 알고 '내려간다'라고 느끼면 됩니다. 이것이 호흡을 관찰하는 것과 앉는 좌선의 기본입니다.

이것은 아주 쉬워서 누구나 할 수 있습니다. 그러나 쉬운 것일수록 지속하기가 어렵습니다. '올라온다'고 느낄 때 갑자기 망상이 뛰어들어 생각 속에서 다방에도 가고, 고향에도 가고, 친구도 만나고, 휴가도 가곤 합니다. 그렇게 되면 올라오는지 내려가는지를 잊어버리고 맙니다.

우리의 내면은 망상이 들끓어서 그럴 수밖에 없는 것입니다. 지금까지 그런 망상 속에 살아왔기 때문입니다. 망상을 밑천으로 삼아 함께 돌아다니니까 망상인 줄 못 느꼈을 뿐 늘 가지고 있었습니다.

그러나 '올라온다', '내려간다'는 관이 쉬운 것 같아도 그렇지 않습니다. 그래서 망상이 들끓으면 '아이고 망상 때문에 못 하겠다'하고 망상과 전쟁을 하려고 합니다. 그러면 안 됩니다. '아이고 이놈의 망상'하는 것은 망상만 더 보탤 뿐입니다. 오히려 망상이 많은 줄 아는 것도 공부가 잘 되어가고 있는 징조입니다. 수행을 시작하기 전까지는 그것도 몰랐지 않았습니까?

위파싸나 선에서 망상은 전쟁의 대상이 아니라 관찰의 대상입니다. 왜냐하면 그것도 다 마음에서 일어나는 생각들이기 때문입니다. 몸과 마음을 관찰하라 했으므로 마음에서 일어나는 생각을 관찰하면 그게 바로 마음을 보는 것입니다. 따라서 망상을 비추어 보는 것이 마음을 관찰하는 것입니다. 생각이 딴 데로 가는 줄 알고 비춰 보면 망상은 사라지게 마련입니다. 왜냐하면 망상은 어둠이고 비추는 것은 밝음이기 때문입니다. 비추어서 망상이 사라지면 다시 '올라온다', '내려간다' 하는 기본 호흡관으로 되돌아가는 것입니다.

마찬가지로 앉아 있으면 다리가 저리는데 저리는 것을 그대로 느끼는 것이 느낌(受)을 관찰하는 것입니다. 그것이 사라지면 다시 호흡관으로 되돌아갑니다. 이것이 기본입니다.

혹 망상이 너무 들끓어 일일이 관찰하기 힘들 때에는 호흡을 세는 관찰로 대치할 수도 있습니다. 이때 호흡을 하면서 숫자를 세면 집중훈련이 됩니다. 들이쉬고 내쉴 때 아랫배가 내려가면 '하나', 그 다음 내쉴 때 '둘', 해서 열까지 셉니다. 열에서부터는 열하나 열둘 하면서 세면 산만해지니까 다시 하나에서 열까지를 반복합니다. 이것이 바로 호흡을 세는 관찰법인 수식관입니다.

수식관은 집중을 시키기 때문에 실제로는 선정을 기르는 훈련입니다. 따라서 망상을 제거하는 데 도움이 됩니다. 수식관을 통해서 망상이 사라지면 다시 기본 호흡관으로 돌아가면 됩니다. 지금까지 말씀드린 것이 앉는 자세의 정기훈련입니다.

다음으로 걷는 훈련을 말씀드리겠습니다. 위파싸나 훈련에서는 걷는 수행이 아주 중요합니다. 오히려 앉는 자세의 수행보다도 훨씬 더유익할 수 있습니다. 몸을 자세히 관찰하는 훈련이기 때문입니다.

이것은 아주 간단한 방법으로 방안에서나 마루에서도 할 수 있습니다. 자연스럽게 서서 손을 앞으로 모으거나 마주 잡아도 좋습니다. 걷는 훈련의 핵심은 걸음을 세밀히 관찰하는 것입니다. 걸을 때에 몸이어떻게 움직이는가를 관하면 됩니다. 뒤꿈치를 쳐들기 시작하는 것, 무릎이 구부러지는 것, 발이 앞으로 나아가는 것, 땅에 닿는 것 등 모든동작을 가능한 한 세밀히 관찰하는 것입니다.

그렇게 일정 거리를 갔다가 돌아올 때도 되돌아오는 데에 따른 움직임을 세밀히 관찰합니다. 그렇게 하려면 자연히 걷는 속도가 느려질수밖에 없습니다. 타일랜드의 절에 갔을 때 짧은 거리를 반복해서 하루종일 왔다 갔다 하는 스님을 보고 저는 이상하게 생각했으나 나중에서야 그 스님이 걷는 선에 몰두하고 있었다는 것을 알게 되었습니다. 이걷는 훈련이 잘 되면 우주와 걸음이 둘이 아닙니다. 또한 훈련에 숙달이 되면 보통 속도로 걸으면서도 관찰이 가능하게 됩니다.

이런 정기적 훈련은 형편에 따라 일정한 시간에 매일 실행하면 아주 좋습니다. 그러면 건강에도 좋고 마음이 가벼워지고 깨끗해지고 얼굴도 밝아질 것입니다.

✸ 순일한 마음으로 하는 일상적 수행

정기적 훈련을 하루에 15분 정도 하고 나머지 23시간 45분을 그냥 놓아 버리면 공부의 진척이 안 됩니다. 나머지 시간도 공부의 연속이 되어야 합니다. 그래야 그다음 수련 시 자리에 앉을 때도 더 잘 되고, 일상생활 속에 수행의 자세가 자연스럽게 몸에 배게 됩니다.

수행이란 이렇게 전 과정이 서로 돕는 체계를 갖추고 일상생활 자체가 그대로 선이 되어야만 합니다. 이 일상적 훈련의 열쇠는 매사를 순일한 마음으로 하는 것입니다. 부처님께서 바히야라는 제자에게 이렇게 말씀하셨습니다.

"바히야여, 들을 때는 들려지는 것만 있게 하고, 볼 때는 보여지는 것만 있게 하고, 생각할 때는 생각만 있게 하라."

이 말씀은 모든 것을 순일하게 하라는 뜻입니다. 매사를 그렇게 하면 모든 것이 공부이고 선입니다. 예를 들어 양치질을 할 때는 양치질만 하고, 설거지를 할 때는 그릇만 닦는 것이 순일하게 하는 것입니다. 그러나 우리는 그릇만 닦는 게 아니라 온갖 번뇌 망상을 피우기 때문에 그릇이 잘 닦여지지 않고 심하면 그릇을 깨기도 합니다. 순일하게 되면 그릇만 닦는 것이 아니라 마음까지도 닦아지며 그것이 곧 선이 됩니다. 방이나 마루를 청소할 때도 마찬가지입니다. 망상이 일면 처음부터 다시 시작할 수도 있습니다. 책을 읽을 때에도 '읽음만 있는' 독서삼매에 빠지면 그것은 '독서 선'입니다.

이렇게 매사를 온전하게 순일한 마음으로 하면 그것이 바로 불공입니다. 불공을 드리면 효과가 있지 않습니까? 순일한 마음에서 창조적인 힘이 솟아나므로 위파싸나 선은 창조적인 삶의 기본입니다. 그러면 정기적 훈련도 잘되고 또 일상적 훈련도 잘 되어서 생활 자체가 선이 됩니다.

이때 우리의 삶이 그대로 공부가 되며 우리의 마음이 청정해지고, 어느 순간 우리의 참모습을 발견하게 되는 것입니다.

옛날에 한 유명한 선사에게 어떤 것이 도(道)인지를 여쭈어 보았습니다. 그 선사의 대답은 다음과 같았습니다.

"뭐 도가 별스런 것인가? 졸리면 자고 배고프면 먹는 것이지."

이 말은 도의 진리가 일상적인 생활 속에 있기에 평상심(平常心) 그대로가 도(道)라는 것을 의미합니다.

위빠싸나 선에서 보면 이 선사의 말씀에는 또 다른 의미가 담겨 있습니다. 얼른 생각해 보면 졸릴 때 자지 않고 배고플 때 먹지 않는 사람이 어디 있겠습니까? 그러나 실제로 배고플 때 밥만 먹고 졸릴 때 잠만 자는 사람은 별로 없습니다.

우리는 식사하면서도 온갖 생각, 별의별 이야기, 남의 험담까지 하며 먹습니다. 자면서도 우리는 그 속에서 온갖 기와집을 다 짓고 야단법석입니다. 꿈속에서도 분주합니다. 꿈이란 우리의 생각이 잠재되어 있다가 나타나는 것이고 보면 잠만 순일하게 자는 건 쉽지가 않습니다. 순일한 잠, 순일한 식사를 할 수 있다면 도인(道人)이라 할 수 있을 것입니다. 그래서 군자는 자면서 꿈을 꾸지 않는다고 하여 '대인(大人)은 무몽(無夢)'이라고 하였나 봅니다.

아무튼 매사에 순일한 마음을 다하는 것은 창조적인 삶을 영위하는데 많은 도움이 됩니다. 여건이 허락하는 대로 순일하게 사는 훈련을 할 필요가 있습니다.

그리고 위빠싸나 선을 실천하는데 중요한 것은 생활 자체를 잘 활용해야 한다는 것입니다. 생활하면서도 여건이 허락한다면 정기훈련의 호흡관을 할 수 있습니다. 예를 들어서 버스를 기다릴 때 '올라간다' '내려간다' 하고 호흡훈련을 할 수 있습니다.

또 좋지 않은 환경을 스승으로 삼는 슬기가 필요합니다. 내 기분이 맞지 않는 사람이나 환경을 만나면 부정적인 생각이 먼저 일어납니다. 짜증이 나고 미워하는 마음, 분노하는 마음은 굉장히 강렬한 마음의 움직임입니다. 그 움직임을 관찰할 수 있어야 합니다. 그렇게 되면 부정적 환경이 오히려 훌륭한 스승이 될 수 있습니다. 「보왕삼매론」에서는, "모든 마(魔)를 수행을 도와주는 벗으로 삼으라."고 하셨습니다.

그리고 위파싸나 선을 잘 하려면 일주일에 한 번이나 한 달에 두 번 정도 집중적인 훈련을 하는 것도 좋습니다. 물론 이것도 각자 형편에 맞게 신축성이 있어야 하겠습니다. 이러한 정진을 하다보면 위파싸나 선수행이 깊어지고 몸과 마음이 가벼워지게 됩니다.

✸ 실천이 강조되는 위파싸나 선

근래에 들어 우리나라에서도 이러한 근본불교의 실천인 위파싸나 선에 대한 관심이 점차 높아지고 있습니다. 그러면 이제 위파싸나 선의 특징을 정리하여 보겠습니다.

첫째 위파싸나 선은 지금 현재의 상황에 초점을 맞추고 순간순간의 상황마다 내 몸과 마음이 어떻게 움직이고 있는가를 관찰하는 훈련입니다. 과거나 미래가 아니고 현재의 마음이 어떤가하는 것이 문제입니다.

옛날에 두 스님이 길을 가는데 여름이라 홍수가 나서 시냇물이 불어났습니다. 마침 한 처녀가 시냇물을 건너지 못하고 애를 태우고 있었습니다. 그때 한 스님이 그 처녀를 등에 업고 물을 건네주었습니다. 그리고 가던 길을 재촉해 어느 절에서 하룻밤을 쉬어가게 되었습니다. 이

때 다른 스님이 따지듯 물었습니다.

"스님이 그럴 수가 있습니까?"

"왜 무엇이 잘못되었습니까?"

"아니 지켜야 할 계율이 있는데 처녀를 등에 업을 수가 있으십니까?"

그러자 처녀를 등에 업고 시냇물을 건넜던 스님이 말했습니다.

"난 벌써 내려놓고 왔는데 스님은 아직도 업고 계십니까?"

처녀를 등에 업었던 스님은 현재심에 살고 있는 분이고, 동행했던 다른 스님은 과거심에 매여 있는 경우라고 할 수가 있겠습니다. 위파싸나 선은 지금 이 순간에 일어나는 일에 우리의 몸과 마음이 어떻게 움직이는가를 관찰하는 수행법입니다.

둘째, 위파싸나 선인 정념의 공부는 자기 분석적 성격을 가지고 있습니다. 따라서 순간순간 내 몸과 마음이 움직이는 관찰을 통해 나의 습성, 성격 등이 분명히 드러날 수밖에 없습니다. 우리가 일으키는 생각이나 말, 행위들은 그 이전까지 있었던 자기경험을 통해서 일어날 수밖에 없는 까닭에 몸과 마음의 관찰은 자신에 대한 자기 분석의 효과가 있습니다. 이것은 정신분석과도 통하게 되는데 정신분석은 분석가가 상대의 과거 경험 중에서 문제가 있는 부분을 찾아내는 구조이지만 위파싸나 선은 스스로가 자신의 과거나 습성, 성격을 비추어 볼 수 있는 자기분석의 효과가 있습니다. 따라서 자기경험의 장단점이 비춰지면 고치는 일은 쉬워집니다. 이렇게 위파싸나 선은 자기분석을 통해 마음을 비워갈 수 있고 새로운 자기를 창조해 갈 수 있습니다.

셋째, 위파싸나 선은 자기이해와 자기실현을 위한 경험적이고 과학적인 방법입니다. '나'를 아는데 있어서 실제 나를 구성하고 있는 몸과 마음이 어떻게 움직이는가를 직접 보는 일보다 실질적이고 과학적인 길은 없습니다. 이렇듯 근본불교는 모르는 걸 덮어놓고 믿으라는 것이 아니라 직접 '와서 보라'는 가르침입니다.

끝으로 위빠싸나 선은 생활 속에서 누구나 쉽게 실천할 수 있는 생활선의 성격이 강합니다. 이점도 주목해야 할 점이라 생각됩니다. 아직 우리나라에서는 '선'이라 하면 전문적인 사람, 또는 그중에서도 뛰어난 근기의 소유자만이 할 수 있는 수행인 것처럼 인식되고 있습니다. 선이 생명력이 있는 수행이 되려면 누구나 있는 자리에서 쉽게 실천할 수 있어야 합니다.

깨쳐서 도를 얻는 것이 위빠싸나 선의 목적이지만 마음을 청정히 한다든지 불안이나 공포, 고뇌와 슬픔을 없애는 실제적인 문제에 관심을 가지는 것도 점차적인 실천을 내세우는 근본불교의 성격이라 하겠습니다. 현대를 살아가는 우리가 안고 있는 정신적 문제가 바로 이런 실제적인 것에서 파생하는 문제점들이기에 선은 큰 설득력을 가지게 되는 것입니다. 따라서 전통적인 우리의 화두선을 보완하는 뜻에서도 이런 실천은 널리 보급되었으면 합니다. 위빠싸나 선은 비교적 평이하지만, 무엇보다도 생활 속의 실천이 강조되는 선입니다.

그러나 위빠싸나 선은 깨달음을 향한 강력한 수행입니다. 「염처경(念處經)」에서 부처님은 다음과 같이 말씀하십니다.

"비구들이여, 어떤 사람이든지 이 수행을 7년 동안 법대로 닦으면 수다원(須陀洹), 사다함(斯多含), 나아가서는 불환과(不還果)를 얻을 것이다."

수다원, 사다함, 불환과인 성인의 경지에는 7년이 걸려야 도달할 수 있다고 하십니다. 현대인들은 너무나 긴 시간이라고 생각할지 모릅니다. 그래서 부처님께서는 다시 말씀하셨습니다.

"비구들이여, 어떤 사람이든지 이 수행을 5~6년, 또는 1~4년간이라도 철저히 닦으면 수다원, 사다함, 나아가서는 불환과를 얻을 것이다."

1년이면 성인의 경지에 도달할 수 있다는 것입니다. 그래도 바쁜 사람이 있다면, 부처님은 이렇게도 말씀하셨습니다.

"비구들이여, 어떤 사람이든지 6~7개월, 5개월, 4개월, 3개월, 2개월, 1개월간이라도 법대로 닦으면 수다원, 사다함, 나아가서는 불환과를 얻을 것이다."

1개월간이라도 법대로 닦으면 모두 그러한 경지에 도달할 수 있다는 말씀입니다. 그것도 어렵다면 부처님께서는 다시 말씀하십니다.

"혹은 반달, 7일, 6일, 5일……. 1일, 1야 사이라도 지극히 닦으면 아침에 닦아 저녁에 그만한 과보를 받을 수 있을 것이다."

부처님께서 이렇듯 도에 이르는 기간을 마음대로 줄일 수가 있을까요? 그러나 7년에서 한나절까지 시간을 줄일 수 있는 문제는 수행의 양이 아니라 수행의 질이라는 말씀입니다.

실제로 바히야(Bahiya)라는 제자는 한나절에 깨달음을 얻었습니다. 바히야는 원래 바라문 출신이었는데 죽을 때가 되어 우연히 부처님의 제자와 담소를 나눈 후, 부처님을 직접 뵙고 싶어서 찾아왔는데 마침 부처님께서 탁발을 나가신 직후였습니다.

그래서 다급해진 바히야는 이내 뒤따라가 부처님을 만나게 되었던 모양입니다. 부처님께서 바히야의 모습에서 목숨이 얼마 남지 않은 것을 아시고 탁발 중에 정념 공부를 가르치셨습니다. 바히야는 탁발할 때 가르침을 받고 돌아와서 점심때 죽었지만 죽기 전에 아라한과(阿羅漢果)의 증득을 부처님으로부터 확인받았습니다. 불과 반나절 만에 깨달았던 것입니다.

이렇게 강력한 실천이 위파싸나 선이고 정념 공부인 것입니다. 그렇기 때문에 부처님은 진리에 들어가는 '유일한 길'이라 강조하셨던 것입니다.

제 6 장

깨달음의 길동무

좋은 벗의 모임, 승가

🅰️ 진리의 길을 함께 가는 공동체

일반적으로 하나의 종교가 구성되어 잘 전승되기 위해서는 교조·
교법·교단이라는 세 가지 요소가 필요합니다. 이것이 불교에서는 부
처님, 가르침, 승가, 즉 삼보(三寶)입니다.

삼보는 '세 가지 보배'라는 뜻이므로 불교의 가장 값지고 소중한 보
배로 여기고 있는 것을 알 수 있습니다. 그런데 우리는 부처님과 가르
침, 즉 불보(佛寶)와 법보(法寶)에 대해서는 그 중요성을 잘 알고 있으
면서 승가에 대해서는 소홀하게 생각하기 쉽습니다.

그러나 불·법·승 삼보는 불교신앙의 근본 지표로서 어느 하나만
빠져도 불교가 지탱될 수 없을 만큼 모두 중요합니다. 이 셋은 마치 불
교를 지탱하는 세 기둥과 같습니다. 부처님께서도 승가의 중요성을 누
누이 강조하셨습니다.

어느 날 아난존자가 '착한 벗들의 공동체'인 승가의 고마움을 실감
하고 부처님께 다음과 같이 여쭈어 보았습니다.

"부처님이시여, 저는 좋은 벗들과 함께 있는 것이 도의 절반은 된다

고 생각합니다. 부처님께서는 어떻게 생각하십니까?"

이 말을 듣고 부처님은 단언하셨습니다.

"아난이여, 그것은 도의 절반이 아니라 전부이니라."

부처님을 포함한 깨침의 길을 걷는 진리의 길동무들이 함께 공부할 수 있는 터전이 바로 승가입니다. 뿐만 아니라 승가를 통하여 불법은 끊이지 않고 면면히 전승될 수 있었습니다.

오늘날까지 2천6백여 년 동안을 불교가 잘 전승되어 와서 이렇게 부처님의 가르침을 함께 공부할 수 있는 것도 바로 승가의 덕분입니다. 또한 앞으로 불교가 세세생생 전승되는 데도 승가의 역할은 아주 중요합니다. 따라서 삼보에서 승가가 차지하는 위치를 우리는 알아야 합니다.

불보인 부처님께서는 깨침의 길을 먼저 걸으셨고 뒤에 그 길을 걷는 사람들에게 길을 알려주고 보여주시는 분입니다. 도사(導師), 곧 길잡이로서 "깨침의 길은 이런 것이다."라고 말씀하시고 계신 것입니다. 이러한 근본불교의 입장과는 달리 대승불교나 뒤에 발달된 불교에서는 부처님을 달리 해석하기도 합니다.

법보(法寶), 즉 가르침은 부처님께서 깨치신 다음 45년 동안 많은 사람들에게 설법하신 내용을 나중에 결집을 통해 정리한 것입니다. 법(法)은 깨침의 길을 가르쳐주는 이정표로써 지도의 역할을 합니다.

그러면 승가는 어떤 것입니까? 실제 깨침의 길을 가려는 길동무들의 모임입니다. '좋은 벗들의 모임'이란 뜻으로 '선우(善友)의 모임'이라고도 부릅니다. 승가란 말은 '상가(Sangha)의 음역입니다. 뜻은 중(衆)이라고 하여 무리, 모임, 단체를 가리키는데 우리말의 승(僧), 스님, 중 등은 여기서 생겨난 말입니다.

이 말은 불교 이전부터 있던 말로 어떤 왕이 절대 권력을 휘두르는 것이 아니고 여러 사람의 의견을 수렴하여 정치를 이끌어가는 공화제를 가리킵니다. 또 상공업에 종사하는 사람들이 조합을 조직하고 함께 이끌어가는 것도 승가라고 했습니다.

그리고 출가한 사문이 제자들을 거느리면서 한 종교의 단체를 이루는 것도 승가라고 불렀습니다. 부처님께서도 깨침을 이루신 다음 많은 제자들과 함께 진리의 길을 가는 공동체를 만드셨기에 부처님의 교단을 승가라고 하는 것입니다.

그러면 그 기원과 구성을 살펴봅시다. 부처님께서 정각을 성취하신 후 녹야원에서 다섯 사람의 비구를 교화하고 이어서 야사를 제도하셨습니다. 그때 야사의 부모도 부처님의 가르침을 듣고,

"세존이시여, 참으로 훌륭하십니다. 이제 우리들은 부처님과 가르침, 승가에 귀의하겠습니다. 세존이시여, 우리들을 우바새, 우바이로 받아주십시오. 목숨이 다하도록 귀의하겠습니다."

하고 다짐했습니다. 목숨이 다하도록 귀의하겠다는 것이 삼귀의의 원형입니다.

또 부처님께서 기원정사에 계시면서 고향인 카필라성을 다녀오셨을 때 이모인 마하파자파티를 위시한 사캬족의 많은 여인들이 출가를 허락받았습니다.

이렇게 하여 불교의 교단은 비구(출가한 남자스님), 비구니(출가한 여자스님), 우바새(재가의 남자신도), 우바이(재가의 여자신도)의 네 구성원이 형성됩니다. 비구, 비구니, 우바새, 우바이는 사부대중(四部大衆)이라 해서 불교교단을 지탱하는 네 기둥으로 전 불교교단을 총칭하는 말입니다.

✸ 열린 진리의 공동체

승가는 열린 진리의 공동체의 성격을 가집니다. 특정한 사람만을 위한 제한된 공동체가 아니라, 진리의 길을 걸으려는 모든 사람에게 활짝 열린 모임이 승가입니다.

당시 인도에는 사성제도(四姓制度)란 엄격한 사회제도가 있었습니다. 관습에 따라 천민과 노예인 수드라 계급은 바라문교에 입문이 허락되지 않았습니다. 그러나 불교의 승가는 계급의 귀천이나 인종의 차별이 없이 누구나 들어와서 수행할 수 있도록 열려 있는 교단입니다. 그래서 부처님께서는 승가를 바다에 비유하셨습니다. 바다에는 여러 강물들이 흘러 들어오지만 모두 섞여서 하나를 이루듯 승가에도 여러 계층의 사람들이 모이지만 하나가 됩니다. 『증일아함경』에 이러한 승가의 개방성을 잘 나타내는 말씀이 있습니다.

이 세상에는 여러 큰 강들이 있다. 즉 갠지스강, 야무나강, 아치라바티강, 사라부강 그리고 마히강 등이다. 이런 강들이 큰 바다에 이르면 앞의 이름은 없어지고 오직 바다라고만 부른다.

마찬가지로 브라흐만, 크샤트리아, 바이샤, 수드라의 사성이 부처가 말한 법과 계율에 따라 출가할 경우에는 오직 사문석자(沙門釋子)라 불릴 뿐이다.

실제로 부처님의 십대 제자 중에 우바리존자의 경우에는 이와 관련하여 아주 인상적입니다. 우바리존자는 사캬족의 이발사였습니다. 부처님께서 처음 고향에 가셨을 때 고향 카필라국에는 큰 바람이 일어났습니다. 사캬족의 많은 젊은이들이 부처님을 뵙고 출가를 하게 된 것입니다. 부처님의 사촌인 일곱 명의 왕자가 동시에 출가를 선언하였습니다. 아난존자, 아니룻다, 제바닷다 등 유명한 제자들이 그때 출가한 사람들입니다.

사캬족의 왕자들이 출가할 때 우바리존자는 그들의 머리를 깎아 주었습니다. 그런데 가만히 생각해 보니 저 훌륭한 청년들이 출가하는 것을 보면 출가 생활이 아주 좋은가 보다 싶었습니다. 그래서 자기도 출가하고 싶었지만 신분 때문에 망설이고 있었습니다. 이때 마침 지나가는 사리불에게 물어 보았습니다.

"저 같은 사람의 출가도 받아줍니까?"

그러자 사리불은,

"불법에는 지체의 귀천이나 지식의 유무가 문제되지 않습니다. 오직 부처님의 가르침에 따라 계를 지키고 깨침을 얻는 것이 중요할 뿐입니다."

하고 우바리를 부처님께 데리고 갔습니다.

그래서 부처님께서는 손수 머리를 깎아 출가시켜 주셨습니다. 한편 왕자인 아난을 위시한 사캬족의 일곱 왕자는 사전에 준비교육을 시킨 다음 일주일쯤 뒤에 출가를 시켜 주었습니다. 따라서 일곱 왕자가 승가에 들어갔을 때는 이미 우바리가 승랍으로 선배였으므로 정례를 올리도록 했다는 것입니다.

이것은 부처님께서 혹시 왕자들이 자신들의 이발사였던 우바리를 업신여기지 않을까하고 미리 배려하여 먼저 출가시킨 것입니다. 그 후 우바리는 수행을 잘해서 십대 제자의 한 사람이 되었으며 특히 계율로 뛰어난 지계제일(持戒第一)의 존자가 되었습니다. 그리하여 부처님께서 열반에 드시고 난 후에 가르침과 계율을 편집하는 제1결집 때 계율을 송출했던 것입니다.

또한 불교의 개방성은 시간과 공간을 떠나 모든 진리를 추구하는 사람들을 승가의 구성원으로 생각합니다. 즉 사방승가(四方僧伽)의 개념이 그것입니다. 승가는 일반적으로 현전승가(現前僧伽)와 사방승가(四方僧伽)의 두 가지로 구분됩니다. 현전승가는 눈앞에 있는 승가, 즉 자신이 소속되어 있는 교단입니다. 사방승가는 사방에 흩어져 있는 모든 승가, 즉 승가 전체를 가리킵니다. 사방승가의 개념 속에는 시간과 공간을 초월해서 언제 어디에 있든지 진리의 길을 걷는 모든 사람을 포함하는 넓은 뜻을 가지고 있습니다.

승가는 신분을 따지지 않는 열린 입장에 있었으므로 가르치는 방법도 공개적이었습니다. 부처님께서는 어느 한 사람에게 비밀스럽게 가르친 적이 없고 모든 가르침은 대중에게 항상 공개되었습니다. 경전에 보면 가르침을 듣는 대중의 숫자를 들고 있는데, 천이백오십 비구를 늘 꼽고 있습니다. 그 밖에도 수많은 대중을 들고 있는데 이는 특기할 만한 일입니다.

인도의 전통은 진리란 스승과 제자 간에 단 둘이서 비밀리에 전수되는 것으로 되어 있었습니다. 그래서 우파니샤드(Upanisad)라는 말은 '가까이 앉는다'는 의미입니다. 우파니샤드에서의 전법은 스승이 숲 속이나 조용한 장소에 제자를 데리고 가서 가까이 앉혀 놓고 오손도손 이야기하는 분위기입니다. 그래서 우파니샤드를 비의서(秘義書), 또는 오의서(奧義書)라고 했습니다. 이런 전통적인 인도의 풍토에서 진리를 몇백 명, 몇천 명의 대중들 앞에서 공개적으로 설한 것은 아주 파격적인 것입니다. 이는 승가의 개방성에 기인한 것입니다.

✸ 평등과 화합을 기본으로 하는 승가

열린 진리의 공동체인 승가는 평등을 기본으로 합니다. 승가 내에서 모든 사람은 '좋은 벗'으로 평등합니다. 심지어 부처님께서도 좋은 벗으로 다른 사람들과 똑같은 생활을 하셨습니다. 일상생활을 보더라도 부처님께서는 똑같이 탁발하셨고, 또 승가내의 모든 일에 동참하셨습니다. 그야말로 승가의 생활은 민주적으로 운영되었던 것입니다. 어떤 회의를 열어도 모든 사람이 똑같은 자격으로 참여하고 발언했습니다. 이 전통은 오늘날까지도 스님들의 이른바 대중공사(大衆公事)라는 모습으로 잘 전승되고 있습니다.

또 공양도 대중공양이라 해서 똑같이 둘러앉아서 음식을 먹는 민주적인 모습을 볼 수 있는데, 이는 모두 평등을 기본으로 하는 전통에서 유래되었다고 할 수 있습니다. 또한 승가에 들어오는 공양이나 물건은 똑같이 분배함을 원칙으로 하고 나눌 수 없는 것은 승가 공동의 소유로 했습니다. 스님들은 철저한 무소유(無所有)의 삶을 사셨기 때문에 모든 것은 개인이 소유하는 삶이 아닌 공유하는 삶이었습니다.

부처님께서는 당신이 승가의 지도자라거나 주인이라는 생각을 한 번도 하신 적이 없다고 하셨습니다. 진리의 길을 실천하는 '좋은 벗'일 뿐임을 자처하셨기 때문입니다. 중생과 부처가 평등함을 몸으로 실천하신 분이 부처님이십니다. 이 평등한 승가상과 관련된 인상적인 대목이 『율장(律藏)』에 보면 나와 있습니다.

부처님과 제자들은 여름의 우기에는 비가 많이 오고 건기에는 메말랐던 생명들이 소생하는 기간이기에 출입을 삼가고 일정한 장소에서 수행에만 전념합니다. 이 기간을 안거(安居)라고 하는데 대략 3개월간입니다. 안거가 끝나는 마지막 날에는 자자(自恣)라는 일종의 참회 의식을 했습니다. 3개월간의 안거 동안 혹 잘못된 언행은 없었는지 대중에게 묻는 의식입니다.

부처님께서 사위성 녹자모 강당에 계실 때 있었던 자자의식의 장면이 율장에 나옵니다. 안거가 끝나는 7월 14, 15일이면 보름달이 훤히 밝을 때입니다. 5백여 명의 대중들이 빙 둘러앉아 자자의식을 거행합니다. 자자의식을 보면 우선 사회자가 일어나 개식선언을 합니다.

"대중이여, 들으십시오. 오늘은 자자가 있는 날입니다. 만약 대중의 이의가 없으면 승가는 자자를 베풀려 합니다."

의식이 시작되면 장로부터 참회를 시작하게 되므로 부처님이 제일 먼저 대중 앞에 나아가 합장을 하고 이렇게 말씀하십니다.

"대덕들이여, 나는 이제 자자를 행하노니 대덕들은 내 행위와 내 언어에서 무엇인가 잘못된 것을 보고 듣고 또는 미심쩍은 생각을 가지지는 않았습니까? 만약 그런 일이 있다면 나를 가엾이 여겨 부디 지적해 주길 바랍니다."

그러면 5백여 대중이 침묵을 지킵니다. 침묵은 그런 일이 없다는 청정을 확인하는 뜻이라고 합니다. 다음은 사리불이 일어납니다. 이렇게 차례로 5백여 명의 비구가 청정한 안거를 한 것이 확인되면 자자 의식이 끝나는 것입니다. 그 광경을 지켜보던 시인인 반기사라는 제자가 몹시 감동하여 다음과 같은 시를 읊었습니다.

> 보름이라 달 밝은 밤 신·구·의 맑히려고
> 오백 넘는 비구들은 여기 모였으니
> 번뇌의 올가미를 모두 다 벗어던져
> 윤회를 반복하지 않는 성자들뿐이로다.

세존의 아들이요, 법의 종자인 그들이라
당찮은 말 늘어놓은 사람은 아예 없어
갈애의 그 화살을 빼어버린 우리들이
아! 세존 우러러서 예하여 뵈옵노라.

이 시를 읽으면서 슈라바스티의 녹자모 강당에 모인 5백여 명의 모습을 상상하니 참으로 아름답습니다. 이처럼 부처님께서는 승가 생활에 있어 다른 구성원과 똑같은 평등한 삶을 사셨습니다.

승가는 화합을 기본으로 하는 진리의 공동체입니다. 승가는 진리를 향해 가는 거룩한 모임이므로 우유와 물이 한 맛을 이루듯이 화합을 기본으로 하였기에 승가를 다른 이름으로 화합중(和合衆)이라고도 합니다. 부처님께서는 화합을 깨는 행위를 제일 엄하게 경계하셨습니다.

화합의 구체적 방안으로 여섯 가지를 이야기 하는데 이것이 육화경(六和敬)으로 알려진 덕목입니다. 「사분율」에 보면, "여기 기억하고 사랑하고 존중해야 할 여섯 가지 화합하는 법이 있으니, 이 법에 의지하여 화합하고 다툼이 없게 하라."고 하면서 여섯 가지를 차례로 들고 있습니다.

하나, 같은 계율을 지켜라(戒和敬). 생활을 함께 하는데 누구는 지키고 누구는 지키지 않으면 안 되므로 똑같이 맡은 바 계율을 지켜야 한다는 것입니다.

둘, 견해를 같이 해라(見和敬). 진리를 향한 삶의 목표가 같을 뿐이니, 서로 다른 의견이 있을 때에는 민주적인 절차를 통해 토론하여 하나로 통일해 가는 것입니다.

셋, 받은 공양을 똑같이 수용하라(利和敬). 싸움의 원인은 물건을 공평하게 가지지 않는 데에 있기 때문에 모든 대중이 똑같이 수용하라는 것입니다.

넷, 한 장소에 같이 모여 살아라(身和敬). 거처에도 차별을 두지 말라는 것입니다.

다섯, 항상 서로 자비롭게 말하라(口和敬). 화합에 말처럼 중요한 것이 없습니다. 자비로운 말은 평화와 화합의 길입니다.

여섯, 다른 사람의 뜻을 존중하라(意和敬). 다른 사람의 말과 의견 특히 충고를 잘 받아들이라는 말입니다.

승가의 기본이 화합이라고 하는 말과 이 육화경의 정신은 오늘날의 우리들이 마음에 깊이 새기고 받들어야 할 중요한 사항입니다. 왜냐하면 오늘날 한국 불교의 승가가 화합과는 거리가 먼 형편에 있는 것이 사실이기 때문입니다. 우리는 부끄러운 줄 알아야 합니다.

승가는 청정을 기본으로 합니다. 진리의 삶을 사는 승가는 탐·진·치를 여의고 깨끗한 삶을 사는 공동체입니다. 그 공동체의 규범으로써 제도화된 것이 계율이고 생활의 규범입니다. 이 청정성을 상실하면 승가는 다른 단체와 다를 것이 없습니다. 화합도 청정한 삶에서 가능한 것입니다. 진리도 청정한 삶이 없이는 이루어질 수 없습니다. 그러므로 부처님께서는 계율로 스승을 삼으라고 하셨습니다.

승가에는 청정을 지키기 위한 제도가 많이 있습니다. 앞서 설명한 자자도 그 중의 하나입니다. 또한 포살(布薩)이라고 하는 것도 있습니다. 초하루와 보름이면 모든 대중이 모여서 계문을 하나씩 조목조목 외우면서 잘못된 점이 있는지 확인해 나가는 행사입니다. 이처럼 포살은 잘못을 저지른 사람이 대중 앞에서 참회하면서 청정을 회복하는 의식인 것입니다.

끝으로 승가는, 진리를 함께 실천할 뿐만 아니라 진리를 교화하고 모든 사람에게 전승해 주는 기능과 역할을 가집니다. 나 자신의 수행뿐만 아니라 일체 모든 생명에게 깨침과 자비의 가르침을 전하는 승가의 역할은 아주 소중한 것입니다. 따라서 승가는 우리 사회를 이끌어 갈 기능을 회복해야 합니다.

그리고 모든 불교인은 자신도 승가의 일원이라는 자각과 자부심을 가지고 있어야겠습니다. 스님들만이 승가의 구성원이 아니라 사부대중에 속하는 재가불자들도 승가의 중요한 일원으로 책임감을 느끼고 동시에 불자로서의 삶을 실천해 나가야 할 것입니다.

깨끗함으로 가는 길, 계율

⚝ 철저한 무소유의 삶

초기의 승가 생활은 나무 아래와 돌 위에서 이루어졌습니다. 이 '수하석상(樹下石上)'이란 집 없이 삼림 속에서 방랑하는 사문의 생활을 그대로 표현한 것입니다. 이때의 출가 사문들은 네 가지에 의지해 살았다고 하여 사의지(四依止)라고 합니다.

첫째, 출가자의 생활은 걸식(乞食)으로 음식을 얻는다고 했으니 비구, 비구니는 얻어먹는 사람을 뜻합니다. 또 걸사(乞士)라고도 하는데 단순한 걸사가 아니라 진리를 비는 걸사입니다.

둘째, 분소의(糞掃衣)이니 남이 버린 천 조각으로 만든 옷을 입어야 합니다. 오늘날 스님들의 가사를 여러 천 조각을 이어서 만드는 것은 시체를 싸서 버린 천, 쓰레기 천 등을 주어다 기워서 만든 분소의를 뜻합니다. 요즘은 실제 넝마가 아니라 새 천을 쪼개 붙이는 것이 보통이지만 속뜻은 검소한 삶을 살라는 것입니다.

셋째, 수하좌(樹下坐)는 나무 아래서 명상을 하고 잠도 역시 지붕이 없는 나무 아래서 자라는 것입니다.

넷째, 진기약(陳棄藥)은 부란약(腐爛藥)이라 부르기도 하는데 이는 소의 오줌을 발효시켜 만든 약으로 병이 났을 때 이것을 사용하는 것입니다. 그야말로 철저한 무소유의 삶이었습니다.

이런 삶을 살펴보면 오늘날 우리들의 생활은 풍족하기 이를 데 없습니다. 물론 옛날처럼 살 수는 없으나 지금 우리는 의식주에 지나치게 매달려 사는 것이 아닌가 하는 생각이 듭니다. 우리의 현실은 넘치다 싶을 정도로 풍족합니다.

부처님께서는 지나치게 형식적인 틀에 얽매였던 분은 아니었습니다. 때에 따라서 융통성 있는 생활 자세를 지켜나갔던 분입니다. 교단에 승원(僧院)제도를 수용한 것도 그 하나의 예라고 할 수 있습니다. 출가 제자들의 수가 5백 명, 천 명 등으로 불어나다 보니 우기의 비나 뜨거운 햇볕을 피할 장소가 필요하게 되었습니다. 재가불자들이 그런 어려움을 알고 승원을 제안했던 것입니다. 그래서 지은 최초의 승원(절)이 왕사성 죽림정사입니다.

죽림정사는 먼저 빔비사라 왕이 대숲이 있는 동산을 내어 놓았습니다. 그 숲에서 부처님과 제자들이 모여 살았습니다. 그러자 한 장자(長者)가 나서서 절을 짓겠다고 제안했으며 부처님께서는 사치스럽게만 짓지 않는다면 좋다고 허락했습니다. 일설에 의하면 하루 사이에 60채의 정사를 지었다고 하니 오두막처럼 비나 태양을 막을 정도였을 것 같습니다. 죽림정사를 지은 후로 기원정사 등 많은 정사가 건립되었습니다.

이렇게 승원 제도를 도입한 것은 부처님의 혜안이셨습니다. 왜냐하면 절이 승단의 중심역할을 했고 불교를 후세에 전하는데 중요한 몫을 담당하였기 때문입니다. 부처님 당시에 많은 신흥종교 집단이 있었으나 오늘날까지 전승되고 있는 교단은 불교와 자이나교뿐입니다. 그리고 이 두 종교는 승원제도를 수용한 교단입니다.

승원생활이 정착되자 비가 많이 오는 우기에는 안거를 하게 되었습니다. 우기에는 비가 많이 와서 유행하기도 어렵습니다. 건기 중에 많은 생명들이 말라붙었다가 우기가 시작되면 대지는 푸르름을 되찾고 작은 생명들도 바깥으로 나오게 됩니다. 따라서 이때 돌아다니면 작은 생명을 밟아서 죽일 염려가 있으므로 3개월간 정착해서 수행에 정진하는 것입니다.

일반적으로 안거를 몇 차례 지냈는가로 스님들의 법랍을 나타냅니다. 승단에서 세속적 신분의 구분 없이 법랍에 따라 질서를 지켰다고 합니다. 이러한 관습은 지금도 동일합니다.

초기 승가의 생활은 철저한 수행자의 삶이었습니다. 즉 오늘날처럼 장례나 불공 등의 의식이 없었고 오직 부처님의 가르침을 이해하고 실천해 가는 일에만 몰두했던 시절입니다. 스님들의 생활은 사제로서의 모습이 아니라 수행자의 모습이었습니다.

수행자의 일과를 살펴보면 이를 잘 알 수 있습니다. 스님들은 아침에 일찍 기상해서 위의를 갖추고 마을이나 거리로 탁발(托鉢)을 나갑니다. 인도에서 탁발은 하나의 전통으로 삶의 4단계 중 유행기(遊行期)에는 탁발을 하는 것이 불교 이전부터 일반화된 풍속이었습니다. 따라서 대중들은 자기의 식구에게 공양하는 기분으로 수행승에게 공양을 하는 것입니다.

탁발과 공양이 끝나면 나머지 시간은 부처님의 가르침을 듣거나 각자 수행(팔정도의 실천)과 선정(정념의 실천)에 듭니다. 그러나 때로는 승가에서 공양을 마친 후 잡담을 나누는 경우도 있었나봅니다. 부처님께서 기원정사에 계실 때 비구들이 모여 앉아서 속세에 있을 때의 일들을 얘기하며 서로 자랑하고 있었습니다. '나는 집에 있을 때 코끼리를 잘 부렸다' '나는 말을 잘 다루었다' '나는 활을 잘 쏘았었다'라는 등 한창 떠들썩할 때 부처님께서 오셔서 말씀하셨습니다.

"비구들이여, 그대들이 모여 있을 때는 오직 두 가지 할 일이 있으니 하나는 진리를 이야기 하는 일이요, 다른 하나는 성스러운 침묵을 지키는 일이니라."

이는 출가하여 수행하는 사람이 된 이상 오직 진리를 향한 정진만을 해야 할 일로 삼아야 한다는 엄중한 훈계였습니다.

부처님은 비구뿐만 아니라 모든 사람들을 교화하는 일에 적극적이었음을 잊어서는 안 됩니다. 부처님은 평생을 길에서 길로 다니시면서 오직 중생들을 진리에 눈뜨게 하기 위해 전력을 다했습니다. 제자들에게도 한 길을 두 사람이 가지 말라고 말씀하실 정도로 교화의 실천을 강조하셨던 것입니다. 실제로 많은 제자들이 교화행을 펴다가 순교하기도 했습니다.

이렇게 자기 수행과 교화에 전념하는 승가의 삶이었지만 두 가지 중요한 의식이 있습니다. 다름 아닌 포살(布薩)과 자자(自恣)입니다. 이것은 승가의 청정을 지키는 참회 의식입니다. 포살은 한 달에 두 번씩 승가의 소속원들이 모여 계행을 잘 지켰는가를 반성하고 잘못된 것을 참회하는 의식입니다. 포살은 사회자가 먼저,

"대중이여 들으시라. 오늘은 15일 포살날이니 만약 대중들이 지장이 없다면 교단은 포살을 베풀고 계본을 외우리라."
하고 선언을 한 후에 계문을 낭독합니다. 예를 들어 '훔치지 말라'는 계 같으면,

"어느 비구라도 만약 마을이나 숲에서 주지 않는 것을 취했다면 그

는 바라이 죄에 해당하니 함께 있지 못하리라."

하고는 청정한가를 묻습니다.

"이제 나는 여러 대덕들에게 묻노라. 이 점에 대해 청정한가?"

이렇게 세 번을 반복해서 묻습니다. 만약 허물이 있어서 드러내면 대중 앞에서 참회하고, 침묵하면 청정한 것으로 확인하고 넘어 갑니다.

이 포살은 재가신도들도 행했고 또 포살날에는 재가신도를 위한 설법도 했다고 합니다. 또한 안거의 마지막 날에 하는 포살을 자자라 하였습니다. 승가의 삶은 한마디로 진리를 위한 청정한 수행과 가르침을 전승하는 삶입니다. 그런 본연의 임무에 충실할 때 자연히 화합된 삶이 될 수 있습니다.

따라서 우리의 승가에 문제가 있을 때는 항상 가장 근본적인 실천이 제대로 되고 있는가를 살펴 볼 필요가 있는 것입니다. 그럴 때 승가의 건강은 회복될 수 있을 것이기 때문입니다.

☸ 계율은 모든 수행의 기본

불교는 깨침의 종교입니다. 신이나 어떤 절대적 존재에 의존하지 않고 자기 문제를 자기가 풀어가면서 스스로 존재의 실다운 모습을 확실히 깨쳐가는 종교입니다. 그런데 깨침은 우리의 마음이 아주 청정해져서 환히 밝아질 때 가능합니다.

우리들 마음은 여러 가지 번뇌망상으로 물들어 있어 마치 파도치는 물결과 같습니다. 물결이 출렁일 때는 우리의 얼굴이나 모습도 일렁이고 왜곡되어 제대로 안 보입니다. 그러나 물결이 자고 조용해지면 모든 것이 제 모습대로 나타납니다. 바다가 바람 한 점 없이 고요하고 물이 맑으면 바다 밑에 있는 모래가 환히 보이게 마련입니다. 공중에 나는 갈매기의 모습도 그대로 비쳐질 것입니다. 그렇게 사물의 본래 모습을 보는 것이 지혜이고 깨침입니다. 따라서 깨침을 위해서는 마음을 조용히 하는 공부가 필요합니다. 그것이 선정이고 팔정도 중의 정념(正念), 정정(正定)의 공부입니다.

그런 마음의 안정은 아무 준비 없이 그냥 되는 것이 아닙니다. 마음이 안정되기 위해서는 먼저 몸이 안정되어야 합니다. 몸이 분주하다면 마음이 안정될 수 없기 때문입니다. 바른 선정에 앞서 우리의 몸과 입을 다스리는 공부는 필수입니다. 우리의 입이 조용해지고 몸이 바르고 질서 있는 행동을 할 때 비로소 마음이 안정됩니다. 따라서 불교적 실천의 순서는 입과 몸을 다스려서 행위를 바르게 하고, 그로 인해 우리의 마음이 명경지수(明鏡止水)가 되어 바른 선정에 들 때 존재의 실다운 모습이 환히 밝아집니다.

계율(戒律)은 주로 우리의 몸과 입을 잘 다스리는 공부입니다. 계율은 가장 기본이 되는 실천이기에 부처님께서는 "계의 그릇이 튼튼해야 선정의 물이 고이고, 선정의 물이 맑아야 지혜의 달이 빛난다."고 하셨던 것입니다. 이렇게 계율은 모든 수행의 기본이 됩니다.

그런데 선만 강조되고 계율을 등한시한다면 이는 아주 잘못된 일입니다. 몸과 입이 멋대로 움직이고 행동이 거친데 바른 선정이 될 수 있겠습니까? 그래서 부처님께서는 자신이 열반에 든 후에는 계율을 스승으로 삼으라고 하셨습니다.

계율은 계와 율을 함께 붙여서 쓰고 있는데 원래 계(戒)와 율(律)은 구분되는 것입니다. 계(戒)는 실라(Sila)를 번역한 것으로 '선한 습관', '좋은 행위'라고 하여 수행하려는 사람이 자발적으로 '나는 이러이러한 일은 하지 않겠다.'하는 개인의 결의를 가리키는 말입니다. 불살생계(不殺生戒)는 '죽이지 말라'하는 명령이나 금지가 아니라, 수행하는 사람이 자비로운 마음과 생명을 귀하게 여기는 마음을 일으켜 스스로 살생을 않겠다는 의지인 것입니다. 따라서 자율적인 면이 강하다고 하겠습니다.

율(律)은 비나야(Vinaya)의 번역으로 '규정'·'규칙'의 뜻을 담고 있습니다. 계(戒)가 공동생활을 하면서 필요한 승가의 기본적인 규칙으로 개인적이고 자발적인 의지라면 포살·안거·자자 등의 규칙을 설하고 있는 율(律)은 단체적이고 공동체적인 규칙적 의미가 강합니다. 그러나 일반적으로 계와 율을 붙여서 계율이라 부르는 것은 불자들의 행위와 생활의 규범을 가리키는 말로 쓰이기 때문입니다.

불교의 계율은 처음부터 있었던 것이 아니고 승가가 단체생활을 해가면서 그때마다 필요에 따라 제정되었다고 합니다. 즉, 부처님께서는 가르침을 펴면서 처음부터 계율을 만들어 출발한 것이 아닙니다. 가르침을 펴는 데에 많은 사람들이 모여들어 승가를 세우고 공동생활을 하다가 공동생활에 지장을 주는 일이 생겨나면 그때마다 "이건 이렇게 하지 말기로 하자."하고 제정했던 것이 계율입니다.

⏺ 계율은 승가의 청정을 가늠하는 저울대

계율 제정의 시작은 부처님께서 성도 후 5년째 되는 해였다고 합니다. 율장에 의하면 부처님 제자 중에 수다나라는 비구가 있었는데, 수다나는 바이샬리 근처에 사는 한 장자의 아들로 이미 결혼도 했었습니다. 그가 어느 날 부처님의 가르침을 듣고 발심하여 출가할 것을 말씀드리자 부처님께서는 부모님의 허락을 받아 오라고 하셨습니다. 외아들인 그는 결혼은 했지만 아직 자식이 없었습니다. 당시 풍습은 대가 끊기면 나라에서 재산을 몰수하기 때문에 부모님은 반대를 했습니다.

그러나 수다나는 7일간 단식을 하면서 출가할 결심을 보이자 그의 양친도 할 수 없이 출가를 허락하였습니다.

출가하고 나서 어느 해에 가뭄이 극심해 흉년이 들었습니다. 탁발하기가 어려워 말먹이를 얻어 오기도 했습니다. 그때 수다나는 '자기의 고향에 간다면 먹을 것은 걱정하지 않아도 되겠구나' 하고 생각했습니다. 그래서 부처님께서 자신의 고향 근처 마을로 승가를 이동할 것을 간청해서 허락을 얻어냈습니다. 부처님과 제자들이 근처 숲에 와 있다는 소식을 듣고 수다나의 부모는 몹시 기뻐했습니다. 그래서 부처님께 공양은 물론이요, 수다나에게 집에 와서 살라고 간청을 합니다.

그러나 신심이 굳은 수다나는 거절을 했습니다. 수다나의 부모는 그렇다면 자식이나 하나 낳아서 대나 끊이지 않도록 해 줄 것을 애원합니다. 그래서 수다나는 그런 정도야 어떠랴 싶어 부인을 만나서 아들을 낳게 됩니다. 이 아들이 나중에 출가하여 아라한과를 얻은 종자동자(種子童子)입니다.

그 일이 있은 후 수다나의 행동이 예전과 달라졌습니다. 그래서 한 도반이 이유를 물어보니 그런 일이 있었다는 것이었습니다. 이 사실은 곧 부처님께 알려졌습니다. 부처님께서는 출가한 수행자로서 그런 일은 자신을 위해서나 공동생활을 위해서나 도움이 되지 않으므로, '하지 말도록 하자' 하여 음행을 금하게 되었는데, 이것이 계율 제정의 시작입니다.

그 뒤에도 여러 가지 문제가 생길 때마다 '이건 하지 말도록 하자' 하고 부처님께서 계율을 제정했습니다. 즉 수범수제(隨犯隨制)라고 해서 잘못이 발생할 때마다 제정했던 것입니다. 따라서 불교의 계율은 다른 종교의 계명처럼 억압적인 절대 명령이기보다 상황에 따라 제정된 상황 윤리적 성격이 강합니다.

부처님께서는 계율 적용에 항상 융통성을 보이셨습니다. 예를 들어 '가죽신을 신지 말자'는 계율도 산악지역이라든지 가죽신이 꼭 필요한 지역의 경우는 예외를 두었다고 합니다. 또 비구계를 받을 때도 열 사람의 장로 스님이 증명해야 되지만 변방에서는 다섯 장로 스님만으로도 수계의식을 할 수 있다는 조항을 두었던 것입니다.

계율은 부처님께서 돌아가신 뒤에 오히려 고착화의 경향이 나타나기 시작하였습니다. 부처님께서 돌아가시기 전에 소소계(小小戒)는 버려도 된다고 아난존자에게 말씀하셨지만, 그 구체적인 내용을 여쭈어 보질 않았기에 제1결집에서 버려도 될 소소계가 어떤 것인지 정확하게 규정지을 수가 없었습니다. 그래서 이 결집에서는 "부처님이 제정하지 않은 조항을 새로 제정치 말고 부처님에 의해 제정된 것은 버리지 않고 지키도록 하자." 하고 결의하였던 것입니다.

불교의 계율은 승가의 구성원에 따라 각각 다릅니다. 재가와 출가에 따라 구별되고 같은 출가자도 비구와 비구니가 다릅니다. 재가불자는 일반적으로 오계(五戒)를 받습니다. 즉, 죽이지 말라[不殺生], 훔치지 말라[不偸盜], 사음하지 말라[不邪淫], 거짓말하지 말라[不妄語], 술 마시지 말라[不飮酒]는 계율입니다.

비구 스님은 전통에 따라 우리나라에서는 250계, 남방에서는 227계를 받습니다. 우리나라는 대승이지만 실제로 받는 계는 소승인 남방보다 훨씬 더 많은 것입니다. 비구니 스님은 348계, 혹은 500계를 받습니다. 그리고 사미 사미니는 10계를 받습니다. 사미 사미니는 20세 이하의 출가자를 말하는데, 남자 출가자를 사미, 여자 출가자를 사미니라고 부릅니다.

계율이란 승가의 청정을 가늠하는 저울대입니다. 따라서 받은 계를 잘 수지(受持)하도록 노력해야 합니다. 받은 계를 잘 지키기 위해서는

계의 조문과 정신을 잘 파악해서 생활 속에 살려나가는 슬기가 필요한
것입니다.

소중하고 존엄한 생명체

◎ 산목숨을 해치지 말라

오계(五戒)의 첫 번째는 살생을 멀리 여읜다는 이른바 불살생계(不
殺生戒)입니다. 이것은 생명을 중시하는 삶의 자세를 가리킵니다. 불교
에서는 하나하나의 생명이 다 귀하고 존엄한 것으로서 그 생명을 해치
지 않을 뿐만 아니라 다 잘 살게 하는 실천이 불살생계입니다. 이것은
불교의 큰 특성이기도 합니다. 즉 불교는 인간뿐 아니라 일체의 모든
생명을 살리고 구하려는 폭넓은 가르침입니다.

그러므로 생명의 존엄성을 지키는 삶은 불자들의 근본 계율입니다.
부처님께서도 이 생명의 존엄을 지킨 예가 여러 경론을 통해 보여집니
다. 『대지도론(大智度論)』에도 아주 인상적인 이야기가 있습니다.

옛날 자비심이 깊은 한 수행자가 살고 있었습니다. 그는 기어코 성
불하리라는 서원을 세우고 자비행을 실천하였습니다. 그런데 어느 날
한 마리의 비둘기가 독수리에게 쫓겨 황급히 그 수행자의 품속으로 날
아 들어와 오들오들 떨었습니다.

그래서 품에 안아 보호해 주었는데 뒤쫓아 온 독수리가 이렇게 애원했습니다.

"내 저녁거리이니 비둘기를 돌려 달라."

수행자는 독수리에게 말했습니다.

"절대로 그럴 수 없다. 나는 수행자가 될 때 모든 생명을 다 구하겠다는 서원을 세웠다."

"그렇다면 나도 그 중생 속에 포함될 텐데 나의 먹이를 주지 않으면 비둘기는 살 수 있을지 모르나 나는 굶어 죽을 것이다. 그런 불공평한 자비가 어디 있느냐?"

하며 독수리가 항의했습니다. 수행자가 들어보니 그렇기도 했습니다. 그래서,

"비둘기는 줄 수 없고 대신 내가 먹을 것을 주면 되지 않느냐? 어떻게 하면 되겠느냐?"

고 하였습니다. 독수리는 정 그렇다면 비둘기만큼의 생고기를 달라고 하였습니다. 수행자는 '생고기란 산목숨을 죽이지 않고는 얻을 수 없는데 한 생명을 살리기 위해 다른 생명을 죽게 할 수는 없지 않은가? 그렇다면 내 살을 도려내 주는 수밖에 없겠구나' 하고 생각했습니다.

그리하여 수행자는 자기 허벅지 살을 베어 저울에 올려놓고 비둘기 무게만큼을 주기 위해 한쪽에 비둘기를 올려놓았습니다. 그런데 허벅지 살을 떼어 저울에 올려놓았는데도 비둘기의 무게가 더 무거웠습니다. 그래서 다른 허벅지 살을 베어 올려놓았습니다. 그래도 평형이 맞질 않았습니다. 수행자는 다시 양 팔, 양 다리의 살을 베어 올려놓았습니다. 그러나 아무리 해도 저울은 비둘기 쪽으로만 기울어 있었습니다. 결국에는 온몸을 얹으니 그때서야 무게가 같아졌다고 합니다. 비둘기 한 마리를 구하기 위해 결국 자신을 희생하고 말았던 것입니다. 이 수

행자가 바로 전생의 부처님이셨습니다.

이 이야기를 통해 우리는 생명의 존엄을 어떻게 실천해야 하는가를 잘 알 수 있을 것입니다. 비둘기 한 마리를 구하기 위해 스스로의 생명을 버린, 그야말로 살신성인(殺身成仁)한 이야기입니다. 또 우리는 이 이야기를 통해서 불교가 말하는 생명의 존엄이 과연 어떤 것인가를 알 수 있습니다. 양쪽 허벅지 살을 다 떼어 올려놓아도 비둘기와 평형을 이루지 못하고 심지어 양 팔, 양 다리의 살을 다 올려놓아도 마찬가지였으며 그 수행자의 몸 전체를 올려놨을 때에야 비로소 비둘기와 평형을 이루었다는 이야기입니다. 이처럼 생명은 전체이지 어느 한 부분일 수 없습니다.

아무리 수행자가 내생에 부처님이 될 거룩한 사람일지라도 허벅지나 팔다리만으로 비둘기의 생명과 같을 수는 없다는 것입니다. 생명 그 자체로 봐서는 똑같이 소중하고 존엄한 것입니다. 우리는 모든 것을 인간 중심으로 보는 경향이 있지만 결국 생명은 똑같이 소중하다는 이야기입니다.

또 한 가지 이야기가 있습니다.

초계 스님이란 분이 들길을 가다 도둑을 만나서 가진 것을 전부 빼앗기고 말았습니다. 도둑은 스님을 풀에 묶어두고 가버렸습니다. 그러나 스님은 풀이 끊어질 것을 염려해서 사람이 지나갈 때까지 하루 종일 기다렸다가 마침 지나가는 사람이 있어 풀어 달라고 했답니다. 꼭 그렇게까지 할 필요가 있겠습니까마는 그런 자세가 필요하다는 것입니다. 그리고 이 이야기를 통해서 우리는 스스로의 원과 계행을 위해서는 목숨까지도 버리는 용기와 희생이 필요하다는 교훈을 얻게 됩니다. 계행이 그저 이뤄지는 것은 아닙니다.

'산목숨을 죽이지 말라'는 생명 존엄의 정신과 실천이야말로 오늘날과 같은 생명이 천시되는 시대에서 새롭게 인식되고 일깨워져야 할 삶의 자세라고 생각합니다. 지금 세계는 평화를 지킨다는 미명 아래 지구상의 모든 생명의 수십 배, 수백 배를 죽일 수 있는 양의 핵폭탄을 쌓아 놓고 있지 않습니까? 뿐만 아니라 자연이 폐해를 당해 생태계가 파괴되어 생명의 질서가 파괴되고 있습니다. 우리들 주변에도 살인, 고문, 유괴, 부녀자 납치, 인권 유린 등 생명 경시 현상이 끊임없이 발생하고 있습니다.

🕐 방생은 생명을 살리는 고귀한 의식

요즘 실내 낚시터가 유행하고 있다고 합니다. 건물 안에 낚시터를 만들어 놓고 거기서 고기를 잡아 바로 매운탕도 해먹는 답니다. 우리는 낚시라는 취미를 다시 한 번 생각해 볼 필요가 있습니다. 배고픈 중생인 물고기에게 미끼를 던져서 허기를 면하려고 할 때 갑자기 탁 채버리는 것이 낚시 아닙니까? 우리는 그걸 취미로 삼고 있습니다. 부처님은 "자기가 죽이거나, 남을 시켜 죽이거나, 수단으로 죽이거나, 죽이는 것을 보고 즐기지도 말아야 한다."고 하셨습니다.

실은 저도 철모를 때 살생을 많이 해서 한 번 큰 참회를 한 적이 있습니다. 제가 미국에서 공부할 때입니다. 여름방학에 학점을 보충하기 위해 2주일에 한 과목을 끝마치는 여름 코스를 선택한 적이 있습니다. 집중적으로 학점을 보충하는 코스였기 때문에 매일 출석해서 공부를 해야 했습니다. 날은 덥고 공부는 진척이 안 되고 해서 도저히 견딜 수 없어, 하루는 학교도 안 나가고 차를 몰고 잘 마시지도 못하는 맥주를 한 박스 싣고 뉴욕의 허드슨 강변으로 갔습니다. 그리고 심각한 자기 고민을 했습니다.

'어쩌다 여기까지 와서 이 고생일까? 공부도 되지 않고 무엇이 잘못되었나?' 하고 생각해 보니 한 가지 짚이는 게 있었습니다. 바로 살생이었습니다. 어릴 때부터 겨울이면 공기총으로 새 잡으러 다니고 봄부터 가을까지는 낚시를 즐겼던 것입니다. 참선을 하면 졸린데 이상하게도 낚시의 찌만 쳐다보고 있으면 밤낮이고 며칠씩 견딜 수가 있었습니다. 그래서 대학시절 기숙사에 기거할 때도 선생님들께 꾸중을 많이 들었습니다. 미국서도 차의 트렁크 속에 낚시 도구를 항상 휴대하고 다녔습니다. 저는 바로 그때 '이것이 문제로구나' 하고 생각하며 심각한 참회의 눈물을 흘렸습니다.

그날 낚시 도구를 허드슨강에 던져버리고 오늘까지 낚시에서 손을 떼어 버렸습니다. 그 후 마음도 가벼워지고 공부의 어려움도 좀 수월해져서 학업을 다 마치고 돌아올 수가 있었나 봅니다. 지금도 저는 아는 분들을 만나면 낚시하지 말라고 많이 권유를 합니다. 취미도 다른 건전한 취미가 얼마든지 있지 않습니까?

불살생계는 단순히 생명을 해치지 않을 뿐만 아니라 적극적으로 살리는 방향으로 실천되어야 합니다. 즉 방생을 해야 합니다. 절에서는 방생법회(放生法會)를 많이 합니다. 물고기를 강에 놓아주는 것은 생명을 살리는 고귀한 뜻을 담은 의식이며 실천입니다. 그러나 방생은 단순히 그런 차원에만 머무는 것이 아니라, 모든 생명을 살리려는 높은 정신으로 고양되어야 합니다. 모든 생명을 일깨우고 북돋는 차원으로까지 확대되고 실천되어야 합니다.

또 생명을 수단화하지 않는 삶으로 승화되어야 할 것입니다. 생명 중에서도 존귀한 인간의 생명을 수단화하는 예가 얼마나 많습니까? 다른 사람을 내 목적을 위해 이용하는 일이나, 다른 사람을 향해 성내고 미워하는 일 등은 생명에 역행하는 일이며 죽이는 일입니다.

방생이란 또 환경을 보존하고 청정히 하는 일입니다. 그러한 깨끗한 환경 속에서 모든 생명은 평화를 누릴 수 있습니다. 핵의 공포와, 전쟁의 위험을 제거하는 노력, 기아와 질병을 없애는 실천이 그대로 불살생계(不殺生戒)를 지키는 일이라고 할 수 있겠습니다.

⏰ 하루 일하지 않으면 하루 먹지 말라

오계의 두 번째는 '주어지지 않은 것을 취하지 말라', 즉 훔치지 말라는 계입니다. 계문에는 이렇게 되어 있습니다.

> 너희들 불자들이여, 도둑질하지 말라. 자기가 훔치거나, 남을 시켜 훔치거나, 수단을 써서 훔치거나, 훔치는 것을 보고 방관하거나 기뻐하지도 말라.

이 계는 인간의 탐욕으로부터 일어나는 행위를 경계하는 조항으로 더불어 사는 삶을 위해서 꼭 필요한 덕목입니다. 허락되지 않은 것을 무단으로 취하는 일은 좋지 않습니다. 이것은 법으로도 규제되는 일이 아닙니까? 그러나 '훔치지 말라'는 계는 거기에서 그치는 것이 아니라 놀고먹는 것, 불로소득을 취하는 것도 포함됩니다. 놀고먹는 일은 결과적으로 다른 사람의 노력을 착취하는 일이기 때문입니다.

옛날 당나라 때 백장(百丈)이라는 유명한 스님이 있었습니다. 스님은 절에서도 농사하고 일해서 자급자족하는 생활을 강조하셨습니다. 그래서 백장 스님은 "하루 일하지 않으면 하루 먹지 말라〔一日不作 一

日不食〕."고 하셨습니다. 이것은 바로 근면한 생활의 대명사입니다. 백장 스님은 실제 평생 동안 그런 삶을 살았다고 합니다. 스님은 나이 드신 뒤에도 계속 일을 했으므로 제자들이 민망하여 일을 그만 하시도록 청했지만 듣지 않으시고 계속 들에 나가 일을 하셨습니다. 하루는 제자들이 괭이를 감춰 버렸습니다. 그랬더니 그때부터 공양하러 나오시지를 않았습니다. 할 수 없이 괭이를 돌려 드렸더니 그제서야 공양하러 나오셨다고 합니다. 일하지 않고 먹는 것은 일종의 도둑질입니다. 뿐만 아니라 게으른 것도 마찬가지입니다. 정진이 항상 강조되는 것도 이 때문입니다.

더 나아가서 과소비도 도둑질에 해당합니다. 비록 자기 것이라 해도 잠시 자기가 보관하고 있는 것일 뿐 전체의 것인데, 그것을 혼자 물 쓰듯 쓰는 것은 전체적인 시각에서 보면 일종의 도둑질일 수밖에 없습니다. 부처님께서는 몸소 삼의일발(三衣一鉢)의 삶을 사셨고, 검소한 삶을 살 것을 강조하셨습니다.

재물이 많은 것하고 검소한 삶은 다릅니다. 불교는 정당한 노력으로 생기는 부나 재물을 절대로 천하게 여기거나 부정하는 입장은 아닙니다. 문제는 그것을 어떻게 쓰는가 하는 것입니다. 재물을 검소하게 쓰고 많은 사람을 위해 쓴다면 얼마나 좋겠습니까? 부처님께서는 사회를 위해 또 다른 사람들을 위해 되돌리고 회향하는 삶을 권장하셨습니다.

오늘날 우리 사회의 문제점 중의 하나가 과소비 풍조입니다. 이것이 어디서 들어온 풍조인지는 모르겠지만, 우리보다 잘 사는 외국과 비교해 봐도 너무 지나친 것 같습니다. 재물이 얼마 없던 사람이 갑자기 부자가 되어서는 펑펑 쓰는 그런 모습을 자주 보게 됩니다. 외국의 경우를 보면 대개 그 사회를 이끌어 가는 사람들은 아주 검소한 생활을 합니다. 저와 친하게 지내던 스미스 박사는 뉴저지 주립대학 종교학과 교수입니다. 부인이 6.25직후에 한국에서 3년간 물리치료사로 근무해서 우리나라를 잘 알고 있었습니다. 미국 종교학회에 참석했다가 알게 되어 집안끼리도 친해져 명절 때면 서로 오고가고 합니다.

우리가 큰아이를 가졌을 때 하루는 큰 소포가 하나 왔습니다. 스미스 박사로부터 온 것이었습니다. 무슨 새로운 자료를 보냈는가 싶어 펴 보니 뜻밖에도 어린아이 기저귀가 한 박스 들어 있었습니다.그런데 그 기저귀는 빨아서 쓰는 천으로 된 것이었습니다. 그때 미국 사람들은 일회용의 간편한 것을 쓰고 그런 것을 쓰는 사람들은 적었습니다. 웬 기저귀인가 하고 보니 메모가 한 장 꽂혀 있었습니다. 내용인 즉, 친한 사이에 첫 아이를 낳게 된다니 축하의 뜻으로 무슨 선물을 할까 가족들과 상의를 한 결과 이 기저귀가 좋다 싶어 보낸다고 적혀 있었습니다.

그 기저귀는 스미스 박사의 막내딸을 낳았을 때 쓰던 것인데, 큰 아들이 결혼해서 아이를 낳으면 쓰려고 빨아서 잘 보관하던 것이랍니다. 그런데 아들은 장가를 가려면 아직 멀었으니 아이 낳으면 먼저 쓰라는 것이었습니다. 그리고 끝에 "잘 쓰고 헤지지 않으면 다시 보내 달라."는 부탁을 달았습니다. 남의 첫 아이 낳는다는데 쓰던 기저귀를 보내 주고 다 쓰고 나면 다시 보내 달라는 이야기이니 잘못 생각하면 큰 오해를 살 일입니다. 사람 무시하는 게 아닌가 하는 생각도 들었지만 우리들 사귐으로 봐서 그럴 사람은 아니었습니다.

그게 실제 그 사람들 생활하는 모습 그대로였습니다. 돈이 많으니까 펑펑 쓸 것 같지만 그렇지 않았습니다. 선물이란 그저 간단하고 마음이 담긴 것이면 된다고 생각합니다. 비싸고 큰 것은 오히려 서로 부담을 주는 것이고 뇌물에 속합니다. 스미스 박사의 경우뿐만 아니라 일반적으로 모두가 그랬던 것 같습니다.

제가 재직하고 있던 뉴욕 대학에 톰슨이라는 여교수가 있었습니다. 남편도 교수였는데 그들 사이에는 아이가 없어서 한국 아이를 양녀로 삼기도 했습니다. 톰슨 교수는 우리가 아이를 낳았을 때 선물을 예쁘게 싸가지고 오셨습니다. 그런데 우리 아이를 보더니 딸인 줄 알고 선물을 잘못 가져왔다고 바꿔다 준다는 것입니다. 그래서 제가 갓난아이인데 뭐 어떠냐, 어릴 때에 여자 것 써보는 것도 좋으니 그냥 됐다고 했습니다.

그래서 풀어보니 플라스틱으로 만든 턱받이 한 개였습니다. 여자인 줄 알고 핑크색을 샀으니 파랑색으로 바꿔다 주겠다는 것이었습니다. 턱받이 한 개 값은 아마 돈으로 치면 1불에 두어 개 정도는 살 수 있을 것입니다. 그분이 돈이 없다든지 또 우리를 무시해서 그렇게 한 것이 아닙니다. 우리나라 같으면 동료가 첫 아들을 낳았는데 겨우 턱받이 하나를 선물했다고 흉보기 십상입니다.

그런데 앞에 말씀드린 두 이야기는 미국인들의 일반적인 생활입니다. 우리는 그런 좋은 습관은 받아들이지 못하고 좋지 않은 것만 받아들인 것 같습니다. 우리의 의식주는 지나치게 잘못되어 있는 게 아닌가 하는 생각이 듭니다.

불교적인 시각에서 의식주나 재물 등은 나쁘다는 것이 아니라, 지나치게 거기에 집착하고 그것 자체가 목적처럼 될 때 그건 악이 된다는 것입니다. 왜냐하면 그것들이 목적이 되면 사람이 수단이 되는 전도 현상이 일어나기 때문입니다. 예를 들면 물건을 처음엔 내가 가지고 소유하지만 지나치게 매달리면 물건이 사람을 먹어버리는 현상이 일어납니다. 이를 소유의 역전 현상이라고 합니다.

또한 이 '훔치지 말라'는 계는 공정한 분배의 의미까지도 포함하는 넓은 뜻을 지니고 있습니다. 단순히 도둑질을 하는 것도 문제가 되지만, 부가 편중돼서 부자는 더욱 부자가 되고 가난한 사람은 더욱 가난으로 치닫는다면 그런 사회제도, 경제구조 자체가 도둑질을 조장하는 것이 되는 셈입니다. 따라서 '훔치는 것을 방관하거나 기뻐하지 말라'는 적극적인 계의 실천을 위해 불교인들은 개인적으로나 사회적 제도적으로 훔치는 일을 방지하는 일은 물론, 나아가서는 건전한 경제구조를 만드는 일에도 능동적으로 대처해야 한다고 생각합니다.

뿐만 아니라 '훔치지 말라'는 계는 베풀라는 실천으로까지 영역을 넓혀나가야 될 것입니다. 이것도 개인적인 차원의 베풂과 더불어 사회적 제도적 베풂을 함께 실천하도록 확대시켜야 합니다. 개인적인 차원의 보시나 베풂이 많이 권장되면서도 이것을 제도화하고 사회화하는 면에서는 뒤떨어지는 감이 있는 것이 한국불교의 모습입니다. 한국 불교는 그런 면에서도 적극적인 관심과 실천이 필요하다고 봅니다.

예로부터 절에서는 근검절약하는 생활 습관이 하나의 전통이었습니다. 또 부모 없는 어린이들이나 갈 곳 없는 노인들의 의지처가 되어 왔습니다. 실제로 국가나 사회에서 할 수 없는 기능과 역할을 어느 정도 해온 셈입니다. 이러한 장점을 좀 더 적극적이고 조직적인 제도와 운영을 통해 발전시킬 필요가 있습니다. 병원, 양로원, 고아원, 각종 교육시설 등 사회복지를 실현해 나가는 일이 중생을 구제하는 일이고 베푸는 일이라고 생각합니다.

이처럼 '훔치지 말라'는 계는 폭넓은 실천 영역을 갖는 것입니다. 다분히 개인적인 차원에서 남의 것을 취하지 않을 뿐만 아니라, 공동체적인 시각에서 적극적으로 베푸는 실천까지 해야 '훔치지 말라'는 계를 제대로 지키는 것이라고 할 수 있을 것입니다.

말씀의 닦음과 지킴

🌑 바른 남녀관계를 가져라

불사음계(不邪淫戒)는 바르지 못한 남녀 관계를 갖지 말라는 것입니다. 이 계는 출가해서 수행하는 대중들에게는 일체의 남녀 관계를 금하는 것이지만 재가 대중을 위한 실천으로는 그릇된 남녀 관계인 사음을 하지 말라는 것입니다.

이것도 정상적인 삶, 건전한 가족생활을 위해서는 필수적인 덕목입니다. 바른 남녀 관계를 가지라고 하는 이 계는 여성의 위치와 권리를 존중하고 확립하는 획기적인 일이었다고도 할 수 있습니다. 2천6백 년 전 인도에서는 남녀 간의 관계가 문란하여 여성의 성을 도구화하는 풍조가 심했었나 봅니다. 그런 예를 짐작케 하는 경전의 내용들이 많이 있습니다. 그 대표적인 예로 연화색녀(蓮華色女)의 이야기가 있습니다.

왕사성의 한 장자의 딸로 태어난 연화색녀는 결혼을 해서 딸을 낳았습니다. 얼마 후 친정아버지가 돌아가시자 친정어머니를 모시고 살게 되었습니다. 그런데 남편이 어머니(장모)와 통정을 해 연화색녀는 집을 뛰쳐나오고 말았습니다. 그 후 연화색녀는 다시 바라나시에 살고 있는 한 장자의 아내가 되어 행복하게 살아가고 있었습니다. 얼마의 세월이 흐른 다음 남편이 왕사성에 사업차 갔다가 객수를 덜기 위해서인지 아름다운 여인을 첩으로 삼게 되었습니다. 그녀는 그 첩을 데려다 한집에서 살게 되었습니다.

그녀는 남편의 첩이 자기와 얼굴도 비슷하고 잘 따랐으므로 사이좋게 지내게 되었는데 나중에 집안 내력을 알고 보니 왕사성에 두고 온 자신의 딸이었습니다. 참으로 기구한 운명입니다. 처음에는 어머니와 그리고 이제는 딸과 한 남자를 두고 살게 되었던 것입니다.

연화색녀는 다시 집을 뛰쳐나와 세상의 모든 남자들에게 복수하리라 마음먹고 유녀가 되었습니다. 많은 남자들이 그녀의 교태에 마음을 빼앗기고 가산을 탕진했으며 연화색녀는 그것을 즐기며 살았습니다. 그리고 유녀 중 가장 우두머리가 되어 돈도 많이 모았습니다.

이 연화색녀가 부처님의 제자인 목련존자를 유혹하려 하였으나 오히려 감화를 받고 부처님에게 출가를 하게 되었습니다. 그러나 제자들은 연화색녀의 출가를 반대했습니다. 이에 부처님께서는 "그녀는 이미 발심을 했다. 그러므로 과거의 연화색녀가 아니다. 세상 사람들의 비난은 일주일을 넘지 못할 것이다." 하시며 그녀의 출가를 허락하여 주었습니다. 그 후 그녀는 열심히 정진하여 비구니 중에 신통이 가장 뛰어난 제자가 되었다고 합니다.

이 연화색녀의 이야기를 통해 우리는 당시 인도 사회에서 여성의 지위가 어떠했는지를 짐작할 수 있습니다. 일부다처제가 횡행하였으며 여자는 남자들의 소유물쯤으로 간주되고 있지 않았나 싶습니다.

오늘날에도 여성을 도구화하고 상품화하는 일들이 많이 있습니다. 물질적인 문명의 발달로 경제성장과 함께 감각적인 쾌락을 추구하는 경향이 두드러진 게 우리의 현실입니다. 부녀자의 성범죄뿐만 아니라, 과거 일본인들이 우리나라에 와서 하던 기생 관광 같은 것을 요즘 한국 사람들이 외국에 가서 하고 다닌다고 합니다. 지난 올림픽 학술회의 때 각국의 종교인들이 서울에 모인 적이 있습니다. 그때 태국에서 온 불자들이 한국 관광객들의 행각을 문제 삼으면서 항의를 해왔습니다. 아무리 돈이 있다고 해도 그렇게 눈살 찌푸릴 만한 짓을 할 수 있느냐면서 한국의 불자들이 나서서 그런 일이 일어나지 않도록 노력해 달라고 부탁하는 것이었습니다.

근본불교에서는 부부간의 윤리를 사랑의 기본으로 규정하고 있습니다. 그래서 아내를 최상의 벗이라고 까지 합니다. 왜냐하면 아내에게 만족하지 못하고 유녀와 사귀거나 타인의 아내와 관계를 갖는 것은 곧 파멸의 길로 단정하고 있습니다. 이로 보아 부처님께서는 남녀의 평등을 삶의 기본으로 생각하셨던 것을 알 수가 있습니다.

부처님께서 교단에 여성을 받아들인 일은 당시 인도적 상황으로 보아서는 일대 용단이요 혁신이었습니다. 흔히 비구니 스님들이 비구스님들께 가르침을 청해야 된다든지, 예를 표해야 한다든지 하는 이른바 팔경법의 조건으로 입단을 허락했기 때문에 여권을 제약한 것이 아니냐고 하겠지만 그런 것이 아닙니다. 2천6백 년 전 이른바 남성 주도의 인도사회에서 여성을 동등한 자격으로 받아들였다는 점은 그야말로 남녀평등의 정신이 아니고서는 있을 수 없는 일입니다.

그래서 남편과 아내가 해야 할 일도 일방적이 아니라 호혜적인 것입니다. 『싱갈라경』에 보면 남편이 해야 할 의무로 다섯 가지를 들고 있습니다.

첫째, 아내를 존경하라.

둘째, 아내를 경멸해서는 안 된다.

셋째, 도리에 벗어나는 짓을 하지 말라.

넷째, 권위를 주라.

다섯째, 좋은 장식품을 제공하라.

이 중에서 무엇보다도 눈에 띄는 것은 아내를 경멸하지 말고 존경하라고 한 점입니다. 구체적인 설명에 보면 "마치 신들을 존경하듯이 아내를 존경하며 대화를 나누라."고 되어 있습니다. 부처님을 대하듯이 하라는 것입니다. 경멸하지 말라는 것은 함부로 대하지 말고 예의로써 대하라는 것입니다.

장식품을 제공하라는 것은 말 그대로 자신의 능력에 알맞은 장식품을 제공하라는 뜻입니다. 사치가 아니라 적당한 장식품을 기호에 맞게 선물하는 것은 아내의 역할에 대한 감사의 표시도 되지만 실은 금은의 장식품은 예금의 효과도 있는 것입니다. 옛날 우리 어머니들도 급할 때는 패물을 사용하기도 했잖습니까?

이 『싱갈라경』의 내용을 보면 오늘날의 남편들도 반성해야 될 대목이 많습니다. 아내를 인격체로 대해주어야 할 것입니다. 반대로 또한 아내가 남편에게 해야 할 도리를 같은 경에서 역시 다섯 가지로 말씀하고 계십니다.

첫째, 일을 잘 처리하라.

둘째, 일가친척을 잘 대우하라.

셋째, 도리에 벗어나는 일을 하지 말라.

넷째, 재산을 잘 보호하라.

다섯째, 해야 할 일을 보기 좋게 잘 처리하고 근면 하라.

일을 잘 처리한다는 것은 가정의 일을 법도에 맞게 하는 것이고, 일가친척을 잘 대우하라는 것은 화합하라는 것입니다. 가정과 친척간의 화목은 남자보다 여자의 몫이지 않습니까? 도리에 맞게 하라는 것은 남편의 의무에서도 나와 있는데 정숙한 아내가 되라는 것입니다. 이것은 오늘날에도 그대로 필요한 것입니다.

이렇게 보면 부처님께서는 '바른 남녀 관계를 가져라', '사음하지 말라'고만 말씀하신 것이 아니라 바른 남녀 관계의 구체적인 방법까지 자상하게 제시하고 있습니다. 그리고 그 내용을 살펴보면 완전히 남녀가 호혜적이고 평등한 입장에서 말씀하고 있다는 것을 알 수 있습니다.

그럼 이러한 평등관은 어디에 근원을 두고 있는 것이겠습니까? 바로 연기의 진리입니다. '이것이 있으면 저것이 있고, 이것이 없으면 저것이 없다'는 연기의 진리가 바로 가정의 부부관계에서도 적용되고 있음을 확인할 수 있습니다.

아내와 남편이 뗄 수 없는 관계로 '하나' 되는 관계일 때 가장 바람직스러운 부부관계가 가능하고 또 바람직스러운 가정이 이루어질 수 있습니다. 이처럼 연기에 입각한 관계는 평등을 기초로 하게 되고 서로를 인격의 주체로 대하는 관계가 될 수밖에 없습니다.

따라서 우리는 여기서 두 가지 점에 주목하게 됩니다. 하나는 연기의 진리는 먼 곳에 있고 출가한 전문가들에만 필요한 것이 아니라, 항상 우리들의 주위 또는 생활 속에 적용되고 살아 움직이는 것이라는 것입니다. 또 다른 하나는 부처님은 출가해서 가정을 떠나 수행하는 사람들만이 아니라, 가정을 가지고 생활하는 모든 사람을 위해서도 세밀한 배려와 가르침을 주고 있다는 것입니다.

오늘날 불교가 마치 산중에나 있고 전문가들이나 실천할 수 있는 것이라는 인상을 주고 있다면 이것은 전혀 불교 본래의 모습이나 정신과는 다른 것이라고 하는 사실을 알아야겠습니다. 대중적 불교나 생활불교의 근거는 바로 부처님 당시의 불교 자체에 있다고 할 수 있습니다.

⊛ 계율은 공동생활을 위한 질서

'거짓말 하지 말라'는 계율은 말(言語)에 대한 계입니다. 곧 바른 말을 하라는 것인데 이것은 진실성에 관계되는 항목입니다. 거짓말은 자기를 속이고 남을 속이는 일이므로 하지 말라는 것입니다. 여기에는 일반적으로 네 가지가 포함될 수 있습니다.

첫째가 거짓말, 망어(妄語)를 하지 말라는 것입니다. 거짓말은 사실을 달리 말하는 것입니다. 그렇게 되면 결국 신뢰를 잃게 됩니다. 좋은 예로 늑대와 양치기 소년에 대한 이야기가 있습니다.

양치기 소년이 양을 돌보다가 심심해서 늑대가 나타났다고 외치니 마을사람들이 달려오곤 했습니다. 거기에 재미를 느낀 소년은 다시 같은 거짓말을 했고 그 말을 믿고 달려간 사람들은 매번 허탕을 칩니다. 그러다가 진짜 늑대가 나타났습니다. 그런데 양치기 소년이 아무리 소리를 쳐도 아무도 오지 않았습니다. 이렇듯 거짓말을 하게 되면 나중에 혹 진실을 이야기해도 믿지 않게 됩니다.

둘째가 아부하는 말, 기어(綺語)를 하지 말라는 것입니다. 이것은 남이 듣기 좋게만 하는 말입니다. 이런 아첨하는 말은 주로 윗사람에게 하는 경우가 많습니다. 윗사람들은 이것을 구별하는 능력을 가지고 있어야 하는데 그렇지 못한 경우도 많습니다.

셋째가 이간 붙이는 말〔兩舌〕입니다. 양설(兩舌)은 '혀가 둘'이라는 뜻으로 똑 같은 사실을 가지고 여기에서는 이렇게 이야기 하고 다른 곳에 가서는 다르게 이야기하는 것입니다. 싸움을 붙이기 딱 좋은 말입니다.

넷째가 험악한 말, 악구(惡口)입니다. 남의 마음을 거슬리게 하는 악담과 욕설 그리고 폭언 등 아름답지 못한 말입니다.

이렇게 거짓말, 아부하는 말, 이간 붙이는 말, 험한 말이 아니라 진실되고 곧고 바르며 유순한 말을 하라는 것이 불망어계(不妄語戒)입니다.

그런데 이 불망어계에는 기업이 과대광고를 한다든지 정치인이 인기를 끌기위해 불가능한 공약을 내세우는 것, 지역감정을 부추기는 말도 포함됩니다. 이것이 불망어계(不妄語戒)에 저촉되는 현상들입니다. 또한 언론이 정론을 펴지 못하고 왜곡되고 편향된 보도를 하는 일도 망어에 속합니다.

부처님께서는 종교인이 마치 자기가 성인인양 세상 사람들을 현혹시키는 언행을 하는 것이 가장 심각한 망어라고 했습니다. 자기의 이름 앞에 긴 설명을 붙이는 사람, 깨치지 못하고 깨친 척 하는 사람 등은 그만큼 정신적인 피해를 크게 주기 때문입니다.

오계(五戒)의 다섯째가 불음주(不飮酒), 즉 '술 마시지 말라'는 계입니다. 이 불음주계가 문제입니다. 수계식 때가 되면 다른 네 가지는 지키겠다고 서약을 하겠는데 이 불음주계는 좀 곤란하다고 하는 사람이 있습니다. 그래도 이런 사람은 양심적입니다. 이 불음주계(不飮酒戒)는 앞의 네 가지와는 성격이 다릅니다. 앞의 네 가지는 그 자체로 죄가 되는 계들입니다. 그래서 성계(性戒)라고 합니다. 그런데 '술 마시시지 말라'는 계는 차계(遮戒)입니다. 단지 경계하고 차단한다는 뜻입니다. 이것은 그 자체로써 죄가 된다기보다는 그것을 범함으로써 다른 계를 깰 위험이 있으므로 경계하고 막는 계라는 뜻입니다. 술을 먹고 이성을 잃어버리면 함부로 행동하게 되어 살생·도둑질·사음·거짓말을 할 위험이 있다는 것입니다.

술을 자주 드시는 분들은 한번 자신을 돌이켜 보시면 알 수 있을 것입니다. 그래서 이 계의 기본은 이성이 마비되지 말도록 하고 깨어 있으라는 데 있습니다. 간혹 확대해석해서 가볍게 한 잔쯤은 먹되 취하지 않으면 된다고 하는 사람들도 있습니다. 그렇지만 한 잔으로 끝나기 어려운 것이 술이며 취하지 않을 수 없는 것이 술입니다. 한 잔 두 잔 하다보면 처음엔 내가 술을 먹지만 나중엔 술이 술을 먹고, 결국 술이 사람을 먹는 상태까지 가게 되어 있습니다. 그러니까 '마시지 말라' 하는 것입니다.

그러나 이 불음주계는 꼭 술만이 아니라 정신을 흐리게 하는 모든 것을 포함하는 계로 이해해야 합니다. 즉 대마초 · 본드 등 일체의 환각제를 포함합니다. 이것들은 우리들의 몸과 마음을 병들게 하는 아주 좋지 않은 것입니다. 뿐만 아니라 나쁜 출판물이나 대중매체도 마찬가집니다. 잡지 · 만화 · 소설 · 영화 등의 저속한 내용과 오락과 흥미위주의 TV 프로그램이 건전한 사고를 마비시키고 우리를 중독시키는 좋지 않은 것들입니다. 그러므로 그런 것에 빠지지 말라는 것까지 포함하는 것이 불음주계라고 봐야 됩니다.

오계는 불교를 믿는 사람들뿐만 아니라 인간답게 살려는 모든 사람들의 생활 자세이며 규범입니다. 살생하지 말라, 훔치지 말라, 사음하지 말라, 거짓말 하지 말라, 술 마시지 말라. 이것은 불교인들만의 것이 아닙니다.

부처님께서는 이 다섯 가지 계를 지키면 다섯 가지 공덕이 있다고 하셨습니다.

첫째, 바라는 바가 모두 이뤄집니다. 바르게 사는데 안 될 일이 있겠습니까?

둘째, 재물이 늘어납니다. 방일하거나 정신을 잃지 않고 살고 있으니 당연히 그럴 수밖에 없습니다.

셋째, 주위 사람의 존경과 사랑을 얻을 수 있습니다. 우선 부부간에

서로 사랑하게 될 것입니다.

넷째, 명예를 얻습니다. 그런 명예가 참 명예이며 인격에 기본 한 것입니다.

다섯째, 죽으면 하늘세계에서 태어납니다. 평안한 마음이면 그것이 곧 하늘인 것입니다.

반대로 계를 지키지 못하면 첫째, 하는 일이 뜻대로 안되고 둘째로 재물을 얻어도 잃게 되고 셋째는 악명과 추문이 높아지고 넷째는 지옥에 떨어진다고 합니다. 계를 지키지 않음으로서 일어나는 일들이 바로 지옥 같은 상황이 아니겠습니까? 무엇보다 직접 지켜나가는 것이 중요합니다.

이 오계를 지키는 삶이 평화의 삶이며 인간다운 삶의 기본이라 생각합니다. 특히 오늘날과 같이 가치관이 혼동되고 도덕과 질서가 무너져가고 있는 상황에서는 그야말로 세계를 건지고 살리는 그런 실천이라고 믿습니다. 그래서 오계 실천운동이 전 인류적 차원에서 일어났으면 하고 바라고 있습니다.

그러면 불교 계율의 성격을 정리해 보도록 하겠습니다.

첫째, 불교의 계율은 밖으로부터 강요되는 절대적인 명령이 아니라 건전한 공동생활을 위한 질서요 규범입니다. 그러므로 자율적이고 상황 윤리적 성격이 강합니다. 그래서 불교의 계율은 덮어놓고 지키기만 한다고 잘 실천하는 게 아니라 경우에 따라 파할 줄도 알고 닫을 줄도 알아야 한다는 것입니다.

옛날에 한 스님이 보석을 다듬는 집에 탁발을 갔습니다. 마침 주인은 나라의 부탁으로 값진 보석을 다듬고 있었습니다. 그런데 주인이 스님에게 보시를 하려고 집안으로 들어간 사이에 집에서 기르는 거위가 돌아다니다 보석을 꿀꺽 삼켜 버렸습니다. 주인이 돌아와 보니 보석이 없어졌습니다.

그가 스님을 의심해 기둥에 묶고 보석을 내놓으라고 문초를 하니, 스님은 내일 아침이면 내놓겠다고 했습니다. 화가 난 주인은 스님을 몽둥이로 때려 피가 흘렀습니다. 스님은 하룻밤 내내 죽을 고생을 했습니다. 그 다음날 아침 거위가 배설을 하니 찾던 보석이 나왔습니다. 그때 주인은 몹시 송구스러워 어쩔 줄 몰라 하며 물어 보았습니다.

"왜 진작 말씀을 하지 않았습니까?"

그러자 스님이 이렇게 대답했습니다.

"거위가 삼켰다고 하면 급한 마음에 거위를 당장 죽일 것이 아닌가?"

주인은 스님의 자비심에 감복하지 않을 수 없었습니다. 이 스님의 경우 사실대로 이야기를 하지 않은 것은 망어에 해당됩니다. 그러나 사실대로 이야기를 하면 거위의 생명이 위태로워집니다. 그럴 때 지범개차(持犯開遮)가 필요한 것입니다. 망어죄를 범하더라도 불살생계를 지켜야 합니다. 그래서 계를 잘 지키려면 범할 줄도 알고 열 줄도 알아야 한다는 것입니다.

둘째, 불교의 계율은 인간적입니다. 불교인뿐만 아니라 참답게 살려는 모든 사람들에게 필요한 모든 덕목과 실천입니다.

셋째, 불교의 계율은 해탈을 향한 실천입니다. 표면적으로 보면 악을 멀리 하고 선을 증진하는 면에서 도덕이나 윤리적 실천과 같지만 계율은 그런 차원에서 그치는 것이 아니라 깨침, 해탈을 위한 가장 기초적인 실천입니다.

넷째, 불교의 계율은 연기의 진리에 입각한 생명사상입니다. 따라서 계율의 바탕에는 '더불어 있다'는 연기관(緣起觀)이 들어 있기에 '하나'인 생명을 잘 살리고 조화롭게 하자는 것이 불교의 계율입니다. 따라서 이러한 불교의 계율은 나와 이웃이 나뉘어 대립하고 인간과 자연의 조화가 깨져서 위기에 처해 있는 이 시대에 참으로 필요한 실천이요, 생명의 길이라 믿습니다.

이 오계정신(五戒精神)은 동서의 구별이나 시간을 떠나서 인간답게 살려는 모든 사람들에게 필요한 삶의 질서입니다. 그러한 실천을 멀리하고 건전한 삶이 영위될 수 없으며 또 그러한 실천을 떠나서 깨침의 세계, 진리의 세계가 열릴 수 없습니다.

작은 수레, 큰 수레

제 7 장

한 뿌리, 여러 줄기

여러 갈래로 나뉘어지는 승단

✸ 한 뿌리, 여러 줄기

부처님께서 돌아가시자 많은 제자들이 슬퍼하고 있었습니다. 그런데 갑자기 어떤 비구가 일어나 엉뚱한 이야기를 했습니다.

"부처님께서 생존해 계실 때는 이래라 저래라 하셨는데 이제 자유롭게 되었다. 오히려 편하게 되었는데 왜 슬퍼하느냐?"

이 말을 듣고 마하가섭 존자는 교단의 질서를 잡기 위해서는 가르침과 계율을 정리해 놓아야 하겠다고 결심하게 되었습니다.

부처님의 장례는 재가불자들에 의해 치러졌고 화장한 유골은 8등분하여 부처님 생전에 인연이 많았던 여덟 나라에 나누어 주어 각기 탑을 만들어 모셨다고 합니다.

이렇게 장례를 마친 다음 3개월이 지난 후 가섭존자는 부처님의 가르침을 정리하기 위해 회의를 소집하게 됩니다. 이 회의를 결집(結集)이라고 하는데 제일 먼저 있었던 결집을 제1결집이라고 부릅니다.

제1결집은 왕사성의 칠엽굴에서 오백 명의 아라한이 모여 열렸습니다. 여기서는 경과 율이 편집되었는데 아난존자가 부처님의 가르침을 기억해서 외웠고, 우바리존자가 승가의 생활규범인 계율을 외웠습니다. 그러면 모여 있던 500명의 아라한이 확인을 하고 함께 외웠습니다.

불교의 경전은 이처럼 부처님의 가르침을 직접 대중들의 확인을 거쳐 편집된 것입니다. 그런데 경을 편집할 때는 문제가 없었는데 율이 편집될 때는 문제가 생겼다고 합니다. 우바리존자가 앞에 나아가서 계율을 송출할 때 아난존자가 부처님께서 돌아가시기 전에 자기에게 계율에 관해 말씀하신 것이 있었다고 했습니다. 그 내용은 "내가 죽고 나거든 소소한 계는 버려도 좋다."는 것이었습니다. 그러자 제1결집 회의의 의장인 가섭존자가 아난에게 물었습니다.

"그 소소계(小小戒)가 어떤 것인지 여쭈어 보았습니까?"

"여쭈어 보지 못했습니다."

이렇게 되니 입장이 난처해져 버렸습니다. 소소계는 버려도 좋다고 하셨다는데, 어떤 계가 소소한 계인지 구분 짓기가 어려웠던 것입니다. 부처님께서는 계율을 그때그때 상황에 따라 제정하셨기 때문에 생존 시에 계율을 상당히 융통성 있게 적용하셨었습니다.

그러나 부처님이 안 계신 마당에 어느 계를 소소계라 규정해야 할지, 그것이 문제였습니다. 그래서 회의에서는 다음과 같이 결의를 하게 됩니다.

"부처님께서 제정하신 것은 전부 그대로 놓아두고 부처님께서 제정하시지 않은 것은 새로 제정치 않는다."

이것이 제일 현명한 결정이었는지 모르지만 계율에 대한 시빗거리가 남게 된 것은 사실입니다. 이렇게 제1결집을 통해 부처님의 말씀인 경전과 생활규범인 계율이 편집되었고 그것을 중심으로 불교의 교단은 1백여 년간 별 탈 없이 지낼 수 있었습니다. 부처님이 돌아가시고 백년쯤 지나 사회도 많이 변하고 경제구조도 달라져 계율에 관한 적용의 문제가 제기됐습니다.

서쪽 지방에 야사라는 장로 비구가 동쪽에 있는 바이샬리에 와보니 바이샬리의 젊은 비구들이 계율과 다른 주장을 하고 있다는 것이었습니다. 바이샬리는 상업이 발달한 도시이기에 진보적인 문물이 교단에 일찍 영향을 미쳤던 곳입니다. 문제가 되었던 것이 대략 열 가지인데 이를 십사(十事)라고 합니다.

지금 따져보면 시시한 문제로 보입니다만, 그러나 이 문제는 소소계의 문제와 관계가 있다고 보여집니다. 십사(十事)는 다음과 같은 내용입니다.

① 염사정(鹽事淨) : 당시는 스님들이 탁발에 의존해 생활을 하고 또 날이 덥기 때문에 음식을 보관했다가 먹는 일이 허락이 안 되었습니다. 그런데 소금 같은 것은 좀 비축했다가 필요할 때 먹어도 되지 않는가 하는 것이었습니다. 날씨가 더우니까 소금이 필요하기도 해서 바이샬리의 젊은 스님들은 그렇게 하자는 것이었습니다.

② 이지정(二指淨) : 스님들은 정오가 지나면 음식을 먹지 않은 것이 오후 불식의 계율입니다. 그러나 먼 곳에 출타해서 돌아오다가 조금 늦을 경우 다음날까지 굶어야 되므로, 해 그림자가 손가락 두 마디 넘어갈 때까지는 먹기로 하자는 것입니다.

③ 타취락정(他聚落淨) : 한 번 공양을 했는데 다른 마을에 갔을 경우에는 다시 먹을 수 있도록 하자는 것입니다. 이것은 스님들이 공양을 두 번 하자는 것이 아니라, 신도들이 공양을 권유할 경우 어떻게 거절할 수 있느냐는 것입니다.

④ 주처정(住處淨) : 일정한 지역에 사는 스님들이 한 장소에서만 포살과 참회의식을 하게 되어 있는데, 형편에 따라 나누어 할 수도 있게

하자는 것입니다.

⑤ 수의정(隨意淨) : 승가의 회의에 관한 문제로, 원래 승가는 민주적인 운영을 하게 되어 있으므로 전원 합의제인데, 혹 전원이 다 참석 못 할 경우 나중에 온 스님에게 사후 승인을 받을 수 있도록 하자는 것입니다.

⑥ 구주정(久住淨) : 지역에 따라 특별한 관습에 있어서는 혹 계율에 저촉이 되어도 묵인하도록 하자는 것입니다.

⑦ 생화합정(生和合淨) : 우유로 만든 음료 같은 것은 식사 시간이 아닌 때에도 먹도록 하자는 것입니다. 우유는 음식이므로 당연히 오후에 먹을 수가 없지만 우유로 만든 음료수는 음식이 아니라 음료수이니 먹어도 좋지 않느냐는 것입니다.

⑧ 치병(治病) : 술에 관한 조항입니다. 불음주(不飮酒)이므로 술은 당연히 마실 수 없으나, 아직 발효가 덜된 것은 술이 아니므로 마셔도 되지 않는가 하는 것입니다. 이것은 술을 마시려는 게 아니라, 병이 났을 때 약으로 농도가 아주 낮은 것은 마셔도 되지 않는가 하는 문제입니다.

⑨ 불익루니사단정(不益縷尼師壇淨) : 신체의 크기와 용도에 따라서 좌구(坐具)를 만들어 써도 괜찮지 않은가 하는 것입니다.

⑩ 금은정(金銀淨) : 이 금은정(金銀淨)의 문제는 '불교 승가는 화폐 경제를 어떻게 받아들일 것인가?'라는 새로운 문제를 제기한 것이라고 볼 수 있습니다. 아울러 금·은·동의 소유를 허락하지 않았던 당시의 엄격한 수행 풍조를 엿볼 수 있기도 합니다. 금은정은 금·은·동 등을 조금씩 보관해도 괜찮지 않은가 하는 것입니다.

이런 열 가지는 계율을 좀 더 융통성 있게 해석해 수행생활을 편리하게 하자는 것이 바이샬리 젊은 스님들의 의견이었습니다. 서쪽에서 온 야사 장로는 이 젊은 스님들이 계율을 어긴다고 장로스님들께 항의했습니다. 이에 장로 스님들이 주관해서 회의를 소집하였습니다. 7백 명의 장로들이 바이샬리에 모여 논의 끝에 십사(十事)는 비법(非法)이기에 불법에 어긋난다고 판정을 내렸습니다. 이를 십사비법(十事非法)이라고 합니다.

그러나 젊은 스님들은 이에 불복하여 따로 더 많은 대중을 모아 회의를 하였습니다. 그래서 교단은 보수적인 장로와 진보적인 소장 스님들 간에 계율 문제를 놓고 대립하게 되었습니다. 이렇게 교단이 둘로 나뉘게 되었는데 장로 스님들은 상좌부(上座部)라 하고, 젊은 스님들은 대중부(大衆部)라고 부르게 되었습니다. 이렇게 나뉜 것을 근본분열(根本分裂)이라고 합니다. 이때가 불멸 후 1백 년경입니다.

분열이 생긴 교단은 부처님의 가르침에 대한 견해에도 차이를 보여 더 많은 부파로 분열해 갔습니다. 그래서 B.C. 1세기경에 이르기까지 상좌부에서 약 10여 부파, 대중부에서 8부파 등 전부 20여 부파로 분열이 되었다고 합니다. 이처럼 근본분열 이후 20여 개로 나뉜 것을 지말분열(支末分裂)이라고 합니다. 따라서 부파불교란 '근본분열 이후부터 지말분열이 계속된 때까지의 불교'를 가리키는 것입니다.

부파불교에서 우리가 짚고 넘어가야 할 것은 부파불교와 소승불교가 같은가, 다른가 하는 점입니다. 부파불교에 대한 반동으로 새로운 불교운동이 B.C. 1세기경에 나타났고, 그 '새불교 운동'을 일으킨 사람들은 스스로를 대승(大乘), 즉 '큰 수레'라고 불렀습니다. 그들은 대승불교 운동에 동참하지 않고 계속 부파불교의 전통을 고수하는 사람들을 통틀어서 소승(小乘), 즉 '작은 수레'라고 불렀습니다. 이렇게 소승불교, 대승불교란 구분은 B.C. 1세기경, 대승불교 운동이 일어난 다음부터 생기기 시작하였습니다.

따라서 부파불교와 소승불교는 이름은 다르지만 내용은 같다고 보아야 옳을 것 같습니다. 부파불교의 전통은 대승불교 이후에도 대승과 함께 오랜 기간 동안 인도에 남아 있었고, 대승불교인들은 그들을 소승이라고 불렀던 것입니다.

✺ 출가자 위주의 전문적인 승원불교

불멸 후 2백 년경인 아쇼카대왕 때 마하데바라는 비구가 살고 있었습니다. 한역으로는 대천(大天)이라고 하는데, 그는 대중부에 속했고, 아라한과를 증득한 분이었다고 합니다.

'아라한'은 부파불교에서 이상적인 경지로 여기는 더 배울 것 없는 성자의 경지를 말합니다. 물론 깨쳐야 아라한이 되는 것입니다. 그런데 이 대천이 아라한의 경지에 대해서 좀 색다른 주장을 했습니다. 즉 다섯 가지 문제를 제기했는데 이것을 오사(五事)라고 합니다.

첫째는 '아라한도 유혹당할 때가 있다'는 것입니다. 대천 스님이 어느 날 밤에 자다가 자기도 모르는 사이에 그만 몽정을 했다고 합니다. 마침 제자가 그 옷을 빨아주다가 의심이 생겼습니다. 왜냐하면 스승은 번뇌를 끊은 아라한인데 몽정을 한다는 것은 아직도 번뇌가 있다는 게 아닌가 하는 의심이 났던 것입니다. 그래서 스승 대천에게 물어 봤습니다.

"스승님 어찌된 일입니까?"

그랬더니 스승이 대답했습니다.

"천마(天魔)에게 유혹을 당할 때는 아라한일지라도 더러움이 새어나갈 수가 있는 것이다."

깨치기만 하면 누구나 부처가 된 것인가 하는 문제와 통하는 쟁점
입니다.

둘째는 아라한이 되면 스스로 아라한이 된 것을 알 수 있는가, 없는
가에 관한 것입니다. 즉, 깨치면 깨친 것을 스스로 알 수 있는가, 없는
가 하는 문제입니다. 대천 스님의 제자가 아라한이 되었는데 자신은 깨
친 줄 확실히 몰랐던 모양입니다. 그래서 제자는 대천 스님에게 질문을
했습니다.

"저는 아라한이 될 때 아라한이 된 줄을 자각치 못했는데 그럴 수도
있습니까?"

이에 대해 대천 스님은,

"모르는 경우도 있다."

고 하였습니다.

셋째는 아라한이 된 것을 알기까지 시간적인 유예가 있을 수 있다
는 것입니다. 즉, 깨칠 때 그 자리에서 알 수도 있고, 한참 지난 뒤
에 '내가 그때 깨쳤었구나.' 하고 나중에 알 수도 있다는 것입니다.

넷째는 아라한이 된 것을 스스로는 모르고 타인이 알려줘서 알게
되는 경우도 있다(他令人)는 것입니다.

다섯째는 아라한도 계속 수행을 해야 하는가, 아닌가 하는 문제
입니다. 어느 날 밤에 대천이 무의식 중에 "아 괴롭구나." 하고 탄식
을 했다고 합니다. 제자가 그 소리를 듣고서 의문이 들었습니다.

'아라한이면 깨친 사람인데 괴로움이 아직도 있는가?' 그러한 의문
은 당연합니다. 왜냐하면 불교는 괴로움으로부터 벗어나기 위해서 수
행을 하는 것이고 괴로움으로부터 벗어난 성자가 아라한이기 때문입니
다. 그래서 대천 스님께 여쭤보니 진실로 괴롭다고 탄식함으로써 성스
런 도가 생긴다고 대답하였습니다. 이것은 '괴로다, 괴롭다' 하는 자기

반성이 있을 때 오히려 당찬 수행을 하게 되고, 그러면서 진리의 세계로 나아갈 수 있다는 것입니다. 또 아라한과를 증득한 사람도 그런 자세로 수행을 계속해야 한다는 말이기도 합니다.

그러므로 대천 스님에 의하면 아라한의 경지에 이른 사람도 계속해서 마음을 가다듬고 공부를 해가야 한다는 것입니다. 이렇게 보면 아라한은 완성이 아니라, 완성을 향해 가는 과정쯤으로 생각한 것이라 할 수 있습니다. 몽정에 관한 논의도 실은 이런 입장을 나타내는 것으로 이해를 해야겠습니다.

이러한 대천 스님의 생각은 당시로서는 폭탄과 같은 것이었는지도 모릅니다. 왜냐하면 아라한을 종교적 이상으로 생각하는 것이 당시 부파불교의 전통이었기 때문입니다. 대천 스님의 이른바 오사는 많은 논란을 불러 일으켰고 그가 속해 있던 대중부도 이것을 문제로 삼아 분열에 더욱 박차를 가하게 되었다고 합니다. 기록에 따르면 대중부에서도 전통적인 입장을 취하는 사람들은 대천 스님의 의견에 반대했고, 찬성했던 사람들은 대중부로부터 독립하여 새로운 부파를 형성했다고 합니다. 따라서 대천 스님이 제기한 문제는 그냥 지나칠 수 없는 중요한 의미가 있습니다. 그것은 부파불교가 단순히 계율에 대한 시비만이 아니라, 부파불교의 가장 높은 경지인 아라한과의 문제를 가지고 토론했다는 것을 잘 보여주고 있기 때문입니다. 부파불교는 이러한 쟁점에 대해 엄밀한 토론과 논의를 해갔습니다.

대천 스님이 제기한 문제는 오늘날 일고 있는 깨침과 닦음에 관한 논쟁과도 무관하지 않아 보입니다. 근래 한국 불교에는 '깨치면 더 닦을 것 없이 그대로 부처'라는 돈오돈수(頓悟頓修)의 주장과 '깨치고 나서 깨친 바가 생활 속에 잘 드러나도록 점차적으로 닦아가야 한다'는 돈오점수(頓悟漸修)의 논쟁이 일고 있습니다.

이 대천 스님의 주장은 깨친 후에도 끝없는 수행을 해가야 한다는 돈오점수의 입장인 것 같습니다. 대천 스님의 이러한 주장은 아라한 불교의 뿌리를 뒤흔든 주장이었을 것이고 대승불교의 선구적 역할까지도 했는지 모릅니다. 왜냐하면 아라한이란 이상에 안주하는 것이 아니라, 아라한과를 증득한 다음에도 끊임없는 정진을 통해 완성을 향해 가야 한다는 것이기 때문입니다. 어떻게 보면 불과(佛果)를 향한 겸허한 수행자세로 볼 수도 있습니다.

부파불교의 각 부파는 이렇게 계율과 교리, 혹은 사상적인 입장을 달리하면서 다양한 부파로 발달해 갔습니다. 그러면서 각 부파는 자기 부파의 사상적인 견해를 자연스럽게 드러나게 하기 위해 교리와 사상을 체계화했습니다.

각 부파는 경전을 체계화하고 주석하기 시작했습니다. 그것은 부처님의 말씀인 경전을 각 부파의 입장에서 해석하고 정리한 것입니다. 이로써 불교 최초의 '논(論)', 즉 경에 대한 주석서가 출현하게 됩니다. 그리하여 비로소 오늘날 대장경의 경·율·론 삼장이 모두 갖춰지게 됐습니다. 이것이 부파불교의 제일가는 업적이라 할 수 있습니다.

논(論)은 '아비달마'라고 하는데 '법에 대한 연구'란 뜻입니다. 그래서 부파불교를 아비달마불교라 부르기도 합니다. 부파불교가 전체적인 이름이라면 아비달마불교는 부파불교의 내용에 따른 이름입니다. 따라서 아비달마불교는 불교 역사상 처음으로 부처님의 가르침을 체계화한 학문적 불교입니다.

그런데 이런 학문적인 작업은 전문적인 사람들에 의해서 주도될 수밖에 없었습니다. 이런 전문인들은 출가한 스님들이었고 그중에서도

전문적인 학자 스님들이었습니다. 따라서 아비달마 불교, 즉 부파불교
는 출가자 위주의 전문불교이자 승원불교였습니다.

만인을 위해 불법을 널리 펴다

⊛ 수많은 사람들의 귀의처를 만든 전륜성왕

스님들이 이러한 전문적인 작업에 전념할 수 있기 위해서는 승원의 안정이 절대로 필요했습니다. 이러한 승원의 안정에 절대적으로 기여한 사람이 바로 아쇼카왕입니다.

아쇼카왕은 기원전 268년에서부터 232년까지 36년간 인도 마우리야 왕조의 왕위에 있었던 왕입니다. 그는 재위기간 동안 정법에 입각해서 나를 다스린 인도 최고의 전륜성왕(轉輪聖王)이었습니다. 전륜성왕이란 진리로 나라를 다스리는 이상적인 왕을 가리키는 말입니다.

불교가 인도에서 튼튼한 뿌리를 내리고 오늘날 세계 각국에서 수많은 사람들의 귀의처가 될 수 있었던 것도 야쇼카왕에 힘입은 바가 큽니다. 따라서 인도의 불교를 말하면서 아쇼카왕의 업적을 빼놓을 수 없습니다.

아쇼카왕은 인도를 통일한 마우리야 왕조의 제3대 왕인데, 원래는 천민출신이었고 용모도 보기 흉할 정도로 못났었다고 합니다. 뿐만 아니라 성격도 난폭하고 잔인해서 왕위에 오르기 위해 99명의 이복형제를 무참히 살해하였고 즉위 후에도 난폭한 짓을 서슴지 않았다고 합니다. 심지어 궁녀들이 무우수의 나뭇가지를 꺾고 꽃을 땄다고 해서 5백 명의 궁녀를 한꺼번에 화형 시키기도 했다고 합니다. '무우수'는 바로 아쇼카라는 자기 이름과 같은 뜻을 가진 나무였으며, 그가 남달리 애착하던 나무이기도 했습니다. 아무리 그렇다 하더라도 그것은 포악한 행동이었습니다.

그런 행동은 궁녀나 대신들이 자신의 출신이 비천한 것을 경멸한다고 생각을 했기 때문에 벌어진 일이었습니다. 이 일은 사성제도의 문제성을 실감하게 하는 예라고 하겠습니다. 심지어 천하를 통일한 제왕도 천민의 비애를 벗어날 수 없었던 것이 인도의 사성제도였던 것입니다.

야쇼카왕은 즉위 8년째 되는 해에 인도 동남 해안의 칼링가국을 정복했는데 그 전쟁은 참혹한 살상의 현장이었습니다. 15만 명의 칼링가국 사람들이 포로로 잡혔고 수십만의 군사와 양민들이 죽는 참혹한 전쟁이었습니다. 이렇게 포악하고 잔인한 아쇼카대왕이 불교에 귀의를 하게 되는데 그 동기를 전하는 이야기가 있습니다.

잔인한 아쇼카왕은 기리카란 광적인 사람을 사형집행인으로 고용하였습니다. 기리카에게 사람들을 고문하고 죽이는 감옥을 하나 지어주었고, 또한 누구든지 그곳에 들어가면 살아나갈 수가 없음을 왕명으로 정해 놓았습니다. 그런데 어느 날 한 스님이 그 감옥을 여염집인 줄 알고 탁발하러 들어갔다가 잡히게 됐습니다. 기리카가 스님을 물이 끓는 가마솥에 넣어 죽이려고 하자 스님은 '한 달만 여유를 달라'고 간청하였습니다. 이유는 아라한과를 얻고 나면 기꺼이 죽겠다는 것이었습니다.

이에 기리카는 일주일간의 말미를 주었습니다. 스님은 일주일에 아라한과를 증득할 자신이 없었지만 열심히 정진했습니다. 정진의 마지막이 되는 날 젊은 남녀가 잡혀 왔는데 불륜에 빠진 아쇼카왕의 궁녀와 왕자였습니다. 기리카가 그들을 절구통에 넣고 찧어 죽이는 광경을 보고 스님은 아라한과를 증득하였습니다.

다음날 기리카는 드디어 스님을 죽이려고 가마솥에 넣고 뚜껑을 덮어 불을 지폈습니다. 그런데 아무리 불을 때도 물이 끓지를 않았습니다. 그래서 뚜껑을 열어보자 그 스님이 연꽃 위에 가부좌를 틀고 앉아 있는 것이었습니다. 놀란 기리카는 아쇼카왕에게 이 사실을 보고하였으며, 아쇼카왕이 친히 오게 되었습니다.

스님이 아쇼카왕에게 말했습니다.

"대왕이시여, 당신은 일찍이 부처님으로부터 그분의 유골을 나누어 팔만사천 탑을 세울 분으로 예언을 받은 분입니다. 그런데 어찌 이런 지옥을 만들어 사람을 괴롭히고 또 그걸 즐기고 있습니까? 일체중생의 공포를 없애주셔야 합니다."

이 말에 아쇼카왕은 정신이 들어 불법에 귀의했다고 합니다. 물론 이것은 전설적인 이야기이지만 아쇼카왕이 극적인 회심을 한 것은 틀림없는 사실입니다. 그가 불교로 회심한 것은 천민 출신이란 것도 크게 작용했으리라 생각됩니다. 당시 불교는 사성계급을 인정치 않고 평등을 주장하는 교단이었으므로 쉽게 귀의하였을 것입니다.

불법에 귀의한 왕은 새로운 사람이 되어 힘에 의한 통치가 아니라, 진리와 정법에 의해 나라를 다스리는 성왕(聖王)이 되었다고 합니다. 종교의 힘은 이렇게 사람을 완전히 달라지고 새롭게 하는 데 있습니다. 새사람이 된 아쇼카왕은 진리에 입각한 통치이념을 널리 알리기 위해 영토의 곳곳에 석주(石柱)를 세우고 국경지방에는 마애조칙(磨崖詔勅)을 세웠습니다. 또한 수시로 순시하며 백성들의 생활을 직접 어루만졌다고 합니다. 그 조칙문에 새겨진 내용을 통해 아쇼카왕의 정법에 입각한 통치이념을 살펴보면 다음과 같습니다.

첫째, 인간과 동물에게 상처를 입히지 말라는 것을 강조하였습니다. 이것은 불교의 생명존엄사상입니다. 무력에 대한 부정도 이 사상에 기본을 둔 것입니다.

둘째는 바람직한 인간관계를 가지라고 했습니다. 이것은 어른이나 부모, 스승이나 친구 간의 바른 도리를 실천하라고 하는 것입니다.

셋째는 국민 개개인의 윤리로 자비, 온화, 자제, 보은, 분수에 맞는 생활, 진리를 존중하는 삶을 강조하고 있습니다.

그리고 왕은 불교에 귀의하였지만 바라문교를 포함한 다른 모든 종교도 똑같이 인정하고 존중하였다고 합니다. 자기의 종교를 존중하듯 다른 사람의 종교도 존중하였던 것입니다. 부처님께서도 자이나교의 신자가 개종하려 할 때, "지금까지와 같이 당신은 자이나교 수행자들에게 시주를 하라."고 하셨습니다. 이것이 바로 불교의 정신이라고 할 수 있습니다.

아쇼카왕은 이런 부처님의 가르침을 잘 이해하고 실천했습니다. 그는 부처님의 성지를 순례하고 참배한 후 석주를 세워 기념하고 백성들에게 성지를 순례할 것을 권장했습니다. 그래서 백성들이 순례 여행을 잘 할 수 있도록 도로를 닦고 가로수를 심고 휴게소를 짓기도 했다고 합니다.

그리고 여덟 나라에 나누어 모셔졌던 부처님의 사리를 다시 세분하여 전국 각지에 8만 4천 개의 탑을 세우고 봉안했다고 합니다. 또한 탑만 세운 것이 아니라 그 탑에 땅을 보시했으며, 이것은 나중에 대승불교가 일어나는 밑받침이 됩니다.

또 왕은 불법의 전파를 위해 다섯 명을 한 조로 하는 포교사 조직을 만들어 각국에 파견했습니다. 여기에는 케슈미르, 미얀마, 그리스의 박트리아 왕국, 그리고 스리랑카도 포함됩니다. 이로써 불교는 국제적인 종교로 발돋움하게 되었습니다. 특히 스리랑카에는 포교사로 자신의 아들인 마힌다왕자를 출가시켜 보냈고, 수년 뒤에는 마힌다의 여동생 상가밋타 비구니도 파견하여 그곳에 최초의 비구니 교단을 만들었다고 합니다.

왕은 승가에 토지와 건물을 보시했는데, 이것이 부파불교의 발달에 큰 기여를 하게 됩니다. 왜냐하면 승가에 토지와 건물이 있게 되면서 스님들이 한 곳에 정착하게 되니 승원이 안정되고, 그것이 결국 아비달마불교를 꽃피울 수 있는 배경이 되었던 것입니다.

이렇게 아쇼카대왕의 귀의와 정법의 실천으로 불교는 인도전역에 굳건한 뿌리를 내리게 되고 국제적인 불교가 된 것입니다.

아쇼카왕의 영향이 우리나라에도 미쳤다는 사실을 아는 사람은 많지 않은 것 같습니다. 화랑도를 창설하고 삼국 통일의 기반을 다진 진흥왕은 아쇼카왕의 정법 이념을 이 땅에 펼치려고 했던 신라의 전륜성왕이었습니다. 그가 얼마나 아쇼카왕과 관련을 지었는지는『삼국유사』에 나오는 황룡사 장육존상(丈六尊像) 조성에 얽힌 설화에 잘 표현되어 있습니다.

『삼국유사』에 의하면 지금의 울산 앞바다에 홀연히 배 한 척이 나타났는데, 배 안에는 불상을 조성할 수 있는 모형과 황금, 철 등의 재료가 가득했으며 편지가 한 통 꽂혀 있었습니다. 그 편지는 천축국의 아쇼카왕이 불상을 조성하려 준비했던 것이었는데, 아무리해도 불상이 조성되지 않아서 모형과 재료를 배에 실어 띄우며 부디 인연이 있는 나라에 가서 훌륭한 불상이 이뤄지길 바란다는 내용이었습니다.

이러한 보고를 받은 진흥왕은 불상의 모형은 울산 근처에 동축사를 지어 모시게 하고, 재료는 서울인 경주로 실어 오도록 했습니다. 그리고 단번에 훌륭한 불상을 조성했다고 합니다. 이 불상이 경주 황룡사의 장육존상입니다. 이 황룡사 부처님의 조성연기에서 우리는 진흥왕이 인도와 신라, 그리고 아쇼카왕과 자신을 비교하고 있음을 볼 수 있습니다. 동축사라는 절 이름도 인도를 가리키는 서축에 대해 신라를 동쪽의 인도, 즉 동쪽의 불국토(佛國土)로 보아 붙여진 이름입니다.

또한 아쇼카왕이 불상의 조성에 번번이 실패하고 '인연 있는 나라'에서 이뤄지길 바랐는데 신라에서 '단번'에 조성됐다는 것은 신라가 바로 그 '인연 있는 땅'이며 또 은연중에 진흥왕이 인도의 아쇼카왕을 능가한다는 암시를 주고 있습니다.

실제 진흥왕은 스스로를 전륜성왕으로 자처했고 정법으로 나라를 다스리는 이념을 실천했습니다. 팔관회, 백고좌회, 화랑도 창설 등도 그와 같은 이념에서 제도화한 것입니다. 또한 진흥왕의 아들 이름이 금륜, 동륜이었음을 보아도 그가 얼마나 전륜성왕의 이상에 전념했던가를 알 수 있습니다. 왜냐하면 전륜성왕은 능력에 따라 금륜성왕, 은륜성왕, 동륜성왕, 철륜성왕의 구분이 있었기 때문입니다. 인도의 전륜성왕인 아쇼카왕은 이렇듯 우리나라에도 깊은 영향을 미친 위대한 불교인이요, 성왕이었습니다.

야쇼카왕의 도움으로 사원은 상당히 여유 있는 살림을 할 수 있었습니다. 그 역설적인 예로 남방불교 쪽에 전해 오는 자료에 따르면 6만 명이나 되는 비불교도들이 승가에 몰래 잠입해서 함께 살 정도였다고 합니다. 그들로 인해 승가에서는 정상적인 포살 등의 의식을 7년간이나 못했다고 합니다. 그래서 아쇼카대왕이 목갈리풋타 팃사라는 장로 스님을 스승으로 모시고 사원 안에 살고 있는 비불교도들을 색출해서 쫓아내고는 천 명의 아라한을 모아서 회의를 하고 외도의 사상을 타파하여 정법을 세웠다고 합니다. 남방불교에서는 이 일을 제3결집이라고 합니다만 북방불교의 자료에는 보이지 않습니다.

이런 기록을 통해서 볼 때도 당시의 승가가 상당히 여유 있는 경제적 기반을 갖추고 있었던 것 같습니다.

✸ 승원의 안정 속에 학문은 깊어지고

이런 승가의 안정 속에서 경에 대한 주석과 법에 대한 연구, 즉 아비달마의 작업이 가능했던 것입니다. 그리고 그 연구의 결과로 논장(論藏)이 탄생하였습니다.

경전의 주석인 아비달마의 작업은 대체로 세 단계를 통해서 이루어졌습니다. 처음에는 경전 뒤에 주석적인 설명을 첨가한 정도였습니다. 부처님께서는 설법을 하실 때 마가다국의 언어를 사용하셨다고 하는데, 이는 일반 대중을 위한 것이었습니다. 모든 대중이 알아들을 수 있는 마가다어와 같은 평이한 말로 가르침을 펼치신 것입니다. 이 점도 부처님 가르침의 한 특성이지만 난해하거나 전문적인 용어에 대해서는 부처님께서 다시 설명하시기도 하고, 또 제자들이 다시 설명을 해 주기도 한 부분이 있었습니다. 바로 그런 부분에다 각 부파에서는 자기들의 견해를 첨가했던 것입니다.

그 다음 단계에 가서는 독립된 아비달마 논서가 형성되었습니다. 왜냐하면 경전 뒤에 첨가하는 것도 한계가 있고 내용이 길어지게 되므로 자연히 그렇게 된 것입니다. 이렇게 독립된 논서가 되면서 각 부파의 견해가 뚜렷해지고 부파적인 색채가 짙어졌습니다. 이 단계에서는 불교적 용어에 대한 독특한 해석과 정의가 이루어지고 특정 주제에 대한 전문적인 고찰도 되었습니다.

그래서 마침내는 사상을 체계적으로 정리한 웅대한 논서가 만들어 지게 되었습니다. 각 부파에서 그러한 논서들을 만들었을 것이나, 지금까지 남아 있는 부파의 논서는 대부분 남방 상좌부(上座部)와 설일체유부(說一切有部)의 것입니다. 상좌부의 논서는 일곱 개가 전해오고 있는데 팔리어로 쓰여 있고, 설일체유부의 논서는 한문으로 번역된 것만 남아 있는데 역시 일곱 개가 있습니다.

이들 논서들은 대단히 방대한 양인데, 한 예로 설일체유부의 『대비바사론(大毘婆沙論)』은 무려 2백 권에 달하고 5백 명의 논사, 즉 아비달마 불교의 전문가들이 12년이나 걸려서 만들었다고 합니다. 일종의 백과사전을 연상하면 되겠습니다. 그러니 일반 사람들은 접근하기가 어려웠으리라는 것은 당연합니다.

설일체유부에서는 이 『대비바사론』이 너무 방대하기 때문에 줄여서 핵심만 간추리는 일이 진행되었습니다. 그래서 이 부파의 교학을 가장 짜임새 있게 정리한 『아비달마구사론(阿毘達磨俱舍論)』이 나오게 되었습니다. 이 『아비달마구사론』은 그 유명한 세친(世親)의 저술인데 줄여서 보통 『구사론』이라고 합니다. 이 논서는 설일체유부, 나아가서는 부파불교를 대표할 만한 개론서입니다. 그래서 부파불교 혹은 소승불교를 이야기하려면 으레 세친의 『구사론』이 나오게 마련입니다.

그런데 이 『구사론』도 30권에 달하는 대작이어서 불교를 공부하는 사람들에게는 전통적으로 '구사 8년, 유식 3년'이란 말이 있을 정도입니다. 즉 구사론을 공부하는데 8년이 필요하고 유식을 공부하는데 3년이 소요된다는 것입니다. '구사 8년, 유식 3년'은 아비달마 논서의 방대함과 난해함을 짐작할 수 있게 하는 말이라 생각됩니다. 또 아비달마불교의 학문적 성격도 미루어 짐작할 수 있습니다.

그러면 이들 논서에 나타난 부파불교의 사상은 어떠할까요? 부처님의 가르침은 이 세상에 있는 모든 것은 예외 없이 깊은 관계 속에 서로 영향을 주고받으면서 '더불어' 있다고 합니다. 이것이 연기설입니다. 따라서 부파불교의 사상도 이 바탕을 떠나 따로 있는 것은 아닙니다.

부파불교는 연기, 무아의 진리를 받아들이고 더 나아가서 어떻게 하면 연기와 무아를 체계적으로 설명할까 하는 고민을 하였습니다. 그래서 왜 연기이고 무아인가 하는 문제를 설명해 갔는데, 결국 많은 조건들인 인연이 모인 것이기 때문이라고 했습니다. 사람도 사람을 구성하는 많은 요인들이 모여서 잠시 사람의 형상을 나투었기 때문에 무아라고 했습니다.

이런 방법으로 설명을 하다 보니 사람이면 사람, 나무면 나무를 구성하는 요소들을 강조하게 되었고 마침내는 최소한의 요소들은 변치 않는다고 보았던 것입니다. 부파불교에서는 그런 요소를 법, 즉 다르마라고 부르는데 그 요소인 다르마들이 75개가 있고, 그것들이 각기 상황에 따라 인연 화합해서 사람도 되고 나무도 된다고 보았습니다. 이렇게 존재의 요소들이 '있다'고 보기 때문에 유부(有部), 모든 것에는 실재적인 원인이 있다고 설하는 부파라고해서 설일체유부(說一切有部)입니다. 즉 '일체가 있다고 보는 부파'라고 부르게 되었던 것입니다.

그런데 연기의 진리, 무아사상을 제대로 이해하고 계신 분은 이 유부의 설명이 좀 이상하다는 의심을 하게 될 것입니다. 본래 연기, 무아는 모든 존재하는 것이 뗄 수 없는 관계 속에 서로 의존해 있으므로 고정불변하는 실체를 부정하는 것이었습니다. 그러니까 사람도 무아이고 연기라고 했던 것입니다. 그런데 유부에서는 사람은 공이고 무아인데 사람을 구성하는 최소한의 요소인 법, 즉 다르마가 '있다(有)'는데 문제가 있습니다. 즉 부파불교에서는 존재하는 것이 무아이고 연기라는 것을 구체적으로 설명하려다 오히려 존재를 구성하는 요소가 있다고 인정하는 오류에 빠지고 말았다는 비판을 면하기 어렵게 되었습니다.

결국 부파불교의 대표적인 학파인 설일체유부에 의하면 존재하는 것의 바탕에 변치 않는 최소한의 요소들이 있고, 그것을 75가지로 분류하고 있습니다. 그 요소들이 각기 연연 따라 모이고 흩어지면서 어떤 존재를 나타낸다고 본 것입니다.

업과 윤회의 세계

⊛ 내생에는 내가 더 잘 살 수 있다

업(業)과 윤회(輪廻)의 사상은 불교를 통해서 우리와 아주 친숙한 관계를 맺어오고 있습니다. 우리말의 자업자득(自業自得), 인과응보(因果應報), 업보(業報), 수라장(修羅場), 아귀(餓鬼), 아비규환(阿鼻叫喚) 등이 업과 윤회와 관련되어서 자주 회자되어 온 말들입니다. 그것은 우리가 의식을 하고 있든 아니든 또는 불교인이 아니더라도, 우리들 의식 속에 업과 윤회설을 바탕으로 한 윤리의식이 깊게 자리하고 있음을 말하고 있습니다.

한 가지 특이한 사실은 우리나라에 불교가 처음으로 들어왔을 당시에 다른 어느 사상보다도 착한 일을 하면 복을 받고 악한 일을 하면 나쁜 과보를 받는다는 인과응보의 사상이 가장 먼저 퍼져 나가고 정착해 갔다는 것입니다. 우리나라에 불교가 처음 들어온 때는 삼국시대로 가족 중심적인 농경사회였습니다. 따라서 가정을 버리고 출가 수도하는 면보다는 모든 사람들에게 거부감 없이 받아들일 수 있는 '선인선과(善因善果) 악인악과(惡因惡果)', 즉 '선한 씨를 심으면 선한 열매를 거두고, 악한 씨를 심으면 악한 열매를 거둔다'는 가르침이 자연스러웠던 시대였습니다. 이 업과 윤회설이야말로 우리 민족이 만난 최초의 부처님의 가르침이라고 할 수 있습니다.

업과 윤회사상은 불교 이전부터 있었던 인도의 전통사상으로 선한 삶을 살면 죽어서 하늘에 태어난다는 일종의 생천사상(生天思想)입니다. 이것은 지금도 가장 인도적인 전통으로 인도적인 삶의 한 배경이 되어 오고 있습니다.

우리나라의 기자 한 명이 특파원으로 인도에 갔을 때 어느 시골을 방문하게 되었답니다. 그곳 농부가 망고라는 과일을 따서 팔고 있는데 하루 종일 팔아봐야 몇 푼 안 되는 장사를 위하여 종일 앉아 있는 것이었습니다. 그리고 그 농부의 집에는 평상 하나와 그릇 몇 개뿐이었습니다.

특파원이 그에게 말을 걸었습니다.

"한국 사람들은 열심히 일을 해서 돈을 벌어 집에 TV도 있고 냉장고도 있습니다. 당신도 그 몇 푼 안 되는 망고만 팔려고 하지 말고 열심히 일해서 돈을 벌어 잘 살면 좋지 않습니까?"

그러자 그 농부가 대답했습니다.

"한국 사람이 TV도 있고 냉장고도 있어서 지금은 잘 사는지 모르지만, 내생에는 내가 더 잘 살 자신이 있습니다."

그래서 이유를 물어보니 그는 이렇게 대답했습니다.

"TV와 냉장고를 놓고 잘 살기 위해서 나쁜 일을 얼마나 많이 합니까? 그러나 나는 망고 나무에서 망고를 따다가 정직하게 팔아서 살고, 평생 나쁜 일은 하지 않고 착하게 살고 있습니다. 그러니 내생에는 내가 더 잘 살 자신이 있습니다."

우리의 생각에는 왠지 좀 소극적인 삶 같지만 인도 사람들의 생활

깊숙이 뿌리박혀 있는 업과 윤회의 믿음을 볼 수 있는 일화입니다.

이러한 인도의 전통적인 생천사상을 불교가 받아들였고 체계적인 사상으로 발달시켰습니다. 그러므로 인도의 업설은 불교에 와서 비로소 가장 체계적인 이론 체계를 갖추게 되었다고 할 수 있습니다. 이렇게 불교가 체계화되기까지는 부파불교의 역할이 컸다는 사실을 알아야겠습니다. 그것은 부파불교에서 업설에 대한 가장 구체적인 학설을 정립하였기 때문입니다.

지금부터 그 업과 윤회에 대해서 알아보겠습니다. 업이나 윤회의 세계는 미혹한 사람들, 즉 깨치지 못해서 '나다' 하는 놈이 있는 세계입니다. 따라서 불교의 업이나 윤회는 좋은 업을 쌓아서 하늘세계에 태어나 편안히 사는데 목적이 있는 것이 아니라, 업을 청정히 해서 마침내 윤회로부터 벗어나는 해탈에 목적이 있습니다.

이런 이유에서 불교의 업과 윤회설은 단순한 생천사상과는 전혀 다릅니다. 불교에서 악업을 멀리하고 선업을 쌓는 것은 열반과 해탈, 즉 업과 윤회로부터 벗어나는 한 과정으로서의 의미를 가집니다. 따라서 천상의 세계도 그 자체가 종착역이 아니라 한 단계이고 과정일 뿐입니다.

부처님께서도 차제설법(次第說法)이라고 해서 단계적인 가르침을 펴셨습니다. 처음에는 남에게 많이 베풀고 계율을 잘 지키면 생천한다고 해서 선인선과(善因善果), 악인악과(惡因惡果)의 업보설을 믿게 하고, 그 다음에는 그릇된 욕망이 바로 고(苦)의 근본인 것을 가르쳐서 마음을 깨끗이 하도록 하셨습니다. 그리하여 사람들의 마음이 청정해지면 그때 비로소 사성제와 팔정도의 진리를 가르쳐서 진리에 눈을 뜨게 하셨습니다. 전통적인 윤회의 가르침을 수용하고 그를 통해서 불교가 이상으로 하는 진리의 세계로 나아가게 하고 계시는 것을 잘 알 수 있습니다.

업이란 우리들이 하는 일체의 행위입니다. 입으로 말하고, 몸으로 행동하고, 마음으로 생각하는 이른바 신·구·의 삼업을 가리킵니다. 일반적으로 행위라고 할 때는 말이나 행동으로 나타난 것만 가리키지만, 불교에서는 생각으로 하는 짓도 행위에 포함시킵니다.

우리는 입 한 번 열지 않고 손끝 하나 움직이지 않으면서도 생각 속에서 폭행도 하고 살인도 하지 않습니까? 이것도 죄가 되는 것입니다. 그러니 말이나 행동뿐 아니라 생각도 조심해야 합니다. 오히려 생각은 말과 행동의 뿌리가 되기 때문에 제일 강조되는 부분이 생각을 바르게 가지는 것입니다.

우리는 너무 표면에 나타난 것만을 문제 삼고 내면을 소홀히 하는 경향이 있습니다. 말하고 행동하고 생각하는 것 모두가 나의 운명을 창조하고 더 나아가서는 우주적인 영향을 미치게 되는 것입니다. 따라서 사회나 공동체의 운명도 구성원 개개인이 어떤 행위를 하는가에 달려 있습니다.

이렇게 개인적인 차원의 업을 별업(別業)이라 하고 공동체적인 차원의 업을 공업(共業)이라 합니다. 그러나 그 둘은 따로 있는 것이 아니라, 나의 생각과 행위를 개인적인 입장에서 보는가, 공동체적인 입장에서 보는가의 차이일 뿐입니다.

이러한 불교의 업설에는 두 가지 원칙이 있습니다. 하나는 내가 한 어떤 행위도 틀림없이 결과를 초래한다는 인과응보, 혹은 업보의 필연성이고 다른 하나는 내가 지은 것은 내가 받는다는 자업자득의 원칙입니다. 그러므로 과거의 내가 어떻게 살았는가를 알기 위해서는 지금의 나를 보라고 했고[欲知前生事 今生受者是], 또 미래의 나를 알고 싶거든 내가 지금 하고 있는 바를 보면 된다[欲知來生事 今生作者是]고 했습니다. 칼날 같은 말씀입니다.

☸ 어김없는 인과의 법칙

국가나 사회도 마찬가지입니다. 오늘날 우리 사회는 과거의 우리 선인들이 해온 행위의 결과요, 또한 미래의 우리사회는 지금 우리들이 하는 행위에 의해 결정될 것입니다. 따라서 지금 내가 어떻게 생각하고 행동하는가 하는 것이 중요한 일입니다. 그래서 불교의 업설은 항상 지금, 여기의 내가 어떤 행위를 하는가에 초점이 맞추어져 있습니다. 그러므로 숙명론이나 우연론을 거부합니다. 불교에서 신이 모든 것을 마음대로 한다는 입장을 인정하지 않는 것도 이 때문입니다.

인간은 스스로 생각하고 말하고 행동하면서 운명을 창조해 가는 창조의 주체입니다. 선한 생각, 선한 말, 선한 행동은 선한 운명을 창조하고 반대로 악한 생각과 말, 행동은 악한 운명을 창조하는 것입니다. 선인선과요, 악인악과입니다. 이것은 어김없는 인과법칙입니다.

그러나 세상은 착하게 사는 사람이 어렵게 살고 악한 짓을 한 사람은 떵떵거리고 부자로 잘 사는데, 이것은 어떻게 된 일이냐는 의문이 생기기도 합니다. 실제로 우리 주변을 보면 그런 경우가 많이 눈에 띄기도 합니다. 그러나 그것은 업의 결과를 받는 시간이 더디고 빠른 데에 따른 일시적 현상이지 자기가 지은 것은 틀림없이 되받습니다. 우리들이 저지른 행위의 결과가 금방 나타날 수도 있고, 몇십 년 후에 나타날 수도 있고, 내생에 나타날 수도 있다고 보는 것이 부파불교의 입장입니다. 그러니까 시간의 늦고 빠름이 있을 뿐 과보는 언젠가 받게 되는 것입니다.

불교의 업설은 인간의 자유의지를 중시합니다. 내가 어떻게 생각하고 행동하는가는 나의 자율적인 의지에 달려 있습니다. 업보는 누가 대신해 줄 수도 없고 대신 받을 수도 없습니다. 이 사실을 분명히 알 때 우리는 자율적이고 책임 있는 행동을 할 수 있습니다.

그리고 업설은 선악에 대한 기준이 되고, 사람들로 하여금 선악에 대한 바른 의식을 갖게 하는 가르침입니다. 예로부터 불교인인지 아닌지를 가리는 기준이 바로 이 인과법칙을 믿는가, 믿지 않는가에 있었습니다. 이와 같이 자기가 한 행위에 대하여 스스로 책임을 질 때 자기 생활이 달라지게 되는 것입니다.

윤회란 태어나고 죽는 과정이 반복되는 것을 말합니다. 다시 말하면 생사를 되풀이하는 삶인 것입니다. 따라서 윤회의 삶은 깨치지 못한 사람들이 사는 삶입니다. 우리는 태어나서 상당수가 70~80년 이상을 살다가 죽습니다. 그러나 우리의 삶은 거기서 마치는 것이 아니라 유전하여, 또 다른 세계에서 태어나서 살고 죽는 과정을 되풀이 한다는 것입니다. 부파불교에서는 윤회의 삶을 시간적으로 생유(生有), 본유(本有), 사유(死有), 중유(中有)의 사유(四有)라는 과정으로 나누고 있습니다.

먼저 생유는 이 세상에 태어나는 순간을 가리킵니다. 태어나는 순간을 불교에서는 세상에 나오는 탄생의 순간으로 보는 것이 아니라, 탁태(托胎)되는 순간을 말합니다. 탁태되어 어머니의 태내에서 있다가 태어나 일정 기간을 사는데 그 기간을 본유라고 합니다. 본유의 기간, 즉 일생은 사람에 따라 다릅니다. 젊어서 죽는 사람도 있고 오래 사는 사람도 있습니다.

이렇게 일정 기간 살다가 생을 마치는 순간을 사유라고 합니다. 일반적으로 우리는 여기에서 인생을 끝마치는 것으로 아는데 부파불교에서는 이 사유 다음에 중유가 있습니다. 중유란 죽고 나서 다음 생을 받기 전까지를 말합니다. 이 중유를 중음(中陰)이라고도 하며 중음신(中陰身)이라고도 말합니다. 중음은 몸이 탈락되고 남은 미세한 오온으로 이루어져 있기 때문에 육안으로는 안보이고 영안으로만 볼 수 있다고 합니다.

이 중음이 인연을 따라 다음 생을 받을 몸에 수태되면 다음 생이 시작되는 것입니다. 그런데 중음이 사유에서 다음 생을 받을 때까지 기간이 10일에서 49일 걸립니다. 그래서 돌아가신 영가를 위해 49재를 지내는 것입니다. 다음 생을 잘 받아가도록 하는 것이 재입니다.

49재를 지내는 의미는 영가가 좋은 데 태어나라고 부탁하는 그런 의미라기보다는 영가에게 마지막으로 훌륭한 진리의 말씀을 들려주는 자리라고 볼 수 있습니다. 자업자득인데 부처님께 빈다고 좋은 데 갈 수가 있겠습니까? 중음은 육신의 속박을 벗은 영체이기 때문에 아주 영명하여 진리의 말씀을 들으면 생시보다 훨씬 잘 알아듣는다고 합니다. 진리의 말씀을 듣고 깨칠 수도 있고 그렇지 못하더라도 업장을 소멸할 수 있어서 그 결과로 좋은 곳에 태어날 수 있습니다.

어떤 면에서 윤회설은 우리에게 자신의 숙업에 대한 반성과 통찰의 문을 열어주고 있는 것입니다.

미혹을 떨친 진리와의 만남

⚙ 착각으로부터 일으키는 업의 힘

이렇게 윤회는 시간적으로 생유·본유·사유·중유를 거치면서 생사를 반복한다는 것입니다. 그러면 윤회를 반복하는 힘(원인)은 어디서 나오는 것일까요? 그것은 '나다' 하는 착각으로부터 일으키는 업의 힘, 즉 업력(業力)에 있습니다.

우리는 살아가면서 순간마다 생각하고 말하고 행동합니다. 그런 행위의 결과는 소멸되는 것이 아니라, 우리들 마음의 깊은 곳에 쌓이게 됩니다. 그 업의 힘이 쌓이는 곳을 부파불교에서는 일미온(一味縕), 또는 보특가라(補特伽羅)라고 합니다. 여기에 우리가 평생 동안 생각하고 말하고 행동한 것이 전부 기록된다고 하는데 이것은 마치 항공기의 블랙박스처럼 소멸되지 않는다고 합니다. 그래서 사람이 죽고 나면 자동적으로 계산이 되고, 그 계산은 선·악·무기(無記) 등의 세 가지로 분류됩니다. 즉 선업과 악업, 그리고 선도 아니고 악도 아닌 무기의 셋입니다.

그리고 그 결과에 따라 다음 생을 받는데, 그 세계는 공간적으로는 다섯 군데, 혹은 여섯 군데가 있다고 합니다. 그래서 오도(五道) 윤회, 혹은 육도(六道) 윤회라고 하는 것입니다. 오도(五道)는 지옥·아귀·축생·인간·하늘 등 다섯을 들고, 육도(六道)는 오도의 축생과 인간 사이에 수라를 넣어서 여섯을 들고 있습니다. 대승에서는 육도윤회를 많이 언급합니다.

첫째, 지옥은 온갖 고통이 심한 세계입니다.

기름이 펄펄 끓는 가마솥에 던져지는 고통의 지옥이 화탕지옥(火湯地獄)입니다. 또 쇠꼬챙이나 면도날과 같은 날카로운 것으로 몸을 갈기갈기 찢기는 아픔이 끊이지 않는 곳이 아비지옥(阿鼻地獄)입니다. 아비란 무간(無間), 즉 끊이지 않는다는 뜻으로 무간지옥(無間地獄)이라고도 하는데 '아비규환(阿鼻叫喚)'이란 말도 여기서 나온 것입니다. 이런 지옥의 고통은 악업의 결과입니다. 즉 입으로는 거짓말, 아부하는 말, 이간하는 말, 험한 말을 하고 행동으로는 산목숨을 해치고, 남의 것을 훔치며, 바르지 못한 남녀관계를 지으며 생각으로는 삼독인 탐·진·치 등 십악업(十惡業)을 지으면 가는 곳이 지옥입니다. 이쯤 되면 악업 지을 생각이 나겠습니까?

둘째, 아귀(餓鬼)는 배고픔의 세계입니다.

그곳은 남에게 베풀 줄 모르고 인색한 사람이 가는 곳입니다. 아귀의 배는 수미산만 하고, 목구멍은 바늘구멍만 하여 항상 먹어도 배가 고프고, 또 어쩌다 밥알 하나라도 그냥 넘어가면 좁은 목구멍에 걸려서 그 고통이 말할 수가 없답니다.

우리말에 밥을 급히 먹거나 많이 먹는 사람을 아귀 같다고 하는데 여기에서 유래한 말입니다. 설거지 하고 난 물에 남아 있는 밥알 등을 그냥 버리면 죄를 받는다는 이야기가 있습니다. 그것은 배고픈 아귀가 설거지물 버리기를 기다리고 있다가 얼른 받아먹는데, 그 밥알이 목구멍에 걸려서 고통을 받기 때문에 아귀를 괴롭히는 죄를 짓게 되므로 함부로 버리지 말라는 것입니다. 우리 선인들은 이렇게 아귀를 검소한 생활을 가르치는 자료로도 활용하였습니다. 윤회사상이 우리들 삶의 구석구석에까지 스며있는 예라고 생각합니다.

셋째, 축생(畜生)의 세계입니다.

축생은 소나 말, 돼지 등 동물의 세계입니다. 동물이 인간과 다른 것은 사물을 분별하는 능력이 부족한 것입니다. 사리를 모르고 앞뒤가 꽉 막힌 짓을 하면 소나 말 같다고도 합니다. 축생은 아주 어리석은 짓을 많이 하는 사람이 가는 세계입니다. 여기까지의 지옥, 아귀, 축생이 육도 중 가장 어려운 세계이므로 '삼악도(三惡道)'라고 합니다.

넷째, 수라(修羅)입니다.

'아수라(阿修羅)'라고도 하는데 싸움이 끊이지 않는 세계입니다. 질서가 없이 소란한 곳을 수라장 같다고 하는 것도 여기서 연유한 말입니다. 교만하고 늘 자기를 내세우는 사람들이 가는 세계입니다. 축생의 세계보다 지혜는 있으나 '나다'하는 의식이 강하기에 고통이 심한 세계입니다.

다섯째, 인간계(人間界)입니다.

여기는 우리가 사는 세계니까 우리가 잘 알 수 있겠지요? 불교에서는 인간의 몸을 받아 태어나는 일도 그리 쉽지 않다고 봅니다. 그래도 전생에 바르게 산 사람들, 즉 오계(五戒) 정도의 질서를 잘 지키고 살아야 올 수 있는 세계입니다. 따라서 우리는 인간 세계에 태어난 것을 다행스럽게 알고 또 더욱 향상할 수 있도록 노력해야겠습니다. 바로 이 인간 세계에서 선행을 많이 쌓고 진리를 가까이 하고 살 때 우리들의 삶은 향상 될 수 있습니다.

반대로 '나다' 하는 아집으로 욕심내고, 성내고, 어리석은 삶을 살

때 인간계보다 못한 세계로 떨어질 수 있습니다. 보다 높은 생명의 경지로 향상할 수 있는 시점이 지금의 생이고, 그것을 결정하는 것이 오늘의 내 삶입니다.

여섯째, 천계(天界)입니다.

인간계보다 한 단계 위가 천계, 즉 하늘의 세계입니다. 인간의 세계보다는 괴로움이 적고 평화롭고 즐거움이 많은 세계입니다. 하늘에도 28천, 혹은 33천이라 해서 여러 하늘이 있다고 합니다. 그 중의 광음천(光音天)이란 곳은 하고 싶은 일을 생각만 하면 모두 해결된다고 합니다. 우리가 사는 인간계는 때마다 먹어야 하기에 먹을 것을 찾아다녀야 하는데 광음천에서는 생각만 하면 모든 일이 다 해결 된다고 합니다. '중국 요리를 먹어야겠다' 하면 실제 먹은 것과 똑같은 만족을 얻고, 또 '누굴 만나야겠다'고 생각만 하면 만날 수 있는 빛의 세계입니다. 한번 가보고 싶지 않으십니까?

열 가지 착한 업, 즉 십선업(十善業)을 지으면 그런 곳에 태어 날 수 있습니다. 지옥으로 가게 되는 십악업(十惡業)의 반대가 십선업입니다. 십선업을 닦으려면 바르고 곧게 서로 화합하며, 부드러운 말씨를 사용해야 합니다. 또한 생명을 귀하게 여기며, 베풀고, 바른 성도덕을 지키고, 삼독심(三毒心)을 버리는 삶을 살면 틀림없이 천계에 날 것입니다.

이와 같이 사람이 살아가면서 평생 한 행위의 결과는 기록되었다가 생을 마치면 자동적으로 처리가 됩니다. 선한 업을 많이 지었으면 향상의 세계, 즉 하늘 세계에 태어나고, 악한 업을 많이 지었으면 지옥이나 아귀, 축생 등의 좋지 않은 세계에 태어나는 것입니다. 이것이 부파불교의 육도윤회설입니다.

이러한 부파불교의 윤회설은 상당히 사실적입니다. 부파불교에서는 과거, 현재, 미래가 실재한다고 보았기 때문에 이런 윤회설이 성립될 수 있었던 것입니다.

◉ 깨치지 못한 사람들의 세계

부파불교에서는 12연기를 과거, 현재, 미래의 삼세(三世)를 윤회하는 과정으로 설명합니다. 과거 업의 결과로 금생에 태어나고, 또 금생에서 다시 좋고 싫음을 갈라서 분별하고, 욕심을 내고, 그로 인해 업을 지어서 다시 내생에 태어나는 것이 12연기인데, 이를 업감연기(業感緣起)라고 합니다.

12지는 무명(無明)·행(行)·식(識)·명색(名色)·육입(六入)·촉(觸)·수(受)·애(愛)·취(取)·유(有)·생(生)·노사(老死)입니다. 따라서 12지의 내용은 같은데 그 설명 방식만 다릅니다.

무명과 행은 현재를 있게 하는 과거의 원인입니다. 전생에서 진리를 모르는 무명으로 인해서, 무아(無我)를 유아(有我)로 착각하여 '나다' 하는 생각으로 말하고 행동한 것을 가리킵니다.

그리고 식(識)·명색(名色)·육입(六入)·촉(觸)·수(受)·애(愛)·취(取)·유(有)까지는 현재 생의 과정을 나타내는 것입니다.

식(識)은 탁태(托胎)되는 순간을 말합니다. 전생 업의 결과가 중음(中陰)으로 있다가 인연 따라 입태(入胎)되면 색(色)·수(受)·상(想)·행(行)·식(識)의 오온(五蘊)이 미세하게나마 갖추어지는데, 그 중에 식(識)이 제일 두드러지기 때문에 식(識)이라고 합니다.

명색(名色)은 모태 내에서 육체와 정신이 발육되기 시작하는 단계로 탁태된 후 4주까지를 가리킵니다.

육입(六入)은 태내에서 5주 지났을 때쯤으로 눈·귀·코·입 등 육근(六根)이 생기는 단계입니다.

촉(觸)은 출생 후 2~3주까지인데, 감촉만 느낄 뿐이고 아직 고(苦)·낙(樂)을 모르는 단계입니다.

수(受)는 5~6세에서부터 13~14세까지로, 좋고 싫다 하는 느낌은 있지만 아직 음욕까지는 모르는 유아기를 가리킵니다.

애(愛)는 13~14세 이후의 애욕을 느끼는 단계입니다.

취(取)는 애욕뿐만 아니라 명예와 재물에 대한 욕심까지도 일어나서 그것을 위해 사는 단계입니다.

유(有)는 이렇게 업을 지어서 다음 생인 미래의 결과를 쌓는 단계를 의미합니다. 그러므로 유의 결과에 따라 다음 생이 전개되는 것입니다.

생(生)과 노사(老死)는 미래의 두 가지 결과입니다. 즉 현생에서의 삶의 결과로 미래에 다시 태어나는 것이 생(生)이고, 살다가 늙어가고 생을 마치는 것이 노사(老死)입니다.

이런 12연기의 설명을 태생학적 연기라 부르기도 합니다. 그러므로 근본불교에서 이야기했던 12연기와는 상당한 차이가 있습니다. 그러나 어떻게 설명을 하든지 지혜를 등지고 무명 속에서 자기중심적인 삶을 살아가는 중생살이의 모습을 나타내고 있음은 다를 바가 없습니다.

이러한 윤회의 성격은 다음과 같이 정리할 수 있습니다.

첫째, 불교의 윤회는 윤회하는 삶으로부터 벗어나는 것을 목표로 하고 있습니다. 왜냐하면 윤회하는 생은 괴로운 삶이기 때문입니다. 부파불교에서의 윤회는 죽은 후에 업력에 따라 윤회하는 여섯 가지의 세계를 이야기하고 있습니다. 그러나 실제로 깨치지 못한 중생들의 삶은 하루에도 몇 번씩 지옥을 가고, 아귀도 됩니다. 예를 들면 화가 머리끝까지 치밀어 올라서 주먹이 금방 날아갈 지경일 때 이미 우리는 화탕지옥에 떨어져 있는 것입니다. 아마 그 열기를 잴 수 있다면 화탕지옥의 열기 못지않을 것입니다. 그리고 우리가 터무니없는 욕망에 사로잡혀 있을 때 우리는 이미 아귀지옥에 떨어져 있는 셈입니다.

그런가 하면 아름다운 음악을 듣고 있으면 마음이 조용해지고 마치 하늘나라에 와 있는 것 같습니다. 그러나 그런 세계는 항상 하는 것이 아니고 그 힘이 다하면 다시 곤두박질쳐서 괴로움 속에서 헤매게 됩니다. 윤회하는 세계에 있는 한은 천상의 음악이 아무리 좋아도 영원하지 못한 세계이고 다시 윤회할 수밖에 없습니다. 그러므로 완전한 자유를 얻기 위해서는 윤회로부터 해탈해야 합니다. 이렇게 불교의 윤회설은 윤회하는 세계에 안주하라는 것이 아니라 윤회의 사슬을 끊고 대자유의 세계에서 살라는 것입니다.

둘째, 불교의 윤회설은 자율적이고 자기 책임적입니다. 자업자득이기 때문에 내가 생각하고 말하고 행동한 결과가 그대로 나타나는 것입니다. 설령 지옥고(地獄苦)를 겪고 있다 하더라도 결국 자업자득이기 때문에 자기 책임으로 문제를 개선하려는 노력이 필요합니다. 남의 탓으로만 돌릴 때는 스스로 실천을 게을리 하게 됩니다. 그러나 내가 심고 내가 받는 것으로 받아들일 때 해결을 위한 과감한 실천이 나타나게 마련입니다.

내 운명은 나의 손에 달려 있습니다. 새로운 운명을 창조하기 위해서는 낡은 생각과 낡은 삶을 전환해서 새 삶을 마련해야 합니다. 나의 운명은 부처님께서 그렇게 만든 것도 아니고 우연히 그렇게 된 것도 아닙니다. 모두가 자기 책임이기에 새롭고 바르게 살아야 하는 것입니다. 공동체의 운명도 마찬가지입니다. 구성원 각자가 뿌린 씨를 함께 거두게 되는 것입니다. 그러므로 좋은 결과를 얻기 위해서는 좋은 씨를 뿌리는 구성원 전체의 노력이 절실합니다.

셋째, 윤회의 세계는 영원한 것이 아니라, 항상 변할 수 있는 가능성의 세계입니다. 다른 종교에서의 지옥은 한번 떨어지면 영원히 빠져나올 수 없는 곳입니다. 그러나 불교에서는 지옥에서도 역시 생이 다하면 다시 윤회하게 되므로 향상의 가능성은 언제나 열려 있습니다. 비록 어려운 여건 속에 있지만 마음을 바르게 하고 새로운 삶을 살아갈 때, 그 어려움으로부터 벗어날 수 있는 문이 열리도록 되어 있는 것입니다. 마찬가지로 하늘 세계에 태어났지만 방일한 짓이 많으면 다시 하향해서 지옥으로 떨어질 수도 있고 아귀의 세계에 태어날 수도 있습니다.

넷째, 윤회사상은 모든 생명에 대하여 자애를 느끼게 만듭니다. 사람뿐만 아니라 이 세상에 존재하는 모든 생명들은 무량한 시간 동안 윤회를 해 왔기에, 나와 무관한 생명들이 아니라 전생의 벗일 수도 있고 부모일 수도 있습니다. 따라서 그들을 향한 자애와 자비의 삶이 요청됩니다.

그러면 윤회하는 삶으로부터 벗어나기 위해서 우리는 어떻게 해야 하겠습니까? 이것은 부파불교의 해탈론에 해당하는 것입니다만, 결국 내 생각과 행위를 바꾸어 나가야 합니다. 윤회하는 삶이나 12연기하는 과정을 자세히 살펴보면 크게 세 가지 연쇄반응의 고리로 정리됩니다. 그것은 진리를 모르는 어둠인 무명으로 인해 '나다' 하는 착각을 일으켜 신·구·의 삼업을 짓고, 그 결과로 윤회하는 괴로움 속에 빠져 있는 것입니다. 이것을 부파불교에서는 혹(惑)·업(業)·고(苦)라고 하는데, 혹은 미혹이고 번뇌이며 무명입니다. 이 혹 때문에 자기중심적인 업이 일어나는 것이므로 혹이 근본문제입니다.

부파불교에서는 그 미혹한 무명을 끊음으로써 진리의 세계, 즉 해탈을 얻을 수 있다고 합니다. 이러한 해탈론을 단혹증리론(斷惑證理論)이라고 하는데, 미혹을 끊어서 진리를 증득하는 가르침이라는 뜻입니다.

그렇다면 괴로움의 원인인 무명(無明)이란 무엇일까요? 무명이란 다름 아닌 연기의 진리, 무상, 무아를 모르는 어둠의 상태를 말합니다. 이것이 결국 '나다' 하는 소아적인 삶, 삼독의 삶을 초래합니다. 이 무명을 뿌리로 '나다' 하는 자기중심적인 생각들이 번뇌요 망상입니다.

그런데 부파불교에서는 번뇌를 아주 치밀하게 분석하였습니다. 번뇌란 원래 클레샤(Kleśa)란 말로서, '물들다', '더럽혀지다'라는 의미를 지니고 있습니다. 『입아비달마론(入阿毘達磨論)』에서는 이 번뇌를 '심신을 소란케 하고 적정을 방해하는 것'이라고 했습니다.

부파불교에서는 가장 무거운 근본 번뇌를 구체적으로 열 가지로 나누어서 분석하였습니다. 이를 '열 가지 번뇌(十惑)'라고 합니다. 먼저 존재의 실상에 대한 미혹(迷事惑)으로서 다섯 가지 선천적인 것이 있습니다. 그것은 탐욕(貪), 성냄(瞋), 어리석음(痴), 아만(慢), 의심(疑) 등 다섯 가지입니다. 그리고 바른 견해에 대한 미혹(迷理惑)으로서 다섯 가지 후천적인 것이 있습니다. 그것은 자기 몸의 실체가 있다는 견해(身見), 사후 세계에 대한 그릇된 견해(邊見), 인과에 대한 그릇된 견해(邪見), 그릇된 소견을 옳다고 고집하는 견해(見取見), 금하고 있는 율법에 대한 그릇된 견해(戒禁取見) 등 다섯 가지입니다.

이 열 가지 근본 번뇌 중에서 뒤의 다섯 가지 삿된 견해는 비교적 끊기 쉽습니다. 진리의 말씀인 연기의 진리, 사성제 등을 잘 관찰하면 끊을 수 있습니다. 그런데 앞의 다섯 가지, 즉 존재의 실상에 대한 어두움은 뿌리가 깊기 때문에 끊기가 매우 어렵습니다. 이것은 지적인 이해를 통해서는 끊을 수 없습니다. 오랜 수행을 통해 깨쳐야 비로소 무명을 끊을 수 있습니다.

이 열 가지 근본 번뇌로부터 지말번뇌(枝末煩惱), 즉 팔만사천 번뇌나 백팔번뇌 등이 일어납니다. 백팔번뇌라고 하면 108염주가 생각나는데, 이것은 염주알 하나 하나를 굴리면서 108번뇌를 끊는다는 의미를 지니고 있습니다. 108이란 숫자는 우리의 감각기관인 6근(根)과 좋다, 싫다, 좋지도 싫지도 않다는 세 가지 느낌을 곱하고(6×3=18), 그리고 한 가지 기관이 작용하는 데도 다른 6근이 모두 연관되어 있으므로 다시 6을 곱해서(6×3×6=108) 108번뇌가 되는 것입니다. 중요한 것은 번뇌망상을 끊어야 진리의 세계, 깨침의 세계에 이를 수 있다는 사실입니다.

모든 번뇌가 다 '나다' 하는 놈으로부터 시작되지만 그 가운데서도 탐욕, 성냄, 어리석음 그리고 아만심, 진리에 대한 의심, 좋지 않은 견해 등이 가장 악성의 번뇌들이라고 합니다. 부파불교에서는 이 모든 번뇌를 하나씩 끊어가는 데 따라 수행의 층계를 구분하고 있습니다. 그리고 모든 번뇌를 완전히 끊은 성자를 아라한이라고 해서 이를 부파불교에서는 최고의 이상으로 삼았습니다.

물론 번뇌를 끊어가기 위해서는 계행을 잘 지키고 마음을 통일시켜서 선정에 들어가야 한다고 했습니다. 그러한 수행을 통해 모든 번뇌를 제거했을 때 아라한과에 도달하게 되는 것입니다.

힘을 잃은 작은 수레

🏵 자기완성에 주력했던 부파불교

부파불교는 학문적인 성격이 강합니다. 왜냐하면 아비달마, 즉 법에 대한 연구를 중심으로 발달해 간 것이 부파불교이기 때문입니다. 그리고 이런 연구가 불교를 이론적이고 사변적인 방향으로 이끌어 갔습니다. 그렇지만 부파불교에서 처음으로 논장(論藏)이 만들어졌기에 경·율·론·삼장(三藏)이 성립될 수 있었으며, 부처님의 가르침이 체계적으로 정리될 수 있었습니다. 부파불교는 출가자 중심의 승원불교였습니다. 방대한 부처님의 가르침에 대한 연구와 주석은 출가해서 전문적으로 불교를 연구하는 스님들에 의해 이루어 질 수밖에 없었습니다.

이런 이유로 해서 승원 중심의 부파불교는 은둔적이었다는 비판을 받기도 합니다. 그것은 대중과 멀어져 있는 불교가 되어 버렸기 때문입니다. 그리고 부파불교는 부처님보다도 부처님의 법을 중심으로 한 불교였다고 할 수 있습니다. 물론 부처님에 대한 존경이나 경외심이야 한결같았겠지만, 부처님의 가르침에 대한 연구와 주석에 치중하였기 때문에 법이 중심이 되었다고 할 수 있습니다. 어떤 면에서는 불·법·승

삼보 가운데 법이 부처님이나 승가의 기본이 된다고 할 수도 있습니다. 그것은 법을 깨치신 분이 다름 아닌 부처님이시고, 또 그 법을 닦고 실천해 가는 분들이 승가의 구성원이기 때문입니다.

그러나 부파불교가 중점적으로 연구했던 법은 진리 그 자체이기보다는 표현되어진 가르침이 중심이었고, 그것을 무한정으로 이론화하고 체계화하려고 했던 한계를 가지고 있었습니다. 이 점이 아쉬운 점이라고 할 수 있습니다. 이렇게 부파불교는 출가자 중심의 승원불교였기 때문에 계율이 강조된 불교였습니다. 지금도 이 부파불교의 전통을 잇고 있는 남방의 소승불교는 엄격한 승가의 생활과 철저한 계행을 기본으로 하고 있습니다.

또한 부파불교는 엄격한 계행으로 승가의 청정을 지켜갈 뿐만 아니라 재가자들과의 구분도 분명히 했었습니다. 오늘날 남방불교에서도 승속의 구분이 엄격합니다. 비록 아들이 출가했더라도 출가한 아들을 만나게 되면, 부모들도 다른 스님을 대하는 것과 마찬가지로 큰 절을 드리고 존댓말을 쓰는 것을 볼 수 있습니다. 그런 출가와 재가의 구분은 계율에서 비롯됩니다.

또 부파불교는 일체의 모든 생명을 건지려는 이타행(利他行)보다는 자기완성에 더 주력했던 불교라 할 수 있습니다. 즉 스스로를 이롭게 하는 자리행(自利行)의 종교적 실천에 주력했던 것입니다. 이것은 계행을 엄격하게 지키는 일과도 무관하지 않습니다.

부처님 당시는 상황에 따라 계율의 융통성 있는 적용이 가능했고 그럼으로써 교화행에 큰 어려움이 없었습니다. 그러나 부파불교의 단계에 와서 계율이 고착화되었기 때문에 적극적인 교화행에도 지장이 있었을 것입니다. 그래서 부파불교의 이상인 아라한이 되기 위해서 번뇌를 하나씩 끊어가며 수행에 전념하여 자기완성을 향한 실천에 중점을 두었던 것입니다.

일반적으로 부처님이란 자리와 이타를 구족한 분, 즉 위없는 깨침과 더불어 일체의 모든 생명을 건지려는 실천이 구족된 분을 가리킵니다. 그런데 부파불교에서는 수행자가 마지막으로 도달한 궁극의 경지가 부처님의 경지가 아닌 아라한에 목적을 두었기 때문에 자연히 자리(自利)에 치중될 수밖에 없었던 것입니다.

그래서 부파불교는 범부에서 아라한에 이르는 길은 열려 있지만 부처님에 이르는 길은 감히 바랄 수 없었습니다. 불과(佛果)를 증득해서 부처님이 된다는 생각은 하지 못했던 것입니다. 어떻게 보면 겸손을 지킨 불교였다고도 할 수 있습니다. 이처럼 아라한들의 불교는 어디까지나 부처님의 가르침을 충실히 따르는 제자들의 불교였던 것입니다.

☸ 대중과 멀어져 버린 불교

사상적인 면에서 부파불교는 모든 것은 그 자체의 속성을 가지며 실재하고 있다는 유아(有我)적 입장에 서 있는 불교였습니다. 어찌 보면 부파불교의 입장을 소박한 실재론이라고 할 수도 있겠습니다.

부파불교에서는 과거·현재·미래의 삼세도 실재하는 것으로 보았고, 존재하는 모든 것의 체성도 변치 않는다고 보았습니다. 예를 들어 '금반지'가 있으면 '금반지'란 자체는 인연으로 합성된 것이므로 연기며, 공(空)이고, 무아입니다. 항상 모양이 금반지일 수는 없지만, 금 자체는 항상 '있다'고 보았습니다. 금반지를 녹여서 금팔찌를 만들 수도 있고, 금비녀를 만들 수도 있으므로, 금반지는 불변한 것이 아니어서 공(空)한 것이지만, 금은 있다고 보았습니다. 그렇기 때문에 아공법유(我空法有)라 했던 것입니다. 즉 모든 존재를 이루는 일정한 요소들은 항상 있으며, 그것들이 인연에 따라 어떤 존재를 나타낸다고 했습니다.

이렇게 '있다'는 사상은 생사나 열반도 실재하는 것으로 보았으므로, 생사를 버리고 열반을 취하는 형태의 종교적 실천이 나타날 수밖에 없었습니다. 부파불교가 자기중심적이며 은둔적 경향을 띠는 것도 이런 사상적 배경과 무관하지 않다고 생각됩니다.

이러한 것들을 다시 보면 부파불교가 가지고 있는 한계점을 스스로 드러낸 것이라고 생각됩니다. 첫 번째 한계점은 지나치게 이론과 학문적 체계화에 치중했기 때문에 이론과 실천과의 괴리 현상이 일어났던 것입니다. 불교는 해탈의 길로써 말이나 이론이 아니라 실천에 생명이 있는 종교입니다. 부처님께서 평생 가르치신 것도 생사의 괴로움으로부터 벗어나는 길이었을 뿐, 그 길에 대한 사상적인 연구는 아니었습니다. 부처님께서 형이상학적인 질문이나 논의를 거부했던 것도 바로 실천을 중시했기 때문입니다.

부처님께서는 세상이 언제 시작하고 언제 끝날 것인지, 깨친 사람은 죽고 나면 어떻게 되는지, 또 영혼은 있는지 없는지 등에 대해 일체의 언급이 없었습니다. 부처님의 가르침은, 독화살을 맞은 사람의 독화살을 뽑고 응급처치를 하는 일이지, 독화살을 그대로 둔 채 독의 성분이나 독화살이 날아 온 방향이나 쏜 사람을 먼저 찾는 것이 아닙니다. 이론이 아니라 실천이었던 것입니다.

그런데 부파불교에서는 가르침에 대한 연구와 주석을 주로 하다 보니 실천과 너무 멀어지는 한계를 나타나게 되었던 것입니다. 이것은 바로 불교의 종교적 생명력을 약화시킨 일이라 볼 수 있습니다. 왜냐하면 불교의 생명은 무엇보다 실천에 있기 때문입니다.

두 번째 한계점은 대중과 멀어졌다고 하는 점입니다. 부파불교는 출가자 중심의 승원불교였고 복잡한 학문과 이론의 불교였으므로, 가정과 사회생활을 하는 비전문가인 제자들은 접근하기가 몹시 어려운 불교가 되었던 것입니다.

또한 승(僧)과 속(俗), 세속과 열반이 엄격히 구분되고 속에서 승으로, 세속에서 열반을 향해 가는 불교였기 때문에 일반 대중의 생활과 유리되는 문제점을 노출시켰습니다. 바로 이러한 부파불교의 한계점을 극복하기 위해 일어난 새로운 불교운동이 대승불교 운동입니다.

지금까지 우리가 살펴본 부파불교는 설일체유부의 학설을 중심으로 한 것입니다. 부파불교는 20여 개의 부파가 있었습니다. 그리고 그 부파 중에는 과거, 현재, 미래의 삼세가 있는 것이 아니라 현재만 있다고 보는 부파도 있었습니다.

그러나 현재 설일체유부와 상좌부 외에 다른 부파의 학설이나 교단 상황은 단편적으로만 전해져 올 뿐이어서 정확한 윤곽을 잡을 수가 없었으므로 설일체유부를 중심으로 살펴보았습니다.

제 8 장

깨달음의 언덕으로 가는 큰 수레

큰 수레의 길을 닦다

✼ 부처님 정신으로 돌아가려는 운동

대승(大乘)은 범어인 마하야나(Mahayana)를 번역한 말입니다. 마하
(Maha)는 '크다', '수승하다'의 뜻이고, 야나(Yana)는 '탈 것'을 뜻합니다.
육지에서는 수레가 탈 것이며, 물에서는 배가 탈 것입니다. 따라서 대
승은 큰 수레, 큰 배를 가리킵니다.

이 대승이란 소승(小乘), 즉 작은 수레와 작은 배에 대비되는 말이
기도 합니다. 이 말은 대승운동을 일으킨 사람들이 자기들은 크고 수승
한 수레이지만, 소승은 작고 열등한 수레라는 일종의 편견이 담긴 말입
니다. 그런데 남방불교의 전통을 따르는 사람들은 오늘날까지도 자기
들이 작은 수레나 시원찮은 수레란 생각을 하지도 않고 또 그렇게 불리
는 것을 아주 불쾌하게 생각합니다. 소승적 전통을 잇고 있는 남방불교
의 스리랑카, 타일랜드, 미얀마 등의 불교인들은 스스로를 테라(Thera)
라고 부릅니다. 즉 성숙한 장로들의 불교라는 것입니다.

대승불교는 부파불교에 대한 반성으로부터 시작되었습니다. 부파불
교가 출가자와 승원 중심의 불교로서 대중과 멀어지고, 또한 경전을 주

석하는 학문불교로 실천적 생명을 잃어가자 이에 대한 반성으로 일어 났던 것입니다. 즉 부파불교가 과연 부처님께서 원하시던 불교인가, 부 처님 정신에 맞는 불교인가 하는 의문을 제기하였던 것입니다.

이에 대해 대승불교를 일으킨 사람들은 부정적일 수밖에 없었습니 다. 왜냐하면 부처님께서는 일체의 모든 생명을 건지려는 폭넓은 가르 침을 펴셨고, 실천을 생명만큼이나 중시하는 종교인이셨기 때문입니다. 따라서 대승불교의 주창자들은 부처님의 정신으로 돌아가자는 기치를 높이 들었습니다.

이러한 새 불교운동은 기원전 1세기경 부파불교가 20여 개 부파로 나뉘어 대립하고 있을 때 깨어있는 많은 대중들에 의해 일어났습니다. 그러므로 대승불교는 어느 한 사람에 의해 주도된 것이 아니라 의식 있 는 많은 대중들에 의해 주도되었습니다.

그러면 이 새 불교운동을 주도한 주체들은 구체적으로 어떤 사람들 이었을까요? 이 새 불교운동에 가담한 사람들은 재가의 불자들이었다 고 합니다. 구체적으로 이들의 한 부류는 탑을 중심으로 모였던 대중들 이었고, 다른 한 분류는 찬불승(讚佛乘)이라 불리는 사람들로 부처님을 찬탄하여 귀의한 사람들 입니다. 이렇게 대중들이 '탑 신앙'과 찬불승을 중심으로 모인 이유는 무엇이겠습니까? 부처님께서는 생존해 계실 때 에 출가자와 재가자를 막론하고 자상한 가르침을 주셨습니다. 그러나 위대한 스승이신 부처님께서 돌아가신 후 그 자리를 대신해 줄 마땅한 지도자가 없었습니다. 그래도 출가한 스님들은 전문적인 수행자들이었 으므로 나름대로 승가를 중심으로 해서 공부를 해 갔으나, 재가불자의 경우는 그 어려움이 더욱 컸습니다.

더욱이 부파불교 시대에 접어들면서는 스님들이 자리행(自利行)에 머물면서 스스로를 닦는 일에 몰두하게 되어 대중을 지도하는 교화행은 소극적일 수밖에 없었습니다. 재가자들의 어려움이 커져 가면 커져 갈수록 위대한 스승이신 부처님을 향한 동경과 추모의 정은 깊어만 갔습니다. 이러한 분위기에서 재가의 불자들은 부처님의 사리를 모신 탑을 찾게 되고, 부처님의 위대한 삶을 우러러 찬탄하는 경향이 생기게 된 것입니다.

⏺ 탑을 중심으로 모인 대중이 주체가 되어

부처님께서 돌아가시기 직전에 아난존자가 부처님의 장례에 대하여 여쭈었을 때 부처님께서는 말씀하셨습니다.

"내 장례는 재가의 제자들이 알아서 할 테니 출가한 제자들은 수행에만 정진하면 된다."

이러한 부처님의 유언에 따라 장례는 전적으로 재가불자들이 맡아서 처리했으며, 단지 마하가섭이 출가자를 대표해서 화장하는 장작에 불만 붙였다고 전합니다. 다비를 마친 후 꽃과 향을 올리고 노래와 춤으로 공양을 드렸습니다.

그런데 공양이 끝나자 여덟 나라에서 온 사신들이 서로 부처님의 유골을 가져가야 한다고 야단들이었습니다. 그때 바라문 도나가 나서서 그들을 말리고 중재하여 똑같이 8등분해서 나누어 주었다고 합니다. 사신들은 8등분한 유골을 가지고 각자 자기 나라에 돌아가서 탑을 세우고 부처님의 유골인 불사리(佛舍利)를 봉안했습니다.

탑은 이처럼 부처님을 모신 성스러운 곳입니다. 따라서 신앙의 구심점을 잃어가던 재가불자들이 자연히 탑을 찾아 부처님의 덕을 찬탄하거나 경배 드리게 되었던 것입니다. 당시는 아직 불상이 없었으므로 부처님을 향한 동경이나 추모의 정이 불탑으로 집중될 수밖에 없었습니다. 그래서 많은 사람들이 탑을 찾아 순례하거나 탑 앞에서 예불 의식을 드렸던 것입니다. 『대반열반경』을 보면 다음과 같은 이야기가 있습니다.

"사리탑을 세우고, 우산 모양과 깃발로 장식한 다음, 예물을 올리고 꽃과 향을 바치고, 노래와 춤으로써 숭배했다."

스님들은 계율에 노래와 춤을 금지하도록 되어 있어서 절에서 그런 의식을 하긴 어려웠고, 탑에서는 비교적 자유로웠던 것 같습니다. 그리하여 탑 주위는 주로 재가의 불자들이 모이는 장소가 되었습니다. 그러므로 탑은 처음부터 절과는 독립되어 있었고, 운영이나 관리도 완전히 별도로 재가불자들에 의해 주도되고 있었습니다. 절은 삼보 중에 승보에 속해 있었고, 탑은 불보에 속해 있었기 때문입니다. 따라서 탑에 속하는 탑물(塔物)은 승가의 승물(僧物)과는 별도였다고 합니다.

이렇게 탑은 일찍부터 재가 불자들에게 신앙의 중심 역할을 해왔으며 아쇼카왕에 이르러서 더욱 튼튼한 기반을 다지게 됩니다. 아쇼카왕은 여덟 나라에 모셔져 있던 부처님 사리를 다시 나누어서 인도 전역에 수많은 탑을 세웠고, 또한 탑에 토지도 기증하였습니다. 그리하여 경제적 기반까지 얻은 '탑 신앙'은 전국적으로 유행하고, 많은 순례객들이 몰려 탑 주위에는 방사(房舍)도 짓게 되니 하나의 가람을 형성하게 되었습니다.

그래서 자연히 탑과 탑에 소속되는 탑물을 관리할 전문가도 필요하게 되었습니다. 이 전문가는 탑을 관리하고 순례자들에게 부처님의 위대한 삶에 대해 설명을 하는 역할까지를 맡게 됩니다. 그런데 그 순례자들은 전문가들이 아닌 일반 대중들이었으므로 쉽고 재미있는 설명을 해 주어야 했습니다. 그래서 부처님의 생애 중에서 인상적인 장면이나 전생의 일화 등을 탑에 조각해 넣고 그것을 통해 설명을 해 주었습니다.

이때 쓰이던 자료들이 찬불승들이 만든 부처님의 전기나 전생담 등입니다. 그런데 당시의 풍습으로는 거룩하신 부처님을 단순한 그림으로 표현할 수 없다는 경외감 때문에 탑의 부조물에 부처님의 모습을 직접 표현할 수가 없었습니다. 따라서 부처님의 모습을 직접 나타내야 하는 곳에는 여러 가지 상징으로 대치를 해놓았습니다. 법륜, 보리수, 부처님의 발자국, 지체 높은 어른들이 받치고 다녔던 일산(日傘) 등을 부처님의 모습이 있어야 하는 자리에 그려 넣었던 것입니다.

당시 탑의 관리자들은 비승비속(非僧非俗)의 전문가들로 이들이 바로 법사(法師)의 원형이라 할 수가 있겠습니다. 이처럼 불탑은 재가불자들의 신앙적 구심점으로 대승불교 운동도 이 탑을 중심으로 모인 대중들이 주체가 되어 일어났던 것입니다. 이렇게 보면 부처님께서 장례를 재가자에게 맡긴 일도 결코 우연한 일이 아니었다고 생각됩니다.

우리나라에도 아름다운 탑들이 많이 조성되어 있습니다. 이러한 불탑들은 부처님의 사리를 모신 성스러운 상징물일 뿐 아니라 재가 불자들의 신앙적 구심점 역할을 해왔던 곳입니다. 또한 불탑은 대승불교라는 새 불교운동의 근원지가 되었던 중요한 곳이라는 사실도 잊지 말아야 합니다.

나중에는 재가자뿐만 아니라 출가자들도 탑에 동참하게 됩니다. 인도 마투라 지방의 보팔시 부근에 있는 산치탑에는 탑 조성에 보시를 한 수많은 기증자 명단이 새겨져 있습니다. 그중에는 재가자뿐만 아니라 출가자인 비구, 비구니 스님의 이름도 있습니다. 후에 탑은 출가자의 수행 장소인 승원에 유입되어 불교의 상징물로 정착을 하게 됩니다.

이러한 탑 신앙이 오늘날까지 면면히 이어져오고 있으며 사찰 경내에 조성된 아름다운 석탑은 대승불교의 대표적인 상징인 것입니다.

❀ 대승불교의 기초를 다진 찬불승들

대승불교가 일어날 무렵의 인도 불교는 출가자들이 경을 해석하고 주석을 달면서, 일반인들이 이해하기 힘든 문제를 가지고 토론을 벌이며 여러 부파로 나뉘어져 있었습니다. 이런 분위기 속에서 부파를 초월해 부처님의 위대한 인격을 찬미하고 부처님에게 귀의해간 사람들을 찬불승이라 불렀습니다. 이들은 불탑에서 예배 의례를 하며 불탑을 신앙의 중심지로 삼았습니다. 그리하여 이들 찬불승들이 대승불교의 중요한 기초를 다져놓게 됩니다.

이들은 부처님을 동경하고 찬미하고 예배하면서 자연히 부처님의 생애를 전기로 표현하기 시작했습니다. 그래서 오늘날 볼 수 있는 부처님의 전기들은 대부분 이들에 의해 쓰여졌다고 할 수 있습니다.

부처님의 생애 가운데 특히 인상적인 장면들은 탑에 조각을 해서 순례자들에게 부처님의 생애를 우러르게 하는 자료로 활용 했습니다. 우리에게 널리 알려진 팔상도(八相圖)도 이들 찬불승들에 의해 구성된 것입니다. 팔상도는 부처님의 생애 중에서 다음 여덟 가지 장면을 그림으로 그린 것을 말합니다.

첫째, 부처님이 도솔천으로부터 내려오는 모습입니다. 절의 벽화에 그려진 부처님께서 흰 코끼리를 타고 하늘에서 내려오시는 모습입니다.

둘째, 입태(入胎)하는 모습입니다. 마야 부인의 오른쪽 옆구리로 들어가는 장면입니다.

셋째, 탄생하시는 장면입니다. 마야 부인의 오른쪽 옆구리로 탄생하셔서 한 손으로 하늘을 가리키고, 다른 한 손으로 땅을 가리키면서 사자후를 하셨습니다. 즉, '하늘 위와 하늘 아래 나 홀로 높다' 하는 외침을 하는 장면입니다.

이 세 번째 장면을 보면 찬불승들은 부처님의 생애에 대한 자료들을 신앙적인 안목에서 자기들 나름대로 표현했던 것 같습니다. 왜냐하면 부처님의 생애에 대한 표현은 사실적이기 보다 종교적이고 문학적인 면을 많이 볼 수 있기 때문입니다. 오른쪽 옆구리로 탄생하셨다는 것이나 주행칠보(周行七步)하고 사자후를 하셨다는 표현도 그들의 눈에 비친 부처님의 위대한 삶을 종교적으로 표현한 것이라 생각됩니다. 즉 오른쪽 옆구리로 탄생하셨다는 것은 부처님의 계급이 왕족 계급이었다는 것을 가리킵니다. 또한 '하늘 위와 하늘 아래 나 홀로 높다' 하는 외침도 실은 부처님께서 그러한 인간의 존엄, 생명의 존엄을 펴기 위해서 이 땅에 오신 것이라고 찬불승들이 생각했던 것입니다.

넷째, 부처님께서 흰 말을 타고 카필라성을 나와 출가하시는 모습입니다.

다섯째, 수행하시면서 마구니를 항복받는 모습입니다. 마왕 파순이 아름다운 딸들을 시켜 보리수 아래에서 깊은 선정에 들려는 부처님을 유혹했다는 내용입니다.

여섯째, 성도상(成道相)입니다. 여러 가지 유혹을 극복하고 마침내 큰 깨침을 이루어 부처가 되시는 위대한 승리의 모습입니다.

일곱째, 사슴동산〔鹿野苑〕에서 다섯 비구를 위해 처음으로 설법하시는 모습입니다.

여덟째, 45년간의 교화행을 마치고 사리쌍수 아래에서 조용히 열반에 드시는 장면입니다. 부처님의 열반을 나타내는 모습은 아주 인상적입니다. 사라쌍수가 때 아닌 꽃을 피워서 꽃비가 내리고 부처님 제자들뿐 아니라 사슴, 토끼, 코끼리 등 45종의 생류가 한자리에 모여 부처님의 위대한 열반을 지켜보고 있습니다. 사람과 동물, 식물 등 대자연이 하나라는 불교의 우주관을 나타내는 장면이라 생각됩니다.

부처님 생애의 주요한 장면들을 탑에 새겨놓고 순례객들에게 법사가 설명해 주는 방법은 교육적인 효과가 아주 컸으리라 짐작됩니다. 이와 같이 팔상성도는 재가자들의 신앙을 지탱해 가는 주요한 요소가 되었던 것입니다. 이렇게 찬불승과 탑 신앙은 서로 연계되면서 발전해 갔습니다.

🕐 달 속의 토끼가 된 부처님의 전생

부처님을 찬탄하는 이들이 생각한 것은 어떻게 해서 부처님과 같은 위대한 삶이 성취될 수 있었을까 하는 것이었습니다. 그들은 큰 깨침을 이루고 일체의 모든 생명을 위한 대자비를 베푸신 부처님의 삶은 금생 뿐만 아니라, 전생에서부터 수많은 생을 거듭하면서 부처가 되어야겠다는 원을 세우고 한없는 선행과 수행을 닦아 온 결과라고 믿었습니다.

이렇게 해서 부처님의 생애를 과거와 연결하면서 지난 생의 선행과 구도의 과정을 표현하기 시작하였습니다. 이것이 오늘날 우리가 자타카(Jataka)라 부르는 본생담(本生譚), 혹은 전생담(前生譚)입니다. 자타카에 보면 부처님은 전생에 사람이기도 했고 토끼, 사슴 등의 동물이기도 하면서 성불을 향한 실천을 계속하셨다는 내용으로, 상상력이 뛰어나고 인상 깊은 이야기들이 많이 수록되어 있습니다. 아무래도 재가자들을 상대로 한 교육용 이야기이기 때문에 어려운 철학적 사변보다 문학적이고 우화적인 표현이 많을 수밖에 없었습니다.

자타카에 나오는 이야기 중에 하나를 소개해 보겠습니다. 우리나라 노래에도 달 속의 토끼가 나옵니다만 전생담에도 비슷한 이야기가 수록되어 있습니다.

　옛날에 아주 산천경계 좋은 숲 속에 토끼, 원숭이, 들개, 족제비들이 오손도손 모여 살고 있었습니다. 그들은 비록 동물들이지만 열심히 수행을 하고 있었습니다. 하루는 단식을 하기로 하고 단식이 끝나면 먹으려고 각각 음식을 준비해 두었습니다. 원숭이는 맛있는 망고를 준비해 두었습니다. 들개는 우유와 꼬치고기를 준비해 두었습니다. 족제비도 고기를 많이 준비해 두었습니다. 그러나 토끼는 아무 것도 준비를 해 놓은 것이 없이 단식 정진에만 열중하고 있었습니다.
　이때 인드라 신이 이들의 구도정신을 시험하기 위해 탁발승으로 변신하여 그들 앞에 나타났습니다. 다른 동물들은 자신이 먹기 위해 준비해 놓은 음식을 탁발승에게 전부 공양했습니다. 그러나 토끼는 아무것도 공양할 것이 없었습니다. 토끼는 생각 끝에,
　"저는 이 세상에서 제일 맛있는 것을 공양하겠습니다. 불을 좀 지펴 주시오."
하고 말했습니다. 그리고 불을 지피자 토끼는 피워 놓은 불 속에 온몸을 던졌습니다. 소신공양(燒身供養)을 했던 것입니다. 그러나 토끼는 불에 타지 않았습니다.
　이윽고 인드라 신이 본래의 모습으로 나타나 말했습니다.
　"실은 내가 너희들의 수행 정신을 시험하기 위하여 탁발승으로 변신한 것이다. 토끼는 참으로 대단한 수행 정신을 가지고 있구나."
　그런 후, 인드라 신은 토끼의 수행 정신을 기리기 위해 큰 산을 붓으로 삼아서 달 속에 토끼를 그려 넣었습니다. 바로 그 토끼가 전생의 부처님이었다고 합니다.

이렇게 부처님께서는 자기 몸을 던지는 보시행(布施行)을 닦으면서, 오랫동안 거듭되는 생을 통해 수행을 해 왔기에 금생에 성불하게 된 것이라고 합니다.

　이러한 부처님의 전생담을 통해서 '보살'이란 개념이 형성되었습니다. 즉, 깨달음을 향해 수행해 온 과거의 부처님, 즉 부처님이 되기 이전의 수행하는 부처님을 '보살'이라고 불렀습니다. 따라서 대승불교가 일어나기 전까지는 보살이란 말은 '석가보살'에 국한하여 쓰였습니다.

　그러나 대승불교에서 '보살'이란 말은 보편화 되어 아라한과가 아니라 성불하여 부처님이 되겠다는 서원으로 수행하는 사람을 가리키는 말입니다. 특히 주목할 것은 출가자뿐만 아니라 심지어 동물까지도 깨침을 이루겠다는 보리심으로 정진해 가는 수행자를 보살이라고 보았던 것입니다. 따라서 대승에서 이 보살의 명칭은 통칭으로 출가자나 재가자, 남녀의 구분 없이 사용되는 말입니다. 오직 단 한 가지 보살의 기준은 진리를 향해 살겠다는 보리심과 그의 실천에 있을 따름입니다.

　찬불승들의 노력은 탑 신앙을 중심으로 모인 대중들과 함께 대승이라는 새로운 불교운동의 밑받침이 되었습니다. 또한 아라한이 중심이 되었던 불교에서 부처님이 중심이 되는 불교로 전환을 한 것입니다.

불타의 근본정신으로 돌아가자

⚙ 새 불교의 이념과 사상을 담은 대승경전들

대승불교는 부처님의 정신으로 돌아가려는 부처님정신 회복운동입니다. 이런 대승을 실천하는 사람들을 보살이라고 합니다. 따라서 대승불교는 보살불교입니다. 보살은 깨쳐서 부처가 되려는 목표를 가지고 정진해 가는 모든 수행자들을 가리키는 말입니다. 그러므로 보살불교는 바로 대승불교인 것입니다.

이렇게 부처님 불교의 기치를 높이 든 대승불교에서는 부파불교의 전통을 고수하는 사람들을 소승이라고 부르면서, 한편으로는 부파불교와 또 다른 인도의 다른 사상들과 경쟁하면서 발달해 갔습니다. 이런 가운데 대승이라는 새 불교의 이념과 사상을 담은 새로운 경전이 편찬되게 됩니다.

이 경전들을 일반적으로 대승경전이라고 하는데, 석가모니부처님의 가르침을 결집(結集)해서 집대성한 소승경전에 대비되는 말이라고 여겨집니다. 대승경전은 어느 한 사람에 의해 설해지거나 한꺼번에 편찬된 것이 아니라 오랜 시간을 두고 형성된 특성을 가집니다. 인도에서 이러한 대승경전의 성립은 대승불교의 성립과정과 일치한다고도 볼 수 있습니다. 대승불교와 대승경전을 일반적으로 초기·중기·후기의 세단계로 나누는데, 초기는 대승이 성립된 기원전 1세기부터 기원후 3세기까지를 가리킵니다.

이때 최초로 성립된 경전이 유명한 『반야경』 계통의 경전입니다. 『반야경』은 전체가 600부나 되는 방대한 경전군으로, 기독교의 신·구약을 합친 것의 약 25배쯤 됩니다. 우리와 친밀한 『금강경』·『반야심경』 등이 이에 속하는 경전인데, 내용은 공사상(空思想)을 천명하고 바라밀행을 강조하고 있습니다. 유명한 유마거사가 등장하는 『유마경』과 『화엄경』·『법화경』 그리고 아미타불 신앙을 고취하는 『무량수경』 등도 초기의 경전에 속합니다.

중기는 3세기부터 6세기 중엽까지로 일체의 모든 생명이 여여한 부처님의 씨알인 불성을 갖추고 있다는 내용인 여래장계(如來藏系)의 경전과 우리들 마음의 심층을 파헤쳐 들어간 유식계(唯識系)의 경전들이 여기에 속합니다.

후기는 6세기 중엽부터 13세기까지인데, 이슬람교의 침입으로 인도에서 불교가 자취를 감출 때까지 입니다. 이때는 진언(眞言)과 만다라의 시대로 밀교계(密敎系)의 경전들이 편찬 되었습니다.

인도에서의 대승불교는 초기에 공사상이라는 뿌리를 심고 그 위에 일체중생이 부처의 성품을 가지고 있으므로, 모든 것이 마음이라는 대긍정의 줄기를 세워서 마지막으로 밀교라는 꽃을 피워냈던 것입니다.

이 대승불교의 사상은 인도를 떠나 더욱 찬란하게 꽃피웠습니다. 대승은 적극적인 포교활동으로 중국, 한국, 일본, 티벳 등에 전래되어 수많은 사람들의 귀의처가 되어 왔으며 천태(天台)·법화(法華)·화엄(華嚴)·정토(淨土)·선(禪) 등의 사상적인 금자탑과 신앙적인 금자탑을 쌓았습니다.

일본의 불교학자인 마쓰다니 후미오는 불교사의 성격을 '이단의 역사'라고 지적한 적이 있습니다. 이 지적은 서양의 종교사가 한마디로 종교적 순수성을 지킨다는 이름 아래 이단을 색출하고 처단한 과정이라면, 여기에 비해 불교의 역사는 다양한 사상과 이론, 심지어는 근본불교의 입장과 반대되는 입장일지라도 불교라는 울타리 안에 포용해 온 역사라는 것입니다.

이러한 지적은 대승불교의 전개를 보면 정말로 실감나는 표현이라 생각됩니다. "너 자신을 등불삼고 너 자신에 의지하라."는 철저한 자력신앙으로 출발한 불교가, 정토사상에 이르러서는 아미타불의 본원력에 의해 구제된다는 타력적인 신앙의 꽃을 피워내기도 했습니다. 여기서는 불성을 갖춘 내가 아니라, 아무리 노력해도 선보다는 악이 많아 죄의 구렁텅이에 빠져서 헤어날 수 없는 내가 전제가 됩니다. 그러므로 내 힘으로는 불가능하므로 아미타불의 힘과 자비로 구원될 수밖에 없다는 신앙구조입니다. 그래서 정토종에서는 "선한 사람도 구제되는데 하물며 악한 사람이랴." 하는 역설이 생겨났던 것입니다. 즉 아미타불 신앙은 죄악의 구렁텅이에 빠져서 신음하는 사람에게 자비의 손길을 먼저 뻗친다는 타력적인 신앙의 강조인 것입니다.

중국에서 꽃핀 선불교는, 진리란 경전이나 문자 속에 있는 것이 아니라 마음에서 마음으로 전할 뿐이라고 하여 전통적인 불교로부터 자유로워지려는 전통을 확립했습니다. 선불교는 경전이나 불상 등을 '손가락'으로 보았고, 손가락에의 집착을 없애기 위해서는 손가락(경전, 불상)을 잘라 버리는 일도 서슴지 않았습니다.

단하천연(丹霞天然) 선사가 불상을 태운 일화는 유명합니다. 단하천연 선사가 여행 중에 어느 절에 당도했습니다. 그런데 마침 그 절의 주지 스님이 출타 중이었습니다. 방안에 들어가니 방은 냉기가 돌고 몹시 추웠지만 군불을 땔 나무가 없었습니다. 그러자 선사는 법당으로 들어가 목불을 업어다 도끼질을 해 쪼개서 군불을 지폈습니다. 외출했다 돌아온 주지가 펄펄 뛰었습니다. 그러자 선사는,

"마음 공부하는 스님이 왜 화를 내십니까?"

"불상을 태웠는데 화 안 나게 되었습니까?"

그러자 선사는 정색을 하고 물었습니다.

"정말 부처입니까?"

"부처가 아니고 무엇입니까?"

"제가 배우기로는 부처는 화장을 하면 사리가 나온다는데, 이렇게 사리가 한 톨도 안 나오는데 이게 무슨 부처입니까?"

이처럼 불상에 집착해서 진짜 부처를 못 본다면, 불상을 태울 수도 있는 것이 선불교입니다. 다른 종교에서 불교를 비방할 때 한결같이 하는 말이 불교는 '우상숭배의 종교'라고 하지만 이는 불교를 잘 모르는 사람들이 하는 말입니다.

불교는 불상을 통해 형상 없는 참 부처를 찾는 종교입니다. 따라서 불상으로 인해 그것을 가린다면 불상을 없애 버릴 수도 있는 종교입니다. 불상이 우상이라면 그런 우상을 치우는 것은 간단합니다. 목불은 태우면 되고 철불이라도 용광로에 넣으면 녹아 버립니다. 그러나 진짜 우상은 관념의 우상입니다. 관념의 우상은 지우기가 어렵습니다. 기독교의 '나 이외의 신을 섬기지 말라'라는 계명을, 적어도 겉으로만 보이는 우상으로 해석해서는 안 될 것입니다. 관념의 우상이란 하나님 아닌 것을 하나님이라고 보는 우상입니다. 만약 사람들이 자신의 생각 속에 '하나님은 이런 분이겠거니'하고 있다면 그것은 위험합니다. 왜냐하면

하나님이 내 생각 속에 담길 그렇게 비좁은 분은 아니기 때문입니다. 하나님 아닌 것을 하나님으로 착각하는 것이 최대의 우상숭배입니다.

어떻게 보면 대승불교는 상당히 이질적인 요소나 전통까지도 넉넉하게 포용하는 방향으로 발달해 왔습니다. 마치 대하(大河)와 같으니 마하야나, 큰 수레, 큰 배입니다. 또한 겉으로는 파격적이기도 하고 본래 근본불교로부터 달라진 것 같이 보일지 모르지만, 실은 넓은 방편으로 상황에 따라 모든 중생들을 건지는 것이 부처님의 가르침입니다. 이렇게 본다면 대승불교의 다양한 발달이야말로 부처님의 정신을 가장 잘 살린 것이라 할 수 있습니다.

❈ 부처님의 정신과 뜻을 담은 경전

대승경전은 역사적으로 볼 때 석가모니부처님께서 돌아가시고 몇백 년 후에 만들어졌거나 내지는 천여 년이 지난 다음에 성립된 것도 있습니다. 여기서 하나의 문제가 제기되는데, 바로 '대승비불설(大乘非佛說)'이란 것입니다. 즉 대승경전이 부처님께서 직접 설한 것이냐, 아니냐 하는 문제입니다. 소승불교에서는 대승의 경전을 인정하지 않고 있습니다. 그래서 소승의 경전에는 대승경전이 포함 되어 있지 않습니다. 그러나 우리나라의 『고려대장경』과 같은 대승의 삼장 속에는 소승·대승경전이 모두 포함되어 있어 양이 방대합니다.

대승경전은 역사적으로 석가모니부처님께서 돌아가신 몇 백 년 뒤에 성립되기 시작하였지만, 형식은 소승경전의 형식을 갖추고 있습니다. 즉 "이와 같이 내가 들었습니다[如是我聞]." 하는 말로 시작하는 소승경전 체제와 같은 것입니다. 그래서 많은 사람들이 대승경전도 부처님께서 직접 설한 것으로 잘못 알기도 합니다. 그런데 분명히 해야 할 것은 '대승비불설(大乘非佛說)' 즉 '대승경전은 직접 부처님이 설한 것이냐 아니냐?' 하는 것입니다. 대승경전은 석가모니부처님의 금구설법(金口說法)인 친설(親說)은 아닙니다. 그렇다고 '불설이 아니냐?' 하면 그렇지는 않습니다.

대승은 부처님 불교이므로 누구든지 보살행을 통해 성불하면 부처입니다. 부처님은 석가모니부처님 한 분뿐이 아니라 여러 분일 수도 있기에 성불한 부처님이 설한 것이면 모두 불설인 것입니다. 석가모니부처님의 친설은 아니지만 깨달으신 부처님의 마음을 설한 가르침이기에 불설(佛說)이라고 해야 하는 것입니다.

또한 소승경전은 부처님 입으로 설한 불구경(佛口經)이며, 대승경전은 불의경(佛意經)입니다. 불의경이란 부처님의 정신과 뜻을 나타낸 경전입니다. 그러나 부처님 정신만 나타낸 경전이라고 한다면 불설이 약화될 수도 있습니다. 그러므로 소승과 대승의 모든 경전은 부처님의 말씀이라는 해석이 더 타당하다고 생각됩니다.

대승불교는 이타(利他)의 가르침이므로 일체의 모든 생명을 이롭게 하고 고통에서 건지려는 불교입니다. 괴로움과 온갖 부조리로 가득 찬 차안(此岸)의 세계에서 괴로움과 죄가 멸한 피안(彼岸)의 세계로 건너가는데 소승이 혼자 타고 혼자 노를 저어서 건너가는 작은 배라면, 대승은 동력을 달고 나뿐만 아니라 다른 사람들을 함께 싣고 건너가는 여객선쯤 되는 큰 배라고 하겠습니다. 그래서 소승에서는 개인의 완성이 종교적 실천의 중심이 된다면 대승은 개인의 완성뿐만 아니라 다른 사람의 완성, 나아가서 우리가 살고 있는 사회의 완성을 이상으로 하는 불교입니다.

이미 언급했지만 대승불교의 이상인 보살은 범어인 보디사트바

(Bodhisattva)의 음역으로 '보리살타(菩提薩陀)'라고 부르기도 합니다. 보디(Bodhi)란 말은 깨달음이란 뜻이고, 사트바(sattva)란 생명, 중생이란 말입니다. 따라서 보디사트바는 깨달음을 향해 가는 중생, 혹은 각성한 중생이란 뜻입니다.

보살은 전통적으로 위로는 깨침을 향한 쉼 없는 노력을 경주해야 하고, 아래로는 일체의 모든 생명을 건지려는 사람을 가리킵니다. 이를 '상구보리 화화중생(上求菩提 下化衆生)'이라고 합니다. 또 이를 "안으로는 보리인 깨침을 구하고, 밖으로는 일체의 모든 생명을 전부 제도한다."라고도 표현합니다. 마치 새의 두 날개처럼 자리와 이타를 함께 실천하는 사람이 보살입니다. 그러한 삶을 위해 보살은 발심과 원(願)과 행(行) 속에 산다고 할 수 있겠습니다.

발심은 깨침을 이루겠다는 마음을 일으키는 것이며 원은 삶의 굳건한 목표이고 행은 그 목표를 구현하기 위한 구체적인 실천입니다. 이처럼 보살의 삶을 살기 위해 무엇보다 발심과 바르고 굳은 삶의 목표가 필요한 것입니다. 실제 삶의 굳건한 목표가 없을 때 우리는 갈팡질팡 방황하기 쉽고 분주하기만 합니다.

예를 들어 물리학을 공부한다고 합시다. 어떤 목표를 가지고 공부를 하는 경우와 그렇지 않은 경우, 똑같은 물리학을 똑같은 강의실에서 함께 공부해도 결과는 판이하게 달라질 것입니다. 목표가 분명할 때 그 사람의 대학생활이라는 것은 그 목표를 실현해가는 과정이기에 헛되지 않을 것입니다.

상구보리 하화중생의 서원으로

☸ 깨침을 이루고자 하는 발보리심

보살의 원(願)에는 공통되는 총원(總願)과 각각의 여건에 따른 별원(別願)이 있습니다. 총원의 대표적인 것이 바로 사홍서원(四弘誓願)입니다. 사홍서원은 우리 불자들이 모일 때마다 독송하는 것입니다.

첫째가 '중생무변서원도(衆生無邊誓願度)'로 사람뿐만 아니라, 모든 생명을 맹세코 건지겠다고 하는 원입니다. 여기에 대승불교의 기본 정신이 그대로 나타나 있습니다.

둘째가 '번뇌무진서원단(煩惱無盡誓願斷)'으로 다함이 없는 번뇌를 맹세코 끊겠다고 하는 원입니다. 우리는 번뇌와 망상이 얼마나 많습니까? 그저 번뇌와 망상으로 살림살이를 하는 셈입니다. 그래서 보조국사 지눌 스님께서도 "중생은 망상위심(忘想爲心)한다."라고 하여, 망상이 내 마음인 줄 알고 산다고 하셨습니다. 번뇌와 망상은 '나다' 하는 생각에서 가지를 치는 잡다한 생각들입니다. 이는 항상 자기중심적이기 때문입니다. 따라서 보살은 다른 중생도 제도하거니와 스스로를 제도해야 되기 때문에 다함이 없는 번뇌를 맹세코 끊겠다고 하는 자기수행을 다시 서원하는 것입니다.

셋째는 '법문무량서원학(法門無量誓願學)'으로 무량한 법문, 진리에 들어가는 길은 맹세코 다 배우겠다고 하는 원입니다. 진리에 들어가는 길은 따로 정해져 있는 것이 아닙니다. 꽃 피고 새 우는 소식이나 혹은 시냇물 흐르는 소리를 통해서도 들어갈 수 있는 것이지만, 그 가운데서도 부처님의 가르침이 고구정령(苦口丁寧)하고 친절한 길 안내입니다.

넷째가 '불도무상서원성(佛道無上誓願成)'으로 위없는 불도(佛道)를 맹세코 이루겠다고 하는 서원입니다. 이 또한 대승의 특성을 잘 나타내 주는 원입니다. 왜냐하면 위없는 불도, 제일가는 깨침을 이루어서 "나도 부처가 되겠다."고 하는 원이기 때문입니다.

소승에서는 아라한과가 이상입니다. 그런데 대승의 이상은 부처님께서 이루셨던 것과 똑같은 성불이 목적입니다. 이 성불의 목표가 서지 않으면 보살이라고 할 수 없습니다. 이 목표가 분명히 선 것을 보리심을 냈다고 해서 '발보리심(發菩提心)' 했다고 합니다. 보리심이란 깨침을 이루겠다는 마음, 성불하겠다는 마음입니다.

가없는 중생을 맹세코 다 건지오리다.
다함이 없는 번뇌를 맹세코 끊으오리다.
무량한 법문을 맹세코 다 배우오리다.
위없는 불도를 다 이루오리다.

이 사홍서원은 참으로 큰 서원입니다. 그러나 압축해 보면 결국 둘입니다. 중생을 다 건지겠다는 원과 또 번뇌를 끊고 법문을 배워서 성불하겠다는 자리이타(自利利他)의 원(願)입니다.

우리 같은 사람이 어떻게 부처님과 똑같은 불도를 이룰 수 있겠습니까? 우리가 비록 미혹 속에 살고 있지만 저 보름달 같은 지혜(智慧)의 바탕이 본래 갖추어져 있고, 부처를 이룰 능력과 소질을 모두가 가지고 있기에 그것은 가능한 것입니다. 바로 이러한 가능성과 능력을 확신하는 것이 보리심(菩提心)의 기본이며, 그러한 가능성에 대한 각성을 이룬 중생이 바로 보살입니다.

이런 바탕에서 위없는 불도를 이룬다는 목표가 성립될 수 있습니다. '원대한 목표가 언제나 이루어질 것인가?' 하는 생각은 보살의 마음이 아닙니다. 보살은 목표를 분명히 세우고 그 목표를 향해 내 모든 정열과 삶을 불태우는 사람입니다. 언뜻 생각해 보면 언제 이룰 수 있을 것인가가 의심스럽겠지만, 목표가 굳건히 서면 오직 정진해야 할 뿐입니다. 몇 생이 걸리고 몇 겁이 걸린다 해도 오직 일념으로 매진할 뿐입니다.

부처님의 전생담은 그런 보살의 삶을 그리고 있습니다. 금생에 성불하기 위해서 부처님은 수많은 생을 거듭해 오는 동안, 때로는 귀한 사람으로 때로는 천한 사람으로 때로는 동물로 태어나기도 했지만, 오직 바라밀행을 실천할 뿐이었습니다. 그런 수행의 결과로 금생에 성불했다는 것입니다.

언제, 어느 곳에, 어떤 몸으로 태어나든지 그 삶이 목표를 실현하는 과정일 때 그 생은 거룩한 순간순간이고 보람 있는 삶일 수 있게 되는 것입니다. 그런 삶은 또 이웃의 아픔을 함께 나누는 이타의 삶에서 떠나 있지 않습니다. 보리심의 기본인 본래의 마음에서 중생과 나는 둘이 아니라는 확신이 섰기 때문입니다. 그 하나인 마음, 본래 부처인 마음에서 자리와 이타는 하나입니다.

✿ 자신의 능력과 여건에 맞는 별원

사홍서원은 너무 크고 넓어서 우리 같은 범부들에게는 실감이 나지 않을 수도 있습니다. 그럴 때 우리들에게 용기와 위안을 주는 것이 별원(別願)입니다. 별원은 자신의 능력과 여건에 맞는 알뜰한 마음을 담고 있는 원들이어서 마음에 와 닿는 부분이 많으리라 생각됩니다.

몇 가지 별원의 예를 들어보겠습니다. 동방의 유리세계(琉璃世界)의 부처님이신 약사여래(藥師如來)는 병고(病苦)에 시달리는 중생을 어루만지고 구하시는 부처님이십니다. 그래서 '대의왕불(大醫王佛)'이라고도 합니다. 약사여래는 '의사 중의 의사, 약사 중의 약사이신 부처님'이란 뜻입니다. 약사여래의 12대원 중에 일곱 번째를 보면 다음과 같습니다.

"일체중생의 병을 없애주고 심신을 안락하게 하여 위없는 진리를 얻게 하리라."

이것은 오늘날의 의료인들이 마음에 새겨야 할 교훈입니다. 열 번째 원은 다음과 같습니다.

"중생들을 나쁜 왕과 무서운 도적 등 고난으로부터 벗어나게 하리라."

포악한 임금, 즉 백성을 괴롭히고 못살게 하는 왕을 고난이라고 지적하고 있습니다. 바른 정치를 하도록 지도하는 일에도 적극적이었던 것을 알 수 있습니다. 이러한 보살의 원과 실천은 개인적인 차원뿐만 아니라 사회적인 관심도 크다는 사실을 알 수 있습니다.

열한 번째 원은 사뭇 구체적이어서,

"기갈이 든 중생에게 좋은 음식을 주리라."

이며, 열두 번째 원은,

"가난하여 의복이 없는 자에게는 좋은 옷을 주리라."

고 하는 것입니다.

이와 같이 불교에는 훌륭한 사회복지 사상이 있는데도 왜 구체적인 실천 사례가 많지 않을까요? 물론 절에서 외로운 사람들을 눈에 띄지 않게 보살펴 오고 있기도 하지만, 좀 더 구체적이고 조직적인 사회복지 활동이 추진되어야 할 것입니다. 남을 위해 수고하는 의사보살, 약사보살이 우리들 주변에 더욱 많이 나타나야만 하겠습니다.

『승만경』은 『유마경』과 더불어 재가 불자의 삶에 대한 구체적인 가르침을 담은 대표적인 경전입니다. 이 두 경전에 보이는 주인공은 우리처럼 가정생활을 하는 평범한 남녀입니다. 승만 부인이 부처님께 열 가지 서원을 말씀드렸는데 그중의 하나가 이렇습니다.

"제가 오늘부터 보리를 얻는 그날까지 남의 잘 생긴 용모를 시기하거나 값진 패물에 대해 부러워하는 마음을 내지 않겠습니다."

이 얼마나 알뜰한 마음을 담은 원입니까? 승만 부인은 프라세나짓왕의 딸이며, 아유디야왕의 왕비이기도 합니다. 그런데 승만 부인은 보리심을 얻겠다는 큰 서원과 더불어 자기 마음속에 일고 있던 속된 마음을 청정히 하겠다는 발원을 하고 있습니다. 지금 나에게 가장 절실한 것을 원으로 삼는 훌륭한 본보기입니다. 사홍서원과 같은 큰 원이면 말할 수 없이 좋겠지만 그렇지는 못하더라도 "꼭 이것만은 이렇게 해야겠다." 하는 원은 그렇게 어려울 것도 없고 누구에게나 필요한 마음가짐이 아니겠습니까?

이렇게 절실한 문제를 원으로 삼을 때 구체적인 실천이 가능합니다. 왜냐하면 남의 말이 아니고 내 가슴에서 우러나온 절실한 문제이기 때문입니다. 우리는 항상 이런 원을 세우고 또 실천하기 위해 노력해야 할 것입니다. 승만 부인의 또 다른 원은,

"제 자신을 위해서는 재산을 모으지 않고 외로운 중생을 위해서만

모으겠습니다."

하는 것입니다. 재산이나 재물 자체는 나쁜 것이 아닙니다. 그것을 선하게 쓰느냐 악하게 쓰느냐에 따라 가치가 달라집니다. 대승정신은 열심히 일해서 재물을 얻는 일을 탓하지 않습니다. 그것이 사리사욕(私利私慾)의 대상이 되는 것을 경계하고 있을 뿐입니다. 재물이나 돈은 융통하는 것이며, 금융이란 말도 돈을 융통시키라는 말입니다. 연기의 실상으로 보면 재물은 우리 전체의 것인데, 잠시 내가 보관하는 것일 뿐이므로 잘 융통시킬 책임이 있는 것입니다. 재산을 가난하고 외로운 중생을 위해서만 모으겠다고 하는 원이 서면 아마 많은 재산이 모아 질 것입니다.

다음은 지장보살의 원입니다.

지장보살은 18세의 한창 좋은 시절에 각화정자재왕여래(覺華定自在王如來)를 만나 뵈러 가는 길에 추위와 굶주림에 떨고 있는 사람들을 만났습니다. 그래서 가진 것을 다 털어주고 입고 있던 옷마저 벗어 주었습니다. 나중에는 몸을 가릴 것이 없어서 땅을 파서 구멍을 만들고 그 속에 들어가 있었다고 합니다. 그래서 지장(地藏)보살이 되었습니다.

지장보살을 '대원본존(大願本尊)'이라고 하는데 원이 가장 큰 분이라는 뜻입니다. 지장보살은 지옥중생이 다 성불할 때까지 자기는 성불하지 않겠다고 서원을 했습니다. 그래서 모든 사람이 극락으로 가려고 발버둥을 치지만 지장보살은 지옥중생을 구제하려고 지옥행을 자원하셨습니다. 지장보살은 보살정신의 극치를 보여주고 있습니다.

현대를 살아가는 우리들도 바른 삶을 위해 현실에 맞는 알뜰한 삶을 선택하고, 분수에 어울리는 원을 세우고 실천해야 하겠습니다.

베풂의 언덕

✤ 보살은 원으로 살고 중생은 업으로 산다

중생과 보살의 차이는 보리심(菩提心)을 발했는가, 그렇지 못한가에 있습니다. 중생이 모두 부처가 될 수 있는 가능성을 가졌지만 문제는 그 가능성을 실현해야 되겠다고 하는 마음을 내는 것입니다. 그것이 발심이고 원력(願力)입니다. 보살은 나도 진리에 눈을 뜨고 성불해야 되겠다는 원으로 살고, 반대로 중생은 업(業)의 힘에 끌려 살아갑니다. 그래서 "보살은 원력에 의해 생을 받고(願力隨生), 중생은 업력에 의해 생을 받는다(業力隨生)."고 합니다.

보살이 삶의 굳건한 목표인 원을 세웠으면 다음으로 필요한 것이 실천입니다. 실천이 따르지 않는 원이나 목표는 공상에 불과합니다. 보살은 원을 실현해 가는 행을 게을리 하지 않습니다. 보살은 원이 다양하고 실천 또한 다양하지만 보시(布施) · 지계(持戒) · 인욕(忍辱) · 정진(精進) · 선정(禪定) · 지혜(智慧)의 육바라밀이 대승보살의 대표적인 실천입니다.

바라밀이란 말은 'Paramita'란 말의 음역인데, 두 가지 의미가 있습니다. 즉 'Param'에서 끊고 'ita'를 붙이면 '완성'이란 뜻이고, 'Parami'에서 끊고 'ta'를 붙이면 '저 언덕에 다다른다'는 도피안(到彼岸)의 뜻이 됩니다. 이처럼 바라밀이란 완성과 도피안이란 두 가지의 뜻을 가지고 있지만, 그 둘은 서로 다른 것이 아닙니다. 저 언덕에 다다른 것은 온갖 괴로움이 충만한 차안(此岸)의 세계에서 괴로움이 멸한 피안의 세계에 다다른 것이므로 그대로 수행의 완성인 것입니다.

육바라밀은 여섯 가지 수행(修行)의 완성, 피안에 이르는 여섯 가지 실천이란 뜻입니다. 이 여섯 가지 바라밀을 통해서 보살은 괴로움의 바다를 건너 깨침의 세계, 진리의 세계에 들 수 있는 것입니다.

여섯 가지 바라밀 중 첫째 바라밀은 보시(布施)입니다.

보시는 나누는 것으로 '베풀어라' 하는 말입니다. 이것은 우리가 이웃과 모든 생명과 더불어 사는 연기의 실상을 알면 자연스럽게 나타나는 실천입니다. 우리가 그것을 모르니까 자기중심적인 탐욕으로 살아가고 있는 것입니다. 내가 무아이고 공(空)이라고 하는 사실을 분명히 알면, 돈이나 재물·명예에 그렇게 집착하지 않을 것입니다. 무아를 유아로 착각하고 무상한 것을 유상한 것으로 착각하기 때문에 마치 천년 만년 살 것처럼 재물에 욕심내어 집착합니다. 보시는 이러한 욕심을 치료하는 약입니다.

소승불교에서는 단지 '욕심내지 말아라' '탐심을 끊으라'고 하지만 대승불교에서는 적극적으로 베풀고 나눌 것을 가르칩니다. 나누라는 덕목이 육바라밀 중에 제일 처음에 있는 것도 대승적 이타정신의 표현입니다. 이러한 보시에는 세 가지가 있습니다.

첫째가 재시(財施)입니다. 재시는 물질적인 나눔이고 베풂입니다. 돈이나 음식 등을 필요한 사람에게 자신의 능력에 따라서 베푸는 것입니다.

다음은 법시(法施)입니다. 법시는 정신적인 베풂인데 진리의 말씀을 전해서 뭇사람들이 미혹으로부터 벗어나도록 도와주는 일이 대표적입니다. 또 넓은 의미로 보면 교육도 법시의 일종이어야 합니다. 교육이 상품화되는 우리의 현실은 진정한 보시정신에서 우러나온 법시가 아니기 때문입니다.

그 다음이 무외시(無畏施)입니다. 두려움을 없게 하는 것, 상대방의 마음을 편하게 하는 것을 가리킵니다. 이 무외시를 잘 음미해 볼 필요가 있습니다. 재시·법시 하니까, 어떤 이는 나는 베풀 재물도 없고 아는 것도 없어서 보시하려야 할 것이 없다고 할지 모르겠습니다. 그러나 보시가 많이 가진 사람이나 많이 아는 사람만이 할 수 있는 것이라면, 나머지 사람은 기회도 없을 것입니다. 가진 것, 아는 것이 없어도 할 수 있는 보시가 바로 무외시입니다. 얼굴 표정 하나라도 부드럽게 가지는 것, 따뜻한 말 한 마디도 훌륭한 보시가 됩니다. 이게 바로 무외시입니다.

반대로 평소 어두운 표정이나 찡그리는 얼굴은 모르는 사이에 한량없는 악업을 짓는 것입니다. 상대방을 불편하게 하고 심하면 두려움을 줍니다. 말 한 마디 않고도 얼굴 표정 하나로 한량없는 악업을 지을 수도 있고 무량한 공덕을 지을 수도 있는 게 우리들 삶입니다. 같은 말이라도 부드럽고 공손한 말은 한량없는 보시행입니다.

가정에서도 주부의 표정이 항상 밝고 부드러울 때, 그 가정의 분위기는 화기가 넘칩니다. 결국 무외시는 평화와 안정을 나누는 보시입니다. 이렇게 재시·법시·무외시는 베푸는 종류에 따른 분류인데, 베푸는 자세와 마음도 중요합니다.

✸ 진리의 등불을 밝히는 무주상보시

보시를 질적으로 나누면 유주상보시(有住相布施)와 무주상보시 (無住相布施)로 나눌 수 있습니다. 유주상보시는 문자 그대로 상에 머무는 보시입니다. 상(相)은 '나다' 하는 생각입니다. 상을 낸다는 것은 자기를 과시한다는 뜻입니다. 그러므로 유주상보시는 '나다' 하는 생각이 있는 채로 하는 보시입니다.

내가 누구에게 무엇을 도왔다고 하는 상이 남아 있으면 어떤 형태로든 갚기를 바라게 되고, 혹은 머릿속에 기억해 놓고 상대방이 갚지 않는다든지 서운하게 하면 '네가 그럴 수가 있나? 내가 너한테 어떻게 했는데?'라고 생각할 수도 있습니다. 그런 상을 가지고 하는 보시는 완성인 바라밀행이 아닙니다. 그런 보시가 얼마간은 그런대로 통할 수 있는 선행일지는 몰라도, 열반의 세계, 진리의 세계를 장엄하는 실천은 될 수 없습니다.

진정한 보살도의 실천으로서의 보시는 상에 머무는 보시가 아니라 무주상보시입니다. 상에 머물지 않는 나눔이니 마치 저 허공을 나는 새가 자취를 남기지 않는 것과 같습니다. 그런 깨끗한 마음으로 보시를 하라는 것입니다. 그것이 무주상보시입니다.

무주상보시가 되기 위해서는 세 가지가 청정해야 합니다. 이것을 삼륜청정(三輪淸淨)이라고 하는데, 즉 보시하는 사람(施者)과 보시하는 물건(施物)과 보시를 받는 사람(受者), 이 셋이 모두 깨끗해야 된다는 것입니다. 다시 말하면 내가 누구에게 얼마를 베푼다는 생각마저 텅 비워버린 보시를 말합니다.

우리 중생은 '나다' 하는 놈이 끼어들어 있어서, 조그만 것이라도 돕거나 베풀면 상을 남겨 놓습니다. 아주 가까운 부자 관계뿐만 아니라 부부, 친구 간에도 그렇습니다. 당연히 내가 할 일로 알고 했으면 될 텐데 그게 아닙니다. 그래서 상대방을 대할 때 서운한 감정이 앞서는 것입니다.

어떤 상이던지 상을 앞세우면 고생입니다. 시어머니의 상을 가지고 있으면 시어머니 고생이 있고, 며느리의 상이 있으면 며느리 고생이 있습니다. 내가 박사다 하는 사람이 있으면 틀림없이 박사의 괴로움이 따릅니다. 반대로 그런 상을 내려놓으면 평화롭고 평안합니다. 불교는 어쩌면 그 고질적인 상병을 고치는 종교라고 할 수 있습니다.

보시는 아상(我相)의 뿌리를 치유하는 실천이기 때문에, 무주상으로 하라는 것입니다. 그런 무주상보시야말로 열반의 땅, 피안의 세계로 가는 보시의 완성입니다. 그래서 상 없는 보시는 영원한 공덕입니다. 즉 무루복(無漏福)을 짓는다고 해서 새어 나가지 않는 복이므로 영원한 복입니다. 반대로 상으로 하는 보시는 유루복(有漏福)을 짓는다고 했습니다. 베푼 것이므로 공덕을 짓긴 짓는데, 새어 나가는 공덕이니 영원치 않고 새어 나가 버리는 것입니다. 우리는 기왕이면 새지 않는 복을 지어야 되는 것이 당연 합니다.

우리는 부처님 오신 날에 등 하나를 켜면서도 온갖 상을 다 낼 수도 있고, 청정한 등공양이 될 수도 있습니다. 등이 크니, 작으니, 또는 법당의 정면 한가운데 걸렸으면 하는 생각들을 하게 되면, 등을 밝힌 공덕이 다 새어 나가고 맙니다. 등이 구석에 켜졌다고 부처님께서 못 보시겠습니까?

저 빈녀(貧女)의 일등(一燈)은 오직 "성불하여지이다." 하는 간절한 원이 있을 뿐, 상이 없는 깨끗한 등공양을 올렸으므로 꺼지지 않는 등불이 되었던 것입니다. 등불이 꺼지지 않았다는 것은 영원한 마음의 등, 진리의 등불임을 뜻합니다. 마음의 등불, 진리의 등불을 밝히기 위해서는 무주상의 보시로만 가능합니다.

　　보시를 말씀드리면서 한 가지 짚고 넘어가야 할 것은 보시도 훈련
이 필요하다는 것입니다. 우리는 어떤 일이든 나중에 한꺼번에 하고자
하는 습성이 있는데, 보시는 그렇게 해서는 언제까지나 할 수 없으며,
그때그때 할 수 있는 대로 해야 합니다. 『백유경』에 보면 이런 우화가
있습니다. 어떤 사람이 날을 받아 잔치를 하게 되어 젖소에서 우유를
짜서 미리 준비해 둬야 했습니다. 그런데 그는 매일 짜면 번거롭고 저
장 할 곳도 마땅치 않으니, 그냥 소 뱃속에 놓아두었다가 한꺼번에 짜
자는 생각으로 송아지도 떼어 놓고 한 달쯤 지냈습니다. 그리하여 잔칫
날 소를 끌고 와 우유를 짜려고 하자 다 말라버려서 우유가 안 나왔다
고 합니다.
　　이렇듯이 '재산이 많이 모이면 하자'는 생각을 갖지만 재산이 모이
기도 쉽지 않을 뿐더러, 또 모인다 해도 실제로 보시하기란 쉽지 않습
니다. 그래서 보시는 어떤 형태로든 일상적인 생활에서 그때그때 실천
해야 합니다.

지킴의 언덕

⊛ 적극적으로 선행을 실천하라

계율은 삶의 질서입니다. 교통이 원활하게 소통되려면 교통질서가 잘 지켜지고, 또 한 나라가 잘 운영되려면 법질서가 지켜져야 되듯이 인간다운 삶을 살기 위해 필요한 질서가 계율입니다. 소승의 계율은 '무엇을 하지 말라'고 하는 금지규정인데 비해서 대승의 계는 무엇을 하지 말라고 하는 데서 그치는 것이 아니라, 더욱 '적극적으로 무엇을 하라' 하는 정신이 강합니다.

또 대승계는 나만 계를 지키는 것이 아니라 다른 사람도 계를 지키도록 하는 적극적인 실천입니다. 대승불교의 이타정신은 계에도 나타나고 있습니다. 또 다른 대승계의 특성은 겉으로 나타난 형식과 문자에 치우치기 보다는 마음으로부터 어떻게 실천하는가에 중점을 두는 심계 (心戒), 심지계(心地戒)의 성격이 강합니다.

그리고 대승의 계는 공(空)이라는 바탕 위에 세워진 계이기 때문에 무심(無心)을 실천하는 계입니다. 초기 대승불교 시기에는 출가 · 재가의 구분 없이 보살이 행하는 계로 십선행(十善行), 혹은 십선계(十善戒)

가 강조되었습니다. 즉 몸으로는 살생하고 훔치고 사음하고, 또 입으로는 거짓말하고 이간 붙이고 험한 말하고, 생각으로는 욕심내고 성내고 어리석은 것이 십악(十惡)입니다. 이것은 몸으로 세 가지, 입으로 네 가지, 생각으로 세 가지 악인데 이렇게 살면 그 삶은 그대로 지옥의 삶이 됩니다. 그런 십악(十惡)이 판치는 세상이 바로 지옥이 아니겠습니까? 그런데 십선은 그 반대입니다. 즉 몸으로는 산목숨을 죽이지 않고 훔치지 않으며 바르지 못한 남녀관계를 맺지 않고, 또 입으로는 거짓말 아부하는 말 이간 붙이는 말 험한 말을 하지 않고, 생각으로는 탐욕과 성냄 어리석음을 없애는 것입니다.

그러나 대승의 지계바라밀로서의 십선(十善)은 여기서 그치지 않고 적극적인 실천을 강조합니다. 단순히 산목숨을 해치지 말라는 것이 아니라 죽어가는 것을 살리라고 합니다. 불살생뿐 아니라, 산목숨을 살리지 않는 것도 계에 어긋나는 것이 바로 대승의 불살생계입니다. 또 '훔치지 말라'에서 그치는 것이 아니라 더욱 적극적으로 베풀라고 강조하는 것이 불투도(不偸盜)의 윤리입니다.

훔치는 것만 파계가 아니라 베풀지 않는 것도 파계라고 했으니 얼마나 적극적이고 추상같습니까? 또 '사음하지 말라'에서 그치는 것이 아니라 정결한 삶을 살라고 했습니다. 마찬가지로 입으로도 실다운 말 곧은 말 유순한 말을 하는 것이 입으로 지키는 지계이며, 생각으로도 탐욕이 아니라 베푸는 것이 지계이며, 어리석음이 아니라 바른 지혜를 얻는 것이 지계바라밀입니다.

십선계가 지계바라밀의 구체적인 실천덕목으로 간주되고 있는 것은 주목할 만한 일입니다. 모든 인간이 보편적으로 지키고 실천해야 할 대승적 계는, 복잡한 공동생활의 규칙이 아니라 사람들의 보편적인 생활규범이기 때문입니다. 대승 이전에는 십선행은 단순히 신·구·의 삼업을 바르게 하는 행위 규범으로써 윤리적 삶의 기준이었습니다. 이것이 대승의 계가 되면서부터 계율이 복잡한 승가생활의 규칙이 아니라, 바른 삶을 살아가려는 모든 사람들의 질서로써 자리 잡게 되었음을 뜻합니다.

이로써 초기의 대승교단이 소승적인 승가와는 달랐음을 알 수 있습니다. 소승계가 교단 구성원의 구체적인 생활규범인 것에 비해 십선계는 모든 사람이 똑같이 지키는 공통의 계입니다. 이 말은 비구든 비구니든 또 우바새든 우바이든 보살의 마음을 일으켜서 진리를 향해가는 모든 사람들이 한결같이 지켜야 되는 실천이 곧 계율이었다는 것입니다.

또한 대승계로서 십선행은, 나만 실천할 뿐만 아니라 다른 사람도 실천하도록 권하는 일까지 포함되어 있습니다. 그리고 내가 '행한다', '실천한다' 하는 마음도 비운 채 실천하라고 했습니다.

✺ 일체의 중생을 이익 되게 하는 실천행

대승불교 중기에 와서는 교단에도 많은 변화가 일어납니다. 그것은 대승의 불교운동이 확산되고 활발해짐에 따라 출가 보살이 많이 동참하게 되었기 때문입니다. 왜냐하면 보살들도 출가해서 공동생활을 하게 되므로, 계뿐만 아니라 공동생활의 규범인 율도 필요하게 되었습니다. 그렇게 되자 대승의 계는 대승의 정신을 보존하면서 소승의 율을 차용하는 형태로 발달해 갔습니다. 이런 계가 삼취정계(三聚淨戒)의 형태입니다. 삼취정계는 세 가지 깨끗한 계란 뜻으로 섭율의계(攝律儀戒), 섭선법계(攝善法戒), 섭중생계(攝衆生戒)를 가리킵니다.

섭율의계는 소승의 계를 그대로 수용하는 내용인데 비구는 250계, 비구니는 348계, 사미·사미니는 10계, 식차마나·정학녀(正學女)는 6

계, 그리고 우바새·우바이 등의 재가자는 5계를 그대로 수지하였습니다. 이것은 출가 보살이 공동생활을 하기 위해서는 이미 있었던 소승의 율의가 편리했기 때문입니다.

그러나 대승의 보살들은 소승적 율의계를 수용하면서도 거기에 그치는 것이 아니라 대승정신을 유감없이 발휘했습니다. 그것이 섭선법계이니 일체의 모든 선법을 다 받드는 것이 그대로 중요한 계가 됩니다. 이 섭선법계에 십선행도 모두 포함됩니다. 또 거기서 그치는 것이 아니라 섭중생계라고 해서 일체의 모든 생명을 다 이익 되게 하는 행을 계로 요청합니다. 「유가사지론」에서는 섭중생계의 구체적인 내용으로 12가지를 말하고 있습니다.

첫 번째, '뜻있는 자의 협력자가 되라'고 했습니다. 이는 훌륭한 일에 동참하는 동사섭(同事攝) 정신을 말합니다.

두 번째, '병고의 간호를 잘하라'고 했습니다. 아픈 사람 간호하는 일은 꼭 필요한 일이니, 의료간호직에 계신 분들께서도 청정한 마음으로 환자를 대한다면 섭중생계를 실천하는 것이 됩니다.

세 번째, '법을 설하라'고 했습니다. 대승계에서는 보살이 법을 설하지 않고 또 중생을 지도하지 않는 것을 파계로 규정하고 있습니다. 『범망경』 보살계에도 48경계(輕戒) 중 제45계가 불화중생계(不化衆生戒), 즉 중생을 교화하지 않는 것입니다. 이것은 이타정신으로 법시(法施)를 행하라는 계입니다.

네 번째, '은혜를 알고 보은(報恩)하라'고 했습니다. 불자들의 삶은 '빚 갚는 삶'이어야 합니다. 왜냐하면 오늘의 내가 있기까지는 한량없는 생명들, 나아가서는 대자연의 은혜가 있어서 가능하기 때문입니다.

다섯 번째, '공포로부터 중생을 지키라'는 계율입니다. 공포는 여러 가지가 있을 수 있겠습니다. 핵의 공포, 환경 파괴의 공포, 범죄의 공포, 사회 불안의 공포 등으로부터 중생을 지키는 실천이 보살의 계행이라고 합니다.

여섯 번째, '고통 받는 중생의 근심과 고통을 없애주라'고 했습니다. 자비라고 할 때 자(慈)는 타인과 함께 즐거워하는 것이며, 비(悲)는 다른 사람의 아픔을 나의 아픔으로 느끼고 신음하는 것입니다. 그런 아픔에서 고통을 뽑아 버리려는 실천이 바로 자비행입니다. 그래서 자비는 발고여락(拔苦與樂)이라 해서 고를 뽑아내고 즐거움을 함께 하는 실천입니다.

일곱 번째, '물건을 구하는 자에게는 주라'고 했습니다.

여덟 번째, '자비심으로 중생을 섭수하라'고 했습니다. 자비심은 앞에서 말씀드린 대로 함께 아파하고, 함께 즐거워하는 것이니 그런 마음으로 모든 기쁨과 슬픔을 중생과 함께 하라는 뜻입니다.

아홉 번째, '마음에 적합한 것은 행하고 그렇지 않은 것은 멀리하라'고 했습니다.

열 번째, '진실한 공덕을 기뻐하라'고 했습니다. 의가 실현되고 진실이 알려지고 선양되는 것을 기뻐하라는 것입니다.

열한 번째, '과실은 제어하라'는 것입니다. 혹 중생들이 잘못하는 일이 있으면 잘 선도하라는 것입니다.

열두 번째, '신통력으로 중생을 인도하라'고 했습니다. 신통력이란 이상한 방법이 아니라 하나인 마음, 일심(一心)으로 중생을 이끄는 것을 가리킵니다.

이와 같은 삼취정계에 이르러 대승의 계는 십선계(十善戒)와 더불어 일체의 모든 선법을 받들어 행하고, 또 모든 생명을 이롭게 하고 살리는 대승불교의 정신을 유감없이 발휘하게 됩니다. 그러므로 실제로 대승의 지계바라밀은 소승의 지계보다 실천하기가 어렵습니다. 왜냐하면 대승불교의 계는 단순히 계에 그치는 것이 아니라, 불교의 진리를 증득하기 위한 바라밀의 실천으로 승화되어야 하기 때문입니다.

후기 대승불교에 이르면 독자적인 율의계를 형성하는 움직임이 나타납니다. 그래서 우리나라에서도 성행하고 있는 『범망경』의 보살계, 즉 십중금계(十重禁戒)와 48경계가 여기에 속합니다. 대승의 계율은 방비지악(防非止惡), 즉 그릇된 것과 악을 그치게 하는 데서 한걸음 더 나아가서 선행을 받들어 행하고, 또 나쁜만 아니라 모든 사람들이 함께 실천할 것을 강조하고 있는 것입니다.

참음의 언덕

🏵 마늘 먹고 어둠 참는 인고의 심성

인욕(忍辱)바라밀은 문자 그대로 참는 바라밀입니다. 안으로부터 욕되고 어려운 것도 있을 것이고 또 밖으로부터 주어지는 어려움도 있습니다. 인욕이란 그와 같은 욕됨을 잘 참으라는 것입니다. 인욕은 성냄을 대치하는 공부이기도 합니다.

우리는 연기(緣起)의 실상을 모르고 살기 때문에 '나다' 하는 착각을 일으키면서 욕심 부리고, 마음대로 안 되면 성내게 됩니다. 모든 사람들이 각자 탐진치 삼독(三毒)을 맹렬히 불태우니까 세상은 온통 '불난집'이 되어 버렸습니다. 그래서 우리가 사는 세계를 사바세계라고 합니다. 사바란 뜻은 '참는다'는 뜻이어서 사바세계를 인토(忍土), 즉 참지 않으면 안 되는 땅이라고 합니다. 인욕하지 않고서는 살기 힘든 곳이 우리가 살고 있는 세계임에는 틀림없는 듯싶습니다.

특히 오늘 우리의 실정에는 다른 무엇보다도 인욕의 실천이 절실히 요구됩니다. 물질문명이 급속도로 발달하여 모든 것이 우리의 눈·귀·코·입·몸·생각 등을 충족시키는 방향으로 치달리고 경쟁이 치열하다 보니 감각적인 현대인들은 느긋하게 참는다든지 기다리는 미덕과는 아주 멀어진 삶을 살고 있습니다.

본래 우리 민족은 인욕에 뛰어난 사람들이었습니다. 단군신화에는 세계에 자랑할 만한 우리 선인들의 사상이 담겨 있는 소중한 전통이 기록되어 있습니다. 태초의 수풀이 우거진 태백산 신단수 아래 그 대자연 속의 신시(神市)에서 단군신화는 전개되고 있습니다. 신시란 말도 엄청난 말입니다. 우리는 그냥 지나치기 쉬운데 이걸 영어로 바꾸어 보면 'City of god'입니다. 서양 사람들은 우리의 건국신화를 보고 'City of god'에서 펼쳐지고 있다면서 깜짝 놀랍니다.

그 신화의 제1막이 하늘의 아들 환웅이 인간세상을 탐구해서 하늘로부터 내려오는 것으로 시작됩니다. 뿐만 아니라 땅의 짐승인 호랑이와 곰도 인간이 되길 원해서 환웅께 간청을 했습니다. 그때 환웅이 인간이 되고 싶거든 동굴 속에서 먹기 힘든 쑥과 마늘을 먹고 어둠을 잘 참고 견디라고 했습니다. 아주 동양적이고 우리다운 처방이고 비법입니다.

아마 서양 환웅이었다면, 인간이 되길 원한다면 둘이 복싱을 한번 하든지 뜀박질을 해서 이기는 자를 인간이 되게 해준다든지 했을 겁니다. 그런데 우리의 환웅은 쑥과 마늘을 먹고 동굴 속의 어둠을 잘 참고 견디면 인간이 될 수 있다고 했습니다. 이것은 밖으로 어떤 대상을 이기는 경쟁이 아니라 안으로 참기 힘든 것, 동굴의 어둠이라는 내면적인 공포의 대상을 극복하는 것을 의미합니다. 또 먹기 힘든 쑥과 마늘을 먹는 것도 내면적인 인고이며 극기입니다. 이 동굴 속에서 쑥과 마늘을 먹고 인고하는 자세야말로 우리 민족의 원초적인 종교 심성입니다.

그 바탕이 불교와 만났을 때 독특한 문화의 꽃이 피었고, 또 유교와 만나서 종주국을 능가하게 할 만큼 순수성을 지키려했으며, 또 오늘날 기독교 속에도 그런 심성이 접목되었을 것으로 생각합니다. 우리 민족은 애초부터 종교적 소질이 뛰어난 민족입니다.

마늘을 먹고 동굴의 어둠을 참는 모습에서 인고의 심성을 볼 수 있습니다. 호랑이와 곰은 어떻게 됐습니까? 잘 참고 견딘 곰은 21일 만에 사람이 됐고, 반대로 참지 못한 호랑이는 그대로 짐승으로 남았습니다. 이런 이야기를 구성한 우리 조상들의 생각 속엔 인간인가 짐승인가 하는 판별의 기준이 인고에 있었다고 볼 수 있습니다. 이처럼 우리 조상들은 인고와 극기의 실천을 소중히 여겼습니다.

교육이란 원래 사람이 되게 하는 가르침입니다. 따라서 우리 선인들의 기준대로라면 교육을 많이 받을수록 인고하는 힘이 늘어나야 할 텐데 그렇지 않은 것 같습니다. 오히려 교육을 많이 받은 사람들이 참을성은 더 없는 것이 우리의 실정입니다.

바라밀로서의 인욕은 무엇을 억지로 참는 것이 아닙니다. 어려운 것을 억지로 참으면 마음의 병이 되기 쉽습니다. 인욕바라밀은 어려운 것을 억지로 참는 것이 아니라 그 이치를 바르게 알고 마음을 비우는 것입니다. 그리고 마음으로 푸는 것이므로 감정의 잔여물이 없는 완전 인욕이 될 수 있는 것입니다. 할 수 없이 참게 되면 비굴하기 쉽고, 또 속으로 한이 쌓여서 심하면 원한으로 뭉쳐 큰 병이 되고 맙니다. 이것은 인욕바라밀이 아닙니다.

달마 스님의 가르침인 '보원행(報怨行)'은 어떤 고통과 시련, 즉 원통한 상황에 처하더라도 그러한 상황이 우연히 일어난 것이 아니라 연기해서 생겼고, 내 책임도 있다는 생각으로 꿰뚫어 보라는 가르침입니다. 다른 사람에 대한 증오나 미움이 아니라 빈 마음으로 받아들이고 내가 할 수 있는 일을 해 나가라고 했습니다. 그럴 때 어려운 상황 그 자체가 우리 자신을 돌아볼 수 있는 좋은 기회가 되어 훌륭한 스승이 될 수 있다는 것입니다.

『금강경』에도 부처님께서 전생에 인욕을 행하는 수행자였을 때의 이야기가 나옵니다. 인욕행을 잘한다고 소문이 나니까, 그 나라의 가리왕이 얼마나 인욕을 잘하는지 시험하기 위해서 그 수행자의 팔과 다리를 자르고 나중에 사지를 다 잘랐습니다. 그러나 수행자는 성을 내거나 아상·인상·중생상·수자상을 내지 않았습니다. 이러한 인욕행이 어떻게 가능하겠습니까? 그것은 나를 공이라고 볼 때만 가능합니다. 내 몸과 마음이 본래 공이라는 지혜가 투철하지 않고는 불가능한 일입니다. 따라서 공의 눈이 있어야 참 인욕이 됩니다. 왜냐하면 내가 공이 될 때 '내'가 참는 것이 아니라 그저 무심이 되는 것이기 때문입니다.

그러므로 부처님께서는 누가 내 팔 한쪽을 끊어 가더라도 성내는 사람은 불자가 아니라고 말씀하시기도 했습니다. 이것도 언뜻 생각하면 불가능하고 또 무모한 가르침으로 들립니다. 그러나 실제 어려운 상황이면 어려운 상황일수록 성내는 건 불필요합니다. 어려운 상황이나 상대방에 대한 분노에 사로잡히면 눈이 멀어서 아무런 대응도 할 수 없게 되고 맙니다. 마음이 안정되어 있어야 적절한 대응이 가능해집니다. 그래야 내 팔을 자르려는 사람의 손을 잡을 수도 있고, 또 경책을 할 수도 있습니다. 이것도 성이 나서 정신없이 하는 것이 아니라 조용한 마음, 자비의 경책을 하는 것입니다.

우리는 인욕행을 잘하셨던 분으로 청담스님을 많이 들고 있습니다. 청담스님은 말씀을 좀 길게 하는 편이셨습니다. 그래서 무슨 말씀을 여쭐게 있어서 찾아뵈었다가 말씀만 듣고 그냥 오고만 기억이 있습니다. 청담스님이 해인사에 계실 때입니다. 공양을 끝내고 대중공사 시간에 스님께서 말씀을 시작하시면 길어질 때가 많았습니다. 그래서 어느 때는 아침공양 후에 대중공양을 하다가 그 자리에서 점심 공양을 하게 되는 경우도 있었답니다.

그날도 아마 대중공사 때 말씀이 길어지셨나 봅니다. 그래서 한 수좌가 저 스님이 인욕행을 잘 한다는데 얼마나 잘 참으시는가 보자 생각하고는 느닷없이 스님께 다가가서 뺨을 한차례 올려붙였다고 합니다. 그런데 청담스님께서는 그 수좌를 쳐다보시지도 않고 말씀을 계속하셨다고 합니다. 참 어려운 일입니다. 이렇게 인욕바라밀은 미워하는 마음을 다스려 마침내는 '나다' 하는 뿌리를 뽑는 공부라고 할 수 있습니다.

그러나 인욕행이 무턱대고 모든 것을 참기만 하라는 것은 아닙니다. 불의는 마땅히 시정되어야 합니다. 그러나 조용한 마음, 빈 마음으로 미워하는 마음 없이 대처하라는 것이 부처님의 가르침입니다. 일체의 모든 생명을 위해서 바르지 못한 것, 의롭지 못한 것을 파하고 바로 잡는 것은 용기이며 보살행입니다. 증오심이나 원망의 마음이 없는 사랑의 매, 자비의 실천일 때 그것은 보살행인 것입니다.

닦음의 언덕

✸ 소걸음, 호랑이의 눈으로 사는 삶

바라밀은 생사의 고해를 건너 저 열반의 언덕에 도달하는 것입니다. 정진바라밀은 저 언덕을 향해 생사의 바다를 건너가는 열반호의 동력이고 추진력입니다.

이 열반의 배는 큰 배이므로 동력이 약해서는 안 됩니다. 강한 힘과 추진력이 있어야 무사히 생사의 바다를 건너갈 수 있기 때문입니다. 어떤 일을 하든지 일이 성취되기 위해서는 쉼 없는 노력이 필요하지만 위없는 깨침을 이루고 일체의 중생을 모두 건지겠다고 하는 보살의 큰 원을 성취하기 위해서는 더없는 자기 정진이 필요합니다.

부처님께서는 돌아가시기 직전에 슬퍼하는 제자들에게 "너 자신을 등불로 삼고 너 자신에 의지하여라. 진리를 등불 삼고 진리에 의지하여라. 그 밖의 다른 것에 의지하여서는 안 되느니라…… 모든 것은 덧없다. 게으르지 말고 부지런히 정진하라."고 당부하셨습니다.

보살의 길은 누가 대신해 줄 수 있는 것이 아니라 스스로 해 나갈 수밖에 없는 길입니다. 부처님께서 위없는 깨침을 얻으실 수 있었던 것도 결코 우연한 일이 아니었습니다. 부처님은 진리를 위해서 아침에 듣고 저녁에 죽을 정도가 아니라, 진리의 소식을 듣고 금방 그 자리에서 죽어도 좋다는 용기와 자세로 정진을 했고, 그런 정진이 성불을 이루게 한 원동력이 되었던 것입니다.

정진에는 우선 목표가 바르게 서는 것이 중요합니다. 방향이 바로 잡히고 나서 정진을 해야지, 방향이 비뚤어져 있는데 무턱대고 정진을 하면 엉뚱한 결과를 가져옵니다. 부산에 가야 할 사람이 북쪽으로 방향을 잡고 속력을 내면 더욱 엉뚱한 방향으로 갈 것은 뻔한 노릇입니다. 목표와 방향이 분명히 서야 한다는 것은 행에 앞서 원이 잘 서야 한다는 말입니다. 보조국사 지눌 스님도 『수심결(修心訣)』에서 정진에 앞서 방향을 잘 잡아야 한다고 했습니다. 그렇지 않고서는 "설령 하루에 한 끼만 먹으며 앉아서 눕지 않고, 또 피를 뽑아 경전을 쓰며 온갖 고행을 다해도 모래를 쪄서 밥을 짓는 것과 같다."고 했습니다.

이처럼 정진에도 바른 원과 목표가 선행되어야 합니다. 그리고 팔정도에서도 언급했지만 이미 있는 악은 줄이고 이미 있는 선은 증진시키는 방향으로 정진을 해야 정정진입니다.

지눌 스님은 스스로 목우자라는 자호를 썼습니다. 즉 '소치는 사람' '소 먹이는 사람'이란 뜻으로 목우자는 정진의 자세를 잘 나타내는 이름이라고 생각합니다. 소 먹이는 사람이 어디 잠깐인들 한눈 팔 수 있겠습니까? 한눈 팔면 소가 벌써 밭에 들어가서 곡식을 절단 내지 않습니까? 따라서 꾸준히 정진하는 자세를 뜻하는 호라고 할 수 있겠습니다.

실제로 지눌 스님은 그런 삶을 사셨습니다. 전기에 보면, 스님께서는 우행호시, 즉 소걸음과 호랑이 눈의 삶을 사셨다고 합니다. '호랑이 눈'이란 현실 직시의 눈입니다. 호랑이는 곁눈질을 하지 않고 정면을 꿰뚫어 봅니다. 이와 같이 현실을 직시하는 눈으로 삶의 굳건한 목표와 방향이 정립될 수 있습니다. 실제로 지눌 스님은 12세기의 타락한 고려 불교의 현실을 호랑이 눈의 통찰로 꿰뚫어 보고, "고려 불교를 바로 잡아야 되겠다."라는 비원에서 정혜결사라는 목표와 방향을 정립했습니다.

이렇게 지눌 스님은 호랑이 눈의 통찰로 정혜결사의 원을 확립하고 평생을 일관해서 '소걸음'의 실천으로 정진해 갔습니다. 한국의 선, 나아가서는 한국불교의 새로운 전통을 확립한 '소걸음'의 삶이 바로 그 목표를 향한 정진이었습니다. '소걸음'은 그 육중한 몸으로, 결코 서두르지 않고 게으름도 피우지 않으면서 목표를 향해 착실하고 꾸준하게 정진해가는 것입니다. 그런 정진, 그런 실천의 걸음이면 무엇이든 이룰 수 있습니다. 보살의 삶이란 바로 그런 것입니다.

굳건한 삶의 목표와 한 걸음 한 걸음 나아가는 '소걸음'의 실천은 인간답게 살려는 모든 사람들이 마음에 새기고 본받아야 할 삶입니다. 우리들이 살고 있는 사회 자체가 말할 수 없이 번거롭고 눈앞의 일이 우리를 얽매이게 하는 분위기입니다. 그럴수록 내가 서 있는 시간과 공간을 직시하고, 또 내 능력과 소질을 감안해서 바른 삶의 목표를 세우고 꾸준히 정진해 갈 때 우리다운 삶이 가능하리라고 믿습니다. 우리는 정진바라밀에서 그런 교훈을 얻습니다.

각자 내 삶의 목표가 무엇인가? 또 그 목표를 향해 얼마만큼 정진하고 있는지를 한번 돌아봐야 되겠습니다. 몸은 아침이슬 같다고 했고, 목숨은 지는 해와 같다고 했습니다. 우리에게는 정진이 필요합니다.

맑음의 언덕

🕐 청정한 마음으로 본질을 꿰뚫어

선정(禪定)은 범어 Dhyana의 번역어인데 뜻으로는 정려(靜慮), 사유수(思惟修)라는 뜻입니다. 여기서 정려는 '고요히 생각하는 것'이라고 하고, 사유수는 '사유하는 수행'이라고 풀이 하는데 저는 좀 달리 표현하고 싶습니다. 즉 정려는 조용히 생각하는 것이 아니라, '생각을 조용히 하는 것'이라고 해야 맞을 것 같습니다. 또 사유수도 '사유를 비우는 공부'라고 풀이하고 싶습니다. 왜냐하면 선정은 생각 자체를 비우고 조용하게 하는 수행이고 공부이기 때문입니다.

우리의 심식은 항상 생각이 파도를 이루고 출렁거리고 있습니다. 무명의 바람으로 마음이 출렁거려서 번뇌와 망상이 들끓습니다. 따라서 출렁이는 물에 얼굴이나 사물을 비추면 제대로 보이질 않고 착시 현상을 일으키기 쉽듯이, 마음의 파도가 일 때 착각을 일으켜서 본래 무상하고 무아인 나를 실재하는 영원불변의 것으로 착각하게 됩니다.

불교의 모든 실천은 착각으로부터 벗어나서 사물을 사물대로, 나를 있는 그대로 보는데 있습니다. 그러기 위해서는 마음을 가라앉고 안정되게 하는 실천이 필요합니다. 그것이 바로 선정입니다.

'칠불통계게'에는 이런 구절이 있습니다.

"모든 악을 짓지 말고, 뭇 선을 받들어 행하며, 스스로 그 마음을 청정히 하는 것, 이것이 모든 부처님의 가르침이다."

여기에 불교의 종교성이 있습니다. 악한 일을 하지 말고 선한 일을 하라는 것은 모든 도덕이나 윤리에 공통됩니다. 따라서 거기에만 머문다면 불교는 종교로서의 의미가 없어집니다. 바로 불교의 독특한 성격은 이 선정 공부, 즉 마음을 청정하게 하는 실천에 있습니다. 우리들 마음이 저 허공처럼 빌 때 존재의 실다운 모습이 스스로 나타난다고 합니다. 그래서 "만약 부처의 경계를 알고 싶거든 마땅히 마음을 저 허공처럼 비워라."고도 했습니다.

선정도 소승의 선정과 대승의 선정은 다릅니다. 그 차이는 『유마경』에 잘 지적되고 있습니다. 『유마경』에서는 거사인 유마가 병이 나자 부처님께서 십대 제자들을 시켜 병문안을 가라고 합니다. 그러자 부처님의 제자들은 유마거사의 도력이 뛰어나서 감당하기 어려우므로 문병을 갈 수 없다고 사양을 합니다.

재가 보살을 주인공으로 하고 있는 그 구성 자체가 대승불교의 정신을 잘 나타내고 있는 경입니다. 또 유마의 병도 특이한 병입니다. "중생이 아프므로 내가 아프다."고 했습니다. 이 세상의 갖가지 고난에 병들어 있는 중생들의 아픔이 바로 유마의 병이라고 했으므로, 중생과 내가 둘이 아닌 동체자비(同體慈悲)의 마음을 나타내는 위대한 병입니다. 대승보살은 바로 그런 병을 앓는 사람들입니다.

부처님께서 지혜 제일인 사리불께 문병을 가라고 했을 때, 사리불은 "저는 유마거사를 감당할 수 없습니다." 하면서 과거에 유마거사를 만났던 일을 말씀 드립니다.

그 내용은 사리불이 숲속에서 조용히 좌선을 하고 있을 때 유마 거사가 와서 "그렇게 앉아 있는 것만이 좌선은 아니다."라고 지적을 했습니다. 진정한 좌선이란 삼계(三界) 가운데 몸과 마음을 나타내지 않는 것이어야 하고, 또 번뇌를 끊지 않고 열반에 들어가는 것이 진정한 좌선이라고 했습니다. 그때 사리불은 대답할 바를 몰랐다고 하면서 부처님께 유마거사의 문병을 사양하고 있습니다.

여기서 사리불의 좌선, 즉 앉아서 번뇌를 끊으려는 수행이 소승적인 실천입니다. 번뇌를 있는 그대로 실체시하고 그것을 끊기 위해 앉아서 전력을 기울이는 것입니다. 그런데 대승의 선정은 그와 다르다고 유마거사가 말하고 있습니다. 즉 앉아만 있는 것이 아니라 텅빈 청정한 마음을 지켜 밖으로 깨달음을 찾아 방황하지 않는 것이며, 번뇌를 끊는 것이 아니라 본래 공하다는 실상을 체득하여 번뇌가 곧 보리인 것을 아는 것입니다.

따라서 대승의 선은 앉거나 서거나 움직이거나 항상 청정심에 있을 뿐, 심신을 일부러 고요하게 만드는데 구애받지 않는 드높은 실천입니다. 그러므로 길을 가고 움직이는 것도 선이요, 일상생활 그대로가 선이라는 활달한 입장이 대승적 전통입니다. 그러므로 선은 시끄럽고 산란한 곳을 피해 산중이나 숲 속 같은 조용한 곳에서만 하는 것이 아닙니다. 즉 몸이나 거처를 조용히 하는 것이 아니라 마음을 항상 청정하게 하는 것이 대승적 전통입니다.

이와 관련해서 남악 회양(南岳懷讓) 선사와 마조 도일(馬祖道一) 스님의 유명한 일화가 있습니다. 마조 스님이 남악 스님 밑에서 열심히 정진하고 있는데 하루는 남악 스님이 오셔서 묻습니다.

"무엇하느라고 그렇게 앉아 있느냐?"

"부처가 되려고 합니다."

라고 마조 스님은 대답했습니다. 그런데 하루는 남악 스님이 어디서 벽돌을 하나 주어다가 열심히 문지르고 있었습니다. 처음에는 마조 스님도 모른 척하다 궁금증이 나서 여쭈었습니다.

"스님, 왜 그렇게 벽돌을 갈고 계십니까?"

"거울을 만들려고 그러네."

하고 남악 스님이 대답했습니다.

"벽돌을 갈아서 거울이 됩니까?"

하고 마조 스님이 되묻자,

"종일 그렇게 앉아 있다고 부처가 될까보냐?"

라고 말씀하셨습니다. 그 말에 마조 스님이 크게 깨쳤다고 합니다.

이것은 대승적 선의 전통을 잘 나타내는 일화라고 생각합니다. 이와 같이 대승적 선은 청정심인 본래의 성품을 보는데 중점을 두고 있습니다. 다시 말하면 외형적인 것이 아니라 마음에 중점을 두는 수행이라 할 수 있습니다. 『수심결』에서도 "성문들은 마음마다 미혹을 끊지만 그 끊으려는 마음이 바로 도둑이다."라고 했습니다. 또 "다만 살생, 도둑질, 음행, 거짓말 등이 성품에서 일어나는 것임을 자세히 살피면 일어나도 일어남이 없어서 그 자리가 곧 고요함이니, 어찌 다시 끊는 일이 있겠는가?"라고 했습니다.

그러나 처음으로 마음을 다스리고 고요히 하고자 하는 사람은 특별한 훈련이 전혀 없는 것도 아닙니다. 그래서 일반적으로 몸을 먼저 고르고(調身), 다음에 호흡을 고르게 하고(調息), 마지막으로 마음을 고르게 한다(調心)는 단계적 설명도 있습니다.

먼저 고요한 장소에서 몸과 자세를 바르게 하는 것입니다. 몸이 분주하면 자연히 마음도 분주해지기 쉬운 것이 우리들이기 때문에 우선 몸을 고요히 해야 됩니다. 계율이 필요한 것도 이 때문입니다. 그리고 바른 자세는 선정에 필수적입니다. 가부좌를 틀고 허리를 곧추세우고 앉습니다. 이때 긴장이 될 수 있으므로 몸을 전후좌우로 몇 번 흔들어 주면 좋습니다.

그 다음이 조식(調息), 즉 호흡을 고르는 것인데 특별히 호흡을 멈출 필요는 없고 단전으로 숨을 들이쉬고 내쉬면 됩니다. 그리고 조심(調心)을 위해서는 마음을 밝게 해서 환히 비추어야 합니다. 이것을 묵조(默照)한다고 합니다. 또 화두를 드는 방법도 있습니다.

그러나 어떤 방법이든지 표층의 번거로운 마음으로부터 본래의 청정심, 즉 하나인 마음으로 돌아가는 구조에는 다름이 없습니다. 이런 실천을 하면 매사에 자신감이 생기고 일에도 능률이 오르게 됩니다. 또 항상 조용한 부동심을 얻게 됩니다. 그러나 이것은 어디까지나 부수적인 것이고 목적은 본래의 '나'에 눈뜨는 것입니다.

지혜의 언덕

🌀 아는 대로 깨친 대로 사는 삶

'지혜'는 일상적인 낱말이 되다시피 했지만 본래의 뜻이 그대로 드러나도록 쓰고 있지는 못한 것 같습니다. 이 지혜는 범어인 Prajna의 번역이며, 음역으로는 '반야(般若)'라고 옮깁니다. 마하반야(摩訶般若)라고 할 때의 그 반야입니다.

지혜나 반야는 인간의 근원적 예지가 훤히 밝아져서 존재하는 실상의 제 모습을 투철히 깨닫고 보는 것을 뜻합니다. 일찍부터 지혜는 광명으로 비유되어 지혜광명이라고도 합니다. 어둠, 즉 무명이 완전히 가시고 모든 것이 일시에 환히 밝아져서 있는 그대로의 제 모습을 드러내는 것을 말합니다. 그 밝음을 비유해서 '보름달 같다', 혹은 '태양 광명과 같다'고 하는데, 옛 조사 스님들의 말씀에 보면 천일조(千日照)라 하여 천 개의 태양을 한데 묶어 놓은 것과 같은 광명이라고 했습니다. 뿐만 아니라 그 밝음은 항상 하여 꺼지지 않는 광명이라고 했습니다.

이 밝음은 밖으로부터 오는 것이 아니라 우리들 존재의 바탕, 본래의 마음자리의 환히 밝은 광명을 가리킵니다. 우리는 그 광명을 등지고 밖을 향해 치달으면서 사니까 그늘이 지고 어둠이 생기는 것입니다. 그 어둠속에서 나타나는 착각으로 '나다, 남이다' 하는 분별이 독버섯처럼 일어나고 그로부터 탐진치 삼독이 전개되는 것입니다. 환히 밝은 지혜의 광명이 비칠 때 '나다' 하는 착각은 비로소 사라져 없어지고, '남이다' 하는 분별도 끊어져서 자타가 하나가 됩니다.

그러므로 지혜는 '나다' 하는 소아적인 벽이 깨지는 깨침이고 열반입니다. 내가 비로소 공이요, 연기요, 무아라고 깨닫는 것도 이 지혜의 광명이 빛날 때입니다. 그러므로 지혜는 지식과는 전혀 다른 차이점이 있습니다.

첫째로 지식은 분별해서 아는 것입니다. 눈으로 무엇을 보고 귀로 무엇을 듣고 아는 것입니다. 또 생각으로 사량 분별하는 것도 지식에 속합니다. 즉 감각이나 지각을 통해 아는 것이 지식인데, 이런 앎의 특성은 나와 대상을 분별해서 내가 무엇을 보고 듣고 아는 그런 앎입니다. 그러므로 아는 나와, 알아지는 대상이 분명히 나누어진 채 아는 것입니다. 이런 앎을 상대적인 앎이라고 합니다. 즉 주와 객이 항상 나누어진 채 아는 앎이기 때문입니다.

그래서 항상 상대적이고 대립적이어서 나와 남, 선과 악, 옳고 그름이 항상 짝을 짓고 나타납니다. 이런 지식을 분별지(分別智), 혹은 차별지(差別智)라고도 합니다. 차별상을 보고 아는 앎이기 때문입니다. 여기에 비해 지혜는 분별없이 아는 것입니다. 아는 나와, 알아지는 대상이 하나가 되어 아는 앎입니다. 그래서 지혜의 바탕에는 항상 주객이 하나로 융합되어 차별적인 분별이 끊어져 있습니다. 지혜는 감각·지각하는 피상적인 차원이 아니라 존재의 심연에서 사물을 꿰뚫어 보는 본질적인 앎인 것입니다.

그러므로 지혜가 밝아질 때는 차별상이 아니라 평등하고 본래 나와 남, 주와 객이 둘이 아닌 하나인 실상이 나타나게 됩니다. 이런 지혜를 무분별지라고 합니다. 이것은 분별과 차별, 즉 대립이 끊어진 앎이란 뜻입니다. 영국에 칸티바로라는 스님이 계신데, 그분은 지혜를 번역하면서 'Wisdom gone beyond'라고 했습니다. 이것은 '지혜란 일체의 대립과 차별을 멀리 떠난 그런 앎이다'하는 뜻입니다. 무분별지로서의 지혜를 잘 나타낸 표현이라 생각합니다.

둘째로, 지식은 사물의 겉모습을 잘 파악하도록 되어 있습니다. 어떤 사람을 보면서도 '예쁘다, 밉다, 머리 모양이 아름답다, 그렇지 못하다' 하고 표면만 봅니다. 그런데 예쁘다 밉다 하는 것은 자기가 하는 생각이고 분별일 뿐이지, 사람 자체에 본래 예쁘고 미운 것이 있는 것은 아닙니다. 그러므로 지식은 '나다' 하는 색안경을 끼고 무엇을 아는 것으로, 겉모습을 보고 이렇다 저렇다 하는 것입니다.

그에 비해서 지혜는 사물의 본질을 꿰뚫어 보는 앎입니다. 예를 들면 인간의 경우에 있어서도 표면만이 아닌 사람의 바탕을 꿰뚫어 보게 됩니다. 그러므로 차별상을 뛰어 넘어 여여한 부처의 성품을 갖추고 있구나 하고 알게 되는 것입니다.

우리는 지식인하면 근사한 것처럼 생각하는데 지식인은 그런 차별 세계에 사는 사람에 불과 합니다. 지식인이 아니라 지혜인이 되어야만 사물의 실다운 모습을 볼 수 있습니다.

셋째로 지식은 무엇을 자꾸 쌓아가는 것입니다. 그래서 지식은 많을수록 보따리가 무거워집니다. 그런데 지혜는 오히려 비우고 덜어버리는 것이어서, 생각이나 알음알이를 놓아 버려서 텅 빌 때 본래 마음의 밝음이 환히 제 기능을 나타내는 것입니다. 그래서 지혜의 길은 더는 공부요, 내려놓는 길이라 할 수 있습니다. 선정도 마음의 번뇌와 망상, 잡다한 생각들을 다 내려놓는 훈련입니다. 일체가 텅 비었을 때 존재의 실상이 환히 밝아지는 것이 바로 지혜입니다.

끝으로 지식은 알기는 해도 실천이 뒤따르기 힘든 앎이니, 아는 것과 사는 것, 행하는 것이 일치하기 어렵습니다. 이것은 피상적으로 알기 때문입니다. 나쁜 짓을 하면 안 된다는 것을 알고 있으나 실제로 행동이 따르지 못하는 것은 겉으로만 알기 때문입니다. O, X 형이나 사지선다형 문제의 답은 잘 쓸 수 있지만, 사는 것은 그렇지 않다는 것이 지식 차원의 앎입니다.

그것에 비해서 지혜는 아는 것과 행하는 것, 아는 것과 사는 것이 하나가 되는 진정한 앎입니다. 지혜가 필요한 것은 바로 이 때문입니다. 지혜는 존재의 원천에서 폭발하는 대혁명과 같습니다. 그래서 한 순간의 체험이지만 나의 온 삶이 전환되는 강력한 앎입니다. 즉, 아는 대로 깨친 대로 살게 되는 것입니다.

이렇게 지혜를 얻은 사람이 사는 모습은 어떤 삶이겠습니까? 그것이 바로 자비의 삶입니다. 지혜의 광명으로 어둠을 깨뜨릴 때 비로소 '나'하는 착각도 꿈처럼 사라지게 되고 공이고 무아라는 사실에 눈뜨는 것입니다. 그것은 달리 말하면 나와 남, 나와 세계를 갈라놓은 '나'라는 울타리가 깨지는 것입니다. 그때 비로소 나와 남이 하나 되고, 나와 세계가 하나 됩니다. 그런 하나인 세계, 지혜의 삶이 일체의 모든 생명과 나를 하나로 보는 동체자비의 삶입니다. 그러기 때문에 마치 손바닥의 앞뒤처럼 분리할 수 없는 하나가 지혜와 자비입니다.

실제 육바라밀 가운데 지혜의 완성이 이루어져야 만이 다른 바라밀도 완성됩니다. 보시바라밀도 지혜가 있어야 완성되고 지계바라밀도

지혜의 눈이 따라야 완성됩니다. 다른 바라밀도 마찬가지입니다. 육바
라밀은 서로 격리되어 있는 실천덕목이 아닙니다.

우리는 지식이 아니라 지혜가 증진될 때 인간다운 삶이 가능합니다.
그러므로 우리의 교육도 지식이 아니라 지혜를 증진시키는 교육이 되
어야 합니다. 우리의 교육이 인간을 만드는 교육보다는 지식위주의 직
장을 얻기 위한 예비교육에 머물고 있다 보니 지식인은 많은 데 사회는
여전히 불난 집과 같습니다. 알고 있는 만큼 행할 수 있는 인간을 만드
는 교육이 되기 위해서는 지식이 아니라 지혜를 증진시키는 교육이 되
어야 하겠습니다.

저는 학생들을 대학생이라 하지 않고 '대학인(大學人)'이라고 부릅니
다. 학생이란 말은 왠지 지식만 쌓고 많이 알기만 하면 된다는 말 같아
서 학생 대신 학인이라고 합니다. 학인이란 배우는 사람이니 대학인은
'큰 학인'이란 뜻입니다. 즉 소학인, 중학인이 아니라 '크게 배우는 사람'
이란 뜻으로 대학인입니다. 그러한 대학인은 삶의 기술만을 익히는 것
이 아니라 삶 자체를 문제 삼고 풍요롭게 가꾸려는 학인입니다. 또 대
학인은 지식만이 아니라 지혜를 증진해 가는 학인이고, 아는 것을 사는
것으로 실천하고 일치시키는 공부를 해 나가는 사람입니다.

부처님 말씀을 공부해 가는 사람이야말로 진정한 의미의 큰 학인입
니다. 왜냐하면 불교의 모든 것이 이 지혜를 얻는 일이기 때문입니다.

제 9 장

머무는 바 없이 빈 마음으로

'하나'가 되는 큰 수레

🌸 유마거사의 천둥과 같은 침묵

앞에서 우리는 육바라밀을 통해서 보살의 원과 실천을 어떻게 전개해야 하는지 알아보았습니다. 여기서 우리는 대승불교가 보여주는 사상을 정리해 봐야겠습니다.

먼저 대승불교는 사상적으로 '하나'인 바탕 위에 기반하고 있습니다. 대승 이전 부파불교는 모든 것을 둘로 보는 구조로 되어 있었습니다. 부파에서는 세속과 열반을 둘로 보았기 때문에 세속적인 것을 나쁘게 생각하고 열반을 이상적으로 생각했습니다. 그래서 세속을 버리고 열반을 향할 수밖에 없었습니다.

그리고 번뇌와 보리도 둘로 보았습니다. 그래서 번뇌를 끊고 보리를 증득하는 것을 중시했습니다. 이러한 이유 때문에 부파불교에서 은둔생활을 중시하는 것은 필연적이었습니다. 세속에서 열반으로, 번뇌에서 보리로 가기 위해서는 번거로운 현실을 떠나 조용한 곳에서 안주하는 것은 당연했던 것입니다.

이에 대해 대승은 그 구조 자체가 완전히 다릅니다. 대승에서는 생사와 열반, 번뇌와 보리, 중생과 부처를 둘이 아니라 '하나'로 봅니다. 따라서 대승에서는 세속의 실상을 여실히 보면 그 자리가 바로 열반임을 강조합니다. 삶의 한복판에서 열반을 구하는 일이 가능한 것도 바로 이 때문입니다.

보리도 역시 마찬가지입니다. 번뇌의 실상을 여실히 알 때, 번뇌가 그대로 보리일 뿐입니다. 성불도 중생을 버리고 달성되는 것이 아닙니다. 중생이 부처임을 여실히 아는 것이 바로 성불입니다. 따라서 대승에서는 현실 세계를 떠나 진리의 세계가 따로 있는 것이 아님을 강조합니다. 대승의 진리는 우리가 몸담고 있는 생생한 삶의 현장에서 실천될 수 있는 구조로 되어 있습니다.

이런 대승정신의 상징이 바로 연꽃입니다. 연꽃은 모양도 아름답고 향기 또한 아름답습니다. 그러나 그 뿌리는 결코 깨끗하지 않은 뻘 속이나 진흙탕 속에 놓여 있습니다. 그래도 연꽃은 물들지 않고 아름다운 모양과 향기를 간직하고 있습니다. 즉, 연꽃은 더러운 곳에 머물고 있으면서도 항상 청정함을 유지하고 있는 것[處染常淨]입니다.

뻘밭을 한번 상상해 보십시오. 얼마나 더러운 곳입니까? 이곳이 바로 우리가 살고 있는 현실 세계입니다. 그런 현실을 버리는 것이 아니라 거기에 있으면서도 물들지 않는 삶을 추구하는 것이 대승입니다. 마치 연꽃이 청순한 자태와 향기를 내는 것과 같습니다.

이 세상 속에서 진리의 향기를 전하고 모든 생명을 이롭게 하려는 것이 대승 보살의 삶입니다. 이런 보살의 삶은 생사에도 머물지 않고 [不住生死] 열반에도 머물지 않는[不住涅槃] 삶입니다. 비록 생사의 세계에 있더라도 거기에 물들지 않고, 그렇다고 열반에도 머물지 않는 삶이 바로 보살이 추구하는 삶인 것입니다. 이것이 곧 생사의 세계 속에서 생사의 세계를 열반의 땅으로 가꾸려는 삶입니다.

그렇다면 이런 대승의 기본은 어디에 있을까요? 그 기본은 '하나'인 진리에 있습니다. 이 '하나'인 진리를 불이법(不二法)이라고 합니다. 생사와 열반, 세속과 열반, 번뇌와 보리, 성과 속, 부처와 중생도 모두 '하나'인 바탕에 있다는 것입니다.

이런 '하나'인 바탕은 다름 아닌 깨침에 있습니다. 깨침의 안목으로 보면 모든 것이 둘이 아닌 평등한 세계입니다. 이것을 근본불교에서는 연기라고 하며, 대승에서는 여러 가지 이름을 붙여서 공(空), 진여(眞如), 일심(一心), 불성(佛性)이라고 합니다. 그러나 이러한 것들은 서로 다른 것을 나타내는 것이 아니라 하나인 바탕을 나타내는 서로 다른 이름일 뿐입니다.

이러한 '하나'인 바탕을 잘 이해하는 것이 중요합니다. 이 하나인 바탕이 바로 깨침이며 이것은 의식의 대전환을 가리킵니다. 우리는 모든 것을 둘로 봅니다. 이런 의식의 대전환이 없이는 깨침을 이룰 수 없습니다.

그럼 우리의 의식과 깨친 의식 상태는 무엇이 다르겠습니까? 우리의 의식 상태는 모든 것을 대립적으로 봅니다. 이것을 상대적 의식세계라고 부릅니다. 그 구조를 살펴보면 이렇습니다. 우리는 눈·귀·코·혀·몸 등의 감각기관을 통해 바깥 세계의 정보를 받아들이고 의식을 통해 종합합니다. 그 의식의 뿌리에는 항상 '나다' 하는 오염된 의식이 자리하고 있습니다. 그래서 우리는 '나다' 하는 의식을 기반으로 보고 듣고 생각합니다.

이런 의식상태의 특징은 나와 대상, 주관과 객관을 둘로 나누어 본다는 데 있습니다. 즉, 내가 무엇을 보고, 내가 무엇을 듣고, 내가 무엇을 생각합니다. 그래서 보는 나와 보여지는 것, 듣는 나와 들려지는 것, 생각하는 나와 생각이 각각 나뉘어져 있습니다. 또 이것과 저것, 나와 남, 좋다는 생각과 싫다는 생각, 생사와 열반을 나누어 봅니다. 이런 상태에서 깨침은 불가능합니다.

따라서 의식의 일대 전환이 필요합니다. 이러한 의식의 전환을 위해서 수행이 필요한 것입니다. 왜냐하면 수행은 상대적 의식을 비우는 구조로 되어 있기 때문입니다. 감각, 지각하는 일상의식을 비우고 공의 세계를 구현하는 것이 바로 수행입니다. 참선에서 "이 뭣고?" 하는 화두를 일념으로 드는 일이나, 관세음보살을 염불하는 것 등은 바로 나와 남을 분별하는 뿌리를 완전히 정화시키는 수행입니다. 그러한 수행들은 곧 우리의 일상의식을 다 내려놓고 텅 비우는 일입니다.

'나다' 하는 뿌리에서 나온 분별과 망상, 상대적인 의식 등이 텅 빈 그 자체가 바로 '하나'인 세계[不二]입니다. 즉, 주객이 나누어지기 이전의 '하나'인 상태입니다. 이런 '하나'인 세계를 공(空)이라고 표현하기도 하는데, 이것은 체험에서 나온 상태를 그대로 드러내고 있는 것입니다.

공은 대평등의 자리입니다. '색즉시공(色卽是空)'이라는 말도 바로 이것을 나타내고 있습니다. 색(色)은 형상이 있는 것을 의미합니다. 예를 들어, 마이크나 볼펜, 책, 산, 사람 등을 가리킵니다. 우리는 이것을 모두 서로 다르게 보는데, 실상 이것들은 모두 공입니다. 마이크도 공이고 볼펜도 공이고 사람도 공입니다. 그래서 마이크가 볼펜이고 볼펜이 책이고 책이 사람입니다. 생사와 열반, 보리와 번뇌도 모두 공입니다. 일체의 모든 생명들이 '하나'라는 체험을 바탕으로 설명한 것이 바로 공입니다.

실제로 산이나 물, 사람, 책상 등은 모두 공입니다. 모두가 차별이 없는 '하나'인 세계입니다. 주관과 객관, 나와 남, 산과 물, 사람과 책상 등을 가로막고 있는 분별상이 깨지는 체험이 바로 공이며 '하나'인 바탕입니다. 불교의 궁극목표인 깨침이란 바로 이런 장벽들이 깨지는 체험에서 나오는 것입니다.

대승은 이처럼 일체의 모든 것을 '하나'인 바탕에서 설명하는 구조로 되어 있습니다. 그런데 이 하나인 세계는 언어가 끊어진 자리(言語道斷)이며 상대적인 모든 차별이 끊어진 세계입니다. 이 세계는 체험을 통해서 이루어지기 때문에 언설로 표현하기 어려울 뿐만 아니라 생각으로도 그리기 힘든 것입니다.

언어나 문자, 생각 등은 상대적인 세계를 표현하는 데 적합한 표현수단일 뿐이며, 절대적인 진리를 나타내는 데는 무력하기 짝이 없습니다. 그래서 어떤 때는 말로 길게 설명을 하기 보다는 침묵하는 것이 더 효과적일 수 있습니다.

한 예로 유마거사의 침묵을 들 수 있습니다. 유마거사가 병이 들자 문수보살은 병문안을 위해 부처님의 십대 제자들을 거느리고 거사를 방문하였습니다. 병문안을 마친 후 진리에 대한 문답이 있었는데, 그때의 주제가 바로 불이법(不二法)인 '하나'의 진리에 관한 것이었습니다.

부처님의 제자들이 '하나'인 진리에 대하여, "나는 부처님으로부터 이렇게 들었다. 그래서 나는 이렇게 생각한다." 하고 차례로 돌아가면서 장광설을 펼쳤습니다. 이윽고 문수보살의 차례가 되었습니다. 문수보살은 그 '하나'인 진리는 도저히 말로 표현할 수 없는 것이라고 했습니다.

다시 문수보살은 유마거사에게 물어보았습니다.

"거사는 그 하나인 진리를 어떻게 이해합니까?"

그때 유마거사는 침묵만 지켰습니다. 말로 표현할 수 없기 때문에 침묵할 수밖에 없었던 것입니다. 그 침묵을 보고 문수보살과 십대 제자들은 참으로 훌륭하다고 찬양했습니다. 이것이 바로 유명한 유마거사의 침묵입니다.

후세의 사람들은 이 침묵을 '천둥 같은 침묵'이라고 이름을 붙였습니다. 이것은 대단히 역설적인 표현입니다. 침묵은 침묵이지만 천둥 같은 침묵이라고 하였으니, 그야말로 장광설을 능가하는 침묵이었던 것입니다. 따라서 침묵은 설명 중의 설명이라고 할 수 있습니다.

불이(不二)의 진리는 언설을 떠난 절대한 체험의 세계이기 때문에 불교는 항상 언어나 논리의 겸손을 강조하고 있습니다. 언어나 문자, 논리 등은 기껏해야 '하나'인 진리를 가리키는 손가락에 불과합니다. 선(禪)에서 '하나'인 진리를 말할 때 할(喝)을 하거나 방(棒)을 쓰는 것도 바로 이 때문입니다.

그 '하나'인 진리, '하나'인 바탕은 본래 이름도 없는 것입니다. 왜냐하면 이름 역시 언어 차원의 산물이기 때문입니다. 그러나 사람들은 이름이나 설명이 없이는 서로간의 의사 소통이 어렵습니다. 그러므로 사람들은 항상 이름을 붙이고 설명을 하는 것입니다.

그러나 이름이나 설명에 속아서는 안 됩니다. 원효 스님 같은 분도 그 하나인 바탕을 일심(一心), 즉 '하나인 마음'이라고 이름 붙이면서도 다만 잠시 동안 설명을 위해 억지로 붙인 이름일 뿐이라고 강조하십니다. 실제로 대승불교에서 이것을 공(空), 진여(眞如), 일심(一心), 진심(眞心) 등 여러 가지 이름으로 부르고 있지만 이러한 이름들이 모두 말과 이름이 끊어진 '하나'인 세계를 나타내는 표현임을 잘 잘아야 할 것입니다.

⊛ 텅 빈 충만

이처럼 대승불교의 사상적 기초는 '하나'인 진리, 즉 불이법(不二法)에 있습니다. 그리고 열반과 생사, 번뇌와 보리, 성과 속을 하나로 보는 불이법은 깨침에 기본하고 있습니다. 깨침이란 다름 아닌 '나다' 하는 분별의식이 깨지는 큰 전환입니다.

이러한 분별의식, 상대적 의식을 비우고 전환시키는 일이 바로 수행입니다. "이 뭣고?" 하는 화두도 결국 표층의 번뇌, 망상을 일으키는 근본원인인 심층의 '나다' 하는 뿌리를 맑히는 수행이며, 염불도 또한 이와 마찬가지입니다. 이러한 수행을 통해서 나타나는 것이 바로 공이며 대평등의 자리입니다.

그렇다면 공은 완전히 허무한 공무(空無)의 자리일까요? 그렇지 않습니다. 왜냐하면 공은 일상적 의식의 내용물이 멸한 자리이지만, 그때 비로소 의식 자체가 제 모습을 드러내기 때문입니다. 즉 일체의 번뇌, 망상이 끊어질 때 본래의 지혜가 환히 밝아지며 사물의 본래 모습이 드러나는 것입니다.

따라서 이 자리는 텅 비어 있으면서도 가득 찬 바탕입니다. 지눌스님은 이것을 공적영지심(空寂靈知心)이라고 했습니다. 공적은 텅 빈 자리, 적적한 자리이고 신령스럽게 아는 지혜는 사물의 본래 모습을 환히 비춰주는 자리입니다. 따라서 비었으면서도 가득 차 있고 공(空)이면서도 불공(不空)입니다. 이것을 진공묘유(眞空妙有)라고도 합니다. 공이면서 묘하게 있다는 대 긍정, 텅빈 충만의 자리입니다.

'하나'인 자리는 0 = ∝의 영원한 세계입니다. 이러한 소식을 무일물중무진장(無一物中無盡藏)이라고 표현합니다. 한 물건도 없는 바로 그 바탕에서 모든 것이 쏟아져 나옵니다. 텅 빈 그대로가 충만입니다. 죽음과 삶이 동시입니다. 종교적으로 '다시 난다'는 것은 소아적인 나, 분별·대립하는 내가 죽고 새로운 나, 우주적인 나로 다시 태어난다는 것을 의미합니다. 육신이 죽고 다시 태어나는 것이 아니라 우리의 삶 속에서 새로운 나로 대전환을 한다는 것입니다.

이 '하나'인 자리는 통일만 있는 것이 아닙니다. 통일 속에 차별이 있고 차별 속에 통일이 있습니다. 그래서 텅 빈 충만 속에서 일체가 각기 제 모습을 하고 있는 것입니다. 이런 의미에서 불이(不二)입니다. 즉, 세속과 열반이 불이(不二)이기 때문에 세속 속에 열반이 있고 열반 속에 세속이 있는 것입니다.

따라서 어느 한쪽에 치우치면 안 됩니다. 생사에도 머물지 말고 열반에도 머물지 말라는 것도 바로 이러한 의미를 담고 있습니다. 즉, 일체가 공이기 때문에 한쪽에 치우쳐서는 안 된다는 것입니다. 이것을 가리켜 중도(中道)라고 합니다.

우리는 형상이 있는 것만을 존재하는 것으로 알고 있습니다. 그래서 그것이 공인 줄 모르고 집착을 하게 됩니다. 이것이 형상에 치우친 우리의 일상적인 삶의 모습입니다. 그렇다고 공에 치우치면 그것도 문제입니다. 현실을 부정하는 공병(空病)에 빠지기 때문입니다.

『반야심경』에는 이러한 점을 잘 지적하여 '색즉시공 공즉시색(色卽是空 空卽是色)'이라고 하였습니다. 이것은 깨친 경지에서 나온 진리의 말씀입니다. 관자재보살이 바라밀행을 수행하고 있을 때, 오온이 공하다는 것〔五蘊皆空〕을 밝게 깨쳤다〔照見〕고 했습니다.

이것이 깨친 눈에 비친 존재의 실상입니다. 공의 내용에서 핵심은 '색(色)이 곧 공(空)이며 공(空)이 곧 색(色)'이라는 데 있습니다. 이것은 깨침, 공의 세계가 어떤 것인지를 잘 보여주고 있습니다. 색은 모양이 있는 모든 것을 가리킵니다. 우리는 이러한 모든 사물들이 공하다는 것을 모르기 때문에, 그것들을 있는 것으로 착각하여 각기 서로 다르게만 바라봅니다. 그래서 그것들에 한번 집착하면 놓지 않으려 하고 놓치면 슬퍼하고 마음 아파합니다.

그런데 『반야심경』에서는 '색(色)이 곧 공(空)'이라고 했습니다. 볼펜, 마이크, TV, 사람 할 것 없이 모두 공이라고 했습니다. 이것은 대평등의 자리, '하나'인 자리입니다. 모든 것이 공, 즉 '하나'이기 때문에 볼펜이 마이크가 되고 사람이 산이 되는 것입니다.

그러나 그렇게만 알면 공병(空病)에 빠지게 됩니다. 그래서 다시 '공(空)이 곧 색(色)'이라고 한 것입니다. 일체의 모든 것이 공이고 '하나'이면서 동시에 볼펜, 산, 사람입니다. 산은 산이며 물은 물인 것입니다. 다시 차별계를 인정한 것입니다.

처음에는 모든 것을 색으로 보았다가 존재의 실상을 알면 공으로 보입니다. 그리고 다시 공이 색이라는 것을 알게 됩니다. 예컨대, 볼펜을 처음에는 그저 형상이 있는 것으로 보았다가 일대 전환을 통해 공으로 봅니다. 그리고 거기에서 그치는 것이 아니라 다시 볼펜으로 보게 됩니다. 따라서 공을 통한 대긍정의 세계가 펼쳐지는 것입니다. 묘유(妙有)라는 말도 바로 이러한 대긍정의 소식을 전해주는 말입니다.

공(空)이 평등의 세계, 하나인 세계라면 불공(不空)은 차별의 세계, 여럿의 세계입니다. 그리고 이 두 세계는 서로 떼려야 뗄 수 없는[不離]'하나'인 세계입니다. 그것이 진정한 공의 세계입니다.

조금 어렵다고 느끼시는 분도 계실 것입니다. '산은 산이요 물은 물이다.'라는 유명한 말이 있습니다. 선(禪)을 공부하기 전에는 그저 산은 산이고 물은 물입니다. 이것은 우리들의 세계입니다. 그러나 공부를 하면 산은 산이 아니고 물은 물이 아니라는 것을 알게 됩니다. 이것이 공의 세계입니다. 그런데 공부를 마치고 나면 다시 산은 산이고 물은 물이라는 것을 알게 됩니다. 이때의 산과 물은 처음에 생각했던 산과 물과는 차원이 다릅니다. 왜냐하면 공(空), 부정을 통한 대긍정의 세계에서 드러나는 산이고 물이기 때문입니다.

이런 진리의 샘물을 마셔 본 사람의 삶은 어떻겠습니까? 그것은 대자유의 삶입니다. 일체가 공(空)이라는 것을 알기 때문에 모든 사물에 집착을 하지 않는 삶을 살아갑니다. 그리고 일체가 불공(不空)이라는 것을 알기 때문에 공에도 빠지지 않는 대자유의 삶을 사는 것입니다.

이처럼 '하나'인 세계는 텅 빈 충만의 세계, 진공묘유의 세계, 대자유의 삶이 펼쳐지는 세계입니다. 우리는 이러한 삶을 살아야 할 것입니다.

우리는 지금까지 대승의 사상적 기초인 '하나'인 진리에 대해서 살펴보았습니다. 정리를 해보면 첫째로 '하나'인 진리는 깨침의 세계로서 '나다' 하는 의식이 깨진 세계이며, 둘째로 이 '하나'인 세계는 말도 이름도 끊어진 세계입니다. 그리고 셋째로 '하나'인 세계는 일체의 대(對)가 끊어진 평등의 세계이지만, 텅 비어 있으면서도 가득 차 있는 공이면서도 불공의 자리입니다. 그래서 진공묘유의 삶, 대자유의 삶이 가능한 것입니다.

이처럼 하나인 진리는 공이면서 동시에 불공이라는 역설적 구조를 지니고 있습니다. '하나'인 진리를 표현하는 데 부정적인 언어와 적극적인 언어가 동시에 사용되고 있다는 것입니다. 부정적 표현의 대표적인 예는 공(空)이며, 적극적인 표현의 대표적인 예는 불성(佛性), 여래장(如來藏)입니다. 그러나 실제로 이것은 하나인 진리의 양면을 나타내고 있습니다.

그렇지만 시대에 따라서 부정적인 표현이 유행하기도 하고 적극적인 표현이 주종을 이루기도 했습니다. 대승불교 초기에는 공이란 말로 하나인 진리를 표현했으며 중기에는 적극적인 표현인 불성, 여래장이란 말로 표현했습니다.

그래서 대승불교는 '하나'라는 정상에서 공(空)이라는 산맥과 불공

(不空) 묘유(妙有)라는 산맥이 뻗어나간 것이라고 할 수 있습니다. 그러나 이 둘이 본래 분리된 것은 아닙니다. 대승불교를 공부할 때, 이 두 흐름을 잘 이해하는 것은 중요합니다. 그래서 여기에서는 그 흐름에 대해서 살펴보기로 하겠습니다. 먼저 공이 강조된 배경을 살펴보기로 하겠습니다.

대승불교는 부파불교의 한계를 극복하고 본래 부처님의 정신으로 돌아가자는 새 불교운동입니다. 사상적으로 부파불교는 모든 것이 '있다'는 유(有)의 입장에 치우쳐 있었습니다. 그래서 대승에서는 이것을 바로잡기 위해서 공(空)이라는 무기를 들고 나온 것입니다.

근본불교에서는 이 세상에 존재하는 모든 것을 연기, 무상, 무아라고 보았습니다. 이것은 첫째로, 일체의 모든 존재는 말미암아 생겼다는 것을 의미합니다. 즉, 인연이 합해져서 사물이 생성되었다는 것입니다. 둘째로 모든 것은 서로 떼려야 뗄 수 없는 관계 속에서 서로 깊은 영향을 주고받는 과정에 있다는 것을 나타냅니다. 그러므로 모든 것은 흐름 속에 있고 변화하기 때문에 고정불변한 실체는 없다는 것입니다. 그래서 무아이고 무상입니다.

그런데 부파불교의 견해는 조금 달랐습니다. 모든 존재는 여러 인연과 요소로 이루어졌기 때문에 무아이고 공이지만, 그것을 구성하는 최소의 단위는 '있다'고 보았습니다. '아공법유 법체항유(我空法有 法體恒有)'란 말도 바로 이러한 상황에서 나온 말입니다.

대승은 사상적으로 바로 이러한 '유(有)' 사상에 대한 반동으로 나온 불교입니다. 대승은 이것을 타파하기 위해서 '공(空)'이란 무기를 사용했던 것입니다. 따라서 대승 초기에는 공사상이 먼저 발달했습니다.

'공(空, sunya)'이란 말은 원래 벌에 쏘였을 때 부풀어 오르는 현상을 가리킨 말이었습니다. 벌에 쏘이면 그 부분은 부풀어 오르지만, 실제 그 속은 텅 비어 있습니다. 그래서 공은 실체가 없고 자성이 공하다는 의미로 사용되었습니다. 이런 의미에서 보면, 모든 것이 공하다는 사상은 근본불교의 연기설, 무상, 무아의 재확인이라고 할 수 있습니다. 예를 들어 볼펜만 공한 것이 아니라 볼펜을 구성하는 요소들도 공하다는 것입니다. 이처럼 공과 연기는 같은 의미를 지닌 서로 다른 표현이라고 할 수 있습니다.

공사상은 반야경의 전체 내용을 이루고 있습니다. 반야경은 전체가 600부나 되는 방대한 경전군(群)으로서 기독교의 신·구약을 합친 것의 약 25배가 된다고 합니다. 우리와 친밀한 『금강경』, 『반야심경』 등이 이에 속하는 경전입니다. 600부(部)의 반야경을 5,000여자로 축소한 것이 『금강경』이고, 이것을 다시 핵심만을 간추려 270자로 압축한 것이 『반야심경』입니다. 이러한 경전에서 공사상은 유감없이 발휘되고 있습니다.

『금강경』의 내용은 '무릇 있는바 모든 것이 허망하다〔凡所有相 皆是虛妄〕'는 공사상이 중심을 이루고 있습니다. 우리가 눈으로 볼 수 있는 모든 것은 공합니다. 산도 허망하고 나도 허망합니다. 10년 전의 나와 지금의 나는 다릅니다. 몸 속의 수많은 세포가 죽고 다시 새로운 세포가 형성되었고 모양새도 예전과 다릅니다. 나란 존재도 연기하기 때문에 땅이나 물, 공기 등과 더불어 생존하고 있습니다. 그리고 나는 나를 있게 한 자연으로 돌아갑니다. 온 데로 돌아가기 때문에 공이며, 그래서 오온(五蘊)이 다 공하다고 한 것입니다.

이렇게 모든 것이 안팎으로 공한 줄 아는 것이 부처의 세계입니다. 이러한 소식을 『금강경』에서는 "일체의 모든 것이 상(相)이 아닌 줄 깨치면 여래되리라〔若見諸相非相 卽見如來〕"고 하였습니다.

일체가 공임을 아는 사람이 부처이고 그것을 모르는 사람이 중생입니다. 따라서 중생과 부처의 차이는 일체가 공하다는 것을 아는가, 모르는가에 있습니다. 일체가 무상이 아니라 유상(有常)한 것으로 집착하여 자기중심적인 삶을 사는 사람이 중생입니다. 이러한 삶은 '나'에 끌려가는 삶이기 때문에 자유가 없습니다. '나다' 하는 착각 속에서 '내 것'에 집착하고 살아갑니다. 일체가 공인데 내 것이 어디에 있겠습니까?

우리는 마치 죽을 때 무엇을 많이 가져갈 수 있는 것처럼 착각하고 살아갑니다. 그래서 재물이나 돈에 집착하면서 살아갑니다. 그러나 우리는 아무 것도 가져가지 못합니다. 옛날에 어떤 부자가 죽으면서 "내가 죽거든 상여 나갈 때 손을 관 밖으로 내서 다른 사람들이 볼 수 있도록 해 달라."는 유언을 했다고 합니다. 그래서 그 부자가 죽자 유언대로 손을 관 밖으로 내서 많은 사람들이 보도록 했다고 합니다.

이것은 빈손으로 왔다가 빈손으로 간다는 것을 보여주는 아주 좋은 예화라고 생각합니다. 아무리 많은 재물을 가진 사람이라도 죽을 때는 아무 것도 가지고 갈 수 없습니다. 이것이 공의 실상입니다. 그것을 안다면 돈이나 재물이라는 허상에 매이지 않을 것입니다. 모든 것에 대한 집착을 놓으면 자유의 삶을 살 수 있고, 그렇지 않고 집착하게 되면 괴로운 삶을 살 수 밖에 없습니다.

『반야심경』에서는 이처럼 공하다는 것을 알면 "일체의 괴로움에서 벗어날 수 있다[度一切苦厄]"고 했습니다. 즉, 생로병사라는 괴로움에서 벗어날 수 있다는 것입니다. 왜냐하면 일체가 공하다는 것을 깨쳤기 때문입니다. 이처럼 공은 중생들의 병을 치유하는 양약(良藥)이라고 할 수 있습니다.

그 병이 무엇이겠습니까? 바로 '나다' 하는 착각 속에서 나오는 집착입니다. 이런 병은 공이라는 약으로 치료해야 합니다. 그럴 때 대자유의 삶, 인간다운 삶은 가능할 것입니다.

⊛ 상(相)이 없는 청정한 마음

『금강경』의 주제는 참으로 잘 살려는 마음을 일으킨〔發心〕사람들이 어떻게 마음을 다스려야 하는지에 대한 답변입니다.

즉 수보리(須菩提)의 "위없는 깨침을 향한 마음〔阿耨多羅三藐三菩提心〕을 낸 선남선녀들이 어떤 마음을 지녀야 됩니까?"라는 질문에 부처님께서는 먼저, "일체의 모든 생명을 다 제도하겠다는 마음을 가져라."고 하셨습니다.

역시 대승보살의 마음입니다. 이런 마음이 먼저 서야 공부가 됩니다. 그러나 여기에는 한 가지 단서가 있습니다. 설령 일체의 모든 생명들을 다 제도해서 깨치게 했더라도 '제도했다'고 하는 생각 없이 청정한 마음으로 하라는 것입니다.

우리는 한량없는 과거로부터 무상(無常)을 유상(有常)으로, 무아(無我)를 유아(有我)로 착각하면서 항상 '나다' 하는 상(相)에서 벗어나지 못한 채 살아오고 있습니다.

그래서 『금강경』에서는 '네 가지 상〔四相〕' 즉, 아상(我相)·인상(人相)·중생상(衆生相)·수자상(壽者相)을 이야기하면서 그 상으로부터 벗어나야 한다고 강조하고 있습니다. 상(相)은 티내고 척하는 마음입니다.

아상(我相)은 '나다' 하는 착각의 뿌리입니다. 모든 것이 공(空)하다는 사실에 어둡기 때문에 본래 공인 '나'를 있는 것으로 생각하는 데서 오는 착각입니다. 이것이 아상의 근원입니다.

인상(人相)은 '남이다' 하는 상입니다. '나다' 하는 아상을 갖게 되면, 그 순간 '남이다' 하는 생각이 생겨 나와 남을 갈라놓게 되는 것입니다. 실제로 우리는 '한 몸 같은 사람'이라고 말하는 아주 친한 사람일지라도 잠재의식 속으로 깊이 들어가면 울타리가 쳐져 있어서 남이라는 분별에서 벗어날 수가 없습니다. 나와 남을 둘로 보는 것이 아상이고 인상입니다. 그래서 '나'의 앞에 값어치 있는 것을 더 놓으려 하고 항상 이기적인 계산을 하고 욕심을 부리는 것입니다. 이것이 아상이고 인상입니다.

그 다음이 중생상(衆生相)입니다. 이것은 나와 다른 생명을 다르다고 보는 상입니다. 우리가 길을 가다 새끼줄만 봐도 깜짝 놀랄 때가 있습니다. 뱀인 줄 착각했기 때문입니다. 왜 놀랬겠습니까? 뱀과 내가 둘이고, 뱀은 끔찍한 동물이라는 잠재의식이 마음속에 있기 때문입니다.

불교의 가치관에는 다른 생명은 하찮고 인간만 귀하다는 차별적인 인간주의는 없습니다. 이것이 서양의 인본주의와 다른 점이라고 할 수 있습니다. 불교의 인간주의는 인간과 모든 생명, 더 나아가서는 자연까지도 구별하지 않는 모두 하나라는 크나큰 생명주의입니다. 다른 생명을 천시하고 인간보다 낮은 것으로 여기는 착각은 중생상에서 오는 것이라고 할 수 있습니다.

수자상(壽者相)은 공한 생명의 실상, 불생불멸한 생명의 실상을 모른 채 이 몸으로 오래 살려는 상을 가리킵니다.

'하나'를 모르는 우리 중생들은 이러한 사상(四相)으로 살아가는 사람들입니다. 상을 가지고 살아가는 삶은 괴롭습니다. '나다' 하는 의식이 강하면 강할수록 남과 대립하는 마음도 강렬해지고, 그러한 대인관계는 괴로움의 연속일 수밖에 없기 때문입니다.

그래서 『금강경』에서는 마음을 항복받는 제일의 공부로 상을 버리라고 가르칩니다. 좋은 일을 하면서도 이 상을 내기 때문에 그만 다 오염시키고 깨끗한 행이 못되는 것입니다. 그래서 상병(相病)을 치유하는 약으로 공이라는 처방을 내리고 있는 것입니다.

이 외에도 『금강경』에서는 적극적으로 마음을 청정하게 가지라고 가르치고 있습니다. '마땅히 머무는 바 없이 마음을 내라[應無所住 而生 其心]'고 했습니다. 이 말은 허공 같은 청정한 마음으로 상없는 마음을 내라는 뜻이며, 거리낌 없는 마음을 내라는 말이기도 합니다. 이 말씀 은 『금강경』의 눈이라고도 할 수 있는 중요한 가르침입니다. 중국선(中 國禪)의 전통을 확립한 육조 혜능(六祖慧能) 대사도 이 말씀에 귀가 열 렸다고 합니다.

보시를 할 때에도 허공 같은 마음으로 하라고 했습니다. '누구에게' 준다고 생각하면 벌써 아상과 인상이 생겨난 것입니다. '무엇을'이라고 하면 중생상이 생겨난 것이고, 이것을 주고 '복을 받아야겠다'든지 '이름 을 내야겠다'든지 하면 온갖 상이 다 생겨난 것입니다. 그러므로 허공 같은 마음으로 하라는 것입니다. 마치 빛이나 공기처럼 하라는 것입니 다. 햇빛이 세상을 비추고 밝게 해주었다고 하는 상이 있겠습니까? 또 공기가 만물을 숨 쉬게 해 주었다고 하는 상이 있겠습니까?

따라서 마땅히 대상경계에 머물지 말고 보시하라고 더 구체적으로 가르치고 계십니다. 즉 모양이나 소리·향기·맛·감촉 등 대상에 이끌 려 보시하지 말고, 보시를 하면서 상대방의 모양에 따라 이 생각 저 생각 분별심을 내지 말라는 것입니다.

공의 실천은 머무는 바 없는 마음을 내고 상이 없는 청정한 삶을 살라는 것입니다. 보시로 치면 무주상보시(無住相布施)이며, 그렇게 사 는 사람이 선남선녀이고 바로 보살입니다.

공은 소아적인 나로부터 생기는 아상·인상·중생상·수자상의 부 정이요, 마음을 비우는 것입니다. 따라서 우리는 공이 그저 허무공적하 고, 현실을 도피하고 무시하는 그런 것이 아님을 알 수 있습니다.

사람을 사람 되게 하는 데는 두 가지 교육 방법이 있습니다. 하나는 좋지 않은 것을 지적하여 줄여 나가도록 하는 방법이고, 다른 하나는 좋은 점을 일깨우고 북돋아서 더욱 더 앞으로 나아가게 하는 방법입니다. 앞의 것이 부정을 통한 방법이라면 뒤의 것은 긍정을 통한 적극적인 방법이라 할 수 있습니다.

두 가지 방법 모두 궁극적 목적은 사람이 되도록 하는 것이므로 어떤 방법을 쓰는가는 대상과 상황에 따라 다를 수 있습니다. 대승불교의 사상으로 보면 공(空)을 약으로 처방하는 방법은 부정을 통한 방법이고, 모든 생명이 부처의 성품을 갖추고 있다고 보는 입장은 긍정적인 방법이라 할 수 있습니다. 이러한 사상은 대승불교 중기에 크게 발전되어 오늘날까지 대승불교의 중요한 버팀목이 되고 있습니다.

모든 생명이 불타의 씨앗

✦ 불성은 마음의 본래 고향

불교는 인간의 가능성에 대해 가장 높은 평가를 하는 종교입니다. 왜냐하면 누구든지 바른 마음을 내고 정진하면 깨쳐서 부처가 될 수 있는 길을 제시하고 있기 때문입니다. 그러면 사람들이 부처가 될 수 있는 성불(成佛)의 근거는 어디에 있습니까? 그것이 바로 불성설입니다.

대승불교에서 발달한 불성설(佛性說)의 사상적 뿌리는 근본불교까지 거슬러 올라갑니다. 부처님께서는 "너 자신을 등불삼고 너 자신에 의지하라. 진리를 등불 삼고 진리에 의지하라."고 하셨습니다. 여기에서 스스로 의지할 의지처와 진리는 둘이 아닙니다. 스스로가 진리를 터득할 수 있는 가능성의 존재이기 때문에 스스로에게 의지하라고 했던 것입니다.

칠불통계게(七佛通誡偈)에서는 '스스로 그 마음을 청정히 하라'고 했는데 그 청정한 마음이 바로 성불의 근거입니다. 그 청정한 마음을 또 『증지부(增支部)』에서는 이렇게 말하고 있습니다.

"비구들이여, 이 마음은 본래 청정하다. 그러나 이 청정한 마음은
본래적인 것이 아닌 번뇌에 의해 오염되어 있다."

번뇌는 본래적인 것이 아닙니다. 본래적인 것은 바로 청정한 마음
입니다. 이것이 바로 자성청정심이며, 이 마음이 성불의 근거가 됩니다.
아무리 번뇌가 치성하다 하더라도 그것은 본래적인 것이 아닙니다. 수
행이란 번뇌망상으로 가득 찬 마음을 본래의 청정심으로 회복하는 것
이며, 이것이 바로 깨침입니다.

이러한 인간의 자성청정심(自性淸淨心)이 대승불교에 와서는 모든
중생이 불성을 가졌다고 하는 가르침으로 확립된 것입니다. 대승불교
의 발달 과정을 보면 『여래장경(如來藏經)』 등에서 모든 생명은 여래의
씨알을 갖추고 있다는 여래장설이 발달되었습니다. 마치 씨알이 잎이
나 열매를 피울 수 있는 가능성을 지니고 있듯이, 중생들 마음에도 부
처가 될 수 있는 여래의 씨알이 존재한다는 것입니다.

문제는 그 씨알을 잘 북돋우고 일깨워서, 발아하고 나아가서 싹이
자라도록 하고 성불의 열매를 맺도록 이끄는 것입니다. 이러한 여래의
씨알은 『열반경』에 이르러 드디어 '모든 생명이 부처의 성품을 가지고
있다〔一切衆生悉有佛性〕'는 사상으로 발전되었습니다. 우리 존재의 바
탕에는 우리들 모두가 부처 될 수 있는 가능성과 성품이 있다는 것입니
다. 이러한 사상은 마음이 부처요, 중생이 그대로 부처라는 사상으로까
지 발전되어 선불교를 위시한 모든 대승불교의 기초가 되었습니다.

그런데 이러한 불성의 원초적인 근거를 찾는다면 우리는 깨침이라
는 체험까지 거슬러 올라가야 합니다. 일체의 번뇌망상 등의 상대적인
모든 것이 끊어지고 절대적인 '하나'의 자리에 돌아갔을 때 그 '하나'의
바탕을 적극적으로 관조하면 바로 인간의 가능성에 대한 확신이 서게

됩니다.

하나인 바탕을 부정적으로 표현한 것이 공(空)이라면, 불공(不空)인 바탕을 적극적으로 나타낸 것이 여래의 씨알이요, 불성이라는 것입니다. 불성은 소아적인 것이 멸함으로써 비로소 대아적인 것이 나타난 것을 가리킵니다. 다만 여기서 주의할 것은 소아의 멸과 대아의 나타남이 선후가 아니라, 동시이고 하나라는 것입니다. 소아의 멸을 공이라 한다면 대아의 출현은 여래장, 불성이라고 보면 됩니다. 실제로 소아를 비워 가는 공부와 대아를 키워가는 공부는 방향만 다르지 목적은 마찬가지입니다.

이 여래의 씨알인 부처의 성품이 갖추어져 있다는 가르침은 마음이 그대로 부처라는 세계를 열어 놓았습니다. 마음이 부처라고 할 때의 그 마음은 바로 여래의 씨알이요, 불성을 가리키는 것인데, 그 마음은 '하나'를 본바탕으로 합니다. 즉 일반적으로 말하는 마음은 내 육신 속에 담겨 있는 정신작용과 의식작용을 말합니다. 그러므로 내 마음, 네 마음이 항상 다른 것입니다. 그러나 부처 혹은 여래의 씨알, 불성이라고 할 때의 마음이란 본시 하나인 바탕을 가리킵니다. 즉 나와 남, 나와 우주도 둘이 아닌 그런 큰 바탕일 뿐입니다. 그걸 분명히 아는 것이 깨침입니다. 그러므로 깨침은 밖으로부터 오는 것이 아니라 본래부터 있던 성품이 제 모습을 드러내고 제 기능을 발휘하게 됨으로서 오는 것입니다.

그런 '하나'인 바탕, 불성의 마음을 경에서는 고향에 비유하기도 합니다. '하나'인 바탕은 마음의 고향이고 원천이기 때문입니다. 중생들은 그 마음의 본래 고향을 등지고 밖에서 떠도는 가출자요, 방랑인이기에 타향살이를 하고 있는 것입니다. 그 타향살이는 고달프고 외로운 삶인 것입니다.

『법화경』에 보면 방랑하는 아들의 비유가 나옵니다.

한 장자에게 독자인 아들이 있었습니다. 그런데 이 아들이 어릴 때 무단히 집을 나가 버렸습니다. 그래서 여기저기 떠돌아다니는 거지가 되었습니다. 그는 고향도 새까맣게 잊고 떠도는 방랑자가 되었지만 아버지인 장자는 평생 그 아들을 잊을 수가 없었습니다.

어느 날 거지가 밥을 얻어먹으려고 그 부잣집엘 찾아 왔는데, 장자가 가만히 보니 집을 나갔던 자기 아들이었습니다. 장자는 반가워서 하인을 시켜 자기에게 데리고 오도록 했습니다. 그러나 그 아들은 그만 자기를 잡아 가두려는 줄 알고 도망을 쳤습니다. 그래서 장자인 아버지는 꾀를 내었습니다. 하인에게 거지 차림을 하도록 한 뒤 거지인 아들의 뒤를 따라가서 자연스럽게 그와 어울려 놀도록 했습니다. 그리고 서로 마음을 터놓고 이야기를 하는 사이가 되자 장자의 부탁을 받은 하인은 다음과 같은 제안을 합니다.

"저 마을에 가면 부잣집이 있는데, 그 집에서는 조금만 일을 해도 후한 임금을 준다고 한다. 우리가 이렇게 매일 얻어먹으면서 떠돌아다니지 말고, 그 집에 가면 고생 않고도 살 수 있으니 함께 가보지 않겠느냐?"

거지 아들은 그 이야기를 듣고 괜찮은 것 같아서 함께 가기로 했습니다. 그래서 장자의 집에까지 오게 되었습니다. 장자는 돌아온 아들을 보고도 모르는 척하고 쓰레기 치우는 일 등의 하찮은 일부터 시작하여 차례차례 집안 살림을 맡기며 훈련을 시켰습니다. 그 다음에는 창고의 열쇠도 맡기고 회계 업무도 맡겨서 재산관리도 시켰습니다. 그래서 친숙해졌을 때 어느 날 동네사람들을 모아 놓고 그가 집을 나갔던 자기의 아들이라는 사실을 알리고 전 재산을 물려주었습니다.

이 비유에 나오는 무단으로 집을 나가 타향살이를 하면서 거지 신세가 된 아들이 바로 마음의 고향을 등지고 사는 우리 중생들입니다. 또한 부러울 것 없이 모든 것이 갖추어져 있는 고향은 바로 마음의 보배요, 여래의 씨알이고 불성입니다.

이렇게 불교는 달리 표현하면 타향살이를 정리하고 본래의 고향으로 돌아가자는 종교이기도 합니다. 불교뿐만 아니라 고향에 돌아가고 하는 것은 모든 종교의 상징이기도 합니다.

기독교의 『누가복음』에도 이와 비슷한 '탕자의 이야기'가 있습니다. 한 마을에 형제가 살고 있었는데 형은 착실하고 동생은 문제아였습니다. 어느 날 동생은 자기 몫의 유산을 받아 챙기고는 집을 나가 버렸습니다. 집을 나간 동생은 가진 돈을 모두 탕진하고는 여기 저기 떠돌면서 문전걸식을 하는 신세가 되었습니다.

한 해는 극심한 가뭄이 들어서 목숨을 연명하기도 힘들었습니다. 그렇게 되다보니 집 생각이 절로 났습니다. '우리 집에서는 흉년에도 잘 먹고 잘 살았는데 나만 고생을 하고 있구나.' 그래서 결국은 집으로 돌아옵니다. 아들이 돌아오자 아버지는 너무나 반가워서 달려 나가 껴안으며 맞아 들였습니다. 또한 잃어버린 아들이 돌아왔다고 소를 잡고 잔치를 벌였습니다.

『누가복음』의 이야기도 집 떠난 아들이 집으로 돌아오는 점에서는 줄거리가 비슷하지만, 아들을 받아들이는 자세나 방법에 있어서는 두 아버지가 아주 다릅니다. 『누가복음』에서의 아버지는 감성적입니다. 달려가서 포옹하고 또한 잔치를 벌였습니다. 그러나 『법화경』에서의 아버지는 상당히 이지적입니다. 반가운 마음이야 다를 바가 없겠지만, 티를 내지 않고 아들에게 해야 할 일을 차근차근 교육시키고 나중에 재산을 관리 할 능력이 생겼을 때 아들임을 밝히고 재산을 물려주었습니다. 똑같은 아버지의 자식에 대한 사랑이지만 표현하는 방법에는 차이가 있습니다.

우리도 이제는 고달픈 타향살이를 털어 버리고 마음의 고향, 그 여여한 자리로 돌아가야 하겠습니다. 돌아가 보면 그 자리는 본래의 자리요, 모든 것이 갖추어진 넉넉한 자리입니다.

본래의 '나'를 찾아서

✦ 중생이 부처요, 마음이 부처이다

'마음이 바로 부처다' 혹은 '부처의 성품을 갖추고 있다'는 확신은 대승보살의 수행을 가능케 하는 원동력입니다. '발심(發心)을 하였다', 혹은 '보살심(菩薩心)을 냈다'는 것도 그 핵심은 성불할 수 있다는 가능성의 확신으로 시작됩니다.

그런 확신을 통해서 여래의 씨알을 가꾸고 성숙시켜 나가는 과정이 다름 아닌 보살의 삶입니다. 이처럼 내가 성불할 수 있는 능력을 갖추고 있다는 자각은 대승불교의 첫걸음이라고 할 만큼 중요합니다.

『화엄경』을 보면 마음과 부처와 중생, 이 셋은 똑같다고 합니다. 중생이 부처요, 마음이 부처라는 말입니다. 그렇다면 지금 우리도 책을 통해 수많은 부처님과 부처님 말씀을 하고 있는 그야말로 거룩한 회상(會上)에 있습니다.

우리가 중생인 것은 틀림없고, 바로 그 중생이 부처님이라고 했으므로 부처님이 부처님을 향해 부처님 말씀을 하고 있는 것입니다. 그런데 실감이 나지 않습니다. 부처님을 보고 부처님이라고 하는데 왠지 어색한 웃음이 나오기도 합니다. 그것은 '설마 내가'라는 생각이 은연중에 있기 때문입니다.

실제로 우리들이 날마다 하는 행동이나 사는 모습을 보면 부처는커녕 참 형편없는 중생이라는 생각을 가지게 합니다. 그러므로 부처라는 말을 들으면 믿기지 않을 수밖에 없습니다. 여기에 문제가 있습니다. 우선 우리는 부처라는 사실을 모릅니다.

『법화경』을 보면 이런 비유가 있습니다.

한 가난한 사람이 있었는데 늘 술을 좋아하고 떠돌아 다녔기에 거지 신세가 되다시피 했습니다. 이 사람에게는 한 친구가 있었습니다. 그 친구는 부자였고 매우 성실했습니다.

하루는 이 가난한 친구가 잘 사는 친구를 찾아 갔습니다. 착한 부자 친구는 비록 찾아 온 친구의 몰골이 말이 아니었지만 옛 친구가 왔다고 하여 술상도 차리고 식사 대접도 잘 했습니다. 그랬더니 그 가난한 친구는 술기운이 돌아서 그만 잠이 들어 버렸습니다.

그때 마침 부자 친구는 바쁜 일이 생겨 출타하면서 그 친구의 옷깃에 값비싼 보석을 하나 달아 주었습니다. 그리고 고생하지 말고 돈이 필요할 때 언제든지 바꿔 쓰라고 일러주었습니다. 오랜 세월이 흘러 서로 소식도 끊긴 채 지내고 있었습니다. 그런데 어느 날 부자인 친구는 그 옛 친구가 길거리에서 여전히 구걸하고 있는 것을 보았습니다. 그래서 깜짝 놀라면서 물었습니다.

"옛날에 우리 집에 왔을 때 편안히 살라고 내가 보석을 옷깃에 달아 주었는데 어찌 된 것이야?"

그 친구는 술김에 대답했었기에 그 사실을 새까맣게 잊어버리고 있었던 것입니다. 그래서 옷깃을 들춰 보니 보석이 그대로 달려 있었습니다.

이 비유에서 술주정뱅이로 떠도는 친구가 누구이겠습니까? 바로 무명(無明)의 술에 취해 방랑하며 사는 우리 자신의 모습입니다. 그 보석은 바로 여래의 씨알이요, 불성을 가리킵니다. 부자 친구는 누구겠습니까? 바로 부처님입니다. 가난한 술주정꾼의 친구라는 비유 또한 뜻이 깊습니다. 부처님이야말로 중생의 좋은 벗이기 때문입니다.

그러면 왜 중생들이 이렇게 되었겠습니까? 그건 바로 무명의 어두운 기운 때문입니다. 그 무명의 어두운 기운으로 인해 안에 있는 값진 것을 잊어버리고 오히려 밖에서만 찾으려고 헤매고 다닙니다. 귀하고 값진 것은 전부 저 밖에 있는 것으로 알고 착각한 채 탐·진·치 삼독의 업을 지으면서 육도(六道)를 윤회하며 여기저기 떠돌고 있습니다. 그럼에도 본래 성품에는 추호의 손상도 없다는 것입니다.

마치 보름달이 산하와 대지를 환히 비출 수 있는 광명을 가지고 있지만, 구름에 가려서 본래의 광명을 제대로 비출 수 없는 것과 마찬가지 입니다. 그 구름은 무명의 구름이고 삼독의 구름입니다. 그러나 구름이 아무리 두껍게 끼어 있어도 달의 본래 광명은 변함이 없듯이 본래의 여여한 성품 또한 추호의 손상도 없다는 것입니다.

문제는 술에서 깨어나 여여한 바탕에 눈을 떠야 한다는 것입니다. 이 본래의 성품, 본래의 마음이 본래면목(本來面目)입니다. 또한 부처이자 진리요, 승가인 삼보(三寶)입니다. 육조 혜능 스님도 항상 바르고 청정한 바탕을 그대로 불법승 삼보라고 했습니다. 원효 스님도 "돌아가는 바 그 하나인 마음이 바로 삼보인 것이다."라고 했습니다.

그러므로 "삼보에 돌아가 의지하겠습니다." 하는 삼귀의는 본래의 나, 참 나에게 돌아가겠다는 서원이기도 합니다. 여기에 대승불교다운 멋과 특성이 있습니다.

⊛ 중생이 아프니 내가 아프다

그러므로 대승의 실천은 본래의 마음으로 돌아가겠다는 서원이요, 모든 생명을 부처님으로 받들고 모시겠다는 삶입니다. 왜냐하면 모든 사람, 모든 생명이 여여한 부처님의 씨알인 불성을 지닌 존재라면 우리가 할 일은 그 부처님을 잘 받들고 모시는 일이기 때문입니다.

『법화경』에 상불경보살이 나옵니다. 상불경보살은 만나는 사람을 향해 합장 공경하고, "얼마나 거룩하십니까? 당신은 꼭 부처를 이루실 분이십니다." 하고 예경했다고 합니다. 그래서 어떤 사람들은 자기를 놀린 것으로 생각하여 때리기도 하고 돌팔매질을 하기도 했지만, 그래도 계속해서 그런 예경을 했다고 합니다. 이것은 인간 존엄을 몸으로 실천한 예라 할 수 있습니다.

그러니 모든 생명이 불성을 갖추고 있다는 가르침은 단순한 이론으로서가 아니라 실천으로 꽃 피워야 합니다. 우리의 주변을 둘러보십시오. 실은 우리와 만나는 모든 사람들이 여여한 부처님입니다. 그러므로 제일가는 불공(佛供)은 살아 있는 부처님을 공양하고 모시는 것입니다.

이런 일화가 있습니다. 성철스님이 통영 안정사 토굴에 계실 때의 일입니다. 하루는 진주에서 30여 명의 신도들이 찾아와서 함께 담소하였는데, 그 중의 한 보살님이,

"난 영감님 하고 30년간이나 말을 않고 산다."

고 하더랍니다. 사정을 들어보니 남편이 아들딸을 낳고 살다가 첩을 얻어 재물도 다 가지고 나가서 거들떠보지도 않았다고 합니다. 그래서 갖

은 고생을 하면서 자식들 하고 살다보니 그만 미워져서 만나도 말을 하지 않는다는 것입니다.

그때 스님이 이렇게 말씀하셨습니다.

"보살님, 부처님을 만나고 싶지 않으십니까?"

보살님은 귀가 번쩍 뜨여서 대답했습니다.

"만나고 싶지요."

"그러면 내가 시키는 대로 하시렵니까?"

하고 스님이 묻더니, 법당에 가서 삼천배를 하고 오라고 하셨습니다. 보살님이 기도를 마치고 돌아오자, 스님은 다시 이렇게 말씀 하셨습니다.

"집으로 가시지 말고 가게에 가서 술과 좋은 안주를 사가지고 작은 부인 집으로 가십시오. 그리고 영감님께 술대접을 하고, '영감님, 제가 죽을죄를 지었습니다. 스님 말씀이 영감님이 부처님이라고 하였는데 그걸 몰랐습니다. 용서해 주십시오.' 하고 절을 하면 부처님을 만날 수 있습니다."

보살님은 스님의 말씀대로 술과 안주를 사가지고 가서 시킨 대로 했습니다. 그것을 본 남편은 속으로 미친 것은 아닌가 하고 생각하며 어찌된 사연이냐고 물어보았습니다. 보살님은,

"안정사 토굴에 사는 스님께서 영감님을 부처님과 똑같은 어른이라 면서 그간의 용서를 빌고 부처님한테 하는 것처럼 절을 하라고 하였습니다."

하고 말했습니다. 영감님은 전후 사정 이야기를 듣고 '아, 불교가 이런 것인가?' 하면서 그간 자신의 행동을 스스로 반성하고 독실한 불교 신자가 되었다고 합니다.

이처럼 불교는 이론이 아니라 실천입니다. 단순한 가르침이나 사상이 아니라 모든 생명을 받들고 모시라는 산 진리의 목소리입니다.

그간 우리는 얼마나 많은 부처님을 미워하고 헐뜯고 속이며 살아왔습니까? "부처님께 귀의합니다." 하는 다짐은 나의 부처님, 남의 부처님을 다 잘 모시겠다는 서원이기도 합니다.

이렇게 산부처님을 잘 모시는 것이 진정한 불공(佛供)입니다. 불공은 한 만큼 틀림없이 효과가 나타나게 되어 있습니다. 우리의 가정, 일터, 사회가 불공을 드리는 도량일 때 정토는 멀지 않습니다.

우리의 본래면목(本來面目), 즉 불성(佛性)인 '참 나'로서의 하나인 마음은, '나다' 하는 비좁은 울타리가 걷혀서 나와 남이 통하고 나와 세계가 하나 된 바탕을 가리킵니다. 그것은 하늘 위와 하늘 아래 오직 제일 높은, 아니 오직 하나뿐인 바탕이기에 불교는 그런 참 생명을 회복하자는 가르침이며 종교입니다.

그 '참 나', '참 생명'이 회복되면 우리는 저절로 진정한 자비를 실천하게 됩니다. 그때 비로소 이웃을 내 몸처럼 사랑할 수 있는 동체자비(同體慈悲)의 삶이 가능합니다. 유마거사가 "중생이 아프기 때문에 내가 아프다."라고 한 것은 바로 이런 동체자비의 병이요, 아픔입니다. 그럴 때 그 아픔을 없애는 실천은 '하나'인 생명의 원천으로부터 샘솟는 물길이 될 수 있습니다. 동체가 되었기 때문에 그 행(行)에는 내가 누구를 돕는다고 하는 상(相)이 들어설 틈이 없습니다.

이런 동체자비의 삶을 사는 것이 가장 인간답게 사는 길이기도 합니다. 그래서 원효 스님은 불교의 모든 것을 "'하나'인 마음의 원천에 돌아가서 일체의 모든 생명을 이롭게 하는 것.〔還歸一心 利益衆生〕"이라고 했습니다. 여래의 씨알이나 불성, 또는 하나인 마음을 거론하는 것도 그런 삶을 영위하기 위한 것이라 할 수 있습니다.

'일체의 모든 생명이 다 여래의 씨알이다.' '부처의 여여한 성품을 갖추고 있다'고 했으니 이 얼마나 높은 인간의 평가이고. 인간성에 대한 깊은 신뢰의 말씀입니까?

우리는 이 말씀을 한번 깊이 새겨 보면서 모든 생명을 부처로 받드는 참 불공이 우리의 가정과 일터에서 바르게 실천되기를 열망해야만 하겠습니다.

진리, 그 자체이신 불타

✸ 오고 감이 없이 항상 하는 부처님

소승불교의 나라인 남방에 가 보면 법당이 비교적 단조롭습니다. 부처님은 항상 석가모니부처님 한 분뿐입니다. 불상의 좌우에도 우리나라처럼 여러 부처님이나 보살상들이 없습니다. 부처님을 혼자 모시는 것이 허전하다 싶으면 좌우에 사리불이나 목련존자 등 실재했던 부처님의 제자들을 모시는 정도입니다.

이것은 소승불교에서는 오직 역사적인 부처님, 즉 인도에서 2천6백여 년 전에 태어나셨던 석가모니부처님만을 인정하기 때문이며, 관세음보살 지장보살 문수보살 등 대승불교의 보살을 수용하지 않기 때문입니다.

이에 비해 우리나라의 법당은 우선 어떤 부처님을 모셨는가에 따라 법당의 이름도 달라집니다. 예를 들면 석가모니부처님을 모신 법당이면 대웅전이라 부릅니다. 비로자나 부처님을 모시면 대적광전이라고 부릅니다. 뿐만 아니라 부처님에 따라 좌우의 협시보살도 다릅니다. 이것은 대승불교에만 있는 독특한 현상들이고 그 배경에는 대승불교 나름의 부처님관이 담겨져 있습니다.

　이렇듯 대승불교에서는 다양한 부처님을 모시고 있기에 다불설(多佛說)을 수용하고 있습니다. 즉 역사적인 석가모니부처님은 물론 그 밖에도 수많은 부처님과 보살님을 모시고 있습니다.

　이러한 대승불교의 부처님관에는 두 가지 견해가 기본을 이루고 있습니다. 하나는 '진리 그 자체가 부처님이다'라고 하는 것이고, 다른 하나는 '낱낱의 모든 생명을 남김없이 다 구제해야 된다'고 하는 이타사상(利他思想)입니다.

　그런데 이런 다불사상(多佛思想)은 우연히 싹튼 것이 아니라 근본불교에 이미 그 싹이 숨어 있었다고 볼 수 있습니다. 근본 경전에 보면 부처님께서는,

　"나의 가사 자락을 붙잡고 뒤를 따라 다닌다고 해서 나를 보는 것이 아니다. 법다운 진리를 실천하는 사람만이 나를 볼 수 있다. 비록 나와 천 리를 떨어져 있어도 법다운 실천을 한다면 나는 그와 함께 할 것이다."
라고 하셨습니다. 여기에서 우리는 부처님을 보는 것은 진리를 실천할 때 가능하다는 것을 알 수 있습니다.

　『상응부』 경전에 보면 이런 대목이 있습니다.

　부처님께서 슈라바스티의 기원정사에 계실 때 사리불과 목련존자는 마가다국 왕사성의 죽림정사에 기거하고 있었습니다. 하루는 사리불이 목련존자의 처소에 갔더니 그 얼굴이 유난히 맑고 고요하였습니다. 그래서 무슨 특별히 좋은 일이라도 있었느냐고 물어보았습니다.

　그랬더니 목련존자는,

　"사리불이여, 나는 지금 부처님과 법담을 나누고 있습니다. 아마 그 탓인가 봅니다."

라고 했습니다. 사리불이 그 말을 듣고 깜짝 놀라서 물었습니다.

"아니 부처님은 사위성 기원정사에 계시는데 어떻게 부처님과 법담을 나눈단 말입니까?"

죽림정사와 기원정사는 1,000km이상 떨어져 있습니다. 그러니 사리불이 놀란 것은 당연했던 것입니다. 이에 대해 목련존자는 다음과 같이 대답하였습니다.

"우리의 눈과 귀가 맑으면 부처님께서도 눈과 귀가 맑으시기 때문에 부처님과 법담을 나눌 수 있습니다."

이것은 바로 마음과 마음으로 나누는 법담입니다. 이런 법담은 언제 어디서나 가능하지만 우리들에게는 수신 장치가 있어야 합니다. 그러기 위해서는 우리들의 눈과 귀와 마음이 청정해야 합니다.

언제 어디서나 우리와 법담을 나눌 수 있고 우리와 함께 할 수 있는 부처님은 시간과 공간에 제약을 받는 부처님이 아니라 진리의 부처님입니다. 이런 근본불교의 정신을 이어받아 대승불교에서는 부처님을 역사적인 부처님뿐 아니라 진리의 부처님으로도 모십니다.

즉 공(空)한 진리, '하나'인 바탕 그 자체를 부처님으로 보기 시작한 것입니다. 왜냐하면 역사적인 부처님은 육신을 가지셨고, 또 시간과 공간의 제약과 한정을 받기 때문입니다.

석가모니부처님은 인도에서 2천6백 여 년 전에 태어나셨다가 80세에 돌아가신 분입니다. 그러나 진리의 부처님은 진리 그 자체를 가리키기에 시간과 공간의 제약을 받지 않는 부처님이십니다. 시간적으로는 영원한 부처님이시고, 공간적으로는 어느 곳에나 항상 계신 부처님이십니다[佛身充滿於法界].

이러한 부처님에 대하여 『법화경』은 아주 극적으로 표현하고 있습니다.

석가모니부처님께서 법을 설하실 때 삼천 대천세계가 진동을 하고 땅이 열리더니 무량 천만 억 보살들이 땅에서 허공으로 동시에 치솟아 올랐습니다. 갑작스런 현상에 부처님의 말씀을 듣고 있던 대중들이 눈이 휘둥그레져서 어떻게 된 영문인지 부처님께 여쭈어 보았습니다. 그랬더니 부처님께서는 이렇게 말씀 하셨습니다.

"내가 이미 오랜 옛날에 제도한 보살들이니라."

그러자 대중들은 부처님이 출가하시고 성불한 지 40여 년 밖에 안 되는데 언제 저런 수많은 보살들을 제도할 수 있었는지 궁금해졌습니다. 그래서 대중 가운데 미륵보살이 여쭈어 보았습니다.

"그런 일이 어떻게 가능합니까? 그건 마치 백발노인이 새파란 젊은 사람을 보고 아버지라고 하는 것과 같지 않습니까?"

성불한 지 몇 십 년밖에 안 되신 분이 수많은 보살을 제도했다니, 젊은 사람이 할아버지를 보고 손자나 아들이라 하는 것처럼 이치에 맞지 않다는 것입니다. 이때 부처님은 이렇게 말씀하셨습니다.

"중생들은 내가 석가족에 태어나서 출가하고 6년 동안을 수행해서 성불한 것으로 알고 있지만, 실은 나는 구원겁(久遠劫) 전의 한량없는 옛날에 이미 성불을 해서 항상 법을 설해 왔노라."

즉 부처님은 영원한 생명이고, 영원한 진리 그 자체이지만 인도의 석가족으로 나툰 것은 부처님이 항상 하다고 하면 게으른 마음을 낼 테니까 중생들에게 진리를 드러내 보이기 위해 나타났던 것이라고 합니다.

☸ 달이 일천 강을 비추듯이

시간적으로 영원하고 공간적으로 어디에나 충만한 부처님을 법신(法身), 즉 진리의 몸이라고 하는 것입니다. 그리고 역사적으로 몸을 나타냈던 석가모니부처님을 응신(應身), 혹은 화신(化身)이라고 합니다. 즉 중생들의 요청에 응해서 몸을 변화시킨 부처님이란 뜻입니다. 이러한 법신과 응신에 보신(報身)을 합하여 삼신(三身)이 됩니다.

보신은 보살의 한량없는 원과 행을 통해서 얻은 공덕의 몸을 가리킵니다. 그러므로 그때그때 상황에 따라 몸을 나타낼 수 있는 가능성을 가지고 있습니다.

법신은 진리 그 자체이고, 보신은 진리를 갖춘 원만한 덕성이며, 응신·화신은 실제 진리이면서 또한 쌓은 덕성을 근기에 따라 나타내 보이는 것입니다. 그러니 삼신은 따로따로 있는 것이 아니라 하나인 부처님이십니다. 비유하자면 저 허공중에 떠 있는 밝은 달이 일천 강에 비치는 것과 같습니다. 달 그 자체는 법신이고, 달의 밝음이 보신, 그리고 일천 강에 빛을 나타내는 것이 응신입니다.

이러한 삼신은 하나인 마음, 하나인 진리의 세 가지 모습일 뿐입니다. 그래서 하나인 마음의 본체와 모습과 작용, 즉 체(體)·상(相)·용(用)에 대비하기도 합니다. 본체를 떠난 형상이나 작용은 있을 수 없습니다. 셋이면서 하나이고 하나이면서도 셋인 묘한 관계를 연출해 내고 있습니다. 하나인 진리가 텅 비어 있으면서도 가득 찬 모습을 나타낸다고 생각하면 되겠습니다.

따라서 우리가 절에 가서 뵐 수 있는 여러 부처님과 또 보살님들도 모두 하나인 진리를 각기 나타내고 계신다고 할 수 있습니다. 관세음보살은 '하나'인 마음, '하나'인 진리의 자비를 나타냅니다. 문수보살은 지혜를 나타냅니다.

그런데 이들 많은 불보살들은 시간과 공간을 초월한 진리 그 자체이므로 언제, 어디서나 모습을 나타내실 수 있습니다. 목련존자가 죽림정사에서 기원정사에 계신 부처님과 법담을 나누었던 것과 같습니다.

항상 청정한 마음, 하나인 마음이 될 때 우리는 부처님을 만날 수 있습니다.

신라시대의 자장율사는 우리나라 계율의 전통을 확립하신 훌륭하신 스님인데, 문수보살과 인연이 많았던 것 같습니다. 자장율사는 중국 유학 중에도 오대산(五臺山)에서 문수보살을 친견했는데, 한번은 문수보살이 꿈에 나타나서 태백산 칡넝쿨이 엉켜 있는 곳에서 다시 만나리라고 하셨습니다.

그래서 자장율사는 태백산을 찾아가 칡이 우거진 곳에다 절을 세웠습니다. 그 절이 지금의 정암사인데 그곳에서 자장율사는 문수보살을 기다리고 있었습니다. 어느 날 자장율사가 시자 한 사람만 데리고 열심히 기도를 하고 있는데 웬 허름한 차림의 노인이 죽은 개를 망태기에 메고 와서는 "자장이 있느냐? 자장을 만나 보러왔다."고 소리쳤습니다. 시자가 보니 스님이 직접 만나 볼 사람이 아닌 듯했습니다. 천하가 다 아는 큰스님의 이름을 함부로 부르면서 고함을 치니 미친 사람이 틀림없으리라 생각하고 무시해 버렸습니다.

그런데도 계속 자장율사를 만나 보겠다고 하자, 하는 수 없이 스님께 사정 이야기를 했습니다. 자장율사도 시자의 이야기만 듣고 "아마 미친 사람인가 하니 돌려보내라."고 했습니다. 시자가 돌아가서 큰소리로 꾸짖으며 내쫓았습니다. 이때 노인이 짊어지고 왔던 망태기를 내려 털으니 죽은 개가 사자로 변했고 노인은 사자를 타고 빛을 내면서 하늘로 날아가 버렸습니다. 날아가면서 노인은 이렇게 중얼거렸습니다.

"돌아가리라. 돌아가리라. 아상(我相)을 가진 자가 어찌 나를 보리요."

그 소리를 듣고 뛰어나온 자장율사는 스스로 잘못을 크게 뉘우쳤다고 합니다. 이것은 『삼국유사』에 기록되어 있는 이야기인데, 우리로 하여금 몇 가지를 음미하게 합니다.

첫째는 아상을 가지면 비록 자장과 같은 큰 스님도 보살을 친견할 수 없다는 것입니다. 그 말은 불보살을 친견하기 위해서는 상(相)을 비운 청정한 마음이 필요하다는 이야기입니다.

둘째는 문수보살은 휘황찬란하게 오시지 않았다는 것입니다. 거지의 모습, 보잘것없는 형상으로 오셨습니다. 우리들의 주변에도 많은 부처님과 보살이 틀림없이 계십니다. 다만 우리의 눈과 귀와 마음이 오욕으로 물들고 더러워져 있기 때문에 볼 수 없을 뿐입니다. 부처님께서는 항상 어디에나 계시다는 말씀을 음미해 보시기 바랍니다.

희망의 땅, 미륵의 땅

✸ 꿈의 세계 미륵정토

역사적인 석가모니부처님뿐만 아니라 시공을 초월한 진리 그 자체를 법신이라고 하는데, 그 또한 부처님입니다. 진리의 부처님이신 법신은 시간적으로 영원하고 공간적으로 충만하여 어디에나 계시는 부처님입니다.

대승불교가 부처님 불교이고, 또 일체의 모든 생명이 부처가 될 소질을 갖고 있다는 사상에서 이런 영원하고 다양한 부처님을 찾는 다불설(多佛說)은 필연적인 결과인 것입니다. 이러한 진리로서의 부처님은 시방삼세(十方三世)에 두루 계셔서 시간적으로는 과거·현재·미래인 삼세에 걸쳐 수많은 부처님이 계시고, 공간적으로는 동·서·남·북 등 모든 곳에 계십니다.

즉 석가모니부처님 이전에도 7불, 혹은 25불, 더 나아가서 무수한 부처님이 계셨습니다. 또한 미래에도 부처님이 계십니다. 이렇게 많은 부처님은 대승불교의 일대장관이라 할 수 있습니다. 이러한 다불사상(多佛思想)은 독특한 정토사상으로 발전해 갔습니다.

따라서 각각의 부처님들은 나름대로 청정한 국토를 건설해서 그 곳의 중생들이 쉽게 진리에 눈뜰 수 있도록 훌륭한 환경을 만들어 놓고 계신다는 것입니다. 이것이 정토(淨土)입니다.

정토사상은 대승불교의 이타정신이 꽃피운 결정체라고 할 수 있습니다. 정토는 청정한 국토라는 뜻으로 부처님들의 큰 원과 행이 장엄된 땅입니다. 그러므로 정토사상은 개인의 완성뿐만 아니라 국토의 완성을 나타내는 이타사상의 결과입니다.

각각의 부처님들이 성불하면 그 부처님에 상응한 정토가 건설된다고 하는데 동방의 아촉불(阿閦佛)은 묘희국(妙喜國), 즉 묘한 즐거움으로 충만한 정토를 건설했고, 또한 서방의 아미타불은 극락세계를 장엄하셨습니다.

또한 미래의 부처님이신 미륵불(彌勒佛)은 용화세계(龍華世界)라는 이상적인 세계를 건설한다고 합니다. 묘희세계·극락세계·용화세계는 온갖 괴로움이 멸한 이상적인 불국토인 정토입니다. 그런 깨끗한 땅, 정토에 태어나려는 신앙이 정토신앙입니다.

이렇게 정토의 세계가 여럿이기 때문에 정토신앙도 여러 가지가 있습니다. 그러나 그 중에서도 미륵불의 용화세계를 이상으로 하는 미륵정토와 아미타불의 극락정토 신앙은 우리에게도 아주 친숙한 대표적인 정토사상입니다.

먼저 미륵 정토사상에 나오는 미륵은 마이트레야(Maitreya)의 번역으로 자비, 우정을 가리키는 말입니다. 따라서 미륵을 자비보살이라고 부르기도 합니다.

『미륵경』에 의하면 미륵은 원래 부처님의 제자였는데 먼저 타계했다고 합니다. 그러나 평소 선행을 많이 쌓아서 도솔천에서 다시 태어났습니다. 도솔천은 만족함을 아는 사람들이 사는 하늘인데, 미륵은 그곳에서 천중(天衆)들에게 설법을 하고 있습니다. 그러나 아직 성불하지는 않았으므로 미륵보살이라고 합니다. 박물관에 가면 우리는 턱을 고이고 깊은 사색에 잠겨있는 미륵 반가사유상을 만날 수가 있습니다. 도솔천의 미륵보살이 장차 이 땅에 와서 '중생들을 어떻게 제도할까?'하고 깊은 생각에 잠겨있는 모습입니다.

미륵보살은 언젠가 이 땅에 오셔서 성불한 후 이상적인 불국정토인 용화세계를 건설할 것입니다. 그 시기는 56억 7천만 년 뒤라고 하기도 하고, 또 인간의 수명이 8만 4천 세가 될 때라고 하기도 합니다.

미륵보살이 오시기 전에 샹카라는 전륜성왕이 나타나서 진리로 나라를 다스려서 사람들은 바른 삶을 살게 되며, 그때 미륵보살이 오셔서 용화수 아래에서 성불을 한다고 합니다. 그리고 세 번에 걸친 큰 법회를 통해서 석가모니부처님께서 미처 제도하지 못한 사람들을 제도하고 이상적인 용화세계를 건설한다고 합니다.

이것이 『미륵경』의 주요 내용인데, 이런 내용을 기초로 한 미륵신앙은 두 가지 형태가 있습니다. 하나는 미륵보살이 지금 살고 있는 도솔천에 태어나려는 신앙이고, 다른 하나는 이 땅에 오셔서 성불한 후 용화세계를 건설하면 그 용화세계에 태어나려는 신앙입니다.

앞의 것은 '미륵상생신앙(彌勒上生信仰)'이라 하고, 뒤의 것은 '미륵하생신앙(彌勒下生信仰)'이라 합니다. 상생신앙이든 하생신앙이든 아득한 미래의 세계로 죽고 나서 가는 정토신앙입니다. 그러나 우리나라에서 받아들인 미륵신앙은 독특한 형태를 지녔습니다.

즉 미륵의 정토가 먼 곳이 아니라 바로 여기이고, 또 아득한 미래가 아니라 지금 현재라고 보는 이른바 현실정토적인 미륵신앙인 것입니다. 그런 현실정토적인 미륵신앙은 백제의 무왕 때 지은 익산 미륵사 창건에 얽힌 설화에 잘 나타나 있습니다.

무왕은 왕이 되기 전에 마를 캐서 먹고 사는 사람이었습니다. 그래서 일명 서동(薯童)이라고도 했습니다. 『삼국유사』에 나오는 향가 서동요의 서동이 바로 무왕입니다.

당시 신라는 진평왕 때였는데 그의 셋째 딸인 선화공주가 아주 미인이었다고 합니다. 그래서 선화공주를 부인으로 맞고 싶은 서동은 꾀를 냈습니다. 그때 지명법사(知命法師)의 조언을 받아 서동은 마를 잔뜩 캐어가지고 신라로 넘어가서 동네 아이들에게 마를 나누어 주며 자기가 지은 노래를 부르도록 시켰습니다. 그 노래가 유명한 서동요입니다.

내용은 '선화공주가 밤마다 서동을 만나 연애를 한다'는 이야기였습니다. 아이들이 부르는 그러한 노래가 전국으로 퍼져 나가자 중신들이 논의를 하게 되었고, 급기야는 선화공주를 궁궐에서 추방하기로 하였습니다. 서동은 궁궐에서 쫓겨나와 어려운 처지가 되어버린 공주를 가까이에서 여러 가지로 도와주었습니다. 그리하여 선화공주는 결국 서동의 아내가 됩니다.

나중에 무왕과 왕비가 된 그들은, 인연을 맺도록 도와준 지명법사를 종종 찾아갔다고 합니다. 한번은 지명법사가 용화산 사자사에 머무르고 계셨는데, 무왕과 왕비가 법사를 만나 뵙기 위해 찾아가는 도중이었습니다. 용화산 밑에 있는 연못 곁을 지나가는데, 연못에서 미륵 삼존불이 갑자기 출현했다고 합니다. 그래서 왕비가 미륵불 출현을 기념하기 위해서 절을 지어 달라고 소원합니다. 법사는 신통력으로 하룻밤 사이에 연못을 메우고 절을 지었는데, 그 절이 바로 미륵사입니다. 이 미륵사는 삼중구조로 지었다고 합니다. 그래서 법당이 셋, 탑이 셋, 낭무도 삼중으로 지었습니다. 『삼국유사』에는 이를 가리켜 미륵 삼회전(三

會殿)을 지었다고 기록되어 있습니다.

미륵사의 창건 설화를 보면 독특한 우리 선인들의 미륵신앙관이 담겨 있음을 알 수 있습니다. 그것은 곧 미륵의 정토가 지금 여기, 우리의 땅 그대로라는 현실정토적 신앙입니다.

미륵은 도솔천에서 하생한 후 용화수 밑에서 성불하고, 세 번에 걸친 설법으로 석가모니부처님께서 미처 제도하지 못한 중생들을 모두 제도해서 용화세계를 건설한다고 했습니다. 그런데 설화를 보면 용화산 밑 연못에서 미륵 삼존불이 출현했습니다. 용화산은 용화수를 상징합니다. 그리고 미륵사를 삼중구조의 삼회전으로 지었다는 것도 독특합니다. 이러한 삼중구조의 절 양식은 세계에서 유일한 것입니다. 미륵사지는 현재 발굴이 되어 삼회전이 어떠한 것이었는지 실증이 되었습니다.

삼회전이란 바로 세 번에 걸친 설법을 상징하고 있습니다. 세 번의 설법을 했으니 용화세계도 건설된 것입니다. 우리의 백제 선인들은 미륵의 용화정토가 죽고 나서 가는 먼 곳이 아니라, 자신들이 살고 있는 땅 그대로라고 생각했음을 알 수 있습니다.

아득한 미래인 56억 7천만 년 뒤가 아니라, 지금 현재라는 독특한 신앙 형태를 가지고 있었던 것입니다. 우리가 살고 있는 이 땅이 바로 미륵정토라는 믿음이었습니다. 그렇게 믿을 때 그 거룩한 미륵의 불국토를 잘 가꾸고 수호해야 된다는 것은 필연적일 수밖에 없습니다.

이런 현실정토적 미륵신앙은 신라에도 전해져서 화랑도라는 제도를 낳게 되고 현실에 미륵정토를 구현하려는 실천으로 나타나기도 하였던 것입니다.

여기에서 우리는 한 가지 짚고 넘어가야 할 것이 있습니다. 그것은 미륵신앙이 마치 종말론 신앙처럼 생각되는 경향이 있는데, 미륵신앙은 본질적으로 말세론 신앙이 아니라는 것입니다. 왜냐하면 미륵부처님께서는 말세에 오시는 것이 아니라 인간의 수명이 8만 4천 세가 되었을 때 오십니다. 그 세상은 살기 좋은 세상입니다. 불교의 계산법으로는 살기 힘든 세상일수록 인간의 수명이 줄고, 살기 좋은 세상일수록 늘어난다고 보았기 때문입니다. 인간의 수명이 8만 4천 세면 지금보다 훨씬 살기 좋은 세상일 것입니다.

그리고 미륵신앙은 미륵부처님이 모든 것을 해결해 주는 것이 아니라, 우리가 미륵부처님을 맞기 위해 또한 용화세계에 태어나기 위해 해야 할 일이 있습니다. 그것이 오계십선(五戒十善) 등의 실천입니다. 그런 실천 없이 용화세계에 태어날 수는 없다고 합니다. 그러므로 미륵신앙은 종말론적 타력신앙과는 다릅니다.

⚜ 청정한 마음이 곧 정토이다

우리 선인들이 믿었던 미륵의 정토는 대단히 창조적인 미륵신앙이라고 할 수가 있습니다. 우리 선인들의 의식 속에는 현재가 단순한 현재가 아니라 미래의 희망을 담은 '지금'입니다. 또 '여기'는 그저 하찮은 국토가 아니라 거룩한 불국토입니다.

그러기에 우리 땅을 잘 가꾸고 지키려는 삶의 의지, 호국의 의지가 나타날 수 있는 것입니다. 그것은 우리의 산하 그대로가 미륵의 성지이기 때문입니다. 우리의 산하와 국토가 이렇게 거룩한 성지일 때 어찌 호국하지 않을 수 있겠으며, 어찌 함부로 훼손 할 수 있겠습니까? 환경보호도 이런 차원에서 이루어져야 참된 자연보호요, 참된 환경보존이라고 할 수 있습니다.

미륵정토에는 우리가 귀하고 값지다고 생각하는 보배나 물건들이 여기저기에 흩어져있다고 합니다. 그런데도 손대는 사람들이 없을 뿐만 아니라 사람들은 모이면 오히려, "옛날 사람들은 이러한 물건들을 서로 가지려고 싸웠다면서?"라는 대화를 한다고 합니다.

또 그곳에는 칠보로 장식된 나무들이 거리에 즐비하게 서 있고, 바람이 불면 부처님의 진리의 말씀이 사방으로 저절로 울려 퍼져서 항상 훌륭한 법문을 들을 수가 있다고 합니다. 그런 정토에 나면 아무리 미혹한 사람이라도 불교 공부를 잘할 수 있지 않겠습니까?

알고 보면 시냇물 소리가 그대로 장광설이요, 자연의 푸른 녹음이 그대로 진리를 다투는 소식입니다. 정토가 먼 곳에 있는 것이 아니라 단지 우리들 마음에 때가 끼어서 안 보이거나 안 들릴 뿐입니다. 그러므로 정토를 눈앞에 구현하기 위해서는 우리들 마음이 청정해져야 합니다. 마음이 청정해져야 국토가 청정해진다는 말입니다〔心淨卽國土淨〕. 아니 청정한 마음 그 자체가 그대로 정토입니다. 한 생각 혼미하면 '이 세상〔此岸〕'이고, 한 생각 밝아지면 '저 세상〔彼岸〕'이라고 했습니다.

미륵의 용화세계를 위해서나 이 땅을 용화정토로 가꾸기 위해서는 오계를 잘 지키고 십선행을 잘 받드는 삶을 살아야 한다고 했습니다. 백제의 불교가 남달리 청정한 계율을 강조한 것도 이런 배경에서 찾아볼 수 있습니다. 이런 창조적인 전통을 우리는 잘 알아 긍지를 가져야 하고, 나아가서는 오늘의 생활 속에 잘 살려 나가야 한다고 생각합니다.

미륵사지 현장에 가보면 선인들의 숨결을 한층 더 느낄 수가 있습니다. 용화산을 지금은 미륵산이라고 부르는데, 미륵이라는 말과 용화란 말의 뜻이 같기 때문입니다. 그리고 미륵산 밑에 들판이 하나 있는데 이것이 미륵사 터입니다. 그 규모나 이상으로 볼 때 참으로 자랑할 만한 창조물입니다.

나는 뉴욕에서 미국인 손님이 왔을 때 그 곳으로 모시고 가서 크게 자랑을 하며, "당신들은 뉴욕에다 엠파이어스테이트 빌딩을 하나 지어 놓고 세계 각국에서 찾아오는 사람들에게 보여 주고 있는데 한번 비교해 보십시오."라고 한 적이 있습니다.

사실 102층짜리 건물이 하늘로 치솟은 모습은 대단합니다. 100여 년 전에 어떻게 그러한 건물을 지을 수가 있었는지 감탄이 저절로 나옵니다. 또 건물에 놓인 엘리베이터를 타보면 얼마나 빠른지 귀가 멍멍할 정도입니다. 엠파이어스테이트 빌딩은 세계에 지랑 할 건물입니다.

그러나 엠파이어스테이트 빌딩이 하늘로 치솟은 수직적 문화의 산물이라면, 용화세계는 들판에 차려놓은 수평적 문화의 산물입니다. 우리 민족은 천 수백 년 전에 그것을 차려 놓았던 것입니다. 그것은 백제문화의 센터일 뿐만 아니라 우주의 센터이며 우주의 축이라고 할 수 있습니다.

이런 현실 정토적인 미륵신앙은 신라에서도 아주 적극적인 모습으로 꽃을 피웠습니다. 그 대표적인 예가 화랑도입니다. 화랑도에 대해서 유교학자들은 유교적 영향이라고 주장하고, 도교 측에서는 도교적 영향이라고 주장을 합니다. 그러나 화랑도는 신라적인 미륵신앙의 꽃이라고 보아야 합니다. 이 부분에 대해서는 학자들의 훌륭한 연구가 많이 발표되고 있습니다.

신라를 불국정토로 가꾸어야 한다는 진흥왕의 불교이념이 미륵신앙을 통해 나타난 것이 화랑도 사상입니다. 진흥왕은 스스로 정법으로 나라를 다스리는 전륜성왕을 자처했는데, 그 사상적 배경이 바로 미륵사상이었습니다. 『미륵경』을 보면 "미륵부처님이 이 땅에 오셔서 용화세계를 건설하기 전에 샹카라는 전륜성왕이 진리에 입각해서 나라를 잘 다스리는 정지작업을 한다."고 나와 있습니다. 진흥왕은 스스로 그런 전륜성왕을 자처했고 그렇게 노력을 했습니다. 그래서 화랑도를 이 땅에 미륵의 정토인 용화세계를 건설하는데 필요한 첨병으로 창설했던 것입니다.

화랑도의 제도를 살펴보면, 화랑장인 국선이 한 명이 있고, 그 밑에 화랑이 여러 명 있고, 화랑 밑에 낭도가 몇십 명 혹은 몇백 명 딸려 있습니다. 그리고 국선을 모시는 승려 낭도가 있는데, 그는 국선을 바로 미륵의 화신으로 믿어 그 미륵을 시봉하는 스님이었습니다. 그런 예를 『삼국유사』에서 볼 수 있습니다.

흥륜사에 진자(眞慈) 스님이 계셨습니다. 스님은 매일,

"미륵부처님, 이 신라 땅에 내려오셔서 대중들을 제도해 주소서."

하며 간절히 기도를 올렸습니다. 그런데 어느 날 꿈에

"웅천 땅 수원사라는 절에 가면 미륵부처님을 만날 것이다."

하는 것이었습니다. 웅천은 지금의 공주입니다. 그래서 신라에서 백제의 웅천까지 미륵부처님을 친견하기 위해 한 걸음 떼면 예경 드리고 또 한 걸음 떼면 예경 드리고 하면서 10여 일만에 수원사(水源寺)에 도착하게 되었습니다.

스님은 절의 입구에서 한 동자승을 만났습니다. 무심히 절 안으로 들어가 미륵부처님을 찾으니 아무도 모른다는 것입니다. 그런데 한 스님이 이렇게 일러줍니다.

"내가 듣기로는 저 남쪽으로 가면 천산(千山)라는 산이 있는데 거기 미륵부처님이 계신다고 들었습니다. 그리로 가보십시오."

진자 스님은 미륵부처님을 만나기 위해 다시 길을 떠났습니다. 그러나 아무리 헤매도 찾을 길이 없었습니다. 그래서 애만 태우고 있는데 산신령이 나타나서,

"벌써 만나보고도 엉뚱한 데 와서 찾느냐?"

고 하는 것이었습니다. 스님은 깜짝 놀라서,

"보다니요?"

하고 물었습니다. 그러자 산신령은,

"왜 수원사에 들어갈 때 절의 입구에서 동자승을 만나지 않았느냐? 그 동자승이 바로 미륵부처님이시다."

라고 대답하였습니다. 그래서 다시 수원사에 돌아와 동자승을 찾으니 이미 그곳에는 없었습니다. 서라벌로 간다며 떠났다는 것입니다. 스님은 서라벌로 돌아와서 화랑에게 보고하고 낭도들을 풀어 동자승을 백방으로 찾아보았습니다. 결국 며칠 만에 행방을 찾아내었습니다.

그리고 그 동자승을 화랑장(花郞長)인 국선(國仙)으로 모시고 진자 스님은 승려 낭도(郞徒)가 되어서 국선을 시봉하였다고 합니다. 바로 그 국선의 이름은 미시랑이었는데, '미시(彌尸)'란 말은 미륵이란 말이 전와된 단어입니다. 따라서 국선 미시랑은 '나라의 미륵님'이라는 뜻입니다.

다른 화랑이나 낭도는 연령의 제한이 있으나 오직 승려 낭도는 제한이 없었습니다. 승려 낭도의 직무는 미륵부처님을 시봉하는 일이기 때문입니다. 이러한 것을 볼 때 화랑도가 미륵신앙을 기본으로 세워졌던 것임을 알 수 있습니다. 또 이런 사실은 김유신 장군이 이끌던 무리의 이름을 용화향도, 즉 미륵부처님에게 향을 바치는 화랑의 무리라고 지은 데서도 잘 알 수 있습니다.

뿐만 아니라 '화랑'이라는 말은 직역하면 '꽃 사내'라는 말인데, 이것도 『미륵경』에 샹카라는 전륜성왕이 진리로 나라를 다스릴 때 백성들이 살기가 좋으니까 전부 얼굴이 '도홧빛 같다'하는 대목에서 연유했다는 설이 있습니다. 아무튼 화랑도는 이 땅을 불국정토로 가꾸려는 높은 이상을 실현하기 위해 창설되었던 청소년 수양 단체였다는 것을 알 수 있습니다.

여기에서 현실 정토적인 미륵신앙이 얼마나 적극적으로 우리 땅을 정토로 가꾸려고 했었는지 알 수 있습니다. 이런 전통은 선견지명을 체득한 선인들의 창조적인 미륵신앙 수용의 한 형태라고 생각합니다.

영원한 생명 아미타

◉ 즐거움이 무량한 극락세계

'나무아미타불'이나 '극락세계'라는 말은 불교를 믿는 사람이 아니더라도 낯설지 않은 마치 고향과도 같은 느낌을 줍니다. 그것은 아미타불의 신앙이 오랫동안 우리 민족과 숨결을 같이 해 온 결과이기에 그렇습니다. 이 아미타불 신앙은 구조적으로 아주 특이한 성격을 가지고 있어서 대승불교의 포용성을 잘 보여주는 예가 되고 있습니다.

인도의 고전 중에 『바가바드 기타(Bhagavad Gita)』가 있습니다. 『우파니샤드』가 구약성서쯤에 비교된다면 『바가바드 기타』는 신약에 비교될 만한 고전입니다. 돌아가신 함석헌 선생은 『바가바드 기타』를 좋아하셨다고 합니다. 그분은 평생 그것을 원문으로 읽는 것이 소원이어서 범어를 익힌다고 불교대학에 찾아왔었습니다. 그래서 번역도 하시고 주석도 잘 달아 놓으셨는데, 그 일이 지금도 생각납니다.

『바가바드 기타』를 보면 신앙의 유형을 '지혜의 길'·'선행의 길'·'믿음의 길'이라 해서 세 가지로 분류하고 있습니다.

첫째, 지혜의 길은 우리가 잘못 사는 까닭을 '이 세상에 있는 모든 것이 어떻게 있는가' 하는 존재의 실상을 모르기 때문이라고 보았습니다. 그래서 이 지혜의 길에서는 지혜를 증득함으로써 문제를 해결할 수 있다고 믿습니다. 지혜를 얻기 위해서는 마음을 청정하게 하고 조용하게 하는 선정이 필요합니다. 이 지혜의 길은 스스로의 문제를 스스로의 힘으로 해결해 가는 자력적인 신앙형태입니다.

둘째, 선행의 길은 종교 의식을 위시한 선행을 잘 행함으로써 해탈에 이를 수 있다는 신앙유형입니다. 이 선행의 길은 모든 종교에 통용되는 길이라고 할 수 있습니다.

셋째, 믿음의 길은 절대적인 믿음을 기본으로 하는 신앙을 가리킵니다. 여기에서는 절대적인 신앙의 대상으로서 신이라든지 하는 절대적인 존재나, '나는 무력한 존재다'라고 하는 자각이 전제됩니다.

즉 '나'는 그저 죄의 구렁텅이에 빠져 살고 있는 존재로 도저히 내 문제를 내 힘으로는 풀어갈 수 없다는 자각입니다. 그것을 '피조물 의식', '죄인 의식'이라고 하는데, 그런 자각으로부터 절대적인 능력을 가진 존재에 완전히 자기를 던져 버리는 절대 의존과 절대 믿음은 가능합니다.

그러므로 믿음의 길은 전형적인 타력신앙입니다. 서양 종교는 대부분 이러한 절대적인 믿음을 기본으로 하는 타력적인 구조를 가지고 있습니다.

그리고 서양 종교의 특성 중 하나는 이러한 '믿음의 길'을 통해 신앙의 순수성을 지키려는 피나는 노력입니다. 서양의 종교사는 그런 타력신앙을 지키는 노력의 과정이었다 해도 과언이 아닙니다. 이단에 대한 논쟁이 남달리 높았던 것도 이런 이유에 기인한다고 볼 수 있습니다. 그러므로 기독교와 같은 종교의 역사는 신앙적 '외길'을 지켜온 역사입니다.

그런데 대승불교는 '외길'이 아니라 다양한 길, 모든 길을 포용하고 수용해 온 역사입니다. 근본불교를 보면 스스로를 등불로 삼고 스스로 정진해서 깨쳐가는 철저한 자력신앙이며 지혜의 길인데도, 타력적인 신앙도 넉넉하게 받아들이고 있습니다. 이것도 마하야나, 즉 큰 수레의 포용성이라 할 수 있습니다.

이렇게 타력까지도 받아들이는 지점에 이르러 불교는 '열린 종교'의 모습을 유감없이 발휘하고 있습니다. 그 사상적인 배경은 바로 대승불교의 이타사상입니다. 그것은 모든 생명을 다 제도하겠다는 입장이기 때문입니다. 자력적인 실천이 적성에 맞는 사람은 말할 것도 없고, '나 같은 사람이 어떻게.' 하고 포기하는 사람에게도 거기에 알맞은 자비의 손길을 드리우고 있습니다.

대승불교는 자력과 타력을 함께 수용하고 있는 너그럽고 큰 수레입니다. 자력적인 수행방법으로는 선정이 있습니다. 그것은 모든 생명이 성불할 수 있다는, 즉 나도 부처가 될 수 있다는 높은 자기 평가를 기본으로 하고 있습니다. 그러나 그것이 맞지 않는 경우도 있습니다. '부처가 되겠다'고 하는 용기와 생각은 거룩하지만 막상 좌선에 들어가면 망상이 죽 끓듯 하여 도저히 자기에게는 맞지 않는다고 생각하는 사람도 있기 때문입니다.

이러한 사람에게는 타력적인 수행 방법인 염불수행의 방법이 있습니다. 즉 모든 것을 아미타불, 혹은 관세음보살에게 맡기고 그저 일념으로 나무아미타불이나 관세음보살만 부르면 된다는 수행방법입니다. 이것은 큰 소리로 염불함으로써 망상이 들 틈이 없게 하는 방법입니다.

그래서 선정을 통한 길은 어려운 길이기에 난행도(難行道)라 하고, 염불하는 수행은 쉬운 길이기에 이행도(易行道)라 하기도 합니다. 어렵고 쉽고 간에 각기 자기에게 맞는 길이 열려 있고 선택할 수 있다는 것은 불교만이 가지는 큰 장점이라 할 수 있습니다.

🌀 법장비구의 서원

타력적인 신앙의 대표적인 예가 아미타부처님의 정토신앙입니다. 『무량수경』에 의하면 아미타부처님은 출가 전에는 한 나라의 어진 임금이었다고 합니다. 그런데 세자재왕불(世自在王佛)이라는 부처님께서 설법하시는 것을 듣고 발심하여 왕위를 버리고 출가하여 법장(法藏)비구가 되었습니다.

이 법장비구가 '모든 중생을 다 제도해야 되겠다.'는 원을 세우고 이 원이 이루어지지 않으면 성불하지 않겠다고 서원을 했습니다. 그 원을 구체화한 것이 유명한 48대원입니다.

그 첫 번째 원은, "내가 부처되는 국토에는 지옥·아귀·축생 등 삼악도의 불행이 없을 것이다."하는 것입니다. 삼악도의 불행으로부터 벗어나려면 탐·진·치의 삼독이 없어야 가능합니다.

또 열 번째 원은, "나의 국토에 사는 이는 번뇌의 근본이 되는 '나다, 내 것이다'라는 집착을 일으키지 않을 것이다." 하는 것입니다.

열한 번째 원은, "나의 국토에 사는 이는 모두 정정취(正定聚)에 들어 필경에는 모두 성불할 것이다."입니다. 정정취란 수행이 견고해져서 결코 뒤로 퇴굴하지 않는 위치를 말합니다. 그런 위치에 들면 오직 전진만 있으므로 성불이 보장되는 것입니다.

수행이 정정취에 들지 못했기 때문에 열심히 정진하면 되는 듯싶다가도 어느 때는 곤두박질쳐서 도로 제자리에 떨어져 버립니다. 그럴 때 우리는 용기를 잃게 됩니다. 석가모니부처님 제자 중에 고티카라는 제자가 있었습니다. 그는 열심히 정진을 할 때에는 깨친 것 같다가도 정진을 마치면 도로 제자리에 돌아오곤 했습니다. 이렇게 여섯 번을 반복한 다음 그는 스스로 목숨을 끊었다는 비통한 이야기가 전해오고 있습니다. 그것은 곧 수행이 자리를 못 잡았기 때문이며, 진리에 대한 결정적인 확신이 없기 때문입니다.

이것은 진리의 길이 쉽지 않음을 나타내는 예입니다만, 모든 사람이 그런 퇴굴이 없는 정정취에 도달하게 된다면 얼마나 좋겠습니까?

열두 번째 원은, "나의 광명은 한량이 없어서 백천억 무량한 부처님의 세계를 다 환히 비출 것이다."입니다. 아미타불이 영원한 광명의 부처님(無量光佛)이 되신 것도 이런 서원에 의해서입니다.

열세 번째 원은, "내 수명은 끝이 없어서 백천억 무량겁으로도 잴수 없을 것이다."인데, 아미타부처님의 무량수(無量壽)라는 칭호도 여기에서 유래한 것입니다.

열다섯 번째 원은, "나의 국토에 사는 이는 목숨이 무한할 것이다."입니다. 즉 영원한 생명을 얻는다는 것입니다.

열여덟 번째 원은, "어떠한 중생도 지극한 믿음으로 나의 국토를 믿고 좋아해서, 그 곳에 태어나고 싶어 하는 사람은 내 이름을 열 번만 불러도 반드시 그곳에서 태어나게 될 것이다."입니다. 열 번만 '나무아미타불'하고 외우면 누구든지 극락세계에 태어난다는 원입니다. 얼마나 쉽습니까? 이것은 내 능력에 의해서가 아니라 아미타부처님의 본원력에 의해서 가능합니다. 그러므로 타력적입니다.

스물여섯 번째 원은, "나의 국토에 사는 보살들은 나라연천(那羅延天)과 같은 굳센 몸을 얻게 될 것이다." 하는 것입니다. 아주 건강한 몸을 받는다는 뜻입니다.

이렇게 48대 서원의 내용은 물질적으로나 정신적으로나 완성이 된 국토를 지칭합니다. 법장비구의 서원을 보면 나만이 아니라 모든 생명을 구하려는 보살의 원이 어떤 것인지를 알 수 있습니다.

이러한 원대한 원은 하루아침에 그냥 세워진 것이 아닙니다. 5겁 동안의 명상을 통해서 비로소 세워진 것이라고 합니다. 그렇게 세운 원을 무한한 시간 동안 보살행과 선정을 통해 이루었습니다. 그래서 성불을 하게 되었는데 석가모니부처님보다 10겁 전에 이미 성불해서 아미타부처님이 되었다고 합니다. 그 원이 성취된 정토가 극락세계입니다.

48대원이 갖추어진 정토 극락세계는 누구든지 아미타부처님을 열 번만 부르면 극락정토인 서방정토에 태어날 수 있다는 것이 보장되어 있습니다. 염불신앙의 근거가 바로 여기에 있습니다.

아미타부처님이라고 할 때 아미타라는 말은 불사(不死), 즉 영원히 죽지 않는 것을 가리키는 말입니다. 아미타부처님은 아미타유스(Amitāyus)와 아미타바(Amitābha)라는 두 가지 이름을 가지고 있습니다.

아미타유스는 영원한 생명이라는 뜻이고, 아미타바는 영원한 빛이라는 뜻입니다. 따라서 아미타불은 영원한 생명의 부처님인 무량수불(無量壽佛)이고, 영원한 빛의 부처님인 무량광불(無量光佛)입니다. 즉 아미타불은 시간적으로 영원한 부처님이시고, 공간적으로 환히 비치지 않는 곳이 없는 영원한 광명의 부처님이십니다. 이 광명은 어디에나 환히 밝게 비치는 가없는 무변광명입니다.

무량광은 걸림이나 막힘이 없어 모든 것을 꿰뚫고 환히 비출 수 있기 때문입니다. 그 밝기는 계산할 수 없는 해와 달을 능가하는 초월광명입니다. 그리고 환희광명으로 그 빛이 빛나면 말할 수 없는 환희에 휩싸이게 되는 광명입니다.

아미타불의 이름이 이렇다는 것은 아미타불이 계신 서방 극락세계가 바로 그렇다는 것입니다. 바로 광명과 환희와 생명으로 충만한 세계가 아미타정토입니다. 그래서 '수카바티(sukhāvati)'라고 합니다. '수카' '는 즐거움, 환희라는 뜻이며, '바티'는 무량하다는 뜻입니다. 즉 '수카바티'는 즐거움이 무량한 땅, 극락(極樂)의 세계입니다. 이 극락세계는 서쪽으로 10만억 국토를 지나가면 있다고 경전에 기록되어 있습니다. 그래서 서방정토, 혹은 서방극락세계라고 부릅니다.

아미타부처님이 계시는 극락세계는 '땅이 금과 은 그리고 옥으로 구성되어 있고, 여러 가지 훌륭한 것들이 한량없이 많으며 광명이 찬란해서 아름답고 깨끗하기가 비길 데 없다'고 합니다. 또한 칠보로 된 나무들이 가는 곳마다 늘어서 있고, 서늘한 바람이 불어오면 미묘한 음악들이 흘러나온다고 합니다. 뿐만 아니라 그 나라에는 많은 연못이 있는데, 팔공덕수(八功德水)가 흘러넘친다고 합니다. 팔공덕수란 여덟 가지 공덕을 갖춘 물로 달고, 차고, 부드럽고, 가볍고, 깨끗하고, 냄새가 없고, 마실 때 목이 상하지 않고, 마시고 나서 배탈이 나지 않는 물이라고 합니다.

우리나라는 국토가 문자 그대로 '금수강산'이었는데, 어떻게 된 일인지 요즈음은 물조차 마음 놓고 마실 수 없게 되었습니다. 약수터에 가 보면 새벽부터 사람들이 장사진을 치고 있고, 물 값이 기름 값보다 비싸다고 합니다. 이런 걸 보면 우리는 지금 정토와는 자꾸 반대 방향으로 치닫고 있는 것 같습니다.

마음이 청정하면 정토

✸ 간절한 일념으로 구하는 마음

극락세계의 물은 바닥의 모래가 환히 비치며, 물결이 잔잔히 일면 그 물결로부터 여러 가지 음악과 부처님의 말씀이 흘러나온다고 합니다. 그런 진리의 말씀을 들으면 마음은 한량없이 기쁘고 욕심은 저절로 없어지고, 삼악도의 괴로움은 이름조차 들어 볼 수가 없답니다. 이러한 세계가 서방 극락세계라고 합니다.

온갖 공해, 오염, 교통 체증도 없는 세계, 그렇게 청정한 땅으로 이민을 갈 수 있다면 모든 것을 다 팔아서라도 한번 가 볼만한 곳입니다. 그러나 극락세계는 돈이나 재물로 갈 수 있는 곳이 아닙니다.

오직 '나무아미타불'하는 간절한 마음 하나가 필요하다고 합니다. 그런 일념으로 열 번만 부르면 된다고 보장하셨습니다. 문제는 믿는가, 믿지 않는가에 달려 있습니다. 믿고 일념으로 '나무아미타불'을 열 번만 부르면 됩니다. 이것보다 쉬운 것이 어디 있겠습니까? 그래서 '쉬운 길'이라고 했습니다.

숨이 끊어지기 직전이라도 간절한 마음으로 열 번만 부르면 아미타

부처님께서 틀림없이 극락세계로 데리고 간다고 합니다. 그래서 죽고 나면 극락세계로 간다는 신앙도 이러한 아미타부처님의 원과 자비에 근거한 것입니다.

극락세계는 서쪽으로 10만억 국토를 지나서 있다고 하며, 죽고 나서 그 서쪽 세계에 가서 태어난다는 신앙이 타방정토(他方淨土)신앙입니다. 그러나 차방정토(此方淨土) · 유심정토(唯心淨土)로 보는 신앙도 있습니다.

차방정토는 서방 극락세계가 서쪽에 멀리 있는 것이 아니라 바로 여기에 있다고 하는 것인데, 한 마음이 맑아지면 그 자리가 바로 정토라고 이해하는 것입니다. 또 유심정토는 한 마음이 더러우면 그대로 예토이고 한 마음이 깨끗하면 그대로 정토라는 것입니다. 신라시대의 원효 스님도 "꿈을 깨고 보면 이쪽도 저쪽도 없다. 정토와 예토가 본래 한 마음이요, 생사와 열반이 둘이 아니다."라고 말씀하셨습니다.

이렇게 유심정토로 이해하는 입장에서 보면, 아미타불은 본래 멀리 있는 것이 아니라 우리들 청정한 마음자리에 있는 것입니다. 그래서 자성미타(自性彌陀)입니다. 우리들 본래의 생명자리, 그 여여한 하나인 바탕, 그것은 시공을 초월한 자리입니다. 시간적으로 영원한 바탕, 영원한 생명인 무량수이며, 공간적으로 영원한 바탕, 영원한 빛인 무량광입니다.

나무아미타불의 '나무'라는 말은 "생명자리 · 광명자리에 돌아가겠습니다."라는 의지의 표현이고 삶의 고백입니다. 즉 영원한 생명이요, 영원한 빛인 본래의 마음, 참 나에 돌아가겠다고 하는 고백이 '나무아미타불'입니다. 이 얼마나 아름다운 이야기입니까?

일념으로 나무아미타불을 외우면 그 순간에 우리는 아미타불이 되고 극락정토에 가 있는 것입니다. 그러나 간절한 일념이 아니고서는 유심정토도, 극락정토도 갈 수가 없는 것입니다.

선을 종지로 하는 이들에게 있어서 염불은 열등한 근기의 사람들이 행하는 것처럼 인식하는 풍조가 있는데, 이것은 아주 잘못된 생각입니다. 나에게 맞는가, 그렇지 않은가가 문제이지 일률적으로 어떤 것이 좋고 어떤 것이 못하다 하는 것은 편견일 뿐입니다. 부처님의 가르침은 본래 능력과 소질에 맞게 가르치는 근기설법이었습니다.

정토사상 같은 신앙이 나타날 수 있는 것도 그런 배경에서 이루어진 것입니다. 염불이든지 선이든지 간에 하느냐 하지 않느냐가 문제이지, 이것만이 제일이다 하는 생각은 대승적이지 못하다고 생각합니다.

염불에 주력하시는 분들은 의심하지 말고 일념으로 '나무아미타불'을 염하며 정진하십시오. 이 정토신앙의 핵심은 모든 것을 부처님에게 맡기는 것입니다. 즐거운 것, 슬픈 것, 어려운 것을 혼자서 도맡지 말고 모두 부처님께서 맡기십시오. 그리고 큰 믿음으로 정진하십시오.

우리 선인들의 간절한 마음을 담은 향가 하나를 소개해 보겠습니다. 지는 달을 향해 합장하고 왕생을 희원하는 노래인 원왕생가(願往生歌)입니다.

달아,
이제 서방 넘어가시려는고.
무량수불 전에 사뢰옵소서.
서원이 크신 아마타불 우러러
두 손 합장하고 왕생을 희원하며
그리워하는 사람이 있다고 사뢰옵소서.
아, 이 몸 남겨놓고 48대원 이루실까.

이러한 간절한 마음으로 우리 선인들은 염불을 해 왔습니다. 모든 것을 아미타부처님께 맡겨버리고 일념으로 염불하면 그때 우리는 영원한 생명의 빛과 하나가 될 수 있습니다.

🕸 노힐부득과 달달박박

아미타불 신앙처럼 우리와 친숙한 신앙도 없는 것 같습니다. 원효 스님은 대중 속에 뛰어들어 함께 생활을 하면서 염불을 가르치셨습니다. 따라서 당시 신라에는 '나무아미타불'을 모르는 사람이 없었다고 합니다.

그런데 우리나라에서는 미타신앙도 미륵신앙과 함께 현실정토적 입장에서 이해되고 실천된 예가 많습니다. 그런 예를 『삼국유사』에서 찾아보면, 백월산(白月山)에서 두 성인이 성도한 이야기가 있습니다. 백월산은 경상남도 창원에 있는 산입니다.

백월산의 아랫마을에 두 청년이 살고 있었습니다. 한 사람은 노힐부득(努肹夫得)이고, 또 한 사람은 달달박박(怛怛朴朴)이었습니다. 부득과 박박은 결혼을 하고 이웃들과 사이좋게 살아가고 있었습니다. 하루는 두 사람이 만나서,

"야, 이거 대장부로 태어났으니 이렇게만 살 것이 아니라 도를 한번 닦아보자."

하고 뜻을 모았습니다. 두 사람은 의기투합하여 백월산으로 들어가 토굴을 파놓고 정진을 하기 시작했습니다. 몇 년이 지난 어느 날, 한 묘령의 아가씨가 나타났습니다. 해가 넘어갈 무렵에 묘령의 아가씨가 먼저 박박의 처소에 나타났습니다.

"길을 가는 사람인데, 날은 저물고 길은 험하니 하룻밤 쉬어가게 해 주십시오."

박박이 들어보니 사정은 딱하지만 처소라고는 겨우 토굴 방 하나인데 저런 묘령의 아가씨를 들여 놓았다가는 몇 년 공부가 허사가 될 것 같았습니다.

"여긴 수행하는 처소로 당신과 같은 사람이 쉬어갈 곳이 못됩니다." 이렇게 거절을 하고 나니 그녀는 다시 부득의 처소로 가서 같은 사정 이야기를 했습니다. 부득도 형편은 마찬가지였으나 그가 거절한다면 이 산중에서 더구나 가냘픈 여인의 몸으로 갈 곳도 없고 생명의 위험이 있을지도 모른다는 생각이 들자 거절할 수가 없었습니다.

그래서 어렵지만 하룻밤 쉬어가도록 허락하고 아랫목을 내주고는 윗목에 앉아서 더욱 마음을 가다듬고 열심히 정진을 했습니다. 그런데 이 여인이 그저 조용히 자는 것이 아니라 자꾸 유혹을 해 오는 것이었습니다. 그러나 부득은 자세를 흩뜨리지 않고 잘 타이르며 정진을 했습니다.

어느덧 그 여인도 지쳤는지 조용해지고 부득은 정진을 계속하는데, 갑자기 그 여인이 배가 아프다고 야단입니다. 부득은 아픈 사람을 버려둘 수도 없어서 "왜 그러냐?"고 하니까 갑자기 산기가 있는 모양이라고 하면서 목욕을 해야겠다고 합니다. 부득이 물을 데워다 주니, 아파서 목욕을 할 수 없으니 목욕을 시켜 달라고 하는 것이었습니다. 그래서 하는 수 없이 목욕을 시켜주는데 목욕물에서 이상한 향기가 도는 것이었습니다.

목욕을 끝내자 그 여인은 자기는 사실 관세음보살인데, 백월산에서 두 청년이 열심히 정진한다고 해서 얼마나 정진을 잘하고 있는가를 시험해 보기 위해서 왔노라고 했습니다. 그리고 과연 정진하는 자세가 이렇듯 훌륭하니 내가 목욕한 이 물에 목욕을 하라고 이르고는 어디론가 사라져 버렸습니다. 부득이 정신을 차리고 보니 목욕물에서는 아직도 김이 무럭무럭 피어나고 있었습니다. 그래서 시키는 대로 목욕을 했습니다. 그리고는 도를 깨쳤습니다.

한편 박박은 날이 새기가 무섭게 부득의 처소로 달려오면서 혼자 생각을 했습니다. '어젯밤에 그 여인이 다시 안 온 걸 보면 틀림없이 부득이 처소에서 잤을 것이고, 부득이는 그 여인과 만리장성을 쌓았을 것이므로 지금쯤 보따리를 싸가지고 산을 내려가고 있는지도 모른다' 아마 박박은 이런 잡념으로 지난밤에도 성진이 잘 안되었을 것입니다.

그런데 부득의 처소에 가보니 그의 얼굴이 환해져 있었습니다. 진리에 눈뜨면 얼굴도 달라진다고 합니다. 박박이 어찌된 것이냐고 물으니, 부득은 자초지종을 이야기해 주었습니다. 듣고 보니 박박은 관세음보살을 몰라보고 쫓아냈던 것입니다. 낭패였습니다. 그러나 일은 어쩔 수 없이 그렇게 됐고 할 수 없어서 부득에게 사정을 했습니다.

"그래도 우리가 도반으로 함께 수행해 왔는데, 자네가 도통을 했으니 나도 좀 도와 달라."

그랬더니 부득이 하는 말이,

"글쎄, 난 별로 특별히 한 일도 없었고 그저 목욕을 하라서 목욕한 것 밖에 없네. 그 목욕물을 아직도 버리지 않고 있으니 자네도 목욕이나 한번 해 보게나."

하는 것이었습니다. 그래서 박박도 목욕을 했는데, 역시 깨달음의 도를 얻게 되었다고 합니다. 그래서 백월산에 두 성인이 나타나게 되었다는 이야기입니다.

이 이야기만으로 본다면 도통하기가 얼마나 쉽습니까? 목욕만 잘하면 되니까요. 그런데 이 목욕은 겉의 때를 미는 육체의 목욕이 아니라, 마음의 목욕이어야만 합니다. 우리에게는 마음의 빨래, 마음의 세탁이 필요합니다.

염불, 참선, 주력 이런 것들이 마음을 청정히 하는 목욕법입니다. 부처님께서 정각을 이루시기 전에 네란자라 강가에서 하신 목욕도 이런 목욕이었을 것입니다. 예나 지금이나 그 목욕물은 항상 같고 효험도 마찬가지입니다. 문제는 우리가 목욕을 일심으로 하는 것이지요.

아무튼 백월산의 두 성인을 기념하기 위해서 경덕왕은 그 산에 남사(南寺)라는 절을 짓고 한쪽 전각에는 현신성도미륵지전(現身成道彌勒之殿)이라는 편액을 달고, 다른 쪽 전각에는 현신성도무량수전(現身成道無量壽殿)이라는 편액을 달았습니다.

이 사실로 보면 노힐부득과 달달박박은 각기 미륵과 미타신앙을 신봉했던 것 같습니다. 여기에서 주목되는 것은 현신성도라고 한 점입니다. 우리선인들은 부득과 박박이 현재의 몸 그대로 성도해서 미륵과 무량수불(아미타불)이 되었다고 믿었던 것입니다.

『삼국유사』는 정사라는 이름의 사대주의적인 시각에서 쓰인 『삼국사기』와는 달리 민족사적인 사관에 입각해서 쓰인 주체적인 역사서입니다. 만약 『삼국유사』가 우리의 고대사를 다루지 않았다면 어떻게 되었겠습니까? 『삼국유사』의 내용에 따라 현지답사를 해보면 정확하게 맞는다고 합니다. 『삼국유사』는 일연 스님께서 탁상에만 앉아서 쓴 기록이 아니라 현지 확인을 통해서 쓴 정확한 기록이기 때문입니다.

요즘 학계에서 일연 스님을 기념하는 행사가 늦게나마 일어나고 있다고 하니 참으로 다행스런 일입니다. 스님이 계시던 인각사(麟角寺)를 가 보면 비문 하나만 남아 있을 뿐 폐허나 마찬가지입니다. 오늘날 『삼국유사』를 기초 자료로 하여 학문하는 사학자와 불자들이 매우 많습니다. 그런데도 일연 스님의 유적지 하나 제대로 보존이 안 되고 있다는 사실은 그간 우리가 얼마나 우리 것을 소홀히 해 왔는가를 잘 나타내는 증거라고 할 수 있습니다.

일연 스님과 같은 민족적인 사관(史觀)을 가슴에 새기고 그렇게 우리의 역사를 주체적으로 창조해 가고 전승해 가는 우리의 노력이 절실히 필요합니다.

『삼국유사』을 보면 불교와 우리 민족의 삶, 숨결이 하나임을 엿볼 수 있습니다. 대표적인 예가 단군신화를 중심으로 한 고조선의 역사가 스님의 손에 의해 기록되고 있다는 사실입니다. 그러나 오늘날 우리의 현실은 단군상을 모시는 것도 우상이라 하고, 심지어 장승백이에 장승을 세운 것도 우상이라고 하며 불 지르고 마는 세상이 되어 버리고 말았습니다. 도대체 우리가 어느 할아버지 자손인지도 모르는 역사의 미아가 된 기분입니다.

만다라의 세계

✿ 청정법신 비로자나불의 세계

정토신앙은 타력적인 면까지도 수용하는 형태로 나타나고 있습니다. 물론 '자성미타(自性彌陀)' '유심정토(唯心淨土)'적인 해석이 가능하지만, 수행 방법으로는 선정 이외에 염불이라는 새로운 수행방법을 제시하고 있는 점이 특이할 만합니다. 이것은 대승불교가 큰 수레로서 다양한 길을 수용하고 있는 좋은 예라 할 수 있습니다.

염불 외에 대승에서만 볼 수 있는 또 다른 수행법이 바로 진언(眞言)입니다. 진언은 '옴 마니 반메 훔'이라든지 '수리수리 마하수리 수수리 사바하'라든지 하는 주력(呪力)입니다. 이 진언도 대승불교의 중요한 수행법의 하나라고 할 수 있는데, 이 진언을 실천법으로 하는 것이 밀교(密教)입니다.

작가 김성동 씨의 소설 『만다라』는 독자들에게도 잘 알려져 있습니다. 소설 제목인 '만다라' 역시 밀교에서 나온 말입니다. 밀교는 대승불교 후기에 발달한 사상으로 역시 깨침에 비친 세계, 그 자체로부터 나온 것입니다.

깨침은 존재하는 세계 자체의 실상에 눈뜨는 것입니다. 그래서 청정한 마음에 비친 존재의 실상을 법계(法界)라고도 하고 법계신(法界身), 법신(法身)이라고도 합니다. 화엄에서는 법계 자체를 '청정법신 비로자나불(淸淨法身 毘盧遮那佛)'이라고 합니다. 밀교에서도 존재의 실상 자체를 인격화해서 대일여래(大日如來), 혹은 비로자나라고 합니다.

비로자나는 바이로차나(Vairocana)의 음역인데, 본래 '광명을 온 누리에 환히 비친다'는 광명변조(光明遍照)의 뜻입니다. 그 광명은 고요함과 빛을 동시에 가지고 있습니다. 그래서 적광이라고 하고, 비로자나 부처님을 모신 법당을 대적광전(大寂光殿)이라고 부릅니다.

이처럼 큰 빛의 세계가 비로자나불의 세계이며, 존재 그 자체, 진리 그 자체를 가리킵니다. 존재하는 두두물물의 세계가 그대로 진리의 세계입니다. 그것이 나타난 모습을 만다라라고 합니다.

만다라는 범어 Manda와 la의 합성으로 이루어진 말입니다. 'Manda'는 본질, 진수(眞髓)란 뜻이고 'la'는 얻음, 증득을 나타내는 접미어입니다. 따라서 만다라는 본질, 진수를 체득한다는 의미입니다.

그러므로 실제 우리들 앞에 전개되고 있는 산과 강, 하늘, 녹음 등이 전부 만다라입니다. 그 하나하나가 알고 보면 진리의 실상을 그대로 나타내고 있습니다. 바람 소리, 물결소리 그리고 꽃 피고 새 우는 것도 낱낱이 진리의 세계를 설하고 있는 소리들입니다. 우리는 눈이 멀고 귀가 막혀서 알 수가 없을 뿐입니다. 실제로 제일가는 법문은 그런 진리의 소식을 듣는 것입니다. 유정설법(有情說法)이 아니라 무정설법(無情說法)을 들어야 된다는 것은 이를 두고 하는 말입니다.

아미타불이 주불로 계시는 극락정토에는 아름다운 나무들과 호수가 있는데 바람이 불어오면 나무와 물결로 부터 진리의 음악이 들려온다고 했지 않습니까? 이것이 모두 무정설법이요, 비로자나의 세계를 가리키는 소식입니다.

⊛ 무정설법의 소식

중국 당송팔대가(唐宋八大家)의 한 사람으로 유명한 시인 소동파는 한때 고을의 관직을 맡아 나갔습니다. 그는 그 고을에 상총 선사(常聰禪師)라는 이름난 선승이 살고 있다는 이야기를 듣고 찾아갔습니다.

"이 우매한 중생을 위해 법을 설해 주십시오."

그러나 상총 선사는,

"유정설법을 들어서 무얼 하겠는가? 무정설법을 들을 줄 알아야지."

하고 말했습니다. 소동파는 말로 설해지는 유정설법은 알아도 무정설법은 알 수가 없었습니다. 시인 소동파는 그만 아득해져서 정신없이 말을 타고 돌아왔습니다.

그러다가 계곡을 지날 때 갑자기 폭포물이 떨어지는 소리가 '쏴!'하고 들렸습니다. 그때 정신이 번쩍 들었습니다. 무정설법을 들은 것입니다. 이때 환희에 넘쳐 깨친 소식을 전한 유명한 시가 있습니다. 그 첫 구절은 이렇습니다.

> 시냇물 소리가 그대로 부처님의 장광설이요,
> 산 빛이 어찌 그대로 청정법신이 아니겠느냐.
> 〔溪聲便是長廣說　山色豈非淸淨身〕

시냇물 소리가 진리의 말씀이요, 녹음 우거진 푸르른 산 빛이 그대로 청정한 부처님의 법신이라는 것입니다. 이것이 무정설법의 소식이요, 비로자나의 세계요, 참 만다라의 세계입니다. 그 다음 구절은 이렇습니다.

> 밤새 들은 팔만사천법문의 그 소식을
> 뒷날 어떻게 사람들에게 보여 줄 수 있을까?
> 〔夜來八萬四千偈 他日如何擧似人〕

　팔만사천법문을 하룻밤 새, 아니 한순간에 터득했던 것입니다. 불교의 멋이 이런 데 있습니다. 부처님이 설한 팔만사천법문은 기껏 말이 끊어진 존재의 실다운 모습 그대로를 그린 것에 불과합니다. 왜냐하면 무정설법이야 말로 경전 중의 경전이요, 원전 중의 원전이기 때문입니다. 그런 경을 읽을 줄 알고 들을 줄 알아야 진짜 진리의 텃밭에 드는 것입니다.

　알고 보면 우리 자신을 포함한 존재 그대로가 진리의 화신이지만 우리는 모르고 있을 뿐입니다. 그래서 밀교에서는 진리 자체의 몸과 말, 그리고 뜻을 닮아가는 훈련이 필요하다는 것입니다. 부처님의 모습과 같은 수인(手印)을 하고 입으로는 진언을 외우고 생각은 하나로 통일시켜가는 훈련이 있어야 합니다.

　우리의 몸과 말과 생각, 즉 신(身) · 구(口) · 의(意) 세 가지가 진리와 하나 되면 그대로 우리가 진리 자체인 비로자나불, 즉 대일여래(大日如來)가 된다는 것이 밀교의 입장입니다. 그리고 특히 밀교에서는 입으로 진언을 외우는 실천이 강조되고 있습니다.

　'진언(眞言)'은 범어 'Mantra'라는 말의 번역입니다. 'Man'은 '마음'이란 뜻이고 'tra'는 '파는 연장'이란 뜻입니다. 그래서 만트라는 '마음속에 본래 있던 진리를 파는 도구'라는 뜻입니다. 따라서 진언을 외우면 우리 마음속에 있는 진리가 계발되어서 우주적 진리와 하나가 된다고 합니다.

우리나라에서는 종파 여하를 막론하고 항상 경전을 독송하기 전이나 마칠 때 꼭 진언이 들어 있습니다. 『천수경』은 말할 것 도 없고, 『반야심경』 끝에 나오는 '아제아제 바라아제 바라승아제 모지 사바하'하는 것도 바로 진언입니다. 특히 '옴'이란 진언과 '옴 마니 반메 훔'이란 육자(六字)진언은 유명합니다. 진언도 일념이 되어서 해야 합니다. 그러면 틀림없이 진리와 내가 하나 되어 즉신성불(卽身成佛)의 길로 나아갈 수 있는 것입니다.

이 진언에 대해서 요즘 서양에서는 관심이 많습니다. 하버드 대학교에서 심리학자들이 실험을 했는데, 진언을 외우면 마음이 아주 평온해지고 건강에도 좋다는 결과가 나왔습니다. 진언은 대개 h자나 m자 발음으로 끝나는 경우가 많은데 '옴'도 그렇고 '사바하'도 그렇습니다. 그래서 그 음을 계속해서 발음하도록 실험했는데, 마음이 평화로워지고 얼굴빛도 좋아지는 효과가 나타났다고 합니다.

굳이 이런 실험 결과가 아니더라도 목욕재계하고 단정히 앉아서 '옴 마니 반메 훔'을 하루에 15분씩만 암송해도 금방 달라질 것입니다.

제 10 장

마음에서 마음으로

언어 밖의 소식들

✸ 본래 깨침의 원천으로 돌아가자

불교의 기본 실천인 선정은 중국에 들어와서 독특한 중국적 선불교로 발달했습니다. 오늘날 대승불교권에서는 '선' 혹은 '선불교' 하면 인도적인 선정과는 다른 중국적인 선불교를 의미합니다.

우리나라의 경우도 예외는 아니어서 '선'이라 하면 이른바 화두를 참구하는 참선을 가리키게 되었습니다. 이 선불교야말로 중국불교의 꽃이라 할 만큼 독특한 성격을 내포하고 있습니다.

선을 논의하기에 앞서 선이 나타나기까지 중국 불교의 배경을 먼저 살펴보면, 중국에는 서력기원을 전후해서 불교가 들어왔습니다. 그런데 중국에서는 불교를 받아들인 후 남방불교의 경우와는 전혀 다른 전통을 만들어 갔습니다.

스리랑카, 미얀마, 타일랜드, 캄보디아, 라오스 등 남방으로 전래된 불교는 주로 소승불교였습니다. 그곳의 불교는 부처님 당시의 불교 형태를 그대로 지켜가며 전통을 고수했습니다. 즉 부처님의 가르침은 시간과 공간이 달라져도 그대로 전승되어야 한다는 보수적인 입장을 유지하고 있습니다.

　그래서 남방스님들은 지금도 부처님 당시 인도의 생활 그대로를 고수하고 있고, 경전도 팔리어 원어를 그대로 배우고 있습니다. 의식을 할 때도 원어로 합니다. 그럴 수 있었던 것은 우선 기후나 풍토가 인도와 상당히 유사하고 소승불교의 보수성이 주된 요인으로 작용했기 때문입니다.

　거기에 비해 중국은 인도에서 불교를 받아들이고 난 다음에 주로 한 일이 불교의 중국화 과정이었다고 할 만큼 중국적인 불교로 발전시켜 갔습니다. 그 첫 번째 작업이 경전의 번역이었습니다. 대승·소승을 막론하고 경전의 대부분을 번역했습니다.

　중국의 역경 사업은 1천여 년을 두고 계속되었는데, 오늘날 우리가 볼 수 있는 한역대장경도 그 결과입니다. 1천여 년 간 1,420여부, 5,000여 권의 경전을 한역했습니다. 이것은 역사상 유례를 찾아볼 수가 없을 정도의 방대한 양입니다. 한역대장경에는 소승의 경전은 물론 대승의 경전도 망라되어 있어서 불교경전으로는 가장 풍부한 내용을 가지고 있다고 할 수 있습니다.

　당나라 말기부터 번역된 이 경전들이 정돈되고 드디어 송나라 때 대장경이라는 이름으로 출판이 이루어졌습니다. 한역된 수많은 경전 중에도 우리나라의 고려대장경은 가장 정교한 대장경으로 세계적인 인정을 받고 있습니다.

　두 번째 작업이 경론을 중심으로 종파를 발달시킨 일입니다. 중국의 불교는 경전 혹은 율이나 논을 중심으로 하나의 학파를 형성시켰습니다. 그래서 중국 불교는 종파불교라 할 만큼 다양한 종파가 꽃을 피웠습니다. 『화엄경』을 좋아하는 사람들이 모여서 화엄종을 이루고, 『열반경』을 좋아하는 사람들이 모이면 열반종을 만들었습니다. 또한 『사분율』을 좋아하는 사람들이 모이면 율종이 되었습니다. 이렇듯 다양한 학파를 형성하며 발달한 중국 불교는 13종파가 되었습니다.

불교가 종파화하면서 나타난 또 하나의 특징은 경전을 자신들의 입장에서 분류하고 체계화하는 일이었습니다. 각각의 종파마다 경전을 보는 시각을 정리해서 체계적으로 분류하기 시작했던 것입니다. 그것을 교상판석(敎相判釋)이라고 하는데 줄여서 교판이라고 합니다.

그 중에서도 『법화경』을 중심으로 한 천태종의 오시교판(五時敎判)은 가장 유명합니다. 오시교판이란 부처님께서 평생 동안 가르치신 경전을 기간별로 다섯 단계로 분류한 것입니다.

첫째가 화엄시(華嚴時)입니다. 부처님이 정각을 이룬 직후 21일 동안에 깨친 내용을 그대로 말씀하셨는데, 아무도 알아듣지 못했다는 것입니다. 그 내용이 『화엄경』입니다.

두 번째는 아함시(阿含時)입니다. 초전법륜 이후 12년간 말씀하신 내용이 『아함경』입니다.

세 번째 방등시(方等時)는 아함시 이후 8년간으로, 이 기간 동안에 『유마경』·『승만경(勝鬘經)』·『능가경(楞伽經)』 등의 방등경전을 말씀하셨습니다.

네 번째가 21년간 『반야경』을 말씀하신 반야시(般若時)입니다. 즉 반야의 공사상은 아함과 방등을 20여 년간 말씀하신 후에 시작하셨다는 것입니다.

다섯 번째가 법화열반시(法華涅槃時)입니다. 『법화경』과 『열반경』을 말씀하신 때인데, 『법화경』은 돌아가시기 전까지 8년, 『열반경』은 열반 직전에 마지막으로 가르쳐 주셨다고 합니다.

이렇게 분류 정리한 것이 교상판석인데, 전체 경전을 일목요연하게 시간별로 정리한 특성이 보입니다. 그러나 이런 방식의 교판 해석은 문제가 있습니다. 이런 교판에는 역사적 감각이 결여되어 있기 때문입니다. 이에 따르면 『화엄경』이 석가모니부처님께서 제일 먼저 설한 경전이 되는데, 실제로 대승경전은 부처님이 돌아가시고 400~500년이 지난 다음 대승불교가 일어날 때 비로소 형성되었습니다.

또 다른 문제는 『법화경』을 중심으로 하는 천태종의 교판이기 때문에 『법화경』을 중심 경전으로 보는 종파적 색채가 보인다는 것입니다. 이와 마찬가지로 화엄종에서는 『화엄경』을 중심으로 그 경이 제일이라는 교판이 만들어졌습니다. 따라서 교상판석은 경전을 내용적으로 정리한 업적은 인정되지만, 종파적 색채를 벗어나기 어려운 한계를 가지고 있습니다.

이렇게 중국에서 불교는 번역사업과 교판작업을 통해 종파적 발전과 함께 경전의 사상을 체계화하고 발달시켰던 것입니다. 그런 결과로 화엄·천태·삼론·법상 등의 사상적 꽃이 피어났다고 볼 수 있습니다.

그러나 경이나 논을 정리하고 체계화하면서 나타난 문제점은 본래의 깨침이라는 체험으로부터 멀어진 것이었습니다. 모든 경론이 깨침의 원천으로부터 흘러나온 것이고 또한 달을 가리키는 손가락에 해당하는 것인데, 지나치게 언어 문자로 표현된 것을 천착하다 보니 깨침 그 자체를 소홀히 하는 한계에 부딪히고 말았습니다.

선불교에서는 이런 전통적인 경론을 중시한 불교를 교학불교 혹은 교(敎)라고 합니다. 이런 교의 문제점을 지적하고 본래 깨침의 원천으로 돌아가자는 기치를 내걸고 나타난 것이 바로 선불교입니다.

선불교는 언어 문자가 아니라 깨침을 더 중시하고, 손가락이 아니라 달을 직접 보아야 한다는 입장에서, "교 밖에 따로 전하는 것, 문자를 세우지 않는다. 각자의 마음을 직접 가리켜 그 성품을 보아 성불한다(敎

外別傳 不立文字 直指人心 見性成佛]."는 유명한 사구게(四句偈)를 내걸고 발전해 갔습니다.

교외별전이란 '교(敎) 밖에 따로 전해지는 가르침'이라는 뜻으로 불교의 진리가 언어 문자로 표현된 경전인 교 밖에 별도로 전해진다는 것입니다. 여기에서 이심전심(以心傳心)이란 말이 나오게 되는데, 부처님께서 깨치신 진리란 마음에서 마음으로 전할 뿐 경전 속에 있는 것이 아니라는 것입니다. 이것은 아주 파격적인 선언이며, 지금까지의 전통적인 불교에 대한 도전이기도 합니다. 불립문자는 교외별전의 자연스런 귀결로 문자를 세우지 않는다는 뜻입니다.

앞의 두 구절인 교외별전과 불립문자가 전통적인 불교의 방법을 부정하면서 스스로의 위치를 나타내는 선불교의 강력한 선언이라면, 뒤의 두 구절, 직지인심과 견성성불은 선의 입장을 적극적으로 드러내고 있습니다.

즉 어떤 방편이나 형식을 빌리지 않고 곧바로 각자의 마음을 가리켜 그 마음의 성품을 보아서 성불하는 것입니다. 부처님의 진리란 경전 속에 있는 것이 아니라 각자 마음의 바탕을 분명히 깨닫는 데 있다고 하는 말입니다. 견성이 그대로 성불이라는 이야기입니다. 경전속의 문자를 가지고 옳고 그르고를 따지는 것과 불교의 진리는 아무런 상관이 없다는 강력한 입장입니다. 손가락이 아니라 달을 직접 보는 일이 불교의 결론이라는 것입니다.

❀ 본래 한 물건이 없는데……

선정의 실천이 인도에서는 팔정도나 육바라밀의 하나로 이해되는데 비해서, 선은 중국에서 비로소 하나의 독립된 종파로 성립됩니다. 그러나 선종은 다른 종파처럼 경이나 논에 의존하고 있는 것이 아니라, 오직 마음에 의존하고 있는 심종(心宗)입니다.

이처럼 선불교는 깨침의 원천에 돌아가자는 운동인 것입니다. 선은 견성(見性)을 강조합니다. 바로 선의 생명이 여기에 있다 해도 지나친 말이 아닐 것입니다. 그러면 그 견성의 성격을 알아보기 위해서 육조 혜능 스님의 이야기를 해봅시다.

선을 인도에서 중국으로 전한 것은 달마대사입니다. 그러나 중국적인 선의 전통을 확립한 분은 혜능 스님이라고 할 수 있습니다. 혜능 스님은 달마대사보다 100여 년 후인 638년부터 713년 사이에 활약하였습니다.

출가하기 전에 혜능 스님은 아버지를 일찍 여의고 홀어머니를 모시며 나무를 해다 팔아서 살고 있었습니다. 어느 날 나무를 배달하고 있는데, 누군가가 외우는 '마땅히 머무는 바 없이 마음을 내라'는 소리를 듣고 귀가 번쩍 띄었습니다. 소리 나는 곳을 쫓아가서 무슨 책이냐고 물어 보았습니다. 그러자 외우던 사람이 친절하게 일러주었습니다.

"이 책은 『금강경』이란 경인데 저 황매산에 가면 홍인이란 유명한 스님이 계십니다. 그 스님께서 이 경을 잘 가르치십니다."

혜능은 홍인 스님을 찾아 곧바로 달려가고 싶었지만 홀어머니 봉양이 걱정이었습니다. 그때 한 은인이 나타나 혜능에게 은 10량을 주며 이것으로 어머니를 봉양하고 황매산에 가서 불법을 익히라고 했습니다. 혜능은 30일을 걸어서 황매산에 도착하였습니다.

혜능이 홍인 스님을 찾아갔을 때 스님이 물었습니다.

"어디서 왔으며, 무엇을 원하느냐?"

혜능이 대답했습니다.

"저는 영남 신주 사람인데, 오직 부처되길 원합니다."

그러자 홍인 스님이 다시 물었습니다.

"남쪽 오랑캐가 어떻게 부처가 되려고 하는가?"

이 물음에 혜능은 대답했습니다.

"사람은 남북이 있을지 모르나 불성에 어찌 남북이 있습니까?"

홍인 스님이 들어보니 내심 대단했지만 내색을 하지 않고,

"저 후원에 가서 방아나 찧도록 해라." 하였습니다.

그로부터 8개월간 혜능은 열심히 방아를 찧고 있었습니다. 당시 혜능은 머리를 깎지 않았었고 속성이 노 씨이기에 '노행자'라고 불렸습니다. 그러던 어느 날 홍인 스님이 제자들을 불러 놓고 다음과 같이 말씀하셨습니다.

"이제 법을 전해 주려고 하는데 각기 공부한 바를 게송으로 지어라. 만일 공부가 됐으면 5조의 법을 전해서 6조로 삼으리라."

그 당시 황매산의 제자들 중에는 신수(神秀)라는 스님이 있었습니다. 그는 학덕이 높고 공부를 아주 잘해서 누가 보아도 홍인의 법을 받을 재목으로 인정받고 있었습니다. 그랬으므로 다른 사람들은 생각하기를 '우리야 뭐 게송을 지을 것도 없다. 신수사(神秀師)가 게송을 짓고 법을 받으면 될 테니 수고할 필요가 있겠느냐'하며 열중하지 않았습니다.

신수는 아직 견처가 없음을 알지만 대중의 기대도 있고, 또한 법을 위해서라기보다 잘못된 점은 지도받겠다는 생각으로 게송을 지었습니다. 그 게송의 내용은 다음과 같습니다.

몸은 보리수
마음은 밝은 거울
쉬지 않고 부지런히 닦아서
티끌이 묻지 않도록 해야 하리.
〔身是菩提樹 心如明鏡臺 時時勤拂拭 勿使惹塵埃〕

홍인 스님은 이 게송을 보고 잘 닦으면 악도에는 떨어지지 않을 것이라고 평했습니다. 한편 대중들은 과연 신수 스님의 게송은 대단하다며 다투어 암송하였습니다. 한 동자승이 그 게송을 외우면서 방앗간 옆을 지나는데 혜능이 우연히 듣게 되었습니다. 혜능이 무슨 게송이냐고 물으니 동자승은 그간의 전후 사정을 이야기해 주었습니다.

혜능은 그 게송이 있는 곳으로 안내해 달라고 하고, 또 자신도 하나 쓰고 싶으니 대필을 해달라고 하였습니다. 동자승은 방아나 찧는 사람이 신수의 게송을 읽고 자신도 쓰겠다고 덤비니 믿을 수 없어서 물었습니다.

"당신이 게송을 직접 짓겠는가?"

혜능이 정색을 하고 일갈했습니다.

"무상보리를 배우고자 하는 사람이 초학자를 무시하면 되느냐?"

그래서 동자승은 부르는 대로 혜능의 게송을 대필해 주었다고 합니다. 그것은 다음과 같습니다.

　　보리는 본래 나무가 아니요
　　밝은 거울 또한 대가 있는 것이 아닐세
　　본래 한 물건도 없는데
　　어디에 티끌이 묻으랴.
　　〔菩提本無樹 明鏡亦非臺 本來無一物 何處惹塵埃〕

이 게송을 보고 사람들은 놀랐습니다. 홍인 스님도 게송을 보았으나 신발로 지우면서 얼버무렸습니다. 그러나 홍인 스님은 혜능의 도가 성숙한 것을 알아채고 방앗간으로 나아가서 물었습니다.

"방아는 다 찧었는가?" 혜능이 대답하였습니다.

"예, 찢긴 다 찢었습니다. 이제 까불기만 하면 됩니다."

홍인 스님은 주장자로 방아를 세 번 치고 돌아갔습니다.

이것은 바로 삼경에 오라는 신호였습니다. 혜능이 삼경에 찾아갔을 때 홍인 스님은 "마땅히 머무는 바 없이 마음을 내라〔應無所住而生其心〕."는 『금강경』의 대목을 말씀해 주었고 그때 혜능은 크게 깨쳤습니다.

홍인 스님은 혜능에게 의발을 전해 주고 그를 선종의 6조로 삼았습니다. 그때 혜능의 나이 23세였고 아직 출가도 하지 않은 더벅머리 속인이었다고 합니다. 게다가 일자무식이었습니다. 이는 『육조단경』에 있는 이야기입니다.

⚙ 견성을 강조하는 중국선의 법맥

『육조단경』의 내용에 대해서는 여러 가지 이설이 있습니다. 그러나 이렇게 말씀 드리는 것은 이러한 이야기를 통해서 중국선의 성격을 판별해 볼 수 있다고 생각되기 때문입니다. 특히 신수와 혜능의 관계나, 신수가 정당한 평가를 받고 있느냐 하는 학문적인 문제가 있는 것이 사실이지만 신수와 혜능의 게송은 각기 전통적인 닦음과 견성을 강조하는 중국선의 법맥을 잘 드러내고 있습니다.

신수와 혜능은 각각 전통적인 불교와 선을 대표하는 상징적 인물로 이해할 수가 있습니다. 신수는 학문이 높은 스님이라서 모든 대중들이 5조의 법을 이을 분으로 생각할 정도였습니다. 거기에 비해 혜능은 배운 것이 없는 더벅머리 청년이었으며, 아직 정식으로 출가도 하지 않은 수행인이었습니다. 이처럼 두 사람은 너무도 대조적인 인물입니다. 이 것은 선이 전통적인 불교로 부터 벗어나는 파격적인 면을 부각시키고 있는 것으로 이해할 수 있습니다.

사상적으로도 신수 스님의 게송은 아주 전통적이어서 마음을 밝은 거울에 비유하고 있습니다. 그러므로 그 청정한 마음에 번뇌 망상이 어지럽게 일어나지 않도록 부지런히 닦으라는 것입니다. 신수 스님의 입장은 번뇌망상을 청정히 하기 위해서 조용한 곳에서 좌선이라도 하면서 열심히 정진하는 '닦음'을 강조합니다. 이것은 인도적인 선정이며 대승의 전통을 잇는 수행입니다.

그러나 혜능 스님의 게송은 이런 전통을 뛰어넘고 있습니다. 마음이란 본래 모양이나 형태가 있는 것이 아니라고 부정하고 있습니다. 무엇이 있는 '어떤 것'이 아니라 본래 한 물건도 없는 본래무일물(本來無一物)이라는 것입니다. 본래 한 물건도 없는데 어디에 먼지나 티끌이 묻을 수 있느냐는 것입니다.

거울이란 것이 있으니까 먼지가 끼는 것이고 그것을 없애기 위해 열심히 털고 닦으라는 것이지만, 혜능 스님의 경우는 본래무일물(本來無一物)입니다. 그러니 먼지가 낄 건덕지가 없다는 사실에 눈뜰 뿐이지 그 밖의 다른 게 아니라는 것입니다. 따라서 신수 스님의 게송이 열심히 닦는 방향을 강조하고 있다면, 혜능 스님의 게송은 견성을 강조할 뿐입니다. 즉 본래 한 물건도 없다는 사실에 눈뜨는 것이 전부입니다.

이러한 견성이 '직지인심 견성성불(直指人心 見性成佛)'의 견성입니다. 그래서 견성은 선의 모든 것이라고 할 만큼 강조되고 있습니다. 혜능 스님은 앉아서 마음을 가라앉히고 선정을 닦는 것이 선이 아니라고 할 만큼 견성에 초점을 맞추고 있습니다.

이 두 입장의 근본적인 차이는 거울과 티끌을 둘로 보는가, 그렇지 않은가라는 점에 달려있습니다. 깨끗한 거울 위에 앉은 더러운 먼지를 열심히 닦아야 된다는 구조가 신수 스님의 게송임에 비해, 혜능 스님의 게송에서는 먼지도 공한 무일물(無一物)일 뿐입니다. 본래 없는 놈인데 어찌 닦고 끊어야 할 대상이 되겠는가 하는 것입니다.

이처럼 중국선이 인도적인 전통의 선정과 가장 큰 차이점은 견성에 대한 강조라고 정리를 해 두어야겠습니다. 선에서 견성이 강조되는 전통은 본래 불교의 시원점인 깨침, 그 자체로 돌아가자는 참신한 운동이었습니다. 선이 얼른 보면 전통을 무시하는 듯싶어 보이면서도 오늘날까지 전해 오며 강력한 실천행법으로 확고한 터전을 잡을 수 있었던 이유는 이러한 남다른 매력에 있다고 생각됩니다.

한 생각에 얻는 깨침의 소리

✿ 직지인심 견성성불

불교는 깨침의 종교이기에 깨침을 추구합니다. 깨침으로부터 시원되었고, 모든 생명들이 그 깨침에 돌아가도록 도와주는 가르침입니다. 실제로 불교의 모든 수행은 깨치기 위한 길이라 할 수 있습니다. 그런데 부처님께서 이루신 정각과 같은 깨침에 이르는 것은 그리 쉬운 일이 아닙니다.

부처님께서 큰 깨침을 이루신 것은 금생뿐 아니라 전생에, 그것도 한두 생이 아니라 헤아릴 수도 없는 오랜 겁 동안 생사를 거듭하면서 서원을 세우고 수행을 해 온 결과입니다. 대승경론에 의하면 깨달음에 이르는 길은 여러 단계를 거쳐야만 합니다. 그리고 각 단계를 지나오는데 무량한 시간이 걸립니다.

예를 들면 유식불교에서는 부처님과 같은 완성에 도달하기 위해서 3아승지겁(阿僧祇劫)을 닦아야 한다고 했습니다. 1겁만 해도 헤아릴 수 없는 시간인데, 아승지겁이라 하면 문자 그대로 셀 수 없는 억천만 겁을 가리킵니다. 그리고 단계도 여러 단계를 거쳐야 합니다.

첫 번째 단계는 진리의 말씀을 듣는 것으로부터 시작합니다. 착한 벗으로부터 진리의 말씀을 듣고 "아, 나도 진리의 길을 걸어야겠구나." 하고 결심을 하게 됩니다. 그래서 지금까지 살아온 삶을 새롭게 정리하고 수행을 실천에 옮깁니다.

두 번째 단계는 그렇게 점점 수행이 깊어지면서 '모든 것이 마음으로부터 일어난다' 하는 진리를 관해 가는 것입니다. 그때 비로소 '아하!' 하고 진리에 눈을 뜨게 되는 것입니다. 진리에 대한 확신은 이때 가능하다고 봅니다.

세 번째 단계는 처음으로 진리의 맛을 보게 되는데 그것을 통달위(通達位)라고 합니다. 그러나 진리에 눈뜨는 것이 완성이라고 보지는 않습니다. 이때는 우리의 의식 일부가 변한 것일 뿐 몸에 밴 습기가 아직 남아 있어서 진리대로 살아지지 않습니다. 그러니까 우리의 심층의식 속에 아직도 '나다' 하는 뿌리와 좋지 못한 기운이 정화되지 못한 채 남아있다는 것입니다. 즉 아뢰야식에 어두운 기운이 아직도 얼마간 남아 있다는 것입니다.

여기까지 도달하는 데도 아승지겁이 걸린답니다. 그런데 통달위 단계에서 완전히 부처님처럼 살아지는 완성에 이르는 데는 2아승지겁이 더 걸린다고 했습니다. 그러니까 합쳐서 3아승지겁이 걸린다는 것입니다.

통달위 단계에서 완성에 이르는데 필요한 것이 습기를 제거하고 나쁜 버릇을 시정해 가는 수행이며, 여기에도 열 개의 계단이 있습니다. 이 계단을 십지(十地)라고 부릅니다. 즉 초지에서 부터 십지의 계단을 거쳐서 비로소 구경각인 마지막 깨침에 이르는 것입니다.

그러나 유식불교의 대가였던 세친보살도 첫 단계밖에 이르지 못했다고 합니다. 세친의 형이며 역시 유식의 대가인 무착보살도 통달위 단계까지밖에 다다르지 못했다고 합니다. 이렇게 깨달음에 이르는 길이 멀고 긴 여정이라고 보는 것이 교학불교, 즉 경전을 중심으로 하는 불교의 입장입니다.

따라서 교학불교에서의 깨달음은 점차로 도달한다고 보기 때문에 점(漸)이라고 했습니다. 물론 교에도 여러 가지 입장의 유형이 있겠으나 일반적으로 선에 비하면 점종(漸宗)입니다. 그러니 깨달음이란 단계를 거쳐 점진적으로 올라가야 하기에 열심히 닦는 수행이 강조될 수밖에 없습니다.

여기에 비해 선에서는 닦음보다 깨달을 뿐이라고 일침을 가합니다. 그런데 깨달음은 눈 깜짝할 사이에 이루어질 수 있다는 것에 주의를 기울여야 합니다. 선에서도 혜능 스님의 전통을 잇는 선이 특히 깨달음인 견성을 제일 강조합니다. 신수 스님의 수행이 전통적이라고 하는 것은 선문에 속하면서도 닦음을 강조하기 때문입니다. 그러나 선의 주류는 혜능 스님의 선맥을 잇는 사람들입니다. 그로 인해 견성인 깨달음이 가장 뚜렷하게 부각되고 있습니다.

그 깨달음은 눈 깜짝할 사이에 가능하다고 보는 것이 선의 전통이 되었으며, 그래서 깨달음 앞에 '돈(頓)'이란 형용사가 붙어서 돈오(頓悟)라고 부릅니다.

그러면 견성은 어떤 것일까요? 혜능 스님이 진혜명이란 스님을 견성에 이르게 한 경우는 좋은 예라고 하겠습니다. 혜능 스님이 홍인 스님으로부터 법을 받아서 6조가 되었으나 너무나 파격적이기 때문에 곧 황매산을 떠나도록 합니다. 혜능이 의발을 전수받아 밤중에 강을 건너 남쪽으로 떠나는데, 뒤늦게 이 사실을 안 대중들이 추격을 하게 됩니다. 그중에서도 삼품장군 출신의 혜명 스님이 끝까지 혜능 스님을 쫓아왔다고 합니다.

혜능 스님은 더 이상 도망 갈 수도 없는 처지가 되어 할 수 없이 발우와 가사를 큰 바위 위에 올려놓았습니다. 혜명 스님이 그 발우와 가사를 들고 가려고 했으나 아무리 애를 써도 떨어지지 않았습니다. 이에 혜명 스님이 혜능 스님 앞에 무릎을 꿇고는 이렇게 청했습니다.

"실은 제가 이렇게 따라온 것은 의발을 탐내서가 아니라, 진리를 위해서였습니다. 가르침을 내려 주십시오."

그러자 혜능 스님은 말했습니다.

"그대가 진리를 위해서 왔다면 이제 모든 생각을 버리시오."
하면서 이렇게 덧붙였습니다.

"선도 생각하지 않고 악도 생각하지 않을 때에 어떤 것이 그대의 본래면목(本來面目)인가?"

이 물음에 혜명 스님은 견성의 문턱을 넘어갔습니다. 선악 이전의 본래의 바탕을 직시한 후 혜명 스님이 말했습니다.

"제가 비록 오랫동안 황매산에 있었으나 본래면목을 살피지 못했는데, 가르침을 받고 보니 마치 물을 마셔 그 차고 더운 것을 아는 것과 같습니다."

이것이 직지인심 견성성불입니다. 혜능 스님이 혜명 스님에게 똑바로 마음자리를 가리켜 주었던 것입니다. 즉 "선도 생각지 않고 악도 생각지 않을 때 그대의 본래면목이 어떤 것인가?"라는 질문을 통해 직지인심이 된 것입니다. 눈 뜬 선지식이 필요한 것은 바로 이 때문입니다. 한 생각에 마음을 돌이켜 스스로 마음자리를 볼 수 있도록 합니다. 직지인심이 이루어지면 견성은 동시적입니다. 그리고 마음자리를 보는 것은 순식간에 일어나는 대전환이기에 마치 캄캄하던 방안에 전등 스위치를 올리면 금방 환히 밝아지는 것과 같습니다. 이것이 돈오입니다.

☸ 눈 깜짝 할 사이에 일어나는 깨침

당나라 때 향엄 스님은 위산 스님의 제자로 원래 경에 밝고 총명했다고 합니다. 어느 날 위산 스님이 제자 향엄 스님을 불렀습니다.

"자네가 한 가지 질문에 열 가지로 답할 수 있다고 소문이 났는데, 중요한 것은 생사의 근본적인 문제가 아니겠는가? 그러니 부모미생전(父母未生前), 즉 이 세상에 태어나기 전의 본래의 면목을 한번 일러 보게나."

향엄 스님은 아무리 생각을 해 봐도 어머니 뱃속에서 태어나기 전의 면목을 알 도리가 없었습니다. 답을 못하고 자기 방에 돌아온 향엄 스님은 가지고 있던 책을 모조리 뒤져봤으나 답이 나오질 않았습니다. 그래서 다음 날 위산 스님에게 좀 일러 달라고 사정을 했습니다.

"내가 일러 주는 것은 내 생각이지 자네하고는 상관이 없는 일이니 일러 줄 필요도 없으며, 또한 일러 준다면 반드시 자네가 후회할 걸세."

이에 낙심한 향엄 스님은 가지고 있던 책을 다 태워 버렸습니다. 그리고 눈물로 스승께 작별을 고하고 만행의 길을 떠났습니다. 향엄 스님은 바랑을 지고 여기저기 떠돌며 운수 행각을 하다가 남양 혜충국사 유적지에 자리를 잡고 살게 되었습니다.

하루는 벌초를 하는데 낫 끝에 돌이 채여서 날아가더니 옆에 있던 대나무의 모서리에 가서 '딱'하고 맞았습니다. 그는 바로 그 소리에 도를 깨쳤습니다. 돌이 대나무에 '딱'하고 맞는 소리에 부모미생전의 본래 면목을 깨달아 버린 것입니다.

향엄 스님은 절에 돌아와서 목욕재계를 하고 향을 사른 다음, 위산 스님께 예배를 올렸습니다.

"스승이시여, 참으로 감사합니다. 그때 스님께서 그 비밀을 설명해 주셨다면 오늘의 이 놀라운 일을 어찌 체험할 수 있겠습니까?"

여기에서도 우리는 본래면목을 깨치는 견성은 눈 깜짝 할 사이에 일어나는 것임을 인정하지 않을 수 없습니다. 우리는 언어나 문자를 떠나서는 살 수 없습니다. 이러한 언어와 문자는 상대적인 것을 표현하는 데는 적절하다고 할 수 있지만, 깨침의 세계를 표현해 내고 이해하는 데는 항상 한계가 있습니다.

그렇기 때문에 불교에서는 깨침의 세계에 이르기 위해 개념이나 생각의 차원을 벗어나야 한다고 늘 강조합니다. 달을 보기 위해서는 손가락으로부터 우리의 시선이 떠나야 된다고 합니다. 이런 불교의 입장을 대변해 주는 것이 선불교입니다.

따라서 선에서는 깨달음에 눈뜨게 하는 방법으로 언어 문자 이외의 많은 방법이 동원되고 있습니다. 위산 스님이 향엄 스님에게 '부모미생전의 본래면목'을 물었을 때, 향엄 스님은 학승의 습관대로 가지고 있던 책을 뒤졌으나 답을 찾을 수 없게 되자 스승에게 설명해 달라고 했습니다. 그러나 위산 스님은 설명해 주지 않았습니다. 마침내 서운한 마음으로 책을 불사르고 절을 떠났으며, 운수행각 중 돌이 대나무에 '딱'하고 맞는 소리에 견성했지 않았습니까? 향엄 스님이 깨달음에 도달하기까지는 위산 스님의 '친절한 가르침'이 있었다고 해야겠습니다. 위산 스님의 친절은 바로 설명을 거절하는 것이었습니다.

만약 위산 스님께서 "부모미생전의 본래면목은 이러이러한 것이다." 하고 어느 경전의 전거를 대면서 설명했다면, 총명한 향엄 스님이기에 알음알이로 쉽게 이해했을지 모르나, 깨달음에 이르지는 못했을 것입니다. 따라서 말씀해 주시지 않은 것이 친절한 가르침입니다.

향엄 스님이 가지고 있던 책을 모두 불살랐다고 하는 대목도 눈여

겨봐야 할 대목입니다. 왜냐하면 그것은 개념의 세계를 떠났다는 상징적인 의미를 포함하고 있기 때문입니다. 이처럼 깨달음은 언어나 문자의 세계를 떠날 때 열리는 것입니다.

⊛ 어느 마음에 점을 찍으려는고?

덕산(德山) 스님은 누가 진리를 물으면 몽둥이를 치는 방으로 유명했습니다. 원래 『금강경』에 조예가 깊었으며 속성이 주씨이기 때문에 '주금강'이라 불렸습니다. 그가 남쪽에서 선이 유행한다는 소식을 듣고 "사람들이 천겁만겁 동안 공부를 하고 계행을 지켜도 성불하기가 어려운데, 사람의 마음을 바로 가리켜 보면 참 성품을 보게 되고 부처를 이룬다고 허풍을 떨다니, 내가 가서 그 귀신들을 모조리 소탕하리라." 하면서 『금강경소』를 짊어지고 남쪽을 향해 출발했습니다.

길을 가는 도중에 길가에서 떡을 파는 노파가 있어서 점심 요기를 하려고 앉았는데, 그 노파가 짊어진 것이 무엇이냐고 물어왔습니다. 덕산 스님은 『금강경소』라고 대답했습니다. 노파는 갑자기,

"내가 물어볼 것이 있는데 대답을 잘하면 떡을 그냥 줄 테고 답을 못하면 떡을 팔 수 없다."

고 제안을 합니다. 『금강경』에 대해 누구보다 자신이 있는 덕산 스님은 그러자고 응낙했습니다. 노파가 물었습니다.

"『금강경』에 보면 '과거심도 얻을 수 없고 현재심도 얻을 수 없으며 미래심도 얻을 수 없다.'고 했는데, 스님께서는 어느 마음에 점을 찍으려고 합니까?"

점심이란 말이 마음에 점을 찍는다는 뜻이니까 그렇게 물었나 봅니다. 덕산 스님은 대답을 할 수가 없었습니다. 그래서 할 수 없이 점심을

굵고 용담으로 갔습니다. 그 곳에는 숭신이란 유명한 선사가 살고 있었습니다. 용담에 있으므로 용담 스님, 혹은 용담 숭신(龍譚崇信) 스님이라고 불렀습니다.

용담 스님이 주석하는 절에 도착하자 덕산 스님은,

"용담이라더니 용도 없고 연못도 보이지 않는다."

고 했습니다. 그러나 용담 스님이 웃으면서,

"그대는 용담에 잘 도착하였네."

하고 되받자 덕산 스님은 말문이 막혀 버렸습니다. 어느 날 용담 스님과 이야기를 나누다가 하직 인사를 하고 나오는데 밤이 칠흑같이 어두웠습니다. 덕산 스님이 어둡다고 하자 용담 스님이 호롱불을 하나 켜서 건네주었습니다.

그런데 받으려는 순간, 용담 스님이 갑자기 불을 훅 불어 꺼버렸습니다. 이 순간 덕산 스님은 크게 깨치고 용담 스님께 큰 절을 올렸다고 합니다. 그러자 용담 스님이 물었습니다.

"무엇을 보았기에 이러느냐?"

"이제부터 견성성불한다는 말씀을 절대로 의심하지 않겠습니다."

하고 덕산 스님은 다음 날 아침이 되자 짊어지고 다니던 『금강경소』를 불태워 버렸습니다. 불태우면서 덕산 스님은,

"번쇄한 논의는 저 허공중에 떨어진 한 오라기 머리카락과 같으며, 모든 재능의 과시란 저 바다에 떨어진 한 방울 물과 같다."

고 했습니다.

덕산 스님의 깨친 일화는 매우 극적이기까지 합니다. '불립문자 견성성불'을 이야기하는 남쪽의 귀신들을 소탕하겠다고 나섰던 그가 결국 『금강경소』를 불사르고 견성하여 선사가 된 것입니다.

이 일화는 우리에게 깊은 암시를 주고 있습니다. 불을 훅 불어 껐을 때 깨쳤다는 것은 무엇을 상징하겠습니까? 불은 이성으로 사량분별하는 마음을 가리킨다고 할 수 있습니다. 그 이성의 불이 꺼졌을 때 깨침은 홀연히 열렸습니다. 캄캄한 밤이 지나야 새벽이 밝아 오듯이 이성의 불, 분별의 불이 꺼졌을 때 태양 같은 지혜인 깨침이 왔던 것입니다.

선지식을 찾아서

❋ 덕산 스님의 '방망이'와 임제 스님의 '할'

선사들은 언어나 사량분별을 떠난 격외(格外)의 방법으로 후학들을 일깨우고 있습니다. 후일 덕산 스님은 후학을 지도할 때 방망이를 많이 써서 덕산방(德山棒), 즉 '덕산 스님의 방망이'로 유명합니다. 덕산 스님은 늘 질문을 하면서,

"옳게 대답해도 30방, 틀려도 30방을 때릴 테다. 어쩔 테냐?"

하고 물었다고 합니다. 옳고 그름, 좋고 나쁨 등 대(對)를 짓는 상대적인 세계를 초월하라는 가르침이었습니다.

유명한 임제(臨濟) 스님도 방을 많이 맞았습니다. 임제 스님은 일찍이 경전에 아주 밝았다고 합니다. 그는 황벽 스님의 회상에 가서 3년 동안을 묵묵히 정진을 했습니다. 그런데 하루는 황벽 스님의 일을 돕는 목주(睦州)라는 스님이 찾아와서,

"왜 황벽스님에게 진리의 대한 말씀을 여쭙지 않느냐?"

고 했습니다. 그러자 임제 스님은,

"저는 도대체 무엇을 물어야 할지도 모르겠습니다."

하고 대답했습니다. 그러자 목주 스님이 자기기 시키는 대로 가서 질문해 보라고 하면서,

"어떤 것이 불법의 참뜻입니까〔如何是佛法之的的大意〕?"

하고 물으라고 일러 주었습니다. 임제 스님은 곧 황벽 스님을 찾아가,

"어떤 것이 불법의 참뜻입니까?"

하고 물었습니다. 그런데 말이 떨어지기가 무섭게 스무 방망이를 얻어맞았습니다. 물러나와 있는데 목주 스님이 다가와 물었습니다.

"문답은 어떻게 되었는가?"

"제가 묻는 소리가 채 끝나기도 전에 조실 스님은 바로 저를 후려갈겼습니다. 저는 뭐가 뭔지 전혀 모르겠습니다."

그 말을 듣고 목주 스님은 한 번 더 가보라고 했습니다. 더 갈 필요도 못 느끼고 갈 용기도 안 났지만 목주 스님이 하도 재촉하여 재차 가서 물어 보았습니다.

"어떤 것이 불법의 참뜻입니까?"

그랬더니 또 방망이로 20방망이를 얻어맞았습니다. 억울한 마음으로 돌아와 앉아 있는데 목주 스님이 또 왔습니다. 임제 스님은 목주 스님에게 세상에 사람을 이렇게 대할 수가 있느냐면서 불평을 했습니다.

목주 스님은 다시 한 번 더 가보라고 합니다. 임제 스님이 이제 갈 필요가 없다고 하니, 남자가 세 번은 해 봐야지 이렇게 그만두면 되느냐고 핀잔을 줍니다. 혹시나 하는 마음에 임제 스님은 세 번째로 가서 여쭈어 보았으나 영락없이 20방망이입니다. 그러니까 도합 60방망이를 맞은 셈입니다.

임제 스님이 더 이상 참을 수 없다고 생각하고 짐을 챙겨 떠나면서 목주 스님에게 하직 인사를 드렸습니다.

"다행히 스님의 자비하신 지도를 받아서 조실 스님께 법을 물었으

나 세 번 묻고 세 번 얻어맞았습니다. 그러나 저의 깊은 업장과 악연(惡緣)으로 깊은 뜻을 깨우치지 못하는 게 한스럽기만 합니다. 그래서 하는 수 없이 이제는 떠나야겠습니다."

이 말을 듣고 목주 스님이 말했습니다.

"만일 그대가 떠나려거든 조실 스님께 하직 인사라도 드리고 가게."

그리고 먼저 목주 스님이 황벽 스님에게 가서 말했습니다.

"이번에 법을 물은 젊은이는 대단히 순수하고 진지하오니 만일 하직 인사를 하거든 잘 지도해 주시기 바랍니다. 장차 제 스스로 단련하면 한 그루의 큰 나무가 되어서 천하의 모든 사람을 위하여 시원한 그늘을 이룰 인물입니다."

임제 스님이 황벽 스님의 방장에 들어와 하직 인사를 드리니 황벽 스님이 말했습니다.

"그대가 떠나려거든 다른 곳으로 가지 말고 고안탄두(高安灘頭)의 대우(大愚) 스님에게 가게. 반드시 그대를 위해 유익한 법(法)을 설해 주실 것이네."

이렇게 되어 임제 스님은 대우 스님에게 갔습니다. 대우 스님이 물었습니다.

"어디서 오는가?"

"황벽산의 황벽 스님 문하에 있다가 왔습니다."

"그래 어떤 가르침을 받았느냐?"

"가르침이 아니라 몽둥이만 60방망이 맞았는데, 무슨 허물이 있었는지 모르겠습니다."

그 말을 듣고 대우 스님은 크게 꾸짖었습니다.

"황벽 스님이 그렇게도 간절하신 정성으로 피곤하심을 무릅쓰고 그대를 위하여 수고하신 것을, 그래 여기까지 와서도 무슨 허물이 있었는지 모른다고 한단 말이냐?"

임제 스님은 그 꾸짖는 소리에 확연히 깨쳤습니다. 그리고는

"황벽 스님의 불법도 별 것이 아니군."

하고 말했습니다. 그러자 대우 스님은 다시 꾸짖었습니다.

"이 녀석! 무슨 허물이 있는지 모르겠다고 징징 짜던 녀석이 이제는 황벽 스님의 불법이 별 것 아니라고 큰 소리를 치다니. 너는 무슨 도리를 보았느냐? 빨리 이르라, 일러!"

그 소리를 듣고 임제 스님은 대우 스님의 옆구리를 세 번 쿡쿡 지르고 큰 절로 예를 올렸습니다. 대우 스님은 임제 스님이 깨친 것을 확인하고는,

"그대는 황벽 스님을 스승으로 모셔야 한다. 이 일은 나와 아무 관계가 없다."

하고 일러 주었습니다. 임제 스님은 다시 황벽 스님을 찾아갔습니다. 황벽 스님은 임제 스님이 돌아오는 것을 보고 물었습니다.

"너는 이렇게 왔다갔다만 하니 언제 깨달아 마치겠느냐?"

"제가 이렇게 온 것은 스님의 은혜를 생각해서입니다."

임제 스님은 이렇게 대답하고 그간 대우 스님과 있었던 일을 소상히 말씀드렸습니다.

"대우가 쓸데없는 짓을 했구나. 대우를 어떻게든 붙잡아서 한 방망이 단단히 먹이지 않으면 안 되겠군"

하고 황벽 스님이 말씀하시자 임제 스님은,

"나타날 때까지 기다릴 필요가 있습니까? 지금 당장 맛을 봐야지요."

하면서 황벽 스님의 뺨을 한 대 때렸습니다. 황벽 스님이

"이 미친놈이 호랑이 수염을 뽑으려 한다."

고 하니 임제 스님이

"악!"

하고 할을 했습니다. 임제 스님의 할은 이렇게 시작이 되었습니다. 할(喝)이나 방(棒) 등 기상천외한 방법이 사용되는 것이 선의 세계입니다.

백장 스님도 깨달음에 이른 인연이 매우 특이합니다. 스승인 마조 스님과 산책을 하는데 들오리 떼가 하늘로 날아 올라갔습니다. 이것을 본 마조 스님이 물었습니다.

"저게 뭐냐?"

"들오리 떼입니다."

"어디로 갔지?"

"날아가 버렸습니다."

그런데 그 대답이 끝나기도 전에 마조 스님은 제자의 코를 잡아 비틀었습니다. 백장 스님이 아파서 비명을 질렀습니다.

"날아가 버렸다더니 여기 있네."

그때 백장 스님은 깨쳤다고 합니다. 이게 무슨 엉뚱한 소리인가 싶지만 실은 들오리와 우리는 하나인 생명이니 본래면목에서 보면 근원적으로 서로 연결되어 있는 하나의 생명입니다. 그것을 일깨워 준 산 가르침입니다.

✸ 앞서 가는 눈뜬 선지식의 역할

당나라 때 구지 스님(俱胝和尙)이 계셨습니다. 그런데 어느 날 스님이 계신 암자에 한 비구니 스님이 나타났습니다. 비구니 스님은 방갓을 쓴 채로 구지 스님이 계신 방으로 들어가더니 주위를 세 바퀴 돌고는 다음과 같이 말했습니다.

"스님이 유명한 강사라고 하는데 부처님 말씀 말고 스님 말씀으로 한마디 일러주십시요." 이것은 일종의 도전인데 구지 스님은 뭐라고 해야 할지를 몰라 대답을 못하고 있었습니다. 그러자 비구니 스님이 발길을 돌려 떠나려고 하였습니다. 이때 구지 스님이,

"날이 저물었으니 하룻밤 쉬어가시게."

하고 붙잡았습니다. 그러자 다시,

"한마디 더 하시면 묵어가겠습니다."

라고 했습니다. 즉 진리를 보여 달라는 것이었습니다. 역시 구지 스님은 말문을 못 열고 비구니 스님은 그대로 떠나가 버렸습니다. 구지 스님은 큰 충격을 받았습니다. '명색이 남자가 돼 가지고 이래서야 되겠는가?' 하고, 그는 분발하여 더욱 열심히 정진했습니다.

그로부터 얼마 후 암자에 도인이 나타났는데 천룡 화상(天龍和尙)이란 별호를 가진 유명한 선사였습니다. 구지 스님이 큰 예를 올리고 비구니 스님과의 대화를 소상히 말씀드렸습니다. 그리고는,

"무엇이 한마디입니까?"

하고 여쭈어 보았습니다. 그러자 천룡 화상이 손가락 하나를 딱 세워 보였습니다. 그 순간 구지 스님이 깨쳤습니다. 그 후로 구지 스님은 누가 와서 도를 묻기만 하면 손가락 하나를 딱 세워 보일 뿐이었다고 합니다. 그래서 그의 선을 일지선(一指禪)이라 불렀습니다.

하루는 구지 스님이 출타를 했는데 손님들이 찾아왔습니다. 스님이 안 계시므로 사미승에게 평소 구지 스님이 어떻게 지도를 하시는지를 물어 보았습니다. 사미승은 손가락 하나를 딱 세워 보이면서,

"이렇게 지도합니다."

하고 말했습니다. 그랬더니 사람들이 전부 신기해하였습니다. 스님이 돌아오자 사미승이 재미있다는 듯이 조금 전에 있었던 일들을 말씀드

렸습니다. 그러자 구지 스님은 물었습니다.

"그럼 넌 손가락을 어떻게 세웠느냐?"

"이렇게 세웠습니다."

하고 사미승이 손가락을 세우는 순간, 구지 스님의 칼이 사미승의 손가락을 쳐버렸습니다. 사미승이 비명을 지르며 도망을 가는데 뒤에서 구지 스님이 사미승을 불렀습니다. 그래서 고개를 돌려 쳐다보니 구지 스님이 손가락을 딱 세워 보였습니다. 그 순간 사미승은 큰 깨침을 얻었다고 합니다.

어떻습니까? 깨달음이란 참 쉽지요? 손가락만 세워도 깨치고, 몽둥이를 맞고도 깨치고, 돌이 대나무에 튕기는 소리에도 깨칠 수 있는 것입니다.

그러나 깨침의 계기들을 보면 눈뜬 선지식의 역할이 아주 결정적인 것을 알 수 있습니다. 물론 당사자의 내면적인 성숙이 무르익어야 되지만 적기에 한마디가 필요합니다. 방법이야 어찌되었든지 간에 꼭 필요한 때 일러 주는 스승의 역할이 중요합니다. 앞서 가는 눈뜬 선지식이 필요합니다.

제 눈뜨고 보면 두두물물이나 일상사 그대로가 진리가 아니겠습니까? 그러니 때로는 말로, 때로는 행동으로, 침묵으로 상황에 따라 드러내 보이게 되는 것입니다. 그런데 문제는 그럴만한 적기에 틔워 주어야만 하는 것입니다. 그래서 스승에게는 제자의 내적 성숙이 어느 정도인가를 정확하게 파악하는 혜안이 필요합니다.

따라서 이런 스승과 제자간의 관계에서만이 깨침이 터지는 교육이 나옵니다. 이것은 마치 껍질을 뚫고 병아리가 부화되는데 비교한 줄탁동시(啐啄同時)란 말과 같습니다. 줄(啐)이란 안쪽에서 병아리가 두꺼운

벽을 쪼는 것입니다. 그리고 탁(啄)은 밖에서 어미닭이 적절한 때에 한 번 '탁' 쪼아 주는 것입니다. 안쪽에서 쪼고 바깥쪽에서 쪼아주는 시간이 정확하게 들어맞을 때 계란의 벽은 깨지고 새로운 생명이 탄생됩니다.

물론 그 시간이 되기까지 알을 품고 앉아서 온도를 조절해 주고 때를 기다리는 어미닭의 인내와 도움이 필요합니다. 이 어미닭의 역할이 선에서는 스승의 역할이라 할 수 있습니다. 어느 한쪽에서라도 그 역할이 결여되었다든지 하면 새로운 생명의 탄생은 불가능한 것입니다. 어미닭의 도움과 더불어 안쪽에서 쪼는 작업, 즉 내면적인 자각과 주체적인 노력이 절대적으로 필요합니다. 동기 유발이 안 된 상태에서는 온갖 방법을 동원해 봐야 소용이 없습니다. 즉 발심이 선행되어야 하는 것입니다.

요즘 대량생산 교육이 안고 있는 문제점 중의 하나가 바로 이런 것이 아닌가 생각합니다. 입시경쟁이 심하다 보니까 적성이 문제가 아니라 합격하고 보자는 입학이 얼마나 많습니까? 스승이 저마다의 내적 성숙도를 살필 수 있는 환경이 강의실 교육에서는 어렵습니다. 개인적인 적성에 맞는 지도가 아니라 일률적인 지식의 전달에 그칠 수밖에 없습니다. 이러한 환경에서는 창조적 생명의 탄생이란 기대하기 어렵습니다. 우리의 전통 속에 담겨 있는 훌륭한 교육철학과 방법들이 많이 개발되고 연구되어서 실제 교육에 제대로 활용이 되어야겠다는 생각을 하게 됩니다.

⊛ 생활 그대로가 불법

불교에서는 생활이 그대로 교육입니다. 선불교에는 이런 특성이 강하게 나타나고 있습니다. 용담 숭신 스님은 어렸을 때 집안이 아주 가난했습니다. 그는 떡을 팔아서 가게를 유지하는 집안의 아들이었는데, 스승인 도오(道悟) 스님이 절 소유의 집 한 칸을 가족에게 빌려 줘서 그곳에서 살았습니다. 숭신 스님의 가족들은 고마워서 매일 떡 열 개씩을 도오 스님께 드렸습니다. 그런데 도오 스님은 열 개를 받아 가지고 아홉 개는 드시고 한 개는 어린 숭신에게 돌려주면서

"이것은 너에게 주는 선물이다."

하곤 하셨습니다. 그래서 숭신 스님은 이상하게 생각하였습니다. '떡을 갖다드리는 건 난데 어째서 스님이 하나를 돌려주면서 선물이라고 하시는가?' 그래서 한 번은 여쭈어 보았더니 도오 스님은 이렇게 말씀하셨습니다.

"원래 네 것이었던 것을 다시 돌려주는데 무슨 잘못이라도 있느냐?"

숭신 스님은 그 숨을 뜻을 짐작하고는 도오 스님을 따라 출가를 해서 스님을 정성으로 모셨습니다. 그런데 몇 해가 지나도 특별한 가르침을 주지 않습니다. 그래서 숭신 스님이 물었습니다.

"제가 입산할 때부터 지금까지 스님께서는 전혀 마음에 대해서나 근본적인 가르침에 대해서는 한 말씀도 주시지 않으셨습니다. 어찌된 일입니까?"

그 말에 도오 스님은 이렇게 대답을 했습니다.

"자네가 온 이래로 나는 자네에게 마음에 관한 가르침을 한 번도 그쳐 본 적이 없네."

"어떤 점에서 저에게 가르침을 주셨습니까?"

"자네가 나에게 차를 가져오면 마셨고 밥을 차려오면 먹었다. 또한 예를 표하면 답례를 했네. 어떤 점에서 내가 마음의 본질을 가르치기에 소홀히 했는가?"

그리고 잠잠히 앉아 있는 숭신에게 이렇게 일러 주셨습니다.

"진정한 견성이란 당장에 깨닫는 것이다. 생각하고 반성하기 시작하면 놓쳐버리고 마는 것이다."

이 말에 숭신 스님은 마음의 문이 열려 깨쳤다고 합니다.

여기에서도 눈뜬 스승의 한마디가 결정적인 깨달음의 계기가 되고 있는 것을 잘 볼 수 있습니다. 또한 인상적인 것은 생활 그대로가 불법이라는 것입니다. 따라서 교육이란 특별한 이론이나 가르침이 아니라 삶 속에서 생활 자체의 진면목을 그대로 보여주는 것임을 알 수 있습니다. 선사들은 삶 속에서 진리를 살았던 분들이었고 평상심(平常心) 그대로가 도(道)임을 드러내 보여 준 스승들이었습니다.

알고 보면 밥 먹고 잠자고 걸어가고 말하고 침묵하는 그 모든 것이 진리의 현현이 아닌 것이 없다고 합니다. 문제는 우리의 눈과 귀가 어두워져서 못 보고 못 듣고 있을 뿐입니다. 선사는 미혹한 우리의 눈을 틔워 주고 우리의 귀를 열어 주는 촉매 역할을 하는 분들입니다. 따라서 눈뜬 스승을 만나는 일은 참으로 큰 복이라 할 수 있습니다. 학문을 하는데 있어서도 마찬가지입니다.

그러나 그에 앞서서 학문이면 학문, 도면 도를 이루어야겠다는 발심이 선행되어야 합니다. '이렇게 해야겠다' 하는 간절한 마음이 있을 때 훌륭한 스승을 만날 인연도 생깁니다. 생각이 간절하지도 않고 찾지도 않는데 저절로 훌륭한 스승이 나타나겠습니까? 또 나타난들 준비가 안 되어 있으면 새로운 생명이 창조될 수 없습니다. 그래서 먼저 우리들의 간절한 자세가 필요합니다. 간절한 마음으로 정진하면 훌륭한 선지식을 만날 수 있는 계기도 열릴 것입니다.

끝내 자기로 돌아간다

⚙ 잃어버린 나를 찾는 심우도

선에서 스승의 역할은 아주 중요합니다. 그러나 스승이 할 수 있는 일은 본래 있던 것을 일깨워 주는 것이지 없던 것을 밖으로부터 갖다 주는 것은 아닙니다. 도오 스님의 "원래 네 것을 돌려준다."는 말도 이런 뜻으로 이해될 수 있습니다.

그리고 선사들의 언어나 일깨워 주는 방법들은 자명종의 역할에 비유할 수 있습니다. 즉 각성하게 하고 일깨우는 기능일 뿐입니다.

옛날 조주(趙州) 스님에게 어떤 사람이 여쭈었습니다.

"개에게도 불성이 있습니까?"

경전의 말씀대로 하면 일체의 모든 생명이 불성을 가졌다고 했으니까 당연히 '있다'고 해야 할 텐데 조주 스님은 그 질문에,

"무(無)"

라고 답을 했습니다. 이것이 유명한 '구자무불성(狗子無佛性)'의 화두입니다. 다음에 다른 사람이 똑같은 질문을 하니까 이번에는 '유(有)'라고 답을 해버렸습니다. 논리적으로 보면 한 질문에 한 번은 '무', 한 번은

'유'라는 답이 나올 수가 없습니다.

　그러나 조주 스님의 선적 언어는 일종의 자명종입니다. 그 자명종의 '따르릉' 소리로 잠을 깨라는 것입니다. 선사는 없던 것을 갖다 주입시켜 주는 것이 아니라 이미 있었던 것, 처음부터 여여하게 갖추고 있는 것의 일깨움이고 각성일 뿐입니다.

　이처럼 선이란 밖으로부터 들려오는 소식이 아니라 본래 있는 것의 확신입니다. 따라서 선은 항상 자기로 돌아오는 것이라 할 수 있습니다. 본래 있었던 것이기에 '자기'라고도 하고 '참 나', '마음', '참 마음', '하나인 마음', '본래면목'이라고도 합니다. 무엇이라고 하든 그 본래의 나로 돌아가자는 것입니다. 현대적 표현을 한다면 선이야말로 자기회복의 가장 직접적인 길이라고 할 수 있습니다. 그것은 잃어버린 나를 찾고 그 나에 돌아가는 것이기 때문입니다.

　이런 선의 입장을 잘 나타내는 것이 유명한 심우도(尋牛圖), 혹은 목우도(牧牛圖)입니다. 잃어버린 나를 찾는 과정을 10단계로 표현한 것인데 절에 가면 법당 바깥벽에 소를 찾는 그림이 있습니다. 소는 진리요 우리 마음의 자리를 가리키기 때문에 소를 찾는 것은 우리 마음을 찾는 것이고 참 나를 찾는 것입니다.

　심우도는 '소를 찾기 시작하는 것[尋牛] 이 첫 단계입니다.

　시작하는 것은 아주 중요합니다. 우리 마음의 '참 나'를 잃고 살면서도 찾을 생각은 하지도 않고 살고 있는 것이 우리입니다. 볼펜 하나 천 원짜리 하나라도 안보이면 찾는다고 야단이지만, 가장 소중한 자신은 송두리째 잃고서도 평생 찾을 생각을 않고 사는 것이 우리들입니다. 그러므로 자신을 찾아야겠다는 생각을 일으키는 것은 공부의 시작입니다. 이러한 발심이 없으면 공부는 안 됩니다. 찾아야겠다는 마음이 간절하다보면 길이 보입니다.

두 번째 단계는 '소가 도망간 자취를 보게 되는 것[見跡]'입니다. 경이나 선사들의 가르침을 통해서 소가 달아난 발자취를 보게 되는 것입니다. 우리가 이렇게 교리강좌를 하는 것도 소의 발자취를 알기 위한 것입니다. 자취를 발견하고 그 발자국을 계속 따라가면 소를 볼 수 있지 않겠습니까?

세 번째 단계가 소를 보는 견우[見牛]입니다. 마음의 정체를 보게 되는 것입니다.

그렇게 소를 보게 되면 다음은 소를 얻게[得牛] 됩니다. 즉 소의 모습을 완전히 알게 되는 것입니다.

그런 다음에 소를 길들이고 먹여야[牧牛] 합니다. 소를 찾긴 했는데 그간 야생으로 있다 보니 길이 들지 않고 거칠어서 남의 곡식밭을 해칠 수 있으니 코도 뚫고 고삐도 매고 해서 순화시키는 단계입니다.

여러분은 동자가 소를 타고 피리를 불고 있는 그림이나 향로를 보셨을 것입니다. 이것이 다음으로 소가 순화되어서 소를 타고 집으로 돌아오는 기우귀가(騎牛歸家)의 신나는 장면입니다.

실은 소를 따로 의식하는 일이 나와 소를 둘로 보는 차원인 것입니다. 그러므로 소도 잊어야 합니다. 이 단계가 망우존인(忘牛存人)입니다.

그 다음에는 나도 소도 공(空)으로 돌아가야 합니다[人牛俱忘]. 여덟 번째가 바로 그런 경지입니다. 사람도 소도 모두 잊어버린 텅 빈 공 하나일 뿐입니다. 주객이 끊어진 절대한 허공 같은 자리 입니다. 그러나 거기에 머물러서도 안 됩니다. 선어(禪語)에 '백척간두 갱진일보(百尺竿頭 更進一步)'란 말이 있습니다. 백 척이나 되는 장대 꼭대기에서 한 발짝 더 내디디라는 것입니다. 그렇게 죽어야 삽니다. 깨친 자리 거기에도 머물러서는 안 된다는 뜻입니다. 거기에 머물고 말면 그 자체가 병이 되고 맙니다. 왜냐하면 현실과 유리된 깨침이어서는 안 되기 때문입니다.

그 다음에 본래 나무는 푸르고 구름은 하늘에 떠 있는, 있는 그대로의 모습입니다〔返本還源〕. 꽃 피고 새 우는 그대로가 진리요, 평상심이 도(道)인 세계입니다. 그러나 그것도 궁극은 아닙니다.

마지막 열 번째는 진리를 체득한 구도자가 시장에서 사람들과 어울리면서 애환을 함께 하는 것입니다〔入鄽垂手〕. 송대(宋代)의 곽암(郭庵) 스님은 이 열 번째의 과정에 다음과 같은 송(頌)을 썼습니다.

> 가슴을 헤치고 맨발로 거리에 서서
> 흙을 바르고 재 투성이이지만 얼굴 가득한 웃음
> 신선(神仙)의 비결(秘訣)을 쓰지 않고
> 마른 나무에 꽃을 피우게 한다.

이 게송에서도 역시 모든 생명의 슬픔과 기쁨을 함께 하는 삶을 가르치고 있습니다. 이 심우도는 후대에 이루어진 것이긴 하지만 불교, 나아가서 선이 추구하는 세계를 잘 나타내고 있습니다. 결국 잃어버린 소, 즉 '참 나'를 구현해 가는 과정을 상징적으로 나타내고 있습니다. 이런 과정이 부정을 통한 대긍정의 삶을 잘 보여주고 있는 것입니다.

공부를 시작하기 전에는 산은 산이고 물은 물일 뿐입니다. 우리들이 사는 세계가 다 그렇지 않습니까? 우리들 눈에는 산과 물이 따로따로입니다. 그런데 한참 선을 하다 보니 산이 산이 아니고 물이 물이 아닙니다. 산과 물이 공이고 진리요, 하나인 세계입니다. 분별이 끊어진 세계입니다. 그러나 거기에 머무르면 또 진리에 안주하는 병이 생기고 맙니다. 다음에 공부가 제대로 되고 보면 다시 산은 산이고 물은 그대

로 물일 뿐입니다. 두두물물(頭頭物物), 눈앞에 전개되고 있는 산하대지
가 그대로 진리를 현현하고 있는 것입니다.

그러나 공부하기 전의 산은 산, 물은 물인 차원과는 전혀 다른 대긍
정의 세계입니다. 세속과 열반이 둘이 아닌 세계이며 무일물중 무진장
(無一物中無盡藏)인 세계입니다. 그런 세계에서는 모든 사람들과 나누
는 진리의 삶이 자연스러울 수밖에 없는 참으로 하나인 세계입니다. 그
렇게 사는 것이 가장 우리다운 삶이요, 그런 삶이 자기를 찾고 실현한
사람으로서의 진정한 모습입니다.

⚙ 철저히 자유스러워지려는 '홀로서기'

선은 부처님의 본래 가르침인 '본래의 나', '참 나'를 찾고 우리답게
사는 길을 가장 단도직입적으로 가리키고 있다고 할 수 있습니다. 바로
오늘과 같은 현대적 상황에서 선이 설득력을 가지는 것도 이런 점에 있
습니다. 현대인들이야말로 새로운 물건, 새로운 기계를 쫓다가 스스로
를 잃어버린 자기상실의 근원적인 병을 앓고 있기 때문입니다.

선은 보이지 않는 무엇을 덮어놓고 믿으라는 것이 아니라 실제로
우리 자신을 찾고 회복해 가는 '산 가르침'이기에 인간회복, 자기회복의
가장 직접적인 길이라 할 수 있습니다. 그러므로 선이야말로 "너 자신
을 등불로 삼고 너 자신을 의지하여라. 그밖에 다른 것에 의지해서는
안 된다."는 자등명(自燈明)의 부처님 유훈을 가장 충실히 따르고 있는
불교인지도 모르겠습니다.

또 선에서는 어떤 것에의 의존도 용납하지 않는 주체적 정신, 자율
적 정신이 강하게 나타나 있습니다. 임제 스님은 다른 사람에 현혹되지
말 것을 가르치며, "부처를 만나면 부처를 죽이고, 조사를 만나면 조사

를 죽이라."고까지 했습니다. 본래의 나에 눈뜨는 일에 방해가 된다면, 부처도 조사도 제거할 수 있을 때 철저한 나에 돌아갈 수 있다는 가르침인 것입니다. 이처럼 선은 언어나 개념, 경전, 심지어 부처나 조사로부터도 철저히 자유로워지려는 '홀로서기'의 공부라 할 수 있습니다.

　　마조(馬祖) 스님의 문하에 대매 법상(大梅法常)이라고 하는 스님이 있었습니다. 대매는 처음 마조 스님을 뵈었을 때,

　　"무엇이 부처입니까?"

하고 여쭈었습니다. 그 말에 마조 스님은,

　　"마음이 부처니라."

하고 답을 했고, 그 말에 대매는 바로 깨달았습니다. 그 후 어느 절에 살고 있을 때 마조 스님이 대매를 시험해 보기 위해 한 스님을 대매의 처소로 보내서 질문을 하도록 했습니다.

　　"마조 스님 문하에서 어떤 가르침을 받았습니까?"

　　"마조 스님으로부터 즉심시불(卽心是佛) 즉 마음이 부처라고 배웠습니다."

하는 대매 스님의 대답을 듣고 그 스님이 이렇게 말했습니다.

　　"마조 스님께서 요새는 가르치는 방법을 바꾸었답니다."

　　"어떻게 바꾸었습니까?"

　　"요새는 마음도 아니고 부처도 아니다(非心非佛)라고 가르칩니다."

라고 했습니다. 그 말을 듣고 대매는

　　"그 늙은 스님이 언제쯤이나 사람을 현혹시키는 일을 그칠지 모르겠다. 마조 스님이야 뭐라고 하던 나는 바로 '마음이 부처'다."

라고 했습니다. 그 스님이 마조 스님께 돌아와서 대화 내용을 전하니 마조 스님은,

"매실이 익었구나."

라고 했다고 합니다. 매실이 익었다는 말은 대매의 이름이 큰 대(大), 매실 매(梅)자이기 때문에 그렇게 한 말입니다. 여기서 마조가 매실이 익었다고 대매의 경지를 인정한 것은, 대매는 심즉불(心卽佛)이란 진리에 대해 확고한 이해가 있었고 누가 뭐라고 하든 흔들리지 않는 독자적인 정신을 가지고 있는 것이 확인되었기 때문입니다. 아마 대매가 스승이 가르치는 방법을 바꾸었다고 해서 맹목적으로 스승의 방법을 받아들였다면 아마 매실이 익으려면 멀었다는 말을 들었을 것이 분명합니다.

지금까지 우리는 대승불교의 성격과 다양한 전통을 살펴보았는데, 한마디로 대승은 문자 그대로 마하야나(Mahayana), 큰 수레입니다. 그 안에는 사상적으로 뿐만 아니라 실천적으로도 다양한 길이 수용되고 있어 선과 같은 철저한 자력적 실천이 있는가 하면 아미타 정토 신앙과 같은 타력적인 길도 있고 또 진언과 같은 실천이 있음도 잘 보았습니다. 이렇게 대승의 실천이 다양한 것은 한 생명도 남김없이 건져야 된다는 이타정신의 결과입니다. 다양한 사람들의 능력과 소질, 즉 근기가 각기 다르기 때문에 거기에 맞는 길을 제시하고 있는 것이 대승입니다.

제 5 부

마침내 행복의 삶으로

제 11 장

깨침을 향한 발걸음

불교로 귀결되는 오늘의 지성

⚜ 현대사회가 안고 있는 문제의 심각성

우리는 지금 과학과 물질이 최고로 발달한 시대에 살고 있습니다. 그 덕택에 우리들의 생활은 많이 편리해졌고 어느 정도의 물질적 풍요도 이루었습니다. 그럼에도 불구하고 '오늘을 사는 현대인은 참으로 잘 사는가?', '인간다운 삶을 구가하고 있는가?' 하고 물어 본다면 아무도 '그렇다'하고 자신 있게 대답할 수는 없을 것입니다. 여기에 바로 현대의 고민이 있습니다.

인류의 미래를 염려하는 많은 사람들은 오늘의 세계는 과거 인류가 일찍이 겪어 보지 못한 심각한 문제에 직면해 있다고 진단하고 있습니다. 저는 많은 사람들이 지적하는 현대의 문제를 단적으로 보여주었던 하나의 영상을 지금도 잊을 수 없습니다. 그것은 미군을 중심으로 한 연합군과 이라크간의 이른바 걸프전(戰) 때 TV 화면에 비쳐진 바다새의 모습입니다. 이라크가 페르시아만에 원유를 방출하여 바다가 온통 기름덩이에 휩싸이게 되었을 때 온몸이 기름투성이가 되어 날지도 걷지도 못한 채 눈만 껌벅거리며 죽기만을 기다리고 있던 바다새의 애처로운 모습, 거기서 저는 현대가 앓고 있는 중병을 실감하게 되었습니다. 그 속에는 대량 살육의 공포와 생명 천시의 근원적인 병과 환경오염, 환경파괴의 모습이 있었습니다. 어쩌면 그 죽어가던 바닷새의 모습이 우리 자신의 모습은 아닐는지요?

오늘의 세계가 안고 있는 현대의 문제를 가장 먼저 실증적으로 제시해 주었던 것이 1971년에 발표된 로마클럽 보고서입니다. 로마클럽은 1968년에 인류의 미래를 걱정하는 세계 각국의 인사들이 로마에서 첫 모임을 갖고 만든 단체입니다. 로마클럽은 첫 사업으로 '세계의 산업이 과연 무한정하게 계속해서 성장할 것인가, 아니면 성장의 한계가올 것인가?'라는 주제로 미국의 MIT 공과대학의 과학자들에게 정밀한 연구와 분석을 의뢰하여 보고서를 작성하게 하였습니다.

로마클럽 보고서는 로마클럽의 위촉을 받은 MIT 과학자들이 연구한 결과인데, 이 보고서가 1971년에 발표되자 세상이 발칵 뒤집혔습니다. 왜냐하면 '앞으로 10년 내에 적절한 제동이 걸리지 않고 계속 이러한 추세로 나간다면, 100년 내에 지구는 파멸해 버릴 것'이라는 보고서의 결론 때문이었습니다.

당시 저는 미국에서 공부하고 있을 때라서 그 충격이 생생합니다. 그들이 충격을 받았던 이유는 그때까지 산업의 성장, 과학의 발달은 인류가 잘 사는 길이요, 선(善)의 방향으로만 생각해 왔을 뿐, 아무도 그결과로 인해 지구가 파멸에 이른다는 생각을 하지 못했기 때문이었습니다. 물론 '10년 내에 적절한 제동이 걸리지 않는다면'이라는 단서가있긴 하지만 100년 내에 지구가 파멸한다는 것은 엄청난 일이었습니다. 우리의 다음 세대나 그 다음 세대에 인류의 종말이 온다니 놀랄 수밖에없지 않겠습니까?

또 그 사람들이 더욱 놀란 것은 그런 문명을 자기들이 주도해 왔다는 사실입니다. 뿐만 아니라 그런 경고가 한 사람의 예언가의 입에서 나온 것이 아니라 그들이 가장 신뢰하고 첨단을 걷는 집단인 과학자들의 정밀한 분석을 통해 나온 결과라는 것입니다.

로마클럽 보고서인 『성장의 한계』에 따르면 산업이 성장해 가면서 인구증가, 식량부족, 공업화, 자원고갈, 환경오염 등의 다섯 가지 요인은 서로 유기적이고 복합적인 관계를 만든다고 합니다. 이 요인들을 분석하여 진단한 결과 공업화가 자원을 고갈시키고 환경을 걷잡을 수 없이 파괴하여 계속 그런 추세로 간다면 성장은 한계에 이르고 결국 파멸에 이른다는 결론이었습니다.

그렇다면 현대가 직면하고 있는 지구멸망의 이러한 문제는 로마클럽 보고서가 제출되고 30년 이상이 지난 오늘 과연 적절한 제동이 걸렸는가 하는 것입니다. 그래서 '인류는 그런 문제로부터 완전히 벗어나 있는가? 로마클럽 보고서가 인류의 미래에 큰 경종을 울렸다면 우리는 그 경종에 대해 어떻게 대처하고 있는가?' 하는 질문을 던지지 않을 수 없습니다.

자명종 시계가 울릴 때 어떤 사람은 곤하게 잠들어 듣지도 못하지만 어떤 사람은 듣자마자 벌떡 일어나 바쁘게 해야 할 일을 할 수도 있습니다. 또 어떤 사람은 종을 눌러 놓고 한 숨 더 즐기는 경우도 있습니다. 로마클럽 보고서가 나온 지 30년이 지난 오늘, 우리가 그 경종에 대해 어떻게 대처하고 있는지를 생각해 보면 우리는 세 번째의 게으른 사람처럼 귀찮으니까 눌러 놓고 한잠 더 자고 있는 경우가 아닌가 합니다.

이 로마클럽 보고서가 제기한 문제를 보면 『장자(莊子)』의 「응제편」에 나오는 우화 하나가 생각납니다.

남쪽에 살고 있는 '숙(儵)'과 북쪽에 살고 있는 '홀(忽)'은 협의할 문제가 있으면 남과 북을 오고 가며 상의하곤 했습니다. 그렇게 몇 해를 지내다보니 거리가 너무 멀어 불편했습니다. 그래서 하루는 꾀를 내어 중앙에 살고 있는 '혼돈(渾沌)'에게 부탁하니 인심이 좋은 혼돈은 그들의 청을 받아들여 만나는 장소와 모든 편의를 제공해 주었습니다.

그렇게 몇 년 동안 신세를 지며 지내던 어느 날 숙과 홀은 혼돈의 은혜에 보답을 하기로 하였습니다. 두 사람은 상의 끝에 일곱 구멍이 뚫려 있지 않아 이목구비가 제대로 갖추어져 있지 않은 추남인 혼돈의 얼굴을 고쳐 주기로 하였습니다.

혼돈의 이목구비를 아름답게 만들기 위해 숙과 홀은 혼돈의 얼굴에 하루에 구멍 한 개씩을 뚫어 주었습니다. 그리하여 여섯 개의 구멍을 뚫고 마지막 한 구멍만이 남았습니다. 그들은 미남 혼돈이 태어날 것을 잔뜩 기대하고 마지막 일곱 번째 구멍을 뚫자 혼돈은 그만 죽어버렸습니다.

이 우화를 현대의 문제와 연결해서 생각해 보면 구멍을 뚫기 전의 혼돈은 인공적인 힘이 가해지기 이전의 상태인 무위자연(無爲自然)의 상태를 말합니다. 그렇다면 구멍을 뚫는 것은 무엇입니까? 그것은 인위적인 힘을 가한 것이고 과학이나 물질, 산업을 성장시키는 것입니다. 혼돈이 일곱 구멍으로 죽은 것처럼, 우리는 환경의 파괴로 지구를 죽음으로 몰아가고 있는 것입니다. 로마클럽 보고서의 경고를 보면 지구의 환경은 이미 여섯 번째 구멍을 뚫는 수술을 마쳤으며 이제 일곱 번째 수술마저 거의 끝나가는 단계가 아닌가 합니다.

이제는 과학과 물질 등의 발달이 우리를 잘살게 이끌어 주는 것이 아닌 파괴의 결과를 생산해 낼 단계에 다다른 것입니다. 오늘날 세계가 안고 있는 가장 큰 문제는 파괴되어 가는 지구를 어떻게 살릴 것인가, 즉 죽어가는 혼돈을 어떻게 살리는가 하는 것입니다.

이 문제에 대해 모든 종교·사상·철학은 해결의 실마리를 제시할 수 있어야 합니다. 그럴 때 존재의 가치가 있습니다. 불교 또한 마찬가지입니다. 이러한 문제에 해결의 실마리를 제시할 수 있을 때 불교의 의미가 빛나게 될 것입니다. 과연 불교는 해결의 실마리를 제시할 수 있을까요?

결론부터 말하자면 불교야말로 어떤 종교·사상·철학보다도 현대 사회가 당면하고 있는 문제에 대해 훌륭한 해결의 방향을 제시할 수 있는 종교입니다.

⊛ 돌이킴을 향한 불교의 첫걸음

과학과 물질이 발달하는 것과 비례해서 날로 심각해져 가는 자원의 고갈과 환경의 오염은 핵의 공포와 더불어 인류의 미래에 검은 그림자를 드리우고 있습니다. 그렇다면 과연 불교는 이러한 문제들에 대해서 어떤 해결의 실마리를 제시할 수 있을까요?

우리는 여기에 답하기 위해서 먼저 현대가 앓고 있는 병의 근원으로 거슬러 올라가야 합니다. 핵의 공포, 환경파괴 등 현대의 문제에는 깊은 뿌리가 있으며 이 뿌리로부터 겉으로 나타난 징후가 이런 현상들이기 때문입니다. 따라서 병든 뿌리를 명확히 찾아내어야 합니다.

로마클럽 보고서가 발표되자 미국 사회에서는 '어떻게 하면 이 문제를 해결할 수 있는가'에 대한 논의가 다양하게 벌어졌습니다. 그때 제일 먼저 제시된 의견이 과학을 더 발달시키면 된다는 것이었습니다. 과학의 모든 분야를 전부 발전시켜서 식량이 부족한 것은 쌀이나 빵 대신 우주인의 식량 같은 과학식량으로 대체하고, 자원이 고갈되고 환경이 오염되면 태양열 같은 특수한 에너지 자원을 이용하여 공해문제를 해결하자고 했습니다.

이런 제안이 나오자 토론에 참가했던 MIT공대의 과학자들은 "그것은 아주 단순한 생각이며 과학이란 그렇게 하루아침에 발달되는 것이 아닐 뿐더러 과학의 발달은 계속된 부작용이 뒤따를 것이므로 과학만으로 모든 문제를 해결한다는 생각은 버려야만 한다."고 하였습니다.

한편 그들은 해결의 실마리로 "먼저 사람들의 생각과 의식이 달라져야 한다. 그리고 과학이 돕는다면 혹시 모르겠다."는 방향을 제시했습니다. 과학자들의 입에서 과학만으로 모든 것이 해결되는 것은 아니라는 이야기가 나온 것은 놀라운 일입니다.

그러면 의식이 먼저 달라져야 한다는 뜻은 무엇입니까? 과학, 물질, 산업의 성장은 인간이 인간답게 살기 위해 필요했던 것이니 인간이 주인이고 그것들은 객이 됩니다. 그러나 인간이 차츰 이러한 객의 노예가 되어 객의 지배와 위협을 받게 되고 인간 스스로의 위치를 상실하게 된 것입니다.

즉 인간이 자기의 위치를 잃어버린 인간상실, 자기상실이란 병으로 인해 가치가 뒤바뀌고 주객이 전도되어 버린 것입니다. 그런 근원적인 병으로 인해 인간과 인간의 관계가 단절되고 인간과 자연의 관계 또한 파괴되어 버렸습니다. 그 단적인 모습이 핵의 불안이요 환경의 문제입니다. 이렇게 볼 때 결국 핵전쟁의 위험, 환경오염의 문제들은 인간상실, 자기상실의 근원적인 병으로부터 생겨난 문제라고 할 수 있습니다.

그렇다면 이런 문제를 해결하기 위해서는 근원적인 병의 치유가 있어야 된다는 당연한 결론에 도달합니다. 이것이 MIT과학자들이 제시한, 의식이 먼저 달라져야 한다는 말의 진정한 뜻일 것입니다.

그러면 과연 불교는 이런 문제에 대해서 무엇을 할 수 있을까요? 결론을 먼저 말하자면 불교야말로 이러한 현대의 문제에 대해서 가장 직접적인 해결의 열쇠를 제시할 수 있는 종교입니다. 무엇을 근거로 그렇게 말할 수 있을까요? 여기에 대해 원효(元曉) 스님께서 이해하셨던 불교의 핵심을 함께 고찰해 보고 싶습니다. 『대승기신론소(大乘起信論疏)』에서 우리들이 잘못 살고 있는 모습을 원효 스님은 다음과 같이 진단했습니다.

뭇 생명 있는 자들의 감각적, 심리적 기관은 본래 하나인 마음에서 생겨난 것이지만 그것들은 도리어 그 근원을 배반하고 뿔뿔이 흩어져 부산한 먼지를 피우기에 이르렀다. 모든 괴로움이 이로부터 나온다.

즉 눈·코·귀·입·몸·생각 등 우리의 감각적, 심리적 기관은 본래 하나인 마음에서 생겨난 것인데, 그것들은 그 하나인 마음을 등지고 밖을 향해 치달으면서 부산한 먼지를 피우고 있다고 파악했던 것입니다. 이것이 바로 우리가 살아가는 모습입니다.

우리는 눈으로 대상을 봅니다. 그런데 그저 보는 것이 아니라, 대상에 달라붙어서 좋다 싫다 분별하고 좋은 것엔 탐착하고 보기 싫은 것이 나타나면 미워하고 성을 냅니다. 마음에 드는 것에 대한 탐착이 심해지면 도둑질까지도 하고, 보기 싫은 마음이 심해지면 폭행까지도 하게 됩니다. 또 입 한번 열지 않고도 온갖 먼지를 다 피워냅니다. 예를 들면 출근시간 버스 안에서 곁에 앉아 있는 사람의 머리 모양을 놓고도 온갖 먼지를 다 피우지 않습니까? '머리 모양이 왜 저러나?' '넥타이 색깔이 안 맞는다' 하면서 말입니다. 마찬가지로 코는 코대로 입은 입대로 냄

새와 맛을 쫓아 분주한 먼지를 피웁니다.

이렇게 우리의 안·이·비·설·신·의가 제각기 밖을 향해서 치달은 결과로 본래의 원천인 '참 나', '하나인 마음[一心]'을 잃어버린 것입니다. 그래서 우리들은 눈·코·귀·입·몸을 즐겁게 하는 바깥 살림에만 열중하여 안으로 존재의 원천인 '참 나'를 잃은 채 살고 있습니다.

원효 스님 당시에도 그랬는데 하물며 1,300년이 지난 오늘날에는 얼마나 볼 것도 많으며 들을 것도 많습니까? 그러니 인간상실, 자기상실이란 심각한 문제에 빠질 수밖에 없는 것입니다. 이런 상황을 벗어나자고 하는 것이 불교입니다. 여기에 원효 스님은 이런 처방을 하셨습니다.

> 이제 목숨을 들어 이 부산한 먼지를 피우는 번뇌의 마음을 한곳으로 집중시키어 본래의 원천, 즉 하나인 마음으로 되돌아가는 까닭에 귀명(歸命)이라고 한다. 돌아가는 바 하나인 마음이 바로 삼보(三寶)인 것이다.

먼저 방향을 전환해야 한다는 것입니다. 밖으로만 치닫던 우리의 관심이 존재의 원천인 '참 생명' 자리를 향해 일대 방향전환을 해야 된다는 것입니다. 원효 스님에 의하면 이처럼 불교의 첫걸음은 '돌이킴'입니다. 그 '돌이킴'은 그냥 돌이켜 보는 정도가 아니라 내 생의 가장 소중한 일로 알고 돌이켜야 된다는 것입니다. 이것이 목숨 걸고 돌이키라는 귀명(歸命)의 의미입니다.

그러면 그 본래 마음의 모습은 어떤 것입니까? 그 하나인 내 본래의 마음이 바로 삼보(三寶)입니다. 즉, 하나인 마음이 바로 부처요 진리요 승가입니다. 불(佛) 법(法) 승(僧) 삼보가 더 이상 저 밖에 있는 대상이 아니라 본래의 내 모습이요 일심(一心)의 모습입니다. 그러므로 마음이 바로 부처이고 중생이 그대로 부처가 되는 것입니다.

원효 스님이 말씀하시는 그 하나인 마음은 도대체 어떤 바탕일까요? 물론 깨치면 확연하겠지만 우리는 이렇게 짐작이라도 해볼 수 있을 것입니다. 우리는 우리의 육신 속에 마음이 들어 있다고 착각하고 삽니다. 그래서 열 사람이면 열 사람의 마음이 모두 달라 보이는 것입니다. 이제 그런 선입관을 버리고 우리들의 마음을 육신으로부터 한번 해방시켜 보십시오.

우리 마음을 확산시켜 우선 방안에 있는 책상, 라디오, 가구 등을 내 마음속에 포용하고, 더 확산시켜 내가 사는 동네와 우리나라, 대서양, 태평양, 지구, 우주까지 넣어 보십시오. 우주를 포용해도 시간이 더 걸리지도 않고 모두 넣었다고 무겁지도, 비좁지도 않습니다. 그럴 때 우주와 하나, 이웃과 하나이지 않습니까?

그런 큰 바탕을 육신 속에 숨겨두고 비좁게 살아가는 중생은 얼마나 답답한 존재입니까? 친구 사이에, 가족 사이에, 이웃 사이에 비좁게 하는 벽이 있다면 모두 헐어버리십시오. 부처님께서는 다 헐어버리고 하나인 마음〔一心〕자리에 돌아가 바다처럼 너르게 쓰고 살기를 가르치십니다. 그러므로 참 생명의 자리는 하나인 마음으로 '나와 이웃, 나와 자연'이 진정한 공존과 평화를 누릴 수 있는 곳입니다. 그 하나인 마음, 참 생명 자리에 돌아가는 것이 불교입니다. 따라서 불교는 스스로를 잃어버린 인간상실, 자기상실의 근원적인 병으로부터 인간과 인간, 인간과 자연의 관계가 파괴된 문제를 안고 있는 현대에 가장 적절한 가르침인 것입니다.

'하나'의 세계를 향하여

⊛ 물질문명에 지친 사람들의 안식처

우리는 현대가 인간상실, 자기상실이라는 근원적인 병을 앓고 있으며 그런 병이 밖으로 표출된 모습이 핵의 공포요, 환경이 오염돼 가는 징후라는 진단을 내렸습니다. 그리고 이에 대해 불교는 훌륭한 해결의 방향을 제시해 주는 종교라는 것을 원효 스님의 말씀을 통하여 알아보았습니다.

그러면 부처님의 가르침이 현대를 살아가는 우리들, 특히 서양에서 어떻게 수용되고 있는지 두 가지의 경험을 예로 들어 보겠습니다. 저는 공부를 하느라 미국에서 십여 년 이상 살았습니다. 제가 그곳에 있던 1970년대에는 미국 사회에서 불교나 선에 대한 관심이 급증하던 때입니다. 제가 다니던 뉴욕대학은 뉴욕 워싱턴 광장 근처에 있었습니다. 이 광장은 음악, 미술, 문학 분야의 예술인들이 많이 모이는 곳이기도 합니다. 세계적인 작가인 마크 트웨인(Mark Twine), 오 헨리(O. Henry) 등이 이 광장 근처 그린위치 빌리지(Greenwich Village)에 살았기 때문에 더욱 유명한데, 항상 활기에 넘치고 다양한 사람들이 모이는 곳입니다.

1970년대 초부터 그곳 광장의 그늘 밑에 가부좌를 틀고 앉아 있는 사람들이 보이기 시작했습니다. 저는 처음에는 그냥 남의 시선을 끌기 위함이나 호기심으로만 생각 했습니다. 그런데 차츰 그렇지 않다는 것을 알게 되었습니다. 그 사람들과 대화도 해보고 사는 곳도 가봤는데 매우 진지한 참구자들이었습니다.

그때 뉴욕시에는 여러 군데의 선방이 있었는데 그들은 숙식비를 내고 미리 예약을 해서 금요일 오후쯤 들어가서는 토, 일요일 이틀간 정진을 하곤 했습니다. 저도 동참을 해 보았는데, 모두들 새벽 4시쯤 일어나서 저녁 8~9시까지 식사시간만 빼고는 줄곧 앉아서 정진을 하였습니다.

처음에는 다리가 아파서 몹시 고생하는 것을 보고 '저 사람들은 무엇 때문에 자기 돈을 내가면서 저런 고생을 하는가?' 하는 의문이 생겼습니다. 그때 제가 발견한 대답은 물질문명의 틈바구니에서 자신을 잃고 헤매다가 선을 통해 자기를 찾는 진지함이었습니다.

그 사람들은 이미 물질문명의 혜택을 즐겨 본 사람들입니다. 훌륭한 아파트, 자동차, 성적 쾌락 등 모두를 만끽해 본 그들입니다. 그러나 거기서 진정한 삶의 의미를 찾지 못하고 새로운 삶의 지혜를 찾다가 선에 들어온 사람들이었습니다. 그러므로 그들에게서는 아주 진지한 구도자적인 모습을 발견할 수 있었습니다.

실제로 그 사람들을 지도하는 것을 보면 아주 흥미로워서 왜 저들이 선에 그토록 매료되고 있는가를 잘 알 수 있었습니다. 처음 선방에 오면 선사(禪師)와 인사를 나누고 통성명을 합니다. 그때 선사는 아래와 같은 식의 질문을 합니다.

"어디에서 왔습니까?"

"보스턴에서 왔습니다."

"아, 그럼 보스턴이 고향인가요?"

"예, 그렇습니다."

"그렇습니까? 그런데 보스턴에서 태어나기 이전의 고향은 어디입니까?"

"……."

혹은 다음과 같은 대화도 들을 수 있습니다.

"이름이 무엇입니까?"

"브라운입니다."

"언제부터 브라운입니까?"

"태어났을 때 바로 어머님께서 지어 주셨습니다."

"그래요? 브라운이기 이전 당신의 본래 이름은 무엇입니까?"

"……."

이런 질문엔 박사학위가 열 개 있어도 대답할 수 없을 것입니다. "모르겠습니다." 하는 그 말을 기다리고 있다가 그 대답이 떨어지기가 무섭게 "그 모르겠다는 놈, 그놈을 찾아봐라."고 합니다. '모르겠다는 놈'이 어떤 놈인지를 참구해 보라는 것입니다. '이 뭣고?' 그 시간부터 '그놈' 즉 '나'를 참구합니다.

이것보다 더 직접적인 자기참구와 자기회복의 길은 어디에도 없습니다. 자기상실의 병에 걸려 있는 사람에게 이것보다 더 직접적인 처방이 어디 있겠습니까? 따라서 사람들이 매료될 수밖에 없습니다.

뿐만 아니라 오늘날 불교는 기독교의 신학에도 깊은 영향을 미치고 있습니다. 그 경험담 하나를 들겠습니다.

스위스 바젤 대학에 하인리 오트(H. Ott)라는 유명한 신학자가 계십니다. 그 분은 하나님을 연구하는 세계적인 신학자로 한국에도 자주 오시는 분입니다. 감리교 신학대학의 변선환 교수와도 절친한 분으로 4~5년 전에 그분이 한국에 오셨을 때 크리스천 아카데미에서 세미나가 열렸습니다. 그 세미나에서 오트 박사가 '하나님', 제가 '진심(眞心)과 하나님' 그리고 변선환 교수가 '불교와 기독교의 만남'에 대하여 발표를 했습니다.

전문가들만 20~30명이 모인 세미나로 발표자에게는 30분씩의 발표 시간이 주어졌고 토론은 계속해서 진행되었습니다. 그런데 발표 후 저와 변 교수에게는 질문이 별로 없었으나 오트 박사에게는 질문이 집중적으로 쏟아졌는데 상당히 비판적인 질문도 있었습니다.

오트 박사가 학자들로부터 주로 받은 질문은 "발표한 내용이 하나님에 대한 것이냐, 아니면 불교의 공사상이냐?"는 힐문조의 것이었습니다. 그때 오트 박사는 아버지, 아들, 성령의 삼위의 인격적인 신에서 인격이 끊긴 바탕으로서의 하나님에 대하여 새롭게 연구한 내용을 발표했는데, 인격이 끊어진 절대(絕對)한 바탕에 이르니 기독교의 하나님 사상과 불교의 공사상이 만나게 되었다는 것입니다.

그때 오트 박사는 차분히 전거를 대면서 삼위의 인격신만이 기독교의 신이 아니라는 요지의 답변을 했습니다. 그러면서 이런 새로운 신학 체계로 발전하게 된 계기가 처음 한국에 왔을 때 통도사를 방문해 경봉 스님을 뵙고부터라고 소개했습니다.

경봉 스님은 오트 박사가 하나님을 연구하는 신학자라고 하자, "하나님이 어디에 있는가?" 하고 물었답니다. 이에 오트 박사가 답하기를 "제 마음속에 있습니다."라고 하였는데, 그 말이 끝나기도 전에 경봉스님은 "안팎이 없느니라."했고 이 말씀에 오트 박사는 정신이 아찔했답니다.

오트 박사는 하나님이 마음 안에 있다고 했는데, 마음에 안팎이 없다고 했으니 그 말에 안팎도 끊어진 하나님, 즉 일체의 대(對)가 끊어진 절대의 바탕을 생각하게 되었답니다. 그래서 급기야는 인격도 끊어진 하나님에 대한 신학을 하게 되었다고 합니다.

오트 박사는 다른 말은 다 영어로 했는데 "안팎이 없느니라." 하는 말은 똑똑한 우리말로 발음했습니다. 이처럼 불교는 '참 나'를 회복해 가는 인간회복의 길로서, '하나'인 세계를 제시해 주는 슬기로서 살아 움직이고 있다는 사실을 우리는 알아야겠습니다. 우리는 이러한 훌륭한 가르침에 대한 긍지와 자부심을 가져야 합니다.

그런데 문제는 우리가 이러한 훌륭한 가르침에 눈뜨고 그대로 살아가며 실천을 하느냐 그렇지 못하느냐에 달려 있습니다. 서양인들은 지금 초발심한 자세로 열심히 정진하고 있습니다. 그 사람들은 물질적인 문명에 지쳐버린 사람들이기 때문에 한결 더 발심한 구도자의 모습을 발견할 수 있습니다. 이제 우리도 그러한 단계에 와 있습니다. 새로운 마음가짐으로 우리 자신을 찾아가는 공부가 뒤따라야만 하겠습니다.

조화와 균형을 이루는 삶의 지혜

🕸 불교와 생활윤리

부처님께서는 출가자뿐만 아니라 재가자의 생활에도 일일이 예를 들어 바른 삶을 살도록 이끌어 주셨습니다. 이런 내용이 담겨 있는 대표적인 경이 『싱가라경』입니다. 『싱가라경』을 『선생경(善生經)』 혹은 『육방예경(六方禮經)』이라 부르기도 합니다. '싱가라'는 한 젊은이의 이름이고 싱가라를 한역하면 '선생(善生)'입니다. 또 그 싱가라가 육방을 예배하는 내용으로 시작되는 경이어서 『선생경』, 『육방예경』이라 불리기도 하는 것입니다.

부처님께서 왕사성의 영축산에 계실 때에 성안으로 탁발을 가셨습니다. 그런데 아침마다 한 젊은이가 목욕을 하고 동·서·남·북·상·하의 여섯 군데를 향해 절을 하고 있는 것이었습니다. 하루는 부처님께서 싱가라에게 물었습니다.

"젊은이는 무엇 때문에 아침마다 예배를 하는가?"

싱가라가 대답했습니다.

"아버님께서 돌아가실 때 '동·서·남·북·상·하의 육방을 향해 매일 예배하라'고 하셨습니다. 그래서 이렇게 유언에 따라 매일 여섯 방향을 향해 절을 하고 있는 것입니다."

그러자 부처님께서는 '절을 하는 참뜻'을 알아야 한다고 하시면서 그 뜻을 가르쳐 주셨습니다.

"동쪽은 부모님을 가리키고, 서쪽은 아내를, 남쪽은 스승을, 북쪽은 친족을 가리킨다. 그리고 아래쪽은 아랫사람을 가리키고 위쪽은 윗사람을 가리킨다. 따라서 육방에 예를 표한다는 것은 그 모든 사람들을 잘 받들고 모신다는 것이며 바른 관계를 가지는 것이다."

이처럼 모든 사람들과의 바른 관계에 대해 각각의 예를 들어가며 구체적으로 설한 말씀이 『싱가라경』의 내용입니다. 여기에서 우리는 부처님의 가르침이 당시 종교의 형식적인 실천에 새로운 의미와 생명을 불어넣고 계신 것을 알 수 있습니다.

단순히 여섯 군데에 하는 절이 무슨 가치가 있겠습니까? 속되고 미신적인 행위일 것입니다. 그러나 육방을 각기 부모와 스승, 아내, 친족, 윗사람, 아랫사람으로 생각하면 '절'의 의미는 새로워집니다. 그럴 때 절은 그 모든 사람과의 만남을 내 마음과 정성을 다해 받드는 예경의 자세로 만들어 줍니다.

그런데 부처님께서는 부모, 스승, 아내, 친족, 윗사람, 아랫사람에 대한 바른 관계를 말씀하시기 전에 먼저 정리해야 할 것이 있다고 하셨습니다. 바른 대인 관계를 이루려면 어쭙잖은 행동이 있으면 안 되기 때문입니다. 좋지 않은 습성들, 나쁜 행동을 계속하면서 사람들과의 관계가 좋아지기를 바랄 수는 없습니다. 그래서 부처님께서는 먼저 악행(惡行)을 버려야만 한다고 당부하셨습니다.

먼저 네 가지 악업인 살생과 도둑질, 사음, 거짓말하는 습성과 성냄, 탐욕, 두려움, 어리석음과 같은 마음의 찌꺼기를 버리라고 하셨습니다.

즉 살생, 도둑질, 사음, 거짓말이 행동으로 나타난 좋지 않은 업이라면 성냄, 탐욕, 두려움, 어리석음 등은 마음을 어지럽게 하는 내적인 것입니다. 그러니까 안팎의 정돈을 잘 하라고 하셨던 것입니다.

그리고 술에 취하고 도박하고 방탕해서 풍류에 빠지고 또 나쁜 친구와 어울리고 게으름에 빠지는 일 등은 재산을 탕진하는 것이라 하여 경계하셨습니다. 예나 지금이나 술에 취하고 도박하고 나쁜 친구와 어울려서 방탕하고 게으름에 빠져 사는 문제는 심각했던 모양입니다. 그러니까 그런 악습들을 우선 제거해야 한다고 전제를 하셨습니다. 그런 다음에 바른 인간관계의 성립에 대하여 하나하나를 말씀하셨습니다.

✸ 바람직한 부모와 자식 관계

먼저 부모와 자식 간의 관계입니다. 봉양의 구체적인 예는 나이 드신 양친의 발을 씻겨드리고 목욕을 시켜드리는 것은 물론 식생활과 주거를 평안히 해 드리는 것입니다.

그리고 할 일이 있으면 부모님에게 상의하고 알려 드려야 하는데 이것은 육신을 봉양하는 것이 아니라 마음을 평안하게 받드는 것입니다.

아울러 가계를 잘 존속시켜야 합니다. 부모가 쌓아온 훌륭한 일과 사업 등을 잘 전승하며 자손이 끊이지 않게 해야 합니다. 그러면서 조상의 은혜를 마음에 잘 새기고 정성으로 조상을 받드는 일, 이것이 자식이 보모에게 해야 할 일이며 그렇게 하는 것이 효도가 아니겠습니까?

그런데 불교의 윤리는 쌍무적이어서 자식이 부모에게 봉양하고 모시는 일이 있으면 또 부모가 자식에게 해야 할 일도 있습니다. 그것은 자식의 교육과 지도에 관한 부모의 책임이기도 합니다.

교육의 첫째는 먼저 자식이 악으로부터 멀리 하도록 해야 합니다.

거짓말이라든지 좋지 않은 짓을 할 경우 잘못임을 타이르고 가르쳐 주어야 된다는 것입니다. 여기서 왜 잘못인지 이유를 잘 알아듣도록 설명해 주라고 했습니다. 그래도 계속하면 꾸짖어서라도 악으로부터 멀리하도록 해야만 합니다.

둘째는 바르게 살도록 인도해 주어야 합니다. 그것은 외롭고 어려운 이웃의 아픔을 함께 나누고 돕는 훈련을 시켜 주라는 것입니다. 특히 나누는 삶, 보시하는 훈련을 강조했습니다.

셋째, 기능을 학습시키는 일입니다. 생활을 할 수 있는 능력을 키워 주는 것입니다.

넷째, 분수에 적당한 아내를 맞이하도록 해 주는 것입니다. 교육을 시키고 훌륭한 배우자까지도 만날 수 있도록 어른들이 돌봐주라는 것입니다.

끝으로 적당한 때에 상속을 해 주어야 합니다. 여기에서 '적당한 때'란 말에 주목할 필요가 있습니다. 상속받을 자세도 안 된 때에 맡기면 오히려 패가망신할 수도 있지 않습니까? 또한 적당한 때란 말은 필요한 때, 필요한 일을 위해 주라는 뜻도 됩니다.

그리고 부처님께서는 이와 별도로 자식들에게 훌륭한 사회인으로 성장할 수 있도록 덕을 함양시켜 주라고 하셨습니다. 그 내용은 이른바 사섭법(四攝法)이라 불리는 것인데 보시(布施), 애어(愛語), 이행(利行), 동사(同事)입니다.

보시(布施)는 사회인으로 더불어 함께 사는 데에 필수적입니다. 자기의 욕심만 차리고 이기적이어서는 원만한 대인관계가 어렵기 때문입니다. 애어(愛語)는 고운 말입니다. 이것은 정어(正語)와 같은 뜻입니다. 이행(利行)은 상대방, 나아가서는 공동체를 이롭게 하고 위하는 행동입니다. 동사(同事)는 함께 일하라는 것입니다. 다른 사람의 일에 참

여하고 함께 일하면 상호 이해가 깊어지게 됩니다. 훌륭한 만남은 교육
만으로 되는 것은 아니라고 생각합니다.

그런 것을 가르치기 위해서는 부모가 바로 보시, 애어, 이행, 동사하
는 삶을 자식들과 함께 해야 합니다. 이는 모두 오늘날 현대를 살아가
는 우리의 입장에서도 꼭 필요한 내용들입니다. 그저 자식을 애지중지
하고 사랑하는 것이 아니라 하나씩 깨우쳐 주고 훈련을 통해 사회인으
로 성장시키는 노력이 필요합니다.

⊛ 격의 없는 스승과 제자의 만남

부처님께서 말씀하신 사제지간(師弟之間)의 윤리는 어떤 것이었을
까요? 제자는 다섯 가지로 스승을 모셔야 한다고 했습니다.

첫째, 좌석에서 일어나 예를 표하라고 했습니다. 즉 스승이 멀리서
오면 자리에서 일어나 기쁜 마음으로 맞이하고 자리에 모시라는 것입
니다.

둘째, 스승으로부터 무엇을 배우기 위해서는 스승 가까이 가라고 했
습니다. 출석을 잘하라는 말이 되겠습니다. 요즘 대학에서는 출석 문제
가 심각한데 물론 학교당국의 책임, 교수의 책임도 있겠으나 근본적으
로 학생들의 자세가 소홀하다는 느낌을 받게 됩니다. 우리의 대학이 너
무 경쟁 일변도이고 또한 대규모 교육이다 보니 그런 문제가 두드러진
것 같습니다. 교육이 되기 위해서는 스승과 제자의 만남에서 불꽃이 튀
어야 된다고 생각합니다.

그 예로 달마와 혜가의 만남을 들 수 있습니다. 달마가 숭산 소림사
에서 면벽하며 때를 기다리고 있었습니다. 그때에 젊은 무관 출신의 신
광(神光)이란 사람이 찾아갔습니다. 신광이 공부를 하러 왔다고 해도

달마 스님은 돌아보지 않았습니다. 하루 종일 서 있어도 돌아보지 않았습니다.

드디어 밤이 되고 눈이 쏟아지기 시작했습니다. 눈이 허벅지까지 차 올라와도 돌아보지 않자 젊은 무인 신광은 칼을 뽑아 자신의 팔을 자릅니다. 흰 눈에 선혈이 얼룩졌습니다.

그제서야 달마는 그를 제자로 맞아들였습니다. 그와 같은 결의를 보인 신광이 바로 달마의 법을 이어서 중국 선종의 2조가 된 혜가대사(慧可大師)입니다. 팔을 끊을 수 있는 용단과 정열로 이어진 스승과의 만남에서 중국 선의 법을 잇는 진리의 꽃이 피어난 것입니다. 진리는 그런 스승과 제자의 불꽃 튀는 만남에서 전수될 수 있는 것입니다. 무엇보다 스승과 제자의 격의 없는 만남이 교육의 선행 조건입니다.

셋째, 스승의 가르침을 잘 들으라고 합니다. 여기서 '잘'이란 말은 믿는다는 뜻입니다. 그런 신뢰가 없이는 제대로 가르침을 받을 수가 없습니다.

넷째, 식사 시중을 들어야 합니다. 옛날에는 제자가 스승의 집에 들어가서 공부하는 것이 일반적이었습니다. 그래서 이런 항목이 필요했던 것입니다.

다섯째, 공손한 태도로 잘 배워야 합니다. '잘 배운다'는 말은 배운 것을 되풀이해서 학습하고 수지하고 받아 지니는 것 뿐 아니라 실천하는 것까지 포함됩니다.

그리고 스승도 다음과 같은 다섯 가지 방법으로 제자를 사랑하고 지도하라고 했습니다.

첫째 잘 훈육하라고 했습니다. 잘 훈육하라는 것은 이론보다 행실을 바로 가르치는 것을 뜻합니다. '이렇게 앉아야 하고 이렇게 서야 하며 또 이렇게 먹어야 하며 벗과는 이렇게 사귀어야 한다'고 일일이 가르치는 것입니다.

둘째 습득한 것을 잘 지켜 나가도록 가르치며 배운 것을 잘 보존하고 실용해 가도록 가르치라고 했습니다.

셋째 모든 (학예에 대한) 지식을 전하라고 했습니다. 어떤 것은 남겨놓고 안 가르쳐 주는 것이 아니라 스승이 아는 모든 것을 가르쳐 주어야 한다는 것입니다.

넷째 친구나 동료들에게 제자들에 대해 잘 말해 주라고 했습니다. 학생의 인격을 최대한 존중하는 자세입니다. 스승이 제자의 좋은 점을 들어 격려하고 감싸주라는 것입니다.

다섯째 모든 방면에서 보호해 주라고 했습니다. 보호해 준다는 내용 속에는 제자가 사회에서나 친구들로부터 존경을 받을 수 있도록 지지해 주는 것도 포함됩니다. 또한 제자의 지혜가 스승보다 뛰어나길 바라는 그런 마음가짐도 포함됩니다. 즉 제자가 스승의 가르침을 잘 받아서 그것을 발전시켜 급기야 청출어람(靑出於藍)이 되어야 한다는 것입니다. 이렇게만 된다면 교육이 맛이 나고 저절로 발전이 될 것입니다.

⊛ 공생 공존하는 노사관계

이제 노사 간의 관계를 알아보겠습니다. 먼저 일을 시키는 고용주가 해야 할 일은 다음의 다섯 가지입니다.

첫째 능력에 따라서 일을 맡기라고 하셨습니다. 적성에 맞는 일, 능력에 맞는 일을 시켜야 한다는 것입니다. 그래야 능률도 오르고 일에 재미도 있습니다.

"젊은이가 할 일을 노인에게 시키지 말고, 노인이 할 일을 젊은이에게 시키지 말며 각자의 힘에 따라 일을 할당하는 것이다."

이 부분은 노약자나 어린 사람, 약한 여자들에게 과중한 일을 시키는 폐단을 특별히 염두에 두셨다고 보여집니다.

둘째, 먹을 것과 급료를 적절히 주라고 하셨습니다. 적절히 주라는 말은 능력에 따라 주라는 뜻일 뿐만 아니라 그 사람의 가정 형편, 식구가 많은가 적은가에 따라서 가족수당 같은 것도 고려하라는 말입니다. 일을 하는 사람에게 급료를 지불하는 것은 기본적인 것이지만 그것을 적절히 잘 지불하라는 말씀입니다.

셋째, 병들었을 때는 간호해 주라고 하셨습니다. 병이 났거나 다쳤을 때는 쉬게 하고 필요한 물품이나 약품을 주어 간호를 해주라는 것입니다. 의료복지나 산재복지 등도 포함됩니다.

넷째, 훌륭하고 맛있는 음식을 제공해 주라고 하셨습니다. 맛있고 희귀한 음식이 생기면 비록 주인은 못 먹어도 먼저 일하는 사람을 대접하라고 하셨습니다.

다섯째, 적당한 때에 휴식 시키라고 하셨습니다. 이것은 휴가제도를 가리킵니다. 상시와 임시의 휴직이 있는데 상시휴식은 하루 종일 일하면 힘들고 지치니까 휴식시간을 적절히 주라는 것입니다. 임시휴식은 적당한 때에 휴가를 갖도록 하는 것을 말합니다. 무슨 명절 휴가라든지 집안에 특별한 일이 있을 때 주는 휴가라고 할 수 있습니다.

이에 대해 일하는 사람도 역시 다섯 가지로 고용주를 받들어야 한다고 했습니다.

첫째, 주인보다 아침에 일찍 일어나라.

둘째, 주인보다 나중에 잠자리에 들라. 이것은 언뜻 생각해 보면 부담스러운 일 같지만 지금과 같은 여건이 아니라 2천6백여 년 전의 형편으로는 주인과 일하는 사람이 한집에 기거하는 환경에서 꼭 필요한 마음가짐입니다.

셋째, 주어진 것만을 받으라. 정당한 대가를 받으라는 것이니까, 오늘날도 마찬가지입니다.

넷째, 일을 잘하라. 잘하라는 말은 즐거운 마음으로 정성을 대해서 하라는 뜻입니다. 또한 내일을 위하여 보람과 긍지를 가지는 자세도 가리킵니다.

다섯째, 주인의 명예와 칭찬을 널리 알리도록 하라. 여러 사람이 모여 이야기할 때 고용주를 훼손하고 비방하는 말이 아니라 훌륭하다고 칭찬해 주는 마음가짐을 가지라고 합니다.

이러한 마음가짐은 주인과 직장에 대한 애정이 있어야 가능한 것이고 또 평소 훌륭한 노사관계가 있어야 이루어질 것은 당연합니다. 그러므로 그렇게 되도록 노력하라는 것입니다.

노사의 관계가 이와 같이 되면 분규 같은 것은 발 디딜 틈이 없을 것입니다. 이런 부처님의 지혜와 방안을 현대적으로 잘 살리고 적용해서 노사가 대립·갈등하는 구조가 아니라 상보하고 상생하는 특성을 우리의 현실 속에 잘 살렸으면 하는 마음입니다.

그렇다면 이런 가르침의 토대는 어디에서 오는 것일까요? 이 또한 두말할 것도 없이 연기의 진리에 기본을 둡니다. 이는 마치 볏짚을 서로 기대 놓은 것과 같습니다. 그것은 하나가 넘어지면 다른 것도 쓰러진다는 공생, 공존의 원리입니다. 부모와 자식의 관계, 스승과 제자, 아내와 남편, 그리고 노사의 관계도 마찬가지입니다. 서로 의존하고 있는 깊은 관계 속에 '더불어 있는 하나'라는 사실을 우리가 몰랐을 때 대립과 갈등 그리고 투쟁을 하게 됩니다.

그런데 연기적 세계관은 모든 것이 서로 상의상존(相依相存)하는 관계이므로 그 진리에 입각할 때 조화와 균형과 공존하는 평화의 삶이 열립니다. 부처님께서 제시하신 생활윤리는 이런 연기의 기반 위에서 서로 감사하고 절하고 예경하는 마음가짐으로 살아가는 것입니다. 노사 간이 서로 대립, 갈등하는 현대 사회에서 절실히 요청되는 삶의 지혜입니다.

지혜의 쟁기로 복밭을 갈고

🌀 믿음은 내가 뿌리는 씨

경제(經濟)란 말은 원래 경세제민(經世濟民)의 뜻으로 '나라를 잘 다스리고 백성을 구제한다'라는 넓은 의미를 가지고 있습니다. 그런데 요즘은 돈을 잘 벌고, 번 돈을 잘 관리하는 좁은 의미로 쓰이는 듯싶습니다.

부처님께서는 경제를 아주 넓은 의미로 해석하셨습니다. 단순히 재화를 늘리고 모으는 것뿐만이 아니라 정신적인 경제까지를 포함해서 생각하신 것입니다. 특히 출가자들과 연관해서는 더욱 그러하셨습니다.

『상응부(相應部)』 경전에 부처님께서 마가다국의 에카사라라는 마을에 계실 때의 이야기가 나옵니다. 부처님께서 아침에 탁발을 나가 한 바라문 집에 다다랐습니다. 마침 봄철이어서 씨 뿌리는 시기였습니다. 바라문이 사람들을 불러 모아 씨를 뿌리러 갈 준비를 하고 있다가 부처님을 향해 물었습니다.

"사문이여 나는 밭을 갈고 씨를 뿌려서 내가 먹을 것을 마련하고 있습니다. 당신도 스스로 밭을 갈고 씨를 뿌려서 먹을 것을 마련하는 게 좋지 않겠습니까?"

이 말은 상당히 도전적인 항의였음이 분명합니다. 출가한 사문들이 탁발로 생활하는 것이 그 시절의 관습이었지만 '농사짓고 일해서 먹고 살아야지 왜 놀고먹느냐?'는 가시 돋친 질문이었던 것입니다. 그러자 부처님께서는 다음과 같이 대답하셨습니다.

"바라문이여, 나도 밭 갈고 씨 뿌려서 먹을 것을 얻고 있소."

"사문이여, 우리는 아무도 당신이 밭 갈고 씨 뿌리는 모습을 본 적이 없습니다. 대체 당신의 쟁기는 어디에 있습니까? 당신이 밭을 간다는 말이 도대체 무슨 뜻인지 알고 싶습니다."

그때 부처님께서는 말씀하셨습니다.

> 믿음은 내가 뿌리는 씨, 지혜는 밭가는 쟁기,
> 나는 몸으로 입으로 생각으로 나날이 악한 업을 제거하나니,
> 그것은 내가 밭에서 김을 매는 것,
> 내가 모는 소는 정진이니 가고 돌아섬 없고,
> 행하여 슬퍼함 없이 평안한 경지
> 나는 이렇게 밭 갈고 씨 뿌려
> 감로의 열매를 거두노라.

여기서 부처님이 말씀하고 계신 '밭 갈고 씨 뿌리는' 농사법은 특별한 농사법입니다. 마음의 밭에 믿음의 씨앗을 뿌리고, 지혜의 쟁기로 갈고, 신구의(身口意)의 악업을 제거하는 김을 매는 것입니다. 또 지혜의 쟁기를 끄는 소를 정진(精進)이라고 했습니다. 그런 농사로 얻는 수확이 바로 감로(甘露)의 열매입니다. 감로란 불사(不死), 영원한 생명을 얻는 음식입니다. 즉 영원한 경지, 열반의 세계를 가리킵니다.

부처님께서는 '마음밭(心田)'을 가꾸는 농사를 말씀하신 것입니다. 황무지를 개간해서 농사를 지으려면 잡초와 잡목이 제거되고 돌멩이들을 치운 다음에 쟁기로 갈아야 합니다. 그리고 씨를 뿌려 잡초가 돋아나면 김을 매어 주어야 수확을 할 수 있습니다. 그렇듯이 마음밭을 개간하는 것도 마찬가지입니다.

우리들 마음은 마치 황무지처럼 묵은 밭이 되어 온갖 잡초, 잡목이 무성합니다. 번뇌 · 망상 · 시기 · 질투 · 원망 · 증오 등이 모두 잡초 · 잡목이 아니고 무엇이겠습니까? 그것을 골라내고 지혜의 쟁기로 갈아주어야 합니다. 그리고 믿음의 씨앗을 뿌려 줄 때 한 걸음 한 걸음 한 눈 팔지 않고 열심히 지혜의 쟁기를 끄는 정진의 소가 없어서는 안 됩니다. 더욱이 한 번 뿌려서 갈고 놓아두는 것이 아니라 끊임없이 김을 매주고 시원한 물줄기를 끌어 대어 주어야 비로소 수확을 할 수 있습니다.

이것은 신 · 구 · 의 삼업을 맑히는 작업이요, 계행의 김을 매는 일이요, 물줄기란 진리의 말씀입니다. 그 수확이 영원한 생명의 과일이며, 불사의 열매인 열반과 해탈입니다. 이렇게 부처님께서 말씀하고 계신 농사일은 바로 인간계발, 인간교육 그 자체라고 할 수 있습니다. 진정한 경제가 세상을 잘 다스리고 국민을 잘살 수 있게 하려면 이런 정신계발이 필요합니다.

산사에서나 수도원에서 정말로 청정한 수행에 정진하는 분들이 계시기 때문에 우리 사회, 오늘의 세계는 무너지지 않고 이만큼이라도 지탱되고 있다고 생각합니다.

부처님께서는 그러한 길을 택한 사람은 능력과 여건에 따라 내면을 계발하는 일에 부지런히 정진하라고 하셨습니다. 누더기 옷 한 벌, 발우 하나로 그야말로 무소유(無所有)의 삶을 살라고 권장하셨습니다. 또 수행자는 절대 방일하지 말라고 하셨습니다. 왜냐하면 방일한 것은 곧 놀고먹는 것이고 바로 도둑질이기 때문입니다.

그리고 철저하게 농사를 지으면서 자기 혼자만 감로의 열매를 맛보도록 하신 것은 아닙니다. 왜냐하면 '나다' 하는 놈이 제거되고 마음을 비우면 비울수록 일체의 모든 생명을 포용할 수 있는 공간이 생기게 마련이고, 그것이 바로 교화이며 자비의 실천이기 때문입니다.

도대체 무슨 농사를 짓고 있느냐는 질문을 던졌던 바라문은 부처님의 말씀을 듣고 느낀 바가 있어 후일 부처님의 제자가 되었다고 합니다. 우리들은 그 바라문의 '밭 갈고 먹으라'는 화살을 피하려면 마음밭의 계발에 철저해야 될 줄 믿습니다. 그리고 오늘의 출가자들은 물질적인 혼돈 속에 헤매는 대중들에게 청정한 삶의 수범을 보여주어야 할 것입니다.

⊛ 건강하고 합리적인 경제윤리

지금까지 먼저 출가해서 수행하는 이들을 위한 가르침을 들었고, 그리고 재가의 대중들, 즉 가정을 가지고 사회생활을 해가는 사람들을 위해서도 거기에 합당한 재가(在家)의 경제윤리를 부처님께서는 말씀하셨습니다.

일반적인 사회생활을 하는 사람들에 있어서는 예나 지금이나 경제적인 면을 무시할 수 없고 또 출가해서 수행하는 분들과는 다를 수밖에 없습니다. 부처님께서는 그런 현실을 절대로 무시하지 않으셨습니다. 재가생활을 하는 사람들에게는 또 거기에 알맞은 생활 자세를 가르치고 계십니다.

첫째는 근면하라고 했습니다. 『증지부경』에 보면 "가게를 보는 주인이 오전에도 열심히 일에 힘쓰고 낮에도 또 오후에도 열심히 일에 힘쓴다면 아직 얻지 못한 재물을 얻고 또 이미 얻은 재화를 증식하게 될 것이다."라고 말씀하셨습니다. 다른 어떤 업무를 해도 마찬가지입니다. 아침에도 점심에도 오후에도 하는 일에 열심히 정진하면 재물을 얻고 또 늘어나게 된다는 것입니다.

부처님께서는 방일한 삶에 대해서는 아주 경계하고 계십니다. 그 중에서도 도박에 빠지는 일은 아주 엄하게 경계했습니다. 도박에는 여섯 가지 문제가 있다고 하셨습니다.

첫째, 도박에서 이기면 상대방이 적의를 가질 수 있다고 했습니다. '저 사람이 내 돈을 따갔다'고 생각하기 때문입니다.

둘째, 지게 되면 마음이 서글프게 됩니다.

셋째, 재화에 손실이 온다고 했습니다. 노름해서 부자가 되었다는 얘기는 못 들었습니다.

넷째, 신용을 잃습니다. 심지어는 법정에서도 노름꾼의 말은 믿지 않는다고 했습니다.

다섯째, 친구 동료로부터 경멸을 받게 됩니다. 노름 잘하는 사람을 존경하는 사람이 어디 있겠습니까?

여섯째, 혼삿길도 막히고 가정을 지키기도 어렵습니다. 오늘날도 마찬가지입니다. 우리 사회에도 이 병이 점점 깊어 간다고 합니다. 음식점이고 여관이고 산이고 들이고 심지어 외국 공항대합실에서도 판을 벌립니다. 우리 사회가 건전한 오락을 즐길 수 있는 여건이 갖추어지지 못한 점에도 문제가 있지만 이런 풍조는 하루 빨리 고쳐져야 하겠습니다.

그밖에 여자와 술에 빠지는 것도 근면한 생활을 해치는 일로 경계하고 계십니다. 또 수입과 지출을 균형 있게 하라고 하셨습니다. 중도에 입각해서 너무 사치에 빠지지도 말고 또 궁핍에 빠지지도 않게 하라는 것입니다. 구체적으로 수입을 4등분해서 1/4은 스스로 쓰고 2/4는 농경이나 상업 등에 재투자하고 나머지 1/4은 저축해서 궁핍에 대처하라고 말씀하셨습니다. 여기서 주목해야 할 것은 수입의 3/4이 저축과 재투자에 할당되고 있는 점입니다.

막스 베버(Max Weber)는 프로테스탄티즘(Protestantism)과 자본주의를 연결하여 '열심히 일하고 적게 쓰라'는 청교도 정신이 자본주의 형성의 기본이 됐다고 하면서 동양에는 그런 정신이 없었으므로 자본주의가 발달할 수 없었다는 이론을 내세웠습니다. 그러나 불교의 이런 면을 얼마나 알고 그런 결론을 내렸는지 알 수가 없습니다. 왜냐하면 불교에는 그런 정신이 면면히 살아 있었고 나중에는 "하루 일하지 않으면 하루 먹지 말라."는 실천으로까지 이어졌기 때문입니다.

셋째로 근면하고 균형 있는 경제생활을 통해 부(富)를 쌓고 거기에 그치는 것이 아니라 모든 생명과 이웃을 위해 베푸는 덕목을 강조하고 계십니다. 즉, 부를 독점하는 것이 아니라 나누는 삶을 살아야 한다고 하셨습니다. 경전에 보면 "엄청난 부가 있고 황금이 있고 음식이 있는 사람이 단지 혼자 맛있는 것을 먹으면 이것은 파멸에 이르는 길이다." 라고 하여 부의 독점이 '파멸의 길'이라고까지 표현하고 있습니다.

이렇게 보면 부처님께서는 아주 건강하고 합리적인 경제윤리를 보여주고 있음을 알 수 있습니다. 그러한 질서나 생활의 안정 없이 정신적인 발달이나 해탈의 길은 있을 수 없습니다. 따라서 부처님의 가르침을 알게 되면 생활과 불법은 둘이 아니라는 것을 알 수 있습니다.

마침내 눈뜨는 지혜의 길

🌀 부처님께 귀의합니다

우리는 삶의 방향을 분명히 세워야 하겠습니다. 불자들의 삶의 목표는 진리에 눈뜨는 그런 삶을 살겠다는 것이고 나도 깨쳐서 부처가 되겠다는 것이니, 그것은 바로 우리가 가장 우리답게 살겠다는 것이기도 합니다.

그런 목표를 구체적으로 분명히 하고 있는 것이 삼보에 귀의하는 삶입니다. 부처님께서 살아계실 때부터 지금까지 "부처님께 귀의합니다." "가르침에 귀의합니다." "승가에 귀의합니다." 하는 삼귀의(三歸依)는 모든 불자들의 신앙고백이 되어 왔습니다.

저는 이 삼귀의가 바르게 서 있는가, 그렇지 않은가가 참 불자의 기준이라고 믿고 이것이 제대로 서 있으면 불교공부가 반 이상은 된 것으로 생각합니다. 따라서 이 삼보에 귀의하는 것이 어떤 것인지를 아는 일은 아주 중요합니다.

불보(佛寶)는 부처님입니다. 부처님께서는 2천6백 년 전 인도에서 태어나셨고 큰 깨침을 이루시어 우리들에게 진리의 길을 드러내 보여

주신 역사적인 부처님이십니다. 대승불교에서는 초역사적인 부처님을 지칭합니다만, 근본불교에서는 부처님하면 바로 역사적인 석가모니부처님만을 가리킵니다.

부처님께서는 스스로 깨침의 길, 진리의 길을 먼저 경험하고 걸었던 분으로 '길잡이'를 자처하셨습니다. 길잡이란 말에는 중요한 의미가 있습니다. 이 말에는 길은 각자가 스스로 가야 한다는 뜻이 담겨 있습니다. 길잡이가 아무리 훌륭하고 매력적이라도 거기에 매료되고 그 사람에게만 집착해 있는 한 스스로 가야할 길을 게을리 할 수밖에 없습니다.

부처님께서도 이 길잡이에 대한 집착을 경계하셨습니다. 즉 내 가사자락을 아무리 붙잡고 따라다닌다 해도 바른 삶을 살지 않으면 부처님을 보지 못한다고 했습니다. 반대로 부처님으로부터 수천 리를 떨어져 있어도 바른 삶을 살고 진리를 터득하면 부처님은 항상 그와 함께한다고 하셨습니다.

또 부처님께서는 모든 중생들과 평등한 위치에 계셨으며 그들 위에 군림하는 존재가 아니었습니다. 부처님은 깨친 사람이고 중생은 깨칠 사람으로 '깨쳤는가' '그렇지 못한가'의 차이이지 본질적으로는 평등합니다. 교단생활에서도 대중과 똑같이 생활하셨음을 이미 보았습니다. 부처님을 부르는 여래십호(如來十號)를 보면 부처님의 성격을 그대로 알 수가 있습니다.

① 여래(如來) : '여래'란 말은 '여래여거(如來如去)'를 줄인 말입니다. '여(如)'는 진리라는 뜻을 가졌으므로 여래는 진리로부터 오신 분, 또는 진리로 가시는 분입니다. 부처님께서는 진리로부터 오셨다가 진리로 가시는 분이기에 여여하게 오셨다가 여여하게 가신 분입니다.

② 응공(應供) : 세상 사람들의 공양을 받을 수 있다는 분입니다. 그

래서 '나도 밭을 간다' 하고 자신 있게 답변하셨던 것입니다.

③ 정변지(正遍知) : 정등각자(正等覺者)라고도 하는데 위없는 지혜와 깨침을 얻은 분입니다. 부처님께서는 큰 깨침을 얻어서 일체의 존재가 환히 제 모습을 나타내는 지혜를 이루신 분이기 때문입니다. 즉 자타가 하나인 지혜, 깨침을 얻은 분입니다.

④ 명행족(明行足) : 실천의 발이 밝은 분입니다. 하나인 진리를 깨쳤으므로 동체자비(同體慈悲)로 일체의 모든 생명을 다 건지시는 실천이 뛰어날 수밖에 없습니다. 45년간을 자비의 실천을 행했기에 아는 것과 사는 것이 하나였던 것입니다.

⑤ 선서(善逝) : 잘 가신 분입니다. 부처님이야말로 참으로 잘 가신 분입니다. 사라쌍수 아래 꽃비가 내리는 대자연 속에서 돌아가시는 순간까지 진리의 가르침을 전하다 가신 분이기 때문입니다. 진리 속에 오셨다가 진리 속에 가진 분이기에 참으로 '선서'하신 분입니다.

⑥ 세간해(世間解) : 세간을 잘 이해하시는 분입니다. 진리만이 아니라 중생들 사는 모습, 세상 사는 이치, 그걸 잘 아시는 분입니다. 우리는 부처님하면 세상일하고는 별 상관없는 분으로 생각하고 있습니다. 그러나 중생들이 어떤 생활, 어떤 생각을 하고 있는지 모른다면 중생에게 알맞은 가르침을 주기 어려웠을 것입니다.

⑦ 무상사(無上士) : 위없는 선비이자 가장 높은 진리를 실천하는 분입니다.

⑧ 조어장부(調御丈夫) : 스스로의 몸과 마음을 잘 다스리고 제어할 수 있는 분입니다. 그것은 스스로를 잘 알기 때문에 가능합니다. 동양에서는 밖에 있는 수천, 수만의 적을 무찌르는 것보다 스스로를 잘 다스리고 이기는 사람을 장부(丈夫)라고 했는데 부처님이야말로 천하의 장부입니다.

⑨ 천인사(天人師) : 인천(人天)의 스승을 가리킵니다. 부처님께서는 사람만의 스승이 아니라 하늘의 스승이기도 합니다. 불교는 사람만을 대상으로 하는 종교가 아니라 일체의 모든 생명을 다 건지려는 폭넓은 가르침이기 때문입니다. 따라서 부처님은 인천의 스승입니다. 부처님의 스승 됨은 아무리 강조해도 부족함이 없습니다.

부처님께서는 인간이 가장 인간답게 사는 길을 가르치는 스승입니다. 왜냐하면 지식만이 아니라 삶의 지혜를 밝히며 아는 것과 사는 것이 하나 되도록 가르치는 분이기 때문입니다. 개인의 능력과 소질에 맞게 가르치는 스승이기에 부처님의 가르침을 응기설법(應機說法) 혹은 대기설법(對機說法)이라고 합니다. 초등학생에게는 초등학생 수준에 맞게, 중학생에게는 중학생 수준에 맞게, 각기 달리 표현하고 설명해서 가르치셨던 것입니다. 불교의 경전이 양적으로도 방대하고 다양한 것도 바로 이 때문입니다.

⑩ 불세존(佛世尊) : 깨친 사람이요 세상의 존경을 받을 수 있는 분입니다. 부처님께서 생존해 계실 때 인도 코살라국은 마가다국과 더불어 당시 가장 강력한 왕국이었습니다. 그런 나라의 제왕인 프라세나짓왕이 참석하는 자리에는 항상 수군대는 사람이 많았었는데 부처님의 회상(會上)에선 기침소리 하나 나지 않고 조용했다고 합니다. 그리고 프라세나짓왕은 신하들이 항상 부처님이 계신 방향으로 머리를 향하고 잠들었는데 그것 또한 부러워했다고 합니다. 존경은 힘으로부터 오는 것이 아니라 마음으로부터, 무한한 인격으로부터 우러나오는 것임을 알 수 있습니다.

여래십호 어디를 보아도 신이라거나 구세주의 역할을 명시한 부분은 찾아볼 수가 없습니다. 부처님께서는 진리의 길을 걷는 모든 사람들에게 진리의 길을 따뜻하게 일러주는 착한 벗으로 살아가셨던 것입니다. 그 착한 벗의 자비로운 가르침을 통해 우리들은 그 어른이 도달하셨던 진리의 원천에 이를 수 있기 때문에 불교신앙의 하나가 불보(佛寶)인 것입니다. 그래서 우리는 부처님께 귀의합니다.

✱ 가르침에 귀의합니다

법(法)이란 다르마(Dharma)의 번역으로 넓게는 진리를 가리키며 좁게는 교법(敎法), 즉 부처님의 가르침을 가리킵니다. 이 좁은 의미의 가르침은 부처님께서 45년간 설하셨던 내용인데 부처님이 돌아가신 후 제자들에 의해 편집되어서 오늘날까지 팔만대장경이란 이름으로 전승되고 있는 것입니다. 대장경을 내용상으로 분류하면 경(經), 율(律), 논(論)의 세 가지입니다.

경(經)은 부처님께서 직접 말씀하신 가르침으로 처음에는 암송되어 전해 오다가 나중에 문자로 기록되었습니다. 율(律)은 계율로 부처님께서 제자들과 함께 생활하시면서 제정했던 행위와 생활의 규범입니다. 논(論)은 경·율보다 후대에 만들어졌는데 부처님의 말씀인 경에 대해 제자들이 설명하고 주석한 주석서입니다.

그래서 경·율·논 삼장(三藏)이라 하는데 그 양이 상당히 방대합니다. 이 가르침은 진리의 길을 가리키는 이정표와 같고 지도와 같습니다. 이것은 길을 먼저 간 사람이 만들어 놓은 지도니까 잘 읽고 익혀야 헛길로 들지 않고 바른 길로 들 수 있습니다. 그러므로 진리의 길, 깨침의 길을 가려는 사람들은 잘 읽어야 합니다. 우리가 지금 이 책을 읽으며 교리공부를 하는 것도 그 지도를 잘 이해하기 위한 노력이라 할 수 있습니다.

흔히 우리나라에서 불교는 심법(心法)이라 합니다. 그래서 마음만 잘 보면 됐지 경은 읽을 필요가 없다는 풍조가 있었는데 이것은 상당히 잘못된 생각이라고 봅니다. 길을 가려는 사람은 길을 익히고 방향을 바르게 잡아야 합니다. 그러기 위해 경을 잘 읽어야 합니다. 그런데 경은 한 번에 다 읽고 마는 것이 아니라 늘 옆에 두고 마음으로 읽어야 되는 그런 가르침입니다. 우리의 마음이 달라지면 달라지는 대로 경의 말씀은 늘 새롭게 와 닿기 때문입니다. 그래서 마음을 청정히 하는 실천과 더불어 경전을 늘 읽는 자세가 필요합니다.

그러나 경은 '깨침의 달을 가리키는 손가락'이라는 사실도 분명히 알아야 됩니다. 달이 저기 중천에 떠 있는데 모두 다 보면 가리킬 필요도 없습니다. 그러나 사람들이 달을 못 볼 때 "이봐, 저기 있잖아?" 하고 손가락으로 가리킵니다. 그때 달은 진리 그 자체이고 달을 가리키는 손가락은 경전과 같습니다. 따라서 달을 보려는 사람이 해야 할 일은 손가락의 방향을 따라 달을 직접 보는 일입니다. 그렇지 않고 손가락만 쳐다보고 있다든지 또 손가락에 집착해서 손가락이 길으니 짧으니, 깨끗하니 더러우니 하고 시비만 하고 있다면 역시 달은 영영 못 보게 됩니다. 즉 손가락을 통해 달을 직접 보는 일이 무엇보다 중요합니다. 불교경전의 역할이 바로 그런 것입니다. 경전을 통해서 깨침의 길을 직접 가고 마침내 진리에 눈뜨는 것이 바른 자세입니다.

여기서 우리는 종교 성전의 바른 역할과 경전을 대하는 바른 자세를 알 수가 있습니다. 이것은 종교를 이해하는데 있어서 아주 중요합니다. 그래서 여러 가지의 경전관을 한번 정리해 보고자 합니다.

첫째가 경전무용론입니다. 한마디로 '손가락'은 필요 없다는 것입니다만 이것은 아주 위험한 생각입니다. 뛰어난 근기의 사람들이 혹 손가락 없이 눈만 껌벅해도 알아채는 경우가 있을지 모르지만 일반적으로 그런 사람이 어디 있겠습니까? '손가락'이 필요 없다는 말은 손가락에 지나치게 집착해서 달을 보지 못하는 사람들을 경책해서 하는 말이지 경전 자체가 불필요하다는 뜻이어서는 곤란합니다. 그렇게 되면 헛된 길로 가기가 쉽고 무지하게 되기 쉬워집니다.

둘째는 손가락과 달을 분별하지 못하는 것입니다. 그래서 손가락이 마치 달인 양 손가락을 절대화해서 경전이 그대로 진리라고 착각하게 됩니다. 이런 오류가 특히 서양종교에 강하게 나타납니다. 경전을 마치 절대한 신으로부터 그대로 받아 쓴 진리 자체라고 믿어버리는 것입니다. 그럴 때에 표현되어진 것과 다른 것은 진리가 아니라는 오류에 빠지게 됩니다.

언어나 문자로 기록될 때에는 기록될 당시의 시간과 공간 또 듣는 사람의 여건에 맞게 될 수밖에 없습니다. 즉 2천6백 년 전의 인도에서 부처님께서 그곳 대중들을 위해 설법하신 것이 팔만대장경이고 또 2천 년 전의 팔레스타인(Palestin)에서 예수님께서 그곳 사람들을 위해 말씀하신 것이 오늘날의 성경입니다.

만약 시간과 장소가 달라졌다면 그와 똑같이 표현되지는 않았을 것입니다. 그러므로 손가락 역할을 하는 경전이나 성경은 상대적인 것이고 시간과 공간에 따라 달라질 수 있는 것입니다. 그런데 그것을 절대화해서 불변의 진리라고 집착하고 고집하면 다른 종교의 가르침은 어떤 것도 진리가 아니라는 독단에 빠져버립니다.

이 점과 관련해서, 알란 왓츠(Alan Watts)라는 사람은 원래 성공회 소속의 신부였는데, 성경이 세계에서 제일 '위험한 책'이라고 규정지은 적이 있습니다. 물론 성경이란 말은 기독교의 성전만이 아니고 팔만대장경을 포함한 모든 종교의 경전을 가리키는 말로 이해될 수 있습니다. 왜 '위험한 책'인가 하면 잘못 이해할 때 우리의 정신, 영혼을 병들게 하기 때문입니다. 물질적인 것은 보상이 가능하지만 영혼이 병드는 것은 보상도 불가능하기 때문에 더욱 그 폐해는 커집니다.

저는 알란 왓츠의 경고를 '손가락'을 절대화할 때 나타나는 위험에 대한 경고로 이해하고 싶습니다. 불교는 특히 이 위험에 민감하기에 부처님께서는 45년간 수많은 가르침을 펴셨지만 설해진 가르침은 마치 '손바닥에 있는 나뭇잎'에 불과하고 설하지 않은 가르침은 '숲 속의 나뭇잎'과 같다고 하신 것입니다.

진리 그 자체는 숲 속의 나뭇잎처럼 무한한 것이지만 표현된 가르침은 마치 손바닥 위의 나뭇잎처럼 유한한 것이란 말씀입니다. 그러므로 표현된 것을 절대시 할 때 결과적으로 무한한 진리를 유한하게 국한시키는 오류에 빠지게 되는 셈입니다. 따라서 부처님께서는 "내가 설한 교법까지도 마침내는 버리라."고 강조하셨습니다. 손가락을 통해 달을 보고, 가르침을 통해 깨침의 길을 걷는 사람은 지도와 이정표를 잘 알고 방향을 잘 잡아야 할 뿐만 아니라, 실제로 한 걸음 한 걸음 몸소 길을 가야 합니다.

☸ 승가에 귀의합니다

승보(僧寶)는 진리의 길을 함께 걷는 길동무들의 모임인 승가를 가리킵니다. 부처님께서는 승가를 종종 바다에 비유하고 계십니다. 즉 바다에는 수많은 강물이 흘러 들어오지만 결국 하나의 바다가 되고 한 가지 물맛이 되듯이 승가에도 모든 계급의 사람들이 들어오지만 하나인 승가를 이루는 것이라고 하셨습니다. 이는 승가의 평등성을 가리키는 비유입니다.

또 바다에는 수많은 강이 흘러 들어와도 물의 양이 늘거나 줄지 않습니다. 이것은 승가가 영원히 유지되고 존속됨을 가리킵니다. 그러므로 바다가 해안에서 멀어질수록 깊어져 가듯 승가에 입문한 사람도 시간이 갈수록 수행이 깊어져야 합니다. 뿐만 아니라 바다에는 큰 물고기들이 많이 살고 있듯이 승가에는 위대한 제자들이 머물고 있습니다.

그리고 바다의 물이 해안을 넘지 않듯 승가의 제자들은 계율을 범하지 않는다고 합니다. 그리고 바다에 시체를 버린다 해도 반드시 해안으로 다시 밀려온다고 합니다. 그렇듯이 승가의 구성원이 계율을 범하면 그 죄를 들추어내 참회하고 고쳐야지 결코 묵과해서는 안 된다는 것입니다.

아울러 바다에는 진주와 산호 등 온갖 보배가 다 감추어져 있듯이 승가에도 미묘한 보배가 감추어져 있습니다. 승가에는 법과 계율이란 보석이 감추어져 있습니다. 그러므로 세 가지 보배 중의 하나가 승보인 것입니다.

⊛ 보배로움의 유한함과 무한함

이렇게 부처님, 가르침, 승가를 불교신앙의 지표가 되는 가장 소중한 것이라고 해서 삼보(三寶)라고 합니다. 이것을 좀 더 쉽게 표현하면 부처님께서는 이 세상에서 가장 잘 사셨던 분이며, 가르침은 이 세상에서 가장 잘 사는 길이고, 승가는 가장 잘 살려는 사람들의 모임입니다.

따라서 삼보는 불교의 보배요 가장 값진 것입니다. 그러므로 삼보에 귀의할 때 틀림없이 나도 잘 살 수 있는 것입니다. 여기에서 우리는 보배란 말의 뜻을 잘 음미해야 할 것입니다.

삼보의 보배로움을 제대로 알고 삼보에 귀의해야 마음속에서 정말로 보배가 값진 것임을 감응할 것이며, 삼보에 귀의하는 신앙 자세가 세워질 것입니다. 우리는 보배라고 하면 눈에 보이는 것만을 생각합니다. 형체가 있고 값이 많이 나가는 금은보화나 귀한 물건이나 돈을 생각하는 것입니다. 그래서 값진 것, 귀한 것을 찾느라고 그저 밖으로 쫓아다니며 분주합니다.

그러나 참으로 값지고 귀한 것은 형상도 없고 값도 없습니다. 불·법·승 삼보의 보배는 눈에 보여지는 보배가 아니기 때문에 사람들이 모르고 찾지 않는 것입니다. 그러나 삼보는 이 세상 어느 것과도 비교가 안 되는 귀한 것입니다. 왜냐하면 이것은 가장 잘 사는 길이고 영원한 생명의 길이기 때문입니다.

그 보배로움을 경전에서는 여러 가지 비유로 설하고 있습니다. 그 중의 하나가 항하사의 비유입니다. 즉 '갠지스강의 모래'에 대한 비유입니다. 인도인의 세계관에 의하면 우주의 중앙에는 수미산이 있고 그 사방으로 네 개의 주(洲)가 있으며 그 주변을 철위산(鐵圍山)이라는 산이 둘러싸고 있습니다. 이 전체를 하나의 세계라고 보았습니다. 이러한 세계가 천 개 있으면 소천세계, 이 소천세계가 천 개 있으면 중천세계, 중천세계가 다시 천 개 있으면 대천세계라고 했습니다. 그러니 삼천대천세계란 태양계, 은하계 등을 포함한 전 우주를 가리킵니다.

그런데 만약 그 삼천대천세계를 금은보화 등 칠보로 가득 채웠다면 그 보배가 얼마나 많겠습니까? 그러나 그런 보배로움조차도 한 생각 깨끗이 가지는 것만 못하다고 했습니다. 왜냐하면 한 생각 청정하면 영원한 생명을 얻을 수 있기 때문입니다. 그에 비해 형상이 있는 보배는 그것이 비록 갠지스강의 모래알 수와 같고, 모든 갠지스강의 모래알 수와 같은 삼천대천세계를 가득 채운 것이라 해도, 유한한 것입니다. 유한함과 무한함은 비교할 수가 없는 것입니다. 이렇게 삼보의 보배로움이란 어떤 것과도 비교될 수 없는 무한한 보배라는 것입니다.

여기서 잠시 인도적 비유와 상상력을 생각해 봅시다. 중국 사람들의 과장도 대단합니다. 예를 들면 이태백이 늙는 것을 서러워 읊은 시 가운데 백발삼천장(白髮三千丈)이란 말이 있습니다. 흰 수염이 3천 장이라 하였으니 미터법으로 환산하면 9km가 넘는 길이입니다. 그러나 이런 중국 사람들의 발상은 그래도 계산이 가능한 과장입니다.

그런데 인도인의 비유는 도저히 상상을 불허하는 내용들입니다. 우리가 많이 쓰는 겁(劫)이란 말도 마찬가지입니다. 일 겁(一劫)이란 사방 40리가 되는 큰 바위가 있는데 그 바위에 1년에 한 번씩 하늘에서 선녀가 내려와 선녀의 하늘하늘한 옷깃에 스쳐 그 바위가 다 닳아 없어지는 시간을 가리킵니다. 또 사방 사십 리가 되는 큰 창고에 겨자씨를 가득 채우고 일 년에 그 겨자씨를 한 알씩 꺼내서 다 없어지는 시간이라고도 합니다. 이것은 우주적인 비유입니다. 인도는 날씨가 무더워서 나무 그늘 밑에 앉아서 생각을 하다 보니 상상력이 발달하였나 봅니다.

중국적 상상은 있을 수 있는 것, 눈에 보이는 것을 좀 늘렸을 정도이지만 인도적 비유는 무한과 통하는 비유입니다. 그래서 인도에는 일찍부터 수학이 발달하였으며 '제로(0)'의 개념을 발견한 것도 인도 사람들이었습니다.

삼보는 가장 잘 살 수 있는 도리가 거기 있는 까닭에 어떤 것과도 비교할 수 없는 보배입니다. 그것이 정말로 보배인 줄 알면 그것을 찾으려고 할 것이지 헤매지는 않을 것입니다. 귀의(歸依)는 이러한 값진 보배를 향해 마음을 돌이키는 것입니다. 진짜 보배를 찾기 시작하는 돌이킴이며 방향전환입니다. 여태까지 밖을 향해 분주하게 방황하던 내 삶이 일대 전환을 해서 참으로 잘 살겠다고 하는 간절한 고백이며 서원입니다.

⊛ 나는 이렇게 살겠습니다

귀의(歸依)의 원어는 나마스(namas)입니다. 이 말을 한역불전(漢譯佛典)에서는 나무(南無)라 적고 있습니다. 나마스는 원래 '찬양' '찬탄'의 뜻을 가진 말인데 찬양하고 찬탄할 뿐만 아니라 그를 향해 돌아가는 것입니다. 따라서 귀의한다고 번역합니다.

원래 삼귀의는 "부처님께 귀의하겠습니다." "가르침에 귀의하겠습니다." "승가에 귀의하겠습니다."를 세 번씩 반복하고 "목숨이 다할 때까지 귀의하겠습니다."고 하는 것이 부언되어 있습니다.

원효 스님도 귀의를 귀명(歸命), 즉 목숨을 걸고 돌이키는 것이라고 풀이하고 계십니다. 즉 "이 세상에서 가장 소중한 일로 알고 불 · 법 · 승 삼보에 돌아가겠습니다." 하는 신앙고백입니다. 그 말은 또한 "내 모든 것을 바쳐 진리의 길을 걷겠습니다."라고 하는 서원이기도 합니다. 따라서 삼귀의는 '나는 이렇게 살겠습니다' 하는 내 삶의 목표와 방향에 대한 다짐입니다. 이러한 목표가 분명히 선 사람을 불자라고 합니다.

불자의 기준은 단순히 절에 다닌다든지 신도회 명부에 등재되어 있는지에 있는 것이 아니라, 나도 부처님께서 걸으셨던 참다운 길, 진리의 삶을 맹세코 살겠다고 하는 삶의 목표가 정립된 사람을 가리킵니다.

불교인들은 모임이 있을 때마다 불법승 삼보에 귀의한다는 삼귀의를 합니다. 그러나 우리는 단 한 번이라도 가슴 저 밑에서 끓어오르는 말로 귀의하고 있는지를 양심적으로 점검해 봐야 합니다. 그것이 안 되어 있으면 그것부터 바로 해야 합니다. 그래야 다음 실천이 뒤따르고 공부가 되도록 되어 있습니다.

신앙의 첫걸음이 확고하고 분명해야 진척이 있습니다. 우리는 참선도 하고 염불도 하고 경도 읽습니다. 그러나 잘 안됩니다. 며칠 있으면

흐지부지 되고 맙니다. 이유는 귀명삼보(歸命三寶)하는 자세가 바로 서지 못했기 때문입니다. 어느 때는 정신을 차려서 "이래가지고 되겠는가?" 하고 정진을 해보지만 한동안 잘 되는가 싶다가도 어느새 생활의 일상성 속에 묻혀버리고 맙니다. 이것을 점검해 보면 삶의 목표, 신앙의 방향이 명확하지 못하기 때문입니다. 그래서 항상 맨 처음 것, 첫걸음을 잘 점검할 줄 아는 슬기가 필요하다고 생각합니다.

그러면 이제 귀명삼보 하는 삶의 방향과 목표가 분명히 선 사람은 어떻게 해야 할까요? 보살의 행인 육바라밀을 실천해야 합니다. 이런 실천은 안팎으로 나누어 행할 수 있습니다. 안으로는 일심을 드러내는 실천으로써 참선이나 염불, 주력, 독경 등을 하는 것입니다. 이런 공부의 핵심은 '나다' 하는 놈을 내려놓는 수행입니다. 이런 수행을 끊임없이 해 가야 합니다.

그리고 밖으로는 나누는 삶을 살아야 합니다. 염불, 참선 등의 수행이 안으로 부처님을 모시는 행이라면, 나누는 실천은 밖의 부처님을 받들고 모시는 행입니다. 내 주위에 있는 모든 생명이 바로 여래의 씨알이기 때문입니다.

개인적으로는 내가 가진 것과 아는 것을 나누는 삶을 살아야 합니다. 그리고 사회적 차원에서는 모든 생명을 살리는 일을 실천해야 합니다. 환경을 청정히 하고 생태계를 보존하는 일 등은 훌륭한 나눔입니다. 평화를 증진하는 일, 굶주림을 줄이는 일, 어려운 이웃을 돕는 일 등이 바로 부처님을 모시는 불공이며 나눔입니다.

그런 적극적인 보살행을 통해서 불교는 오늘의 사회를 밝게 비추는 등불이 될 수 있으며 미래를 밝히는 생명의 감로수가 될 수 있습니다.